市政路桥设计与施工工程

江晓慧　刘　学　刘崇芳　著

吉林科学技术出版社

图书在版编目（CIP）数据

市政路桥设计与施工工程 / 江晓慧, 刘学, 刘崇芳著. -- 长春：吉林科学技术出版社, 2024.6. -- ISBN 978-7-5744-1524-9

Ⅰ.U412.37; U448.15

中国国家版本馆 CIP 数据核字第 2024EY9559 号

市政路桥设计与施工工程

著	江晓慧　刘　学　刘崇芳	
出 版 人	宛　霞	
责任编辑	王宁宁	
封面设计	周书意	
制　　版	周书意	
幅面尺寸	185mm×260mm	
开　　本	16	
字　　数	365 千字	
印　　张	21	
印　　数	1~1500 册	
版　　次	2024年6月第1版	
印　　次	2024年12月第1次印刷	

出　　版	吉林科学技术出版社
发　　行	吉林科学技术出版社
地　　址	长春市福祉大路5788号出版大厦A座
邮　　编	130118
发行部电话/传真	0431-81629529 81629530 81629531
	81629532 81629533 81629534
储运部电话	0431-86059116
编辑部电话	0431-81629510
印　　刷	三河市嵩川印刷有限公司

书　　号	ISBN 978-7-5744-1524-9
定　　价	132.00元

版权所有　翻印必究　举报电话：0431-81629508

前　言

市政路桥设计与施工工程是城市基础设施建设的重要组成部分，对于城市的交通流动、经济发展以及居民生活质量的提高具有至关重要的作用。随着城市化进程的加速和城市规模的扩大，对市政路桥的设计和施工提出了更高的要求。《市政路桥设计与施工工程》一书，旨在深入探讨市政路桥设计与施工的相关理论和实践，以期为市政工程领域的专业人士和学者提供参考和指导。

本书首先从市政路桥的规划设计出发，分析了道路几何设计、桥梁规划设计等内容；在此基础上，书中系统地介绍了市政路桥施工的基本原理和方法，包括市政路基工程施工、市政路面工程施工、市政桥梁工程施工等几方面，并对市政路桥施工质量控制与检测进行了详细阐述。通过分析，本书展示了一些成功的市政路桥设计与施工实践案例，总结了经验教训，为类似工程提供了借鉴。

在本书的写作过程中，作者力求做到理论与实践相结合，既有理论的深度，又有实践的广度。但由于作者学识有限，加之市政路桥设计与施工领域的知识更新迅速，书中难免存在疏漏和不足之处。作者衷心希望读者能够提出宝贵的意见和建议，以便对本书进行修正和完善。同时，作者也期待与广大市政工程工作者和学者共同探讨，不断推进市政路桥设计与施工技术的发展，为建设更加安全、高效、环保的城市交通系统作出贡献。

目 录

第一章　市政道路工程概论 ············ 1
　　第一节　城市道路建设基本属性及工程类型 ············ 1
　　第二节　公路基本建设程序 ············ 7
　　第三节　城市道路交通及规划建设问题分析 ············ 13

第二章　市政路桥规划设计 ············ 23
　　第一节　公路网规划与公路勘测设计 ············ 23
　　第二节　道路几何设计 ············ 30
　　第三节　桥梁规划设计 ············ 38

第三章　混凝土路面的设计方法理论 ············ 47
　　第一节　混凝土路面设计指标、设计流程与力学模式 ············ 47
　　第二节　混凝土路面结构组合设计 ············ 49
　　第三节　混凝土路面接缝构造设计 ············ 56
　　第四节　普通混凝土路面厚度设计 ············ 61
　　第五节　连续配筋和钢筋混凝土路面厚度设计 ············ 75

第四章　沥青路面的设计方法理论 ············ 78
　　第一节　沥青路面设计指标、设计流程与力学模式 ············ 78
　　第二节　沥青路面结构层组合设计 ············ 83

第三节 沥青路面结构的防水/排水设计 …………………………… 91

第四节 长寿命路面结构的设计原理 ………………………………… 96

第五章 市政路基工程施工 …………………………………………… 99

第一节 路基施工准备 …………………………………………………… 99

第二节 土方路基施工 ………………………………………………… 104

第三节 石质路基施工 ………………………………………………… 112

第六章 市政路面工程施工 ………………………………………… 117

第一节 路面工程基础 ………………………………………………… 117

第二节 沥青路面施工 ………………………………………………… 122

第三节 水泥混凝土路面施工 ………………………………………… 128

第四节 路面工程主要施工机械 ……………………………………… 139

第七章 道路施工实践——以隧道工程施工为例 ………………… 151

第一节 隧道的施工组织设计 ………………………………………… 151

第二节 隧道工程施工组织设计实例 ………………………………… 154

第三节 隧道施工管理与控制 ………………………………………… 175

第八章 市政桥梁工程施工 ………………………………………… 186

第一节 拱桥施工新技术 ……………………………………………… 186

第二节 斜拉桥施工 …………………………………………………… 194

第三节 桥面铺装施工技术 …………………………………………… 200

第九章 桥梁工程各环节施工技术研究 …………………………… 209

第一节 桥梁施工准备 ………………………………………………… 209

第二节 桥梁定位放样 ………………………………………………… 215

第三节　模板与支架制作技术 ··· 226

　　第四节　钢筋制作安装技术 ··· 237

　　第五节　混凝土施工 ··· 250

　　第六节　砌筑工程施工 ·· 256

第十章　市政路桥施工质量控制与检测 ································ 262

　　第一节　路面施工质量控制 ·· 262

　　第二节　桥梁施工质量控制 ·· 266

　　第三节　公路工程施工检测 ·· 278

第十一章　市政道路桥梁工程项目各阶段进度与风险管理 ········ 288

　　第一节　工程建设项目进度及风险管理概述 ····················· 288

　　第二节　项目决策阶段进度及风险管理 ··························· 295

　　第三节　项目准备阶段进度及风险管理 ··························· 302

　　第四节　项目实施阶段进度及风险管理 ··························· 309

　　第五节　项目收尾阶段进度及风险管理 ··························· 317

结束语 ·· 324

参考文献 ··· 325

第一章　市政道路工程概论

第一节　城市道路建设基本属性及工程类型

一、城市道路建设的基本属性

城市道路建设作为城市建设中的一个重要组成部分，具有投资额大、涉及面广、带动作用强等特点，是城市生活和社会发展的基础条件，与广大市民的生产和生活密切相关，对社会各项事业的发展具有重要的推动作用。

（一）道路工程建设特征及功能

1.城市道路工程建设特征

城市道路工程建设需要根据城市总体规划、中长期专项规划和年度建设计划来安排，只有做好规划、勘察、设计、施工和验收等环节，才能完成这项建设任务。由此可见，道路建设的每个环节都体现了系统科学的思想，如将道路建设看作一个整体，相关部门作为要素，各要素之间便形成了相互协作的关系。

2.城市道路的功能

（1）交通设施功能。交通设施功能是指在城市活动产生的交通需求中，对应道路交通需求的交通功能。交通设施功能又可分为长距离输送功能和沿路进出集散功能。

（2）公用空间功能。城市道路（包括广场、停车场）作为城市环境必不可少的公用空间，除了采光、日照、通风及景观作用，还为电力、通信、自来水、热力、燃气、排水等地下管线提供布设空间。

（3）防灾救灾功能。道路的防灾救灾功能包括避难场地作用、防火带作用、消防和救援通道作用等。

（4）形成城市平面结构功能。通常干线道路形成城市骨架，支路则形成街区、邻里街坊，城市的发展以干道为骨架，然后以骨架为中心向四周延伸。

（二）城市道路的基本属性

1.公共产品属性

我们生活在城市之中，除具有私人需求外，还具有普遍意义上的社会性公共需求，即我们的个人生活、活动必须依赖一定的社会公共环境，如城市环境、国家国防、社会治安等，这些产品也是私人生活中必不可少的，但我们不能通过市场行为直接购买到，仅能获得它们提供的服务，而不能得到它们的产权，市场在这里失灵。它们的生产必须依赖一定的组织，通常由政府来生产这些产品，这些产品就是公共物品。

美国经济学家保罗·萨缪尔森认为："公共物品是指那种不论个人是否愿意购买，都能使整个社会每一个成员获益的物品。"我们认为，公共物品就是指私人不愿意或无法生产而由政府提供的产品和服务。它有两个显著的特征：

（1）共同消费性，即非竞争性。一件公共物品，供某人消费时，其他人也可以消费等量的同类物品，而不需要增加生产公共物品的成本，即公共物品提供者不需再生产这件产品供其他人消费。如甲、乙两人有同样的出行方向，可同时在同一条道路上行走，享受由政府提供的道路通行服务，政府不必为其中一人另修建一条道路。

（2）非排他性，即难以排除或无法排除其他人从公共物品中获取益处。同一件公共物品，不仅可供占有者使用，而且无法排除占有者以外的其他人使用。例如，一个人欣赏、享用公共绿地的景色，这个人无法排除另一人也来公共绿地欣赏景色。道路产品具有非排他性，但受特定的路面宽度限制，某车在使用道路的特定路段时，就排斥其他车辆同时占有这一路段，否则会产生拥堵现象。因此，道路产品的非排他性是不充分的。同时，它又具有非竞争性，表现为：在道路上行驶的车辆，它的通行速度并不是由某人的出价决定的，一旦发生拥堵，无论出价高低，它都会被堵塞在那里；当道路未达到设计的车流量时，增加一定量的车，其行驶的道路边际成本为零，但若达到或超过设计能力，变得非常拥堵时，需要成倍投入资金以拓宽道路，它无法以单辆汽车来计算成本。这一特性决定了道路建设活动及道路本身不是纯公共产品，它具有非竞争性，是一种非排他性不充分的准公共产品。

显然，道路作为准公共产品其本质特征就是社会公益属性，主要表现在：服务功能的基础性、服务对象的公共性、服务效益的社会性。

2.商品属性

商品是为交换而生产的劳动产品，它具有使用价值和价值两个因素或两种属性。使用价值是商品的自然属性，价值是商品的社会属性。

道路作为国家经济发展的基础设施，它的使用价值是显而易见的。随着市场经济的发展，道路在促进商品流通，加快自然资源的开发和利用，促进道路沿线经济的发展，满足社会公共运输需要，提高整个社会经济效益等方面发挥着越来越大的作用。道路作为人类通过劳动所形成的有特定用途、具有一定物质形态的劳动产品，其中凝结着大量社会必要劳动，这些社会必要劳动构成道路的使用价值，而且随着道路等级的提高，其使用价值会越来越大。这说明道路工程具有商品的属性。

（三）建筑工程中蕴含着丰富的哲学思想

工程是现代社会的直接生产力，工程活动是人类社会存在和发展的实践活动，而道路工程作为这样的实践活动，与哲学有着密切的联系。

1.哲学是诸多主客体联系的思想纽带

中国工程院院士徐匡迪在《树立工程新理念，推动生产力的新发展》一文中指出："工程问题显然不是单纯的技术问题，重大的工程问题中必定有深刻、复杂的哲学问题。工程需要哲学支撑，工程师需要有哲学思维。"同为中国工程院院士的汪应洛在《工程科学与工程哲学》一文中也指出："每一类科学活动都有它相应的哲学问题，工程科学也是如此。"事实上，道路工程建设者在从事工程建设活动的过程中，也在自觉或不自觉地运用工程理念进行工程决策，探寻工程项目各要素的平衡点，以取得道路工程建设项目的效益最大化。因此，哲学在道路工程活动中是客观存在的，并且是诸多主客体发生联系的主要思想纽带。

2.运用哲学思想指导工程活动

随着经济的发展和人类社会的进步，工程建设规模日益扩大，工程对自然、社会的影响也促使人们对传统工程建设理念进行反思和追问。因此，在社会对工程建设提出更高要求以及哲学对工程建设的指导作用越来越明显的形势下，工程对哲学的需求也显得越发急迫。

由于工程具有内在的哲学特性，哲学作为工程师提高对工程理解的手段而发挥着实际作用。就如麻省理工学院教授布希亚瑞利在其专著《工程哲学》中指出的，哲学能够帮助工程师进行设计，尽管工程师很少认为自己需要哲学，但缺少了哲学思想，工程将变得非常不完备。美国哲学家还指出，工程就是哲学，通过哲学，工程将更加成为"工程自身"。

中国工程院院士殷瑞钰在《工程与工程哲学》一文中指出，工程决策（特别是重大工程决策）的正确与否不仅影响地方和地区的发展，而且会对全局发展产生影响，影响社会发展的进程，甚至影响人类的未来和命运。现实和形势都需要我们把工程问题提升到哲学高度来认识，并要求对已有的工程进行理性反思，对工程的规律和特点进行探讨。这是时代的要求，意义重大而深远。

二、国内道路工程类型

（一）公路

1.按功能分类

公路根据使用任务、功能和适应的交通量划分为五个等级。

（1）高速公路。高速公路是指具有特别重要的政治、经济意义，专门供汽车分向分车道行驶并全部控制出入的干线公路，分为四车道、六车道、八车道三种类型。一般能适应将各种汽车折合成小客车的年平均昼夜交通量25000辆以上。

（2）一级公路。一级公路为连接重要政治、经济中心，通往重点工矿区、港口、机场，专供汽车分道行驶并部分控制出入的公路。一般能适应将各种汽车折合成小客车的年平均昼夜交通量为15000~30000辆。

（3）二级公路。二级公路为连接政治、经济中心或大矿区、港口、机场等地的公路。一般能适应将各种车辆折合成中型载重汽车的年平均昼夜交通量为3000~7500辆。

（4）三级公路。三级公路为沟通县以上城市的公路。一般能适应将各种车辆折合成中型载重汽车的年平均昼夜交通量为1000~4000辆。

（5）四级公路。四级公路为连接县、乡（镇）、村的公路。一般能适应将各种车辆折合成中型载重汽车的年平均昼夜交通量为双车道1500辆以下，单车道200辆以下。

2.按使用性质分类

根据在政治、经济、国防上的重要意义和使用性质，公路可划分为五个行政等级。

（1）国家公路（国道）。国家公路是指具有全国性政治、经济意义的主要干线公路，包括重要的国际公路、国防公路，连接首都与各省省会、自治区首府、直辖市的公路，连接各大经济中心、港站枢纽、商品生产基地和战略要地的干线公路。

（2）省公路（省道）。省公路是指具有全省（自治区、直辖市）政治、经济意义，连接各地市和重要地区以及不属于国道的干线公路。

（3）县公路（县道）。县公路是指具有全县（县级市）政治、经济意义，连接县城和县内主要乡（镇）、主要商品生产和集散地的公路，以及不属于国道、省道的县际公路。

（4）乡公路（乡道）。乡公路是指主要为乡（镇）村经济、文化、行政服务的公路，以及不属于县道以上公路的乡与乡之间及乡与外部联络的公路。

（5）专用公路。专用公路是指专供或主要供厂矿、林区、农场、油田、旅游区、军事要地等与外部联系的公路。

（二）城市道路

城市道路按在道路网中的地位、交通功能及对沿线的服务功能等，分为快速路、主干路、次干路和支路、道路人行道五个等级。

1. 快速路

快速路布置在市域内，其形式为中央分隔、全部控制出入、控制出入口间距，为单向双车道或多车道，并设有配套的交通安全与管理设施的城市道路。快速路具有很强的交通功能，交通容量大，行车速度快，服务于市域范围长距离及对外交通，其主要交通特点是连续流，其基本路段不受出入口合流、分流、交织车流的影响。

2. 主干路

主干路为连接城市各主要分区，以交通功能为主的城市道路。主干路与快速路共同构成城市道路交通骨架。主干路的交通特点是间断流，交叉口采用信号灯控制，机动车和公共汽车优先通行，同时需考虑非机动车和行人交通的通行和穿越。通常，主干路上宜设置公交专用车道。

3. 次干路

次干路与主干路结合组成干路网，并以集散交通功能为主，兼有服务功能。次干路作为城市内各分区的联络干道，其交通特点是既要汇集支路的交通，又要疏解来自主干路和部分快速路的出入交通。同时，公交线路大量布置在次干路上，加之有较多的非机动车和行人交通的汇集，加大了交通复杂程度。

4. 支路

支路与次干路和居住区、工业区等的内部道路相连接，是解决局部地区交通问题，并以服务功能为主的城市道路。支路交通特点是以汽车低速通行、自行车通行和行人通行为主。发达的支路网络能大大减轻城市干路交通的压力，确保干路畅通。处于商业繁华地段的支路可设为步行街。支路是城市道路中密度最大的道路，因此，支路除考虑机动车通行外，还应充分考虑非机动车和行人的通行，以保证城市道路系统的通达性和可达性功能。根据规范要求，城市一般区域的支路密度应达到$6\sim8km/km^2$，中心地区、商业集中地区的支路网密度宜为$10\sim12km/km^2$。

5. 道路人行道

道路人行道（简称人行道或步行道）是指道路中用侧石、护栏及其他类似设施加以分隔的供行人通行和附设公共设施的部分，或指城市道路两侧专供行人通行的部分，包括附设的行人通行带、公共设施带和行道树带。其中，行人通行带是供行人安全、正常行走的通行空间，即行人交通系统范围内供行人通行的有效宽度，公共设施带是指人行道上可设置公共设施和行道树的区域。

人行道作为城市道路的组成部分，是城市中普遍存在的步行空间，它的质量提高对于推动城市步行化建设有着重要意义。其主要功能应满足步行交通的需要，为行人提供安全、自由行走的空间，同时减少行人对车行交通的干扰，并承担一定的商业及休闲功能。

近年来，随着城市化进程的迅速推进，城市道路人行道及其公共设施的设计、施工及运行维护遇到了很多新问题，难以满足行人需要。与车行道相比，显然"车行优先"，步行交通不受重视。具体表现在：现有人行道设计、施工及验收规范中相关规定少而零散，且不易实施；铺装质量不能满足使用要求；人行道宽度不足，缺乏安全保障；人行道被占用，缺乏有效管理，忽视"行人路权"；公共设施设置不规范、不统一，影响市容及通行。

为此，住房和城乡建设部、发展改革委、财政部发布《关于加强城市步行和自行车交通系统建设的指导意见》，指出城市道路建设要优先保证步行和自行车出行。依据专项规划，新建及改扩建城市主干道、次干道，要设置步行道和自行车道；城市支路和居住区道路中要设置步行道。

（三）居住区道路系统

居住区道路系统按照《城市居住区规划设计规范》可分为居住区道路、小区路、组团路和宅间小路四级。各级道路的宽度主要根据交通方式、交通工具、交通量及市政管线的敷设要求而定，对于重要地段，还要考虑环境及景观的要求做局部调整。

居住区道路是整个居住区内的主干道，要考虑城市公共电车、汽车的通行，两边应分别设置非机动车道及人行道，居住区道路的最小宽度不宜小于20m。

小区路的路面宽为6~9m，小区级道路以非机动车与人行交通为主，不能引进公共电车、汽车交通，一般采用人车混行方式。组团路的路面宽为3~5m，组团路是进出组团的主要通道，路面人车混行，一般按一条自行车道和一条人行道双向计算，路面宽度为4m。在用地条件有限的地区，最小限度为3m。

宅间小路的路面宽不宜小于2.5m，作为进出住宅的最末一级道路，这一级道路平时主要供居民出入，基本是自行车及人行交通，并要满足清运垃圾、救护和搬运家具等需要，按照居住区内部有关车辆低速缓行的通行宽度要求，轮距宽度为2~2.5m。所以，宅间小路路面宽度一般为2.5~3m，最低宽度为2m。

（四）绿道

绿道是以自然风景和人工风景为基础，通过构建规格适宜的风景道、园路等人工廊道，可供行人和自行车进入的线形绿色开放空间。绿道由绿廊系统和人工系统构成，其中绿廊系统是慢行道两侧由植物群落、水体等构成的具有一定宽度的绿化景观生态廊道，人工系统由慢行道、驿站、标识和节点构成。绿道通常分区域绿道、城市绿道、社区绿道。

区域绿道（省级）是指连接城市与城市，对区域生态环境保护和生态支撑体系建设具有重要影响的绿道。区域绿道宜沿城镇外围的自然河流、小溪、山脊线设立。在区域绿道内宜设综合慢行道，铺面宽度一般为3.0～3.5m。

城市绿道是指连接城市内重要功能组团，使居民区与城市各功能区有机联系，对城市生态系统建设具有重要意义的绿道。城市绿道应集中在城区，依托人文景区、公园广场和沿城镇道路及河道绿带设立，在城市绿道内可单独设步行道，步行道的铺面宽度一般为1.5～2.5m。

社区绿道是指连接社区公园、小游园和街头绿地，主要为附近社区居民服务的绿道。社区绿道内应单独设步行道，步行道的铺面宽度一般为1.5～2.0m。

第二节　公路基本建设程序

一、基本建设及其内容构成

基本建设是指国民经济中建造新的固定资产，从而提高生产能力或工程效益的过程，在西方国家，相当于国家"资本投资"。例如，为了提高社会生产能力，新建工厂、学校、公路、桥梁、码头、矿井、电站、水坝、铁路等；为了扩大生产和提高效益而扩建生产车间、提高路面等级、修建永久性桥梁；为了提高生产效率，改进产品质量，对原有设备及工艺进行整体性技术改造，原有公路的全面改建等，都属于基本建设的范畴。由此可见，凡是固定资产扩大再生产的新建、改建、扩建、恢复工程的建筑、添置、安装等活动及与之连带的工作，都可称为基本建设。

在我国，基本建设是发展国民经济，增强综合国力，迅速实现社会主义现代化，提高人民物质生活、文化生活水平和加强国防实力的重要手段。因此，党和国家历来都十分重视基本建设事业，并制定、颁布了一系列政策、法规；通过全国范围的大规模基本建设，初步形成了比较完整的工业、交通运输体系和国民经济体系，使历史悠久的中华大地发生了天翻地覆的变化，为我国的改革开放事业和构建社会主义和谐社会提供了坚实的物质基础。基本建设工作应包括以下内容。

（一）建筑工程

建筑工程指消耗建筑材料，使用工程机械，通过施工活动而建成的工程实体，如路基路面、桥梁、隧道、厂房、水坝等构筑物。

（二）安装工程

安装工程指基本建设项目需用的各种机械和设备的安设、装配、调试等工作，如工业生产设备，公路及大型桥梁所需的各种机械、设备、仪器的安装及调试等。包括生产设备和生活设施。

（三）设备、工具及器具的购置

设备、工具及器具的购置指属于固定资产的机器、设备、工具、器具等用品的购置，如渡口设备、隧道照明、消防、通风的动力设备，高等级公路的收费监控通信、供电设备，路面养护用的沥青混合料拌和设备、摊铺机械和工具、器具等。

（四）勘察、设计及相关工作

勘察、设计及相关工作指编制建筑安装工程施工依据的勘察设计文件所进行的工作，如公路工程的可行性研究、初步设计、施工图设计等，以及勘察、设计过程中必须进行的地质调查、钻探、材料试验和技术研究工作、评价、评估、咨询、招标、投标、造价编制、试验研究工作等。

（五）其他基本建设工作

其他基本建设工作指为确保基本建设工程的顺利实施和正常运行而进行的基础工作，如土地征用、拆迁安置、人员培训工程质量监督、监理、工程定额测定、施工机构迁移工作等。

二、基本建设项目的划分

基本建设工程规模有大小之分，但无论大小都有其自身的复杂性，要进行若干项技术的、经济的和物质形态的工作。为了加强对基本建设工作的管理，便于编制设计文件、概预算文件和施工组织设计文件，便于工程招投标工作和施工管理，必须对基本建设项目进行科学的分解和合理的划分。基本建设工程可以划分为建设项目、单项工程、单位工程、分部工程和分项工程。

（一）建设项目

建设项目也称基本建设项目，是指经批准在一个设计任务书范围内按同一总体设计进行建设的全部工程。建设项目由一个或几个单项工程所组成，经济上实行统一核算，行政上实行统一管理，一般以一个企业（或联合企业）、事业单位或独立工程作为一个建设项目。公路工程以单独设计的公路路线、独立桥梁作为基本建设项目。

（二）单项工程

单项工程也称工程项目，是指建设项目中具有独立的设计文件，建成后可独立发挥生产能力或使用效益的工程。如工业建筑中的生产车间、办公楼、仓库，民用建筑中的教学楼、图书馆、实验室、住宅，公路工程中独立合同段的路线、大桥、隧道等。

（三）单位工程

单位工程是单项工程的组成部分，是指在单项工程中具有单独设计文件和独立施工条件，而又单独作为一个施工对象的工程。如生产车间的厂房修建、设备安装，公路工程中同一合同段内的路基、路面、桥梁、互通式立交、交通安全设施等。由此可见，单位工程一般不能独立发挥生产能力和使用效益。

（四）分部工程

分部工程是按工程结构、构造或施工方法不同所作的分类，它是单位工程的组成部分。如房屋的基础、地面、墙体、门窗，公路路基的土石方、排水、涵洞、大型挡土墙，桥梁的上（下）部构造、引道等。

（五）分项工程

分项工程是指通过较为简单的施工过程就能生产出来，并且可以用适当计量单位计算的"假定"的建筑或安装产品。如$10m^3$块石基础、$100m^3$水泥混凝土路面，一台某型号龙门吊的安装等。必须指出，分项工程只是建筑或安装工程的一种基本构成因素，是为了确定施工资源消耗和计算工程费用而划分的一种假定产品，以便作为分部工程的组成部分。因此，分项工程的独立存在是没有意义的，它不像上述项目那样是完整的产品。

三、公路基本建设程序

基本建设程序是指基本建设全过程中各项工作必须遵循的先后顺序。这个顺序是由固定资产的建设过程，即基本建设发展进程的客观规律所决定的。科学的基本建设程序能正确地处理基本建设工作中，制定建设规划、确定建设项目、勘察设计、组织施工、竣工验收等各阶段、各环节之间的关系，指导基本建设工作有计划、按步骤地进行。

公路基本建设程序，是指公路基本建设项目从规划立项到竣工验收的整个建设过程中各项工作的先后顺序。公路基本建设涉及面广，既受地质、气候、水文等自然条件的制约，又受物资供应、技术水平等物质技术条件的影响，同时需要建设单位与设计、施工、监理、质量监督等单位和部门的协作配合。因此，公路基本建设项目必须严格按照规定的程序实施，只有依次进行各方面的工作，才能达到预期的效果，否则将可能给国家造成严重的经济损失或给工程带来无法弥补的缺陷。

根据原交通部颁布的《公路建设监督管理办法》的规定，我国公路建设应当按照国家规定的建设程序和有关规定执行。政府投资公路建设项目实行审批制，企业投资公路建设项目实行核准制。

政府投资公路建设项目的实施，按照下列程序进行：根据国民经济长远规划及公路网建设规划进行预可行性研究，编制项目建议书；根据批准的项目建议书进行工程可行性研究，编制可行性研究报告；根据可行性研究报告和可行性研究报告批复编制项目设计招标文件；根据批准的项目设计招标文件、资格预审结果和公路建设计划，组织项目设计招标投标；根据可行性研究报告和可行性研究报告批复编制初步设计文件；根据批准的初步设计文件，编制施工图设计文件；根据批准的施工图设计文件，编制项目施工招标文件；根据批准的项目施工招标文件、资格预审结果和公路建设计划投标；根据国家有关规定，进行征地拆迁等施工前的准备工作，编制项目开工报告，并向交通主管部门申报施工许可；根据批准的项目开工报告，组织项目实施；项目完工后，编制竣工图表、工程决算和竣工财务决算，办理项目交工验收、竣工验收和财产移交手续；竣工验收合格营运一段时间后，组织项目后评价。

企业投资公路建设项目的建设程序如下：根据规划，编制工程可行性研究报告；组织投资人招标工作，依法确定投资人；投资人编制项目申请报告，按规定报项目审批部门核准；根据核准的项目申请报告；编制项目设计招标文件、组织项目设计招标投标编制初步设计文件，其中涉及公共利益、公众安全、工程建设强制性标准的内容应当按项目隶属关系报交通主管部门审查；根据初步设计文件，编制施工图设计文件；根据批准的施工图设计文件，编制项目招标文件；根据批准的项目招标文件、资格预审结果和公路建设计划，组织项目施工招标投标；根据国家有关规定，进行征地拆迁等施工前准备工作，并向交通主管部门申报施工许可；根据批准的项目施工许可，组织项目实施；项目完工后，编制竣工图表、工程决算和竣工财务决算，办理项目交工验收和竣工验收；竣工验收合格后，组织项目后评价。

为加强公路基本建设项目管理，公路建设还应当按照国家和交通运输部的有关规定实行项目法人制度、招标投标制度、工程监理制度和合同管理制度（通常称为"四项制度"），现将公路基本建设程序各阶段的主要内容分别叙述如下。

（一）前期阶段

1.项目建议书阶段

项目建议书是建设单位（业主）向国家提出的要求建设某一项目的建议文件，是对建设项目的轮廓构想，这种构想可来自国家、部门和地方的发展规划与计划安排，或来自市场调查研究，或来自某种资源发现。项目建议书应对拟建项目的社会需求进行分析研究，明确为满足此需求所要达到的建设目标，包括经济目标、社会目标和环境目标，并考虑可能承担的风险。

2.可行性研究阶段

项目建议书批准后，由政府交通主管部门组织项目的可行性研究。可行性研究是对拟建项目在技术上和经济上是否"可行"进行科学分析和论证工作，为项目决策（该项目是继续实施还是放弃）提供依据。可行性研究的主要任务是通过多方案比较，提出评价意见，推荐最佳方案。

按可行性研究的工作深度，划分为预可行性研究和工程可行性研究两个阶段。预可行性研究应重点阐明建设项目的必要性，通过路勘和调查研究，提出建设项目的规模、技术标准，进行简要的经济效益分析。工程可行性研究应通过必要的测量（高速公路、一级公路必须做）、地质勘探（大桥、隧道及不良地质地段等），在认真调查研究、占有必要资料的基础上，对不同建设方案从技术上和经济上进行综合论证，提出推荐方案。可行性研究报告的文件应符合《公路建设项目可行性研究报告编制办法》的规定。

可行性研究报告经审查批准后，项目才能正式"立项"。大中型项目和限额以上项目的可行性研究报告经批准后，可根据实际需要组成筹建机构，即组建项目法人。一般改建、扩建项目不单独设置机构，仍由原企业负责筹建。

（二）设计阶段

1.设计招投标及任务书阶段

设计招投标是根据可行性研究报告及可行性研究报告批复编制项目设计招标文件，进行项目设计招标，选择确定项目设计单位。设计任务书是项目确定建设方案的决策性文件，是编制设计文件的主要依据。设计任务书可由建设单位自行提出，也可由工程咨询公司代为拟定，或由建设单位与设计单位协商确定。

设计任务书的内容包括：建设依据和建设规模；路线走向和主要控制点；独立大桥桥址和主要特点；地理位置、自然条件和社会经济现状；工程技术标准和主要技术指标；设计阶段及完成时间；环境保护、城市规划、抗震、防洪、防空、文物保护等要求和采取的措施方案；投资估算和资金筹措；经济效益和社会效益；建设期限和实施方案。

2.公路设计阶段划分

公路基本建设项目一般采用两阶段设计，即初步设计和施工图设计。对于技术简单、方案明确的小型建设项目，也可采用一阶段设计，即一阶段施工图设计。对于技术复杂、基础资料缺乏和不足的建设项目，或建设项目中的特大桥、互通式立交枢纽、地质复杂的长大隧道、高速公路和一级公路的交通工程及沿线设施中的机电设备等，必要时采用三阶段设计，即初步设计、技术设计和施工图设计。

3.施工图设计文件组成

不论按几个阶段设计，其中的施工图设计文件都由以下几部分组成：总说明书、总体设计、路线、路基、路面及排水、桥梁、涵洞、隧道、路线交叉、交通工程及沿线设施、环境保护，渡口码头及其他工程、筑路材料、施工组织计划、施工图预算、附件。

（三）施工阶段

项目在开工建设之前，要做好以下前期准备工作。

1.预备项目

初步设计已经批准的项目可列为预备项目。国家的预备项目计划，是对列入部门、地方编报的年度建设预备项目计划中的大中型项目和限额以上项目，经过对建设总规模、生产力布局、资源优化配置及外部协作条件等方面进行综合平衡后安排和下达的。

2.建设准备的内容

建设准备的主要工作内容有：征地、拆迁和安置；完成施工用水、电、路工程；设备、材料订货；准备施工图纸；监理、施工招标投标。

3.申报项目施工许可

完成了规定的建设准备和具备开工条件以后，应申报项目施工许可。年度大中型项目和限额以上项目须经国务院批准，国家发展和改革委员会下达项目计划，其他项目可由部门和地方政府批准。

建设项目开工报告一经批准，项目便进入了建设施工阶段。本阶段是项目决策的实施、建成投入使用、发挥效益的关键，因此建设单位、施工企业、监理单位都应认真做好各自的工作。

公路项目开工建设的时间以开始进行土石方施工的日期作为正式开工日期。分期建设的项目，分别按各期工程开工的日期计算。施工活动应严格按照设计要求、技术规程、合同条款、预算投资、施工程序和顺序、施工组织设计，在保证质量、工期、成本等计划目标的前提下进行，达到竣工标准要求，经验收后移交使用。

（四）竣工验收及后评价阶段

1.竣（交）工验收交付使用阶段

竣（交）工验收是建设全过程的最后一道程序，是投资成果转入使用的标志，是建设单位、设计单位和施工单位向国家汇报建设项目的生产能力或效益、质量、造价等全面情况及交付新增固定资产的过程。验收工作在建设项目按施工合同文件的规定内容全部完成后进行。

公路项目验收分为单项工程交工验收和整体项目竣工验收两个阶段。竣工验收由建设主管部门主持，依据国家有关规定组成验收委员会，按照原交通部《公路工程竣（交）工验收办法》的要求组织验收。在工程验收前，建设单位要做好以下准备工作：组织设计、施工等单位进行工程初验，并向主管部门提出验收报告；整理技术资料，包括各种文件；绘制竣工图，必须准确、完整，符合档案管理的要求；编制竣工决算。验收合格的工程，应移交使用，并按有关规定办理交接手续。

2.项目后评价阶段

公路建设项目正常运营一段时间后，再对项目的立项决策、设计施工、竣工验收、生产运营等全过程进行系统评价的技术经济活动，称为项目后评价，它是固定资产投资管理的最后一个环节；通过后评价可以肯定成绩、总结经验、探讨问题、吸取教训，并提出建议，作为今后改进投资规划、评估和管理工作的参考。

项目后评价应经过建设单位自评和投资方评价两个阶段，包括以下内容：评估项目的实际成效，确定项目是否达到了预期目标和设计要求；检查设计、施工各个环节的实际质量；重新计算实际财务效益和国民经济效益。

第三节　城市道路交通及规划建设问题分析

一、现阶段我国城市道路交通现状

（一）城市道路交通的定义

改革开放的几十年时间里，我国各地经济呈现出高速、稳定和持续的发展态势，尤其是在发达地区，其经济发展和人民生活水平的提高促使了各种私家车辆与日增多，也造成了城市道路的堵塞和各种交通事故的频发。因此，在目前的工作中，为了保证城市交通的合理布局和有序发展，就必须在工作中从交通系统内在机制入手去总结和分析，针对其中存在的各种问题加以处理和完善，从而使得交通管理规划的编制和实施成为我国经济发展的保障。

（二）现阶段我国城市道路交通现状

1.城市规模逐步扩大，运输压力沉重

在我国快速城市化的进程中，大城市人口不断聚集，机动车数量快速增长。大量人员出行和物资交流频繁，使城市交通面临着沉重的压力，主要表现为：

（1）机动车数量增长过快，道路容量不足。城市机动车增长迅速，而与之对应的人均道路面积却一直处于低水平状态，虽然随着城市道路交通的扩建等已经有了较快发展，但仍赶不上城市交通年均量20%的增长速度。

（2）路网不合理，交通管理水平低下。我国现有城市路网一般都是密度低，干道间距过大，支路短缺，瓶颈路、断头路、畸形路较多，交通微循环不畅，功能混乱，平均出行时间长，出行效率下降，难以适应现代汽车交通的需要。交通信息服务、交通安全管理的设施不能满足现实的出行需求，交通政策的制定与实施整体水平有待提高。

（3）公共交通萎缩，出行结构不合理。目前我国城市公共交通系统建设总量严重滞后，对公共交通投入不足，公交优先战略落实不到位，城市公共汽车交通持续萎缩，从运营效率到经营管理，从服务水平到经济效益，城市公共交通发展缓慢。虽然公共车辆和线路长度增长许多，但公交车辆的运营速度不断下降，新增的运力被运输效率低下所抵消。由于公共交通受到冲击，被转移出来的乘客便要寻找其他出行方式，加剧出行结构的不合理。

2.城市交通带来的环境问题

交通运输的发展促进了城市的产生，而城市也离不开便捷的交通运输。一个城市的交通越发达，其商业化程度和现代化程度也就越高。而交通运输在方便了人们出行的同时对环境产生着严重影响。随着我国机动车保有量的迅速增加和出行状况的不断恶化，机动车的废气排放及噪声问题日趋严重。我国汽车工业技术水平的滞后以及城市人口、车辆和建筑的过于密集，加剧了污染的危害性。另外，交通水体污染、地面下沉、日照危害、电波辐射等交通公害也严重影响着人类的身心健康。

3.停车难的问题非常突出

随着城市私家车保有量的持续上升，城市"停车难、乱停车"等问题日益突出，"停车难"的影响不仅局限于停车本身，还引发了一系列城市管理问题。首先，"停车难"加重交通拥堵，引发公共纠纷，近年来，由于私占草坪、私安地锁、堵占道路等问题引发的邻里纠纷、车辆剐擦问题日益增多，停车问题引发的治安事件和暴力冲突事件也时有发生。其次,"停车难"还带来了安全隐患,小区内通道停车常常导致救护车、消防车无法快速通过,小区外占道停车则导致人流、自行车流进入机动车流,极易导致交通事故的发生。

4.交通事故频发

交通拥堵问题造成时间资源浪费严重,消耗大量能源,产生严重的空气污染,交通事故造成大量人员伤亡和财产损失,这些都阻碍了城市社会经济与环境的健康发展。

二、现阶段我国城市道路交通的问题及原因

(一)现阶段我国城市道路交通的问题

1.城区规模的不断扩大和交通基础建设相对落后形成鲜明的对比

随着城市建设的不断扩大和完善,城区作为全市中心的地位日益突出,流动人口数目逐年增加。城市的生产和生活强度加大,使得城市内部道路难以承受沉重的交通压力。虽然近年来城市路网建设速度加快,但仍赶不上城市交通量的年增长速度。同时,近年来城市道路建设的增加主要分布在旧城市向周边延伸发展的新城区,旧城市的道路面积率增加不大,难以满足旧城市日益增长的交通需求。

2.各种机动车辆增幅过快,机动车与非机动车混行加剧了交通拥挤

随着人们生活水平的不断提高,个人拥有小轿车的数量逐年上升。尤其是近年来,个人购买小轿车已不是"富人"才能办到的事,它已逐渐进入工薪阶层家庭。汽车购买量呈几何倍数增长,可城市道路面宽却没有增加,造成了城市交通拥挤不堪,堵车、交通事故时有发生。尽管政府采取了一些相应政策,但还远远满足不了车辆日益增长的需求。

3.交通管理科学技术仍处于较低水平

缺乏统一科学的交通管理机制,导致交通管理决策的系统性、前瞻性、信息性较低,难以实现决策的预期效果。交通管理的信息化、网络化、现代化水平尚有待提高,日常管理中由于财力不足,警力偏少,往往顾此失彼。

4.公共交通发展缓慢

公共道路交通是任何一个城市都必须面对的共性难题,大力发展公共交通、优先发展公共交通是解决城市道路交通问题的重要措施之一。道路公共交通因投资少、建设难度小、乘客量大等优点,目前成为我国城市交通的主导类型。但是我国公共交通发展状况却不尽如人意,主要存在以下几方面的问题:

(1)对于公共交通的财政补贴政策不到位;

(2)公交优先通行政策未落实;

(3)道路公共交通规划设计缺乏科学性和合理性;

（4）道路公共交通设施差，服务水平不高；

（5）公共交通运行车辆少。

5.市民安全意识和遵规守法意识薄弱

我国大多数城市居民参与交通比较随意。闯红灯、骑摩托车不戴安全头盔、超载、超速等交通违法现象仍十分严重。与此同时，行人、非机动车道路交通违法现象也比较严重。

（1）横穿道路。在横穿公路时很少有行人自觉地去走人行横道，而是就近横穿，由于现在道路比较宽阔，在路上行驶的机动车车速较快，行人和非机动车突然横穿马路，会造成机动车驾驶人来不及反应，有时仓促打方向、刹车不及等，易发生交通事故。

（2）结队而行。工厂职工、学校学生等人员较为密集的场所，民众经常结队而行，常常在公路上横排骑行，极大地侵占了道路资源。尤其是学生，相互勾肩搭背、追逐游戏，不仅影响交通秩序，而且极易造成交通事故。

（3）不守信号。"红灯停，绿灯行"，连学前班的儿童都知道，更不用说成年人了。现实生活中，当交警查扣驾驶非机动车的群众时，众人一致的说法均为"急着赶路，下次注意"。这种打着赶时间的幌子，骑车、行走不看信号灯的行为隐藏着极大的安全隐患。

（4）翻越护栏。为禁止行人随意穿越公路，市政部门通常会在道路中间设置护栏，既美化了城市，又分离道路，使其各行其道。但部分行人为图自己方便公然翻越护栏，不仅影响了城市形象，也扰乱了交通秩序。

（5）越线停车。在等待放行信号时，行人、非机动车习惯于停在停车线前。后面的往前挤，前面的会挤到路口中间，其他车辆右转或直行时受到严重影响，路口也极易被阻塞。

（二）现阶段我国城市道路交通问题的原因

1.城市路网密集程度高，结构不科学

城市的路网一直以来都是影响城市交通问题的重要指标。城市道路主要分为快速路、主干道及各个支道，在整个城市发展的过程中，不同等级的道路数量不尽相同，只有比例协调才能推动城市道路的高效发展，提升道路的通行能力。但是，城市道路在发展和建设的过程中，很多工作人员由于片面地追求城市的整体形象，往往会忽视道路的等级特点。道路的主路和支路的设置失去了合理性，或者是道路网络设置不符合城市建设的整体要求。如果道路支路的网络密集程度没有达到相应的指标，城市交通必然会出现严重的拥堵问题，这种问题的出现是任何其他因素都无法规避的。

2.城市交通管理人员人力不足

从现如今的城市交通建设中可以看出，由于交通规模在不断加大，交通管理人员一直都是支援交通发展的重要因素。面对一些突发性交通事故，交警人员或者是其他的管理人员无法及时赶到现场。这就严重地影响到交通的正常运行。此外，交通管理人员的自身素质还有待完善，很多管理者对于道路交通的相关内容模棱两可，严重地阻碍了交通事业的长远发展。同时，公交车站点处出现交通拥堵的现象也比较严重，这与交通管理工作者的管理力度以及管理方式之间存在着密切的联系。

3.停车场容量不足，管理不规范

公共停车场和机动车停车场的数量之间需要形成一定的比例关系。但是，我国的交通建设工作中并没有将这一问题置于首位，以致机动车不合理占道问题频繁发生，直接造成严重的交通拥堵问题，进而严重影响到市容市貌。因此，解决机动车的公共停车问题是做好城市交通管理的重要前提。

4.交通参与者交通安全法治意识不强

从交通参与者的安全法治观念上看，还明显落后。这与市民的安全意识关系密切，这种问题的长期存在，直接影响到城市的文明程度，甚至连机动车驾驶员对于道路交通问题的认识程度也远远不达标。

5.城市交通堵塞

从城市交通建设工作中可以看出，人们的交通需求量在不断提升。随着国民经济的高速发展以及民众生活水平的提高，机动车的数量在逐渐增长，车辆类型呈现出一定的多样化。其中，自行车和机动车在同一道路上行驶，这就出现了严重的车辆混行的现象，由此出现交通拥堵问题也在所难免。

三、城市道路规划建设现状及问题

（一）城市道路规划建设现状及问题分析

1.路网等级结构不合理，造成道路系统功能紊乱

受理论、习惯、管理等因素的影响，有关部门往往忽略城市非主干道及相关街巷的规划建设，只重视城市快速路及重要主干道网络规划建设，导致城市道路交通运输功能紊乱，城市交通网络布局不合理。城市交通拥堵在几条贯通性主干路，交通干道与支路缺乏过渡性连接设施，不利于差别化距离交通系统的相互分离以及更好地发挥不同类别道路系统的交通功能，同时不利于机非分流系统的形成，这几乎是我国大城市的通病。比如，快速交通流与普通交通流重叠；不同距离交通重叠，机非交通流重叠；过境交通横穿城市道路，城市中心公交、自行车、行人出行没有方便感、舒适感；新建小区成为公交盲区，等

等。路网功能性差，影响整体功能的有效发挥，迟滞了机动化和智能化交通的发展。

2.城市道路质量问题，影响交通出行的便利和通畅

城市道路既是城市交通的载体，也是经济发展的重要体现，对其工程质量的严格要求是延长道路使用年限，提高建造效益的重要保障。但在实际建设中，城市道路却存在路基回填不当，道路路基施工处理不当；路面结构过早破损，路面基础下沉；沥青或混凝土路面养护不当及表面平整度差引起的裂缝、壅包、车辙、坑洼等损坏。这些病害主要是由于超常抢工、质量标准控制不严、设计及施工工艺不当等原因，以及施工组织编制不当、设计不合理等原因造成的。经常开挖导致行车不畅或路面坑洼，市政附属管线设施的交叉施工，这些都严重阻碍了道路交通的顺畅运行。

3.城市道路排水功能低，缺少相应的绿化设施

（1）片面注重提高地上建筑功能结构，而忽视地下排水设施的科学规划和更新建设。很多新建开发区地上建筑和人口密度过大，而地下排水管线布局不合理，管径设计偏小；边井设置不当、边井数量不足、管道变形严重，管道堵塞等原因导致雨天排水不及时，路面积水形成"水膜"，降低路面的抗滑性能增加行车的难度，有时窨井井盖或强度不足，在行车荷载作用下出现断裂，极易导致交通安全事故。

（2）道路地上部分除了具备基本交通功能，绿化作为道路设计的辅助部分，没有引起足够的重视；在扩建、改建道路时，一味追求在有限的地域内最大限度地增加道路宽度，而新建道路绿化带一再缩减，甚至为了满足停车位的需求而将绿化部分完全消除。其实，除了主干路要配套建设高等级绿化带，次干路、支路因为多位于居民区、人行道，无论从生态环境还是居住环境来说，都需要有充分的道路绿化来改善人居和出行环境。

4.道路发展注重解决眼前问题而忽视保护历史地域特色

地方政府大多将道路建设作为改善城市面貌和提升城市投资环境的突破口，从而更好地发挥城市交通的导向作用。但城市的人文资源、历史痕迹正随着道路建设的迅速扩张而逐步消失。旧城主干路绿化布局形式已成为城市的特色，许多别致的古建筑与古树林木是城市历史的见证。但随着这些道路改造的推进，城市的街道景观正遭到极大破坏，很多蕴含着城市特色的街巷正逐步被现代化的大道所取代。

（二）城市道路交通规划的发展趋势

为了进一步适应市场经济体制下道路交通规划发展的需要，我国以政府管理为主体的城市道路交通规划体系将进一步向市场化转变，具体体现在以下两方面。

（1）城市道路交通规划设计领域将逐步放开，交通规划设计总体方案的公开招投标将进一步发展；

（2）道路交通规划的设计方案形成与实施还必须考虑市场的需求，引入城市经营的

全新建设理念,在城市开发与建设过程中充分发挥道路交通规划的功能,以市场经济的思路解决道路交通规划建设实施的问题。

城市道路交通规划的法治化进程将进一步深入,从而确保城市规划的严肃性和权威性,从根本上提高城市道路交通规划的管理水平。主管责任单位应强化执法力度,从严惩处各种违规用地和侵占项目。城市道路交通规划应进一步提高公众参与度,在规划方案编制过程中广泛听取社会各界的意见和建议并及时向全社会公开。城市道路交通规划管理的民主化和法治化,既是城市规划管理工作的一大改进,也是在市场经济环境下城市发展的必然需要。

四、城市道路建设与城市交通网络的完善

(一)城市道路建设与城市交通网络完善的措施

1.科学划分路网等级,有效发挥道路系统功能

每个城市的决策者往往最关心道路究竟能通行多少机动车,道路基础设施作为机动车交通的载体只是反映了硬件条件。此外,路网的承受能力与城市交通管理及宏观政策制定也有密切关系。对一个城市而言,有必要对道路进行分级,启动"城市机非分流系统",交通需求会对城市道路进一步分级提出具体要求,并且旧城与新区限制条件、开发模式完全不同。除了按功能将支路分交通性支路、机动车单行支路、自行车优先支路和非机动车专用路或步行道,还应按旧城与新区将道路分为两级;另外,要合理改造利用属于历史街区保护的街巷,在功能完善的同时,注重道路的景观设计。

有效发挥城市道路功能必须贯彻以人为本、可持续发展、整体协同、交通分流、优先服务及系统性等观点。各类交通在这些道路上的优先级不同,不同类别道路的主要服务对象亦应不同,需要从交叉口节点、分隔设施、路边停车、主要服务对象及优先级、道路两侧用地性质、公交站点设置等各方面提出具体的措施要求。

2.提高道路建设质量,保证交通出行安全

城市道路基本设施建设作为市政公用设施的主要组成部分,要从科学合理设计、加强材料控制、规范施工程序、严格竣工验收等方面进行全程把控。

市政道路作为城市交通枢纽,不但要考虑其承担的交通重任,还要结合城市定位和长远期规划,综合考虑给排水、热力、电力、燃气、通信等管线的平面布置和互相交叉,避免因不同部门检修、维护、保养而使得路面频繁开合;要在保证材料质量的前提下,合理降低材料的成本;施工过程中,要严格按照规范程序操作,对涉及工程承重构件的材料、工艺等关键工序实施平行检验,避免存在质量隐患,确保工程质量;对完成道路的工程质量进行验收、评定,要确保达到规划要求的功能和使用价值,实现道路建设投资的经济效

益和社会效益。

3.重视排水设施的改造完善，加大城市道路绿化建设

城市道路的排水系统主要包括雨水管线和污水管线。地上排水系统主要指排除雨水，地下排水系统包含雨水和污水双重排放管线。随着全球资源短缺及生态环境文明建设的日益突出，重视城市排水和雨水收集，也是道路排水设施功能完善提升的又一重要目标。科学地在道路下敷设排水暗涵，并沿途设置预留支管收集两侧地块的雨、污水，设置雨水口，收集道路路面雨水，对于大到暴雨，要扩充通道，加速排流。

城市道路绿化是城市道路建设不可或缺的组成部分，在城市绿化覆盖率中占一定比例，也是城市面貌的重要体现。对于老城区绿化少的问题，以照顾原有绿化为基础，主要依靠路段扩建来解决，而新路建设时应从长远考虑，采用宽分隔带、宽绿化带的设计；尽量形成疏密有致的立体空间结构，可选择树形别致、高低错落、树冠大的树种交替种植，其下种植低矮植被，增加城市道路的灵气与活力。

4.加快交通主枢纽设施建设

在内环路、环城高速公路的基础上，加强其联络线和放射线建设，打通、拓宽"瓶颈"路，完善由高速路、快速路、主干道共同构成的城市道路交通网络，改善中心城区交通状况；还可以适度超前建设交通基础设施，大力发展快速轨道交通，建立以城市轨道交通线网为基础，市郊列车、城际快速轨道线及其他有轨交通为辅助的城市轨道交通运输网，有效发挥城市的服务与辐射功能；不断完善交通配套设施建设，改造与整合现有交通枢纽、客货运站场及停车场。

5.科学规划城市交通，使道路交通管理决策科学化

城市道路规划应当确保管理措施的合理性和实用性。城市交通发展战略要从国情出发，要适应现代化城市可持续发展的要求。城市交通建设规划首先要解决城市交通的需求，并达到建设耗资低、运营效率高、见效快的目的；其次还要从城市布局方面来解决城市交通的可持续问题，城市土地利用规划的思路从注重发展速度、用地规模和人均用地指标转向注重合理的空间结构和用地形态。完善城区道路交通网络，大力发展城市快速交通，是解决城市交通拥挤问题的根本出路。

6.进一步完善城市道路交通基础设施建设

道路交通基础设施不规范是制约城市交通的重要因素，鉴于我国人均道路面积过小，首先从道路基础设施入手，要加大旧城道路的拓宽和改造力度；在对城市道路基础设施状况进行全面摸底的基础上，严格按照道路交通建设有关规定，及时通过新增或改造城市道路，改变城市路网稀、人多路少的局面。切实提高道路交通通行能力，确保交通安全；大力提高城市道路交通科学管理水平；实现城市道路交通安全、通畅、有序，关键在于教育和管理。交通管理部门要积极探索和改革交通管理方法和勤务模式；加强对重点复杂路段交通的疏导、控制和整治，严格纠正和处罚各类违章行为。

（二）完善城市道路交通规划设计

1. 道路交通规划设计应遵循的原则

（1）合理用地原则。城市道路在设计时要考虑到城市用地的需求，因为城市道路自身就占用大量的城市用地，在设计时，不能为了城市交通而一味地增加城市道路用地；在设计时，要结合城市功能分区，充分了解功能分区之后，再选择合适的交通模式来进行设计，如商业区，就要多设计成公交道路，以缓解交通压力。

（2）合理布置空间原则。现代城市道路发展水平非常高，已不仅拘泥于城市地面交通，还有地下以及高架交通，在城市道路建设设计时，一定要将其有效地融合起来，更好地为城市居民出行服务。实际上，城市道路承载的功能不仅是基本的交通运输功能，还有管线载体功能，如果设计美观，还具有一定的景观功能。因此，在空间上一定要合理布置，保证各项功能都能充分地发挥出来。要想做到这一点，在城市道路设计时，就要合理地安排各种道路基础设施，既要满足城市居民的基本需求，又不能过于冗杂，占用过多的道路空间。

（3）合理分配路权资源。通常情况下，城市道路都是以机动车道为主，而人行道、自行车道以及公共交通使用的道路对城市道路来说，主要就是辅助作用。因此，在进行城市道路设计时，要根据不同的道路作用以及道路等级，来分配路权资源；除此之外，还要考虑服务的对象，如在现代城市，只有极少数人使用自行车作为代步工具，因此在建设自行车道时就不需要占用很多的路权资源。盲人是受保护的群体，在城市道路设计时，一定要有足够的空间来设计盲道，以保证盲人的正常出行。

（4）根据城市风貌进行设计。每个城市都有各自的特点，在城市道路设计时也要结合城市自身的特点自行设计，这样才能突出城市特色。有些城市受地形地势影响，不适合将城市道路设计得比较宽；有些城市绿化或者是自然景观风貌比较好，道路设计要充分结合这方面的特点。道路设计与城市风貌有效地结合起来，并且利用先进的设计理念进行空间组合，一定会取得良好的效果。

2. 道路交通规划设计策略

（1）行人过街设施。针对行人过街和无障碍设施建设给予充分关注，体现公平、合理、以人为本的交通理念。新建安全岛宽度应大于2.0m，特殊情况下最小宽度不宜小于1.75m，这与标准规定一般城市安全岛的最小宽度1.5m的要求有所提升；改建、治理交叉口的安全岛宽度应大于1.0m，长度不宜小于连接处人行横道宽度。

（2）无障碍设施。城市道路是一个综合性、开放性的空间，除满足普通出行者的使用需求外，还要考虑特殊人群的需求，体现城市的包容和关怀。目前，一些城市障碍设施建设水平虽然有所提高，但也存在一些问题，如系统性和连续性有待加强。设计利用无障碍设施的系统化布置，形成道路通行范围的无障碍环境；尤其在一些重要地点如轨道交通车站出入口、公交车站、过街设施之间及人行道，合理设置缘石坡道、轮椅坡道、垂直电梯及盲道，形成通行的连续性；同时，为提高服务水平，通过设置无障碍卫生间、盲文地图，保证相关群体平等参与的权利。

（3）交通稳静化措施。近年来，由于机动化快速增长导致了居住区人与车之间的矛盾加剧，降低了居住生活质量，使得街道空间交通以外的功能正在逐步丧失。如何缓和交通给居民带来的冲击，还居民安全、宁静的生活环境，保证行人在移动时获得良好的道路品质，是城市交通方案编制过程中需要思考的重要问题。一些城市交通规划过程中提出采用一些交通稳静化措施改善人居环境，寻求交通安全与交通运输功能之间的平衡。这些措施主要包括抬高人行横道、设置减速装置、交叉口压缩设计等，这些措施可以有效降低居住区周边道路机动车车速、保障行人安全。

（4）交通环境改善。城市道路交通规划设计方案对公共设施（包括公共服务设施、遮挡设施、地上杆线及箱柜、公共艺术）以及各种设施之间的整合提出了相关要求。考虑到一些城市夏季气温较高且多雨，在一些人行道及有特殊需求的位置（二次过街、轨道交通车站、公交车站）设置风雨廊，为行人创造舒适的交通环境。同时，针对以往人行道上设置多种公共服务设施影响道路市容环境及行人通行安全的问题，城市道路交通规划在设计时需要考虑到人行道上的各种设施，应采取共架、集约化、代用、兼用、改用等措施促使设施之间整合，减少对道路空间的占用。

第二章　市政路桥规划设计

第一节　公路网规划与公路勘测设计

一、公路网规划的基本原则、程序和基本内容

（一）基本原则

1.综合运输，协调发展

在现代化的交通运输系统中，主要的运输方式包括公路、铁路、水路、航空和管道运输，每种方式都有其特定的适用范围与条件。在制定区域公路网规划时，必须首先分析和考量这些不同运输方式的现状及其发展趋势，尤其是铁路和水路的大规模协调发展战略。这种宏观的统筹考虑，应当成为制定公路网规划的重要依据。

根据我国的经济战略发展需求，综合运输规划的构想中包括构建八大主要通道。这些通道分别包括：从秦皇岛至大同的大秦铁路与公路干线；天津至太原的高速公路、铁路以及航空线路；连接连云港至西北地区的高速公路和铁路；以长江水运为核心，配合公路和铁路的上海至西南地区通道；由珠江水系和含公路、铁路、航空线的广州至昆明线路；北京至广州的高速公路、铁路和航空线路；哈尔滨至大连的公路和铁路；山海关至杭州的公路和铁路。

为了最大限度地利用公路运输点对点直达的优势，并满足区域"面"上的运输需求，规划区域内的公路应形成独立的体系和网络结构。因此，在公路网的规划中，应该以综合运输为依据。

2.结合实际，量力而行

目前，我国在经济发展和公路交通建设方面均取得了突出进展。国民经济的规模和公路网络的质量呈现良好态势。尽管如此，考虑到中国幅员广阔、人口众多以及相对滞后的经济状况，我们在进行公路建设时必须脚踏实地、因地制宜。公路网络的建设涵盖广泛领域，需要大量资金，且在规划时应避免过度占用耕地。中国各地的经济水平、自然环境及

已存在的公路网络差异显著，无论是从宏观层面还是微观层面来看，这些差异在公路网的区域规划中极为重要。此外，公路网络规划是一个持续变化和发展的过程。

在我国，混合交通是公路网规划过程中必须重视的重要因素之一。一般情况下，我国干线公路上的机动车比例显著高于地方道路，而城镇近郊道路上非机动车的比率又超过了远郊道路。随着交通运输业的持续发展，公路交通的构成预计将会发生改变，各地区混合交通中的机动车占比预计将会上升。

3.讲究效益，保护环境

公路网络是区域社会经济发展的重要基础设施之一，其建设和运营目标在于满足地区发展需求、完成人货运输任务，并推动地区经济社会的持续进步，同时确保项目本身的经济收益。特别是高等级公路的建设，作为关键的基础设施项目，不仅投资巨大，其影响也是广泛和深远的。因此，公路建设必须兼顾经济、社会与环境三者的效益，实现三者的和谐统一。

公路网规划是对区域网络建设的整体策略和具体执行，必须优化公路项目的布局与顺序安排。这一优化的核心在于是否能合理配置资源与资金；是否能平衡建设者、使用者及社会各界的利益，确保公平性；是否能促进区域内经济社会的均衡发展；是否能有效保护环境与自然资源，突出地区的人文和生态特色，从而确保规划的路网达到最佳的综合效益，支持社会的持续发展目标。

4.系统分析，整体优化

从系统分析角度来看，公路网可被视为一个复杂的系统，其规划需要立足于系统分析的理论原则。系统分析是一种应用广泛的技术手段，旨在通过定量的方式，分析系统内各元素间的相互作用及其对整体性能的影响，以达成系统的整体优化。系统工程的核心在于其全局观，不仅关注单一元素的性能，更强调系统整体的功能与效率。与此同时，系统工程还强调科学性和综合性，鼓励运用数学模型和现代数学工具进行深入分析，从而为公路网规划提供科学依据和优化方案。

5.近期与远期相结合

公路网建设是一个持续发展的过程，其规划需要兼顾近期和远期的目标。这一过程中，既要对短期内即将实施的项目进行详细规划，保证其符合当前的需求与条件，又要展望未来，为中长期发展设定目标和方向。因此，公路网规划应实现规划内容的动态更新，即所谓的"规划滚动"，这种方法旨在将近期规划的实施情况与远期规划的目标相结合，确保规划的灵活性和实用性。

6.理论与实践相结合

系统工程的理论和方法为公路网规划提供了科学的指导和分析工具，有助于优化规划方案，并提高公路网络的整体运行效率。然而，理论是否有价值，关键在于其能否落地实施。因此，公路网规划不能仅仅停留在理论研究的层面，而应深入工程实践，充分考虑地理环境、经济条件、技术可行性等因素，制定既科学又实用的规划方案。

（二）公路网规划的程序和基本内容

公路网规划必须建立在区域国土规划和区域综合交通规划的基础上，这主要是由于公路网络需要适应土地的开发利用以及区域经济的发展需求。具体来说，土地使用（涵盖地下资源、旅游资源等）和区域经济的发展会对交通设施提出新的要求，而交通设施的发展反过来又会促进土地使用和经济活动的进一步增长。作为综合运输网络的一个分支，公路网的设计和配置不仅要服务于各个运输节点及其分布特点，还需要考虑到不同节点间的运输需求和特性。在公路网规划中，目标的分析与确定及其相关的远景交通量预测是关键步骤，这些通常依赖于区域的国土规划和综合交通规划情况。

远景交通量的预测工作包括区域内交通量产生、分布及分配模型的构建，这些都是公路网规划的核心内容，并直接关系到规划方案的优化。此外，资料的收集与问题诊断也是规划工作必不可少的一部分。

公路网规划的优化是规划过程中极为重要的一环，其结果直接决定了公路网规划方案的制定和最终决策。这一过程包括设计、优化和决策等多种模型的建立和应用。公路网规划方案的优化依据是对交通量的预测和公路网的评价，通过运用交通工程学和最优化技术，确保达成规划的各项任务和目标。在更高的决策层面，公路网规划方案的优化将极大影响规划区域未来公路建设的级别及公路运输的绩效。

公路网评价作为规划工作的一个过程，在公路网规划中起着承上启下的主导作用。评价不仅是规划的起点，通过对现有公路网的评价和定量分析，帮助明确规划目标；也是规划的收官阶段，通过对规划方案的评价，为规划成果的论证、优化及决策提供定量的支持。

综合来看，公路网规划的基本内容主要包括预测、网络化建设、方案优选、评价等各方面。具体内容包括：①区域技术经济的调查分析；②公路网远景交通量的预测；③公路线路（包括新建线路和原有线路改建）平面布局和等级结构方案的设计；④公路网评价系统模型的建立与运用；⑤公路网目标优化模型的建立与运用；⑥公路网方案决策模型的建立与运用；⑦公路网实施计划和投资优化决策模型的拟订和运用。这些内容构成了公路网规划的框架和核心，确保公路网的科学规划与高效实施。

二、公路网规划的方法

（一）四阶段法

四阶段法本质上是一种用于预测交通需求的方法。该方法立足于微观经济学理论，通过开展现状OD[Origin-Destination，表示"起点—终点"，它被广泛应用于交通需求分析和预测，用于描述从一个地方（起点）到另一个地方（终点）的交通流动情况]调查、收集交通数据及分析历史资料，研究区域经济在不同时间和地点如何影响交通需求，并据此建立相应的预测模型。具体来说，四阶段法将交通需求预测分解为以下四个阶段：预测交通发生量与吸引量、预测OD分布、预测运输方式的选择及路网交通量的分配，有效地将公路网规划与区域经济发展紧密结合。这一方法通过分析各种规划路网方案在未来交通需求增长条件下的运行指标（如流量、车速和饱和度等），来评价和选择最佳规划方案。四阶段法的运用效果很大程度上依赖于OD交通流量数据，其分析重点在于通过网络和线路规划改善交通运行条件。

从技术层面讲，四阶段法提供了迄今为止最成熟的路段交通量预测和分析技术，能够具体展现土地利用与交通状况之间的相互关系。然而，在公路网规划中，作为一种理论的交通需求预测方法，其基于现状的预测结果不应直接成为规划的最终目标，而应作为辅助决策或政策分析的工具。只有将其与公路网络分析有效结合，四阶段法才能在公路网规划中发挥出其应有的作用。

（二）结点法

结点法主要用于路网布局。这一方法将公路网规划的问题细分为选择路网的结点与线路两大步骤。针对不同地域、不同规模及层级的公路网，结点的选取依据也各不相同。其核心在于综合交通和经济因素，构建一个涵盖结点重要性和结点间连线重要性的模型，这些模型是网络布局设计的基础。此外，因城镇发展、土地开发与交通网络间的内在联系，结点法能有效阐释土地使用、交通需求与交通设施间的相互作用，并能全面反映网络服务的整体要求，而不仅限于交通需求。

在实际应用中，结点法包含较多的定性分析元素。例如，在评估结点重要性时，需要人为设定经济指标的权重，不同人员可能因考虑因素的差异而给出不同的结点重要性评估，这使得使用结点法进行规划时，最终的布局方案可能带有一定的不确定性。

（三）总量控制法

总量控制法是一种宏观规划方法，其核心理念是从整体角度审视并预测规划区域内与公路交通紧密关联的总体变化趋势。在详尽调研区域现有交通网络的基础上，此法结合地区社会经济发展情况及交通、运输量的动态变化，通过区域道路交通的总需求来决定公路网建设的规模，同时根据社会经济发展及生产力分布特征来设定网络总体布局及其分阶段的执行方案。该方法不需依赖OD调查，具备清晰的逻辑、创新的理论、节省人力物力财力和时间等优势。

总量控制法着眼于交通宏观原因的研究，分析区域经济规模分布与运输网络形态的相互影响，从宏观系统的视角全面掌握公路网的发展走向。这种规划方法结合了定量与定性分析，适应了公路网规划的需要，深刻地结合了中国国情，最大限度地利用现有统计数据，操作简便且易于决策者理解。然而，在路段交通量分配上，总量控制法显示出一定的局限性，这影响了确定各路段规划级别的准确性。

上述三种方法在实际应用中都有其成功案例。尤其是四阶段法用于交通需求分析和预测，在公路网规划、城市道路网络规划及建设项目可行性研究等多个领域均广泛应用。此外，当前许多交通分析及规划的商业软件也主要采用四阶段法作为理论基础。

鉴于这些理论与方法各有所长和局限，探索它们的结合点，尤其是通过简单有效的公路交通OD分布推算方法的研究，以实现这些规划理论和方法的有机整合和相互补充，已成为当前理论研究与实践的焦点。

三、公路勘测设计程序

基本建设程序是指基本建设项目从决策、设计、施工到竣工验收全过程中，各项工作必须遵循的先后次序。这一程序的科学性不是由主观决定的，而是基于建设的客观规律。作为国民经济基础建设的一部分，公路工程的建设过程包括公路网规划和公路勘测设计等环节。

（一）项目可行性研究阶段

在进行投资决策前，对建设项目的社会、经济及技术等方面进行全面的调研和研究，涉及对不同建设方案的技术经济分析和比较，以及对项目经济效益的预测和评估，最终形成是否投资及如何投资的结论性建议，为投资决策提供坚实的依据。

一项好的可行性研究，应该具有两方面的作用：一是应为投资者推荐经济技术上最优的方案，明确项目的财务收益和风险程度，评估项目是否值得投资；二是应使管理部门从国家角度对项目的价值进行评估，确保银行及其他资金提供者明白项目的偿债能力。

1.可行性研究的阶段划分

可行性研究工作主要包括四个阶段：机会研究阶段、初步可行性研究阶段、详细可行性研究阶段、评价和决策阶段。

（1）机会研究阶段。在机会研究阶段，主要任务是筛选并提出建设项目的投资方向。专业团队将针对特定地区和行业，基于该地区的自然资源、市场需求、国家政策及国际贸易现状进行全面的调查和预测分析。通过这一系列专业评估，团队旨在挖掘和识别具有投资价值的建设项目，从而为后续研究奠定基础。

（2）初步可行性研究阶段。初步可行性研究阶段是对选定项目进行初步探讨，旨在评估项目的基本可行性。通过对项目潜在的经济效益、技术实施方案、环境影响及社会效应等方面进行初步分析，专业人员将判断该项目是否具备进一步深入研究的潜力。如果结果积极，项目则进入下一阶段；反之，则可能会提出中止项目的建议。

（3）详细可行性研究阶段。详细可行性研究阶段是整个研究过程的核心，通常也称为技术经济可行性研究阶段。在此阶段，将对项目的所有关键因素进行深入和系统的分析，包括成本效益分析、市场竞争力评估、技术方案的可行性、法律法规遵循性等。这一阶段的研究成果将直接影响到项目是否能够获得最终的投资批准，因此通常需要投入大量的时间和资源。

（4）评价和决策阶段。评价和决策阶段是最后阶段，此时，项目将被提交给投资决策部门和相关咨询机构进行最终评估。在这一阶段，专家和咨询公司将对所有的可行性研究报告进行全面的复审，以确保项目的所有方面都已经得到充分的考虑和正确的评价。基于这些评估，决策部门将做出是否投资的最终决定，并选择最合适的投资方案。

2.可行性研究内容

公路建设项目可行性研究报告的主要内容应该包括以下几个方面。

（1）项目总论：阐述建设任务的依据和历史背景，研究的范围、核心内容及主要结论等。

（2）现行公路技术评估：分析区域运输网络的现状及其存在的问题，预建公路在区域网络中的角色，现有技术状况及其适配性。

（3）经济与交通量发展预测：探讨项目区域的经济特征、经济增长与公路运输量的关系，以及交通量的预测。

（4）建设规模与标准：明确项目的建设规模，采用的标准级别及关键技术指标。

（5）建设条件和方案比选：调研路线周边的自然与社会环境，比较不同方案，推荐最佳方案路线、关键控制点及工程概览，并分析环境影响，编制环境评估报告。

（6）投资估算与资金筹措：包括主要工程数量、公路建设与拆迁、投资估算与资金筹措等。

（7）工程建设实施计划：制定勘测设计及施工的时间表和要求，包括工程管理与技术人员培训方案。

（8）项目的经济评价：设定运输成本等经济参数，评估建设项目的直接经济效益和成本，进行经济评价的敏感性分析，研究项目的间接经济效益，贷款项目还需进行财务评估。

（9）综合评价与结论、建议。

通过对以上内容进行梳理可以观察到，项目的可行性研究报告大致可以划分为三个关键部分：①市场研究，包含产品市场的深度调研以及未来预测研究，此为项目可行性研究的基石与出发点，主要着力于解答关于项目的"重要性"；②技术研究，也就是技术方案及建设条件的全方位研究，这构成项目可行性研究的技术基础，着重于处理项目在技术方面的"实现可能性"；③利益研究，包括经济效益的全面分析和评价，该部分正是项目可行性研究的中心环节，关键在于解决项目经济上的"合规性"。市场研究、技术研究及效益研究构筑了项目可行性研究的三大核心元素。

（二）设计任务书

公路勘测与设计工作是根据批准的设计任务书进行的。设计任务书由负责计划的主管部门颁发，或由下属单位起草并依规提交审批。设计任务书通常包括以下基本内容：

（1）建设的依据与意义。

（2）公路建设的规模与性质。

（3）路线的基本走向与主要控制点。

（4）工程的技术标准与关键技术参数。

（5）分阶段设计及各阶段的预定完成时间。

（6）建设的期限与投资预算，若分期实施，需明确每期的建设规模及预算。

（7）施工组织的基本安排。

一旦设计任务书获得批准，若建设规模、工程技术标准、路线基本走向等关键内容发生变动，必须获得原批准机关的同意。

（三）勘测设计阶段

在工程正式开工前，设计师会根据已审核通过的设计任务书，针对预计建设项目的技术和经济需求，制定相关的规划、图纸及技术数据等文件，这一过程即为工程设计。设计文件是后续建筑安装施工的依据。在建设阶段，保持项目进度、质量和成本效益的关键在于设计质量的高低。此外，工程完工后的经济效益也极大地受到设计阶段决策的影响。

公路工程的勘测设计通常包括以下几个阶段：初步设计、技术设计、施工图设计等。

1.初步设计阶段

初步设计阶段是设计流程中至关重要的部分，也是设计想法初步成型的阶段。在此阶段，可以进一步确认拟建工程的技术实施可能性和经济合理性，并确定项目的主要技术方案、总成本和关键经济指标，同时提出施工计划，以便在项目建设和运营过程中，最有效地利用人力、物资和资金资源。通常，会提出至少两个技术方案，进行同样深度和精度的测量和评估，最终选择一个优选方案。

2.技术设计阶段

技术设计阶段是将初步设计的想法具体化，解决各种技术问题的阶段。技术设计的细节程度需要满足设计方案中关键技术问题的解决需求，以确保根据此设计细节完成施工图的制作和设备订购清单的编制。

3.施工图设计阶段

施工图设计阶段是将设计师的构思及所有设计成果通过施工图纸完整地表达出来，以此作为工程施工的具体依据。这包括项目各环节的详尽图纸，涉及各个零件、部件及结构元素的详细说明，以及验收的标准和方法。施工图的详细程度需要满足材料和设备选择、非标准设备的设计与制作，以及建筑和安装工作的具体要求。

公路勘测设计应当针对项目的具体性质和需求，采取分阶段的设计方法。例如，公路工程的基本建设可以实施单阶段设计、双阶段设计或三阶段设计。对于技术简单、方案明确的小型项目，可以采用单阶段设计，即依照批准的设计任务书一次性进行详细测量并完成施工图设计文件。常规的公路工程基本建设则通常包括初步设计和施工图设计两个阶段。对于技术复杂或缺乏设计经验的大型项目，如某些特殊的路段、大桥、立交桥和隧道等，可能需要按照初步设计、技术设计和施工图设计三个阶段逐步进行。

第二节 道路几何设计

一、道路平面线形设计

道路是由路基、路面、桥梁、涵洞、隧道和沿线设施组成的线状构造物，是三维的空间实体。所谓的路线，实际上是指道路的中心线在空间中的具体布局。在工程设计中，通常会将这种三维结构拆解为平面、纵断面及横断面三部分以便研究。

路线的水平投影称为路线的平面；从中心线竖直切割并展示于立面的则形成了路线的纵断面；选取中心线上的任意一点作法线切面，可以得到道路在该点的横断面。道路线形设计，便是确定路线在这三个维度上的尺寸和布局。

无论是设计高速公路还是城市道路，设计师必须考虑经济、自然和技术等多方面因素，依靠充分的数据和详尽的调研来确保路线符合技术规范、满足行车安全并经济合理。设计过程中，首先要在确保纵横断面平衡和横断面稳定的基础上，优先确定平面线形。

公路在受地形地物等障碍的制约时，必须设置转折避让障碍，也就是在转折处设置曲线或是曲线的组合。此外，为了线形的美观及保障汽车行驶的流畅性，在直线与圆曲线或不同半径的圆曲线间，需插入曲率逐渐变化的过渡曲线，也称作缓和曲线。直线、圆曲线和缓和曲线构成了平面线形的基本元素。在平原地区，直线作为主要的线形，因其视野开阔、路径最短、经济高效、行车舒适和易于规划等优点而被广泛采用，但过长的直线可能会引发驾驶者的疲劳和安全隐患。圆曲线作为另一种重要的线形元素，其平缓的设计不仅能吸引驾驶者注意，还能增添道路的美观性。在直线与圆曲线或不同半径的圆曲线之间使用适当的缓和曲线，可以使汽车行驶更加平稳，符合行车轨迹，从而是一种较为理想的设计选择。

二、平面线形的设计

（一）平面线形设计的一般原则

（1）道路的平面线形设计需直接、连贯且顺畅，同时要考虑与地形和地物的适配，保持与周遭环境的和谐。例如，在平坦的平原和微丘地区，道路应尽可能直线，使直线成分在平面线形中占较大比例。而在地形起伏较大的山岭或重丘地区，道路则多采用曲线设计，增加曲线的比例。在无障碍的开阔区域（如戈壁和草原），避免设置不必要的弯道；反之，在多山丘陵地区，硬性拉长直线将造成环境不协调。

（2）道路线形需要从美观、经济和生态保护的角度考虑与地形的适应性。对于高速公路、一级公路以及设计速度超过60公里/小时的路段，应着重考虑立体线形设计，达到连续、平衡、视觉舒适及安全的效果。而对于设计速度低于40公里/小时的道路，则应在确保安全的前提下，合理调配各种线形元素，实现经济与效益的最大化。

（3）保持道路线形的均衡与连贯也非常重要。设计中应注意以下几点：长直线结束处应避免直接过渡到小半径曲线，以防车辆因突然减速而发生事故，特别是在长下坡的终点。此外，同一道路在不同地形变化或技术标准变化的路段应逐步过渡，避免标准的突变。在连续急弯的设计中，应通过插入足够长度的直线或缓和曲线，减少驾驶困难和乘客的不适。

（4）每个弯道通常包括两端的缓和曲线和中间的圆曲线。缓和曲线的长度不应少于该级别道路的最小规定，以保证足够的安全性和舒适度。当环境限制时，可以让两个缓和曲线在曲率相等的点接合，使圆曲线的长度可以减至最低，甚至为零，以应对特殊地形条件。

（二）平面线形要素的组合与衔接

1.基本形

平面线形的基本组合通常按照直线→缓和曲线→圆曲线→缓和曲线→直线的顺序进行排列。在这一基本形中，缓和曲线的参数和圆曲线的最小长度都必须符合相关的规定。这种布局可以是对称的，即两端的缓和曲线参数相同，也可以根据地形的需要设计成非对称形，即两端的缓和曲线参数不同。为了保持线形的整体协调性，一般建议将缓和曲线和圆曲线的长度比设计为1∶1∶1，这有助于驾驶者在通过此类线形时能更平滑地调整驾驶状态。

2.S形

S形线形是通过两个反向的圆曲线，使用回旋线连接而成的一种组合。在S形的设计中，通常不在两个反向缓和曲线之间设置直线部分。如果实在需要插入直线，那么这部分直线应尽可能地短，以减轻对驾驶连续性的影响。

3.卵形

卵形线形通过一个缓和曲线将两个同向的圆曲线连接起来。这种设计允许在较小的空间内实现平滑的转向，适用于空间受限但需要保持流畅转向的场景。

4.凸形

凸形线形是一种特殊设计，在两个同向的缓和曲线之间不插入圆曲线，而是直接相连。这种设计的缓和曲线参数和连接点的曲率半径需要符合最小缓和曲线和圆曲线的标准。尽管凸形曲线在衔接处曲率连续，但由于中间缺少圆曲线，可能会对驾驶操作产生一些负面影响，因此仅在道路布局极为困难的情况下采用。

5.复合形

复合形线性是两个或更多同向缓和曲线在曲率相等处相互连接的设计方式。这种形式常见于受地形限制或在互通式立体交叉的匝道设计中，能有效利用有限空间，虽然一般情况下较少使用。

6.C形

C形线形通过两个同向回旋线在曲率为零处直接相接。这种连接方式导致中间直线长度为零，可能会对行车产生不利影响，因此只在特殊地形条件下采用。

三、道路纵断面设计

（一）道路纵断面设计的概念

通过公路中线的竖向剖面展开图称为路线纵断面图。受地形、地物、地质、水文等自然因素影响，以及为满足工程经济性（工程量）的需求，公路路线在纵断面上通常不会呈现为一条直线,而是呈现为有起伏的线条。纵断面设计的关键任务是根据车辆动力性能、公路等级和性质、当地自然地理环境及工程经济因素,研究这一线条的坡度大小及其延伸长度,这是公路设计中的重要部分之一,并且对行车的安全性、速度、工程造价、运营费用及乘客舒适度有直接影响。

公路纵断面设计线由直线和竖曲线两种线形要素组成。这种设计路线是在分析车辆动力性能、地形状况、路基限定高度以及运输与工程经济等多重因素后,通过技术性、经济性及视觉效果的综合比较而确定的,从而展示了公路路径的高低变化。其中,直线有上坡和下坡,是用高差、水平长度及纵坡度表示的。

(二)汽车行驶对纵坡设计的要求

道路的平面、纵断面和横断面设计必须以适应汽车行驶的需求为基础。在设计公路纵断面时,首要任务是分析汽车的动力性能及其对道路的特定要求,全面考量驾驶者、车辆、道路和环境等多种因素,以实现汽车行驶的安全性、效率、经济性、舒适度和美观。

1.汽车的动力性能与公路纵坡的关系

不同车型展现出不同的动力和制动性能,其上坡的爬坡能力和下坡的制动效果各异。根据公路上常见的车辆类型及其动力特性,确定汽车在一定速度下的爬坡能力和下坡安全性,是评定公路最大纵坡度的常规方法。

行驶中,汽车会遇到多种阻力,如空气阻力、滚动阻力、坡度阻力和惯性阻力。若公路纵坡较缓,汽车行驶阻力的代数和小于或等于汽车所用挡位的牵引力,汽车就能用该挡位以等速或加速走完该段纵坡的全长;汽车所用的挡位越高,行驶速度越快,爬坡能力就越差。因此,公路纵坡设计总是力求纵坡较缓,特别是等级较高的公路更是如此。

当公路的纵坡较陡时,如果汽车在上坡阶段的总阻力超过了牵引力,而坡段较短,通过在上坡前加大油门、提高初始速度,利用冲坡的动力惯性,在速度降至临界点前不需换挡也可冲过坡道。然而,如果纵坡既陡且长,仅凭动力冲坡可能无法冲过坡顶,此时应当在速度减至临界点时降低挡位,以获取更强的牵引力,使汽车能继续前行。较低的挡位会导致汽车速度降低。

频繁换挡或长时间使用低挡位会增加行程时间,加剧燃油消耗和机械磨损。从汽车动力特性来看,道路纵坡对车速的影响显著,坡度越陡,所需动力因数越大,挡位越低,车速也越慢。

2.纵坡设计的一般规定与要求

(1)纵坡设计的一般要求。为了确保纵坡设计经济且合理,在设计前须全面了解勘测资料,并结合路线选定过程中对纵坡的考量,经过全面的分析和比较后,最终确定设计纵坡。

（2）最大纵坡与最小纵坡。

①最大纵坡是指不同级别公路所能接受的最大坡度，是公路纵断面设计中的关键控制参数。在山区，纵坡的程度直接关系到路线的长度、使用效果、运输成本及工程费用。因此，纵坡的选择需基于全面的分析，并综合各方面因素后谨慎确定。

②最大纵坡的确定应考虑以下因素：一是汽车动力特性。根据公路主要承载车辆的牵引性能，在一定速度下进行评估。二是设计速度。设计速度越高，行车速度需求越快，但由于汽车动力特性限制，其爬坡能力会相对降低，因此不同设计速度的道路会有不同的最大纵坡限制。三是自然条件。地形、气候及海拔等因素也对车辆的行驶和爬坡能力产生重要影响。

③最大纵坡的最终确定。最大纵坡的设定主要基于车辆的动力性能、设计速度和自然条件，同时必须确保行车安全。实际调查显示，在陡坡路段频繁制动容易导致制动系统过热失效，增加事故发生率。因此，在确定最大纵坡时，不仅要考虑车辆的爬坡性能，还应综合考虑行车的速度、安全性及经济性，同时考虑拖挂车辆及民用运输工具的特殊需求。实际应用中，四级公路一般最大纵坡不宜超过8%，仅在技术评估合理的特殊困难山区可适当增至9%；但在海拔2000米以上或冰雪区，为安全起见，最大纵坡不宜超过8%。

④高原地区纵坡折减。在海拔3000米以上地区，空气稀薄导致汽车发动机功率降低，牵引力减弱，爬坡能力下降。此外，高原地区的汽车水箱水容易沸腾，破坏冷却系统。

⑤最小纵坡。通常，较小的纵坡有助于保证汽车的快速安全行驶。但在需要边沟排水的挖方路段或横向排水条件差的地区，为确保水流顺畅，避免水渗透影响路基稳固，应避免设计平坦的纵坡。

3.坡长限制与缓和坡段

（1）坡长限制。坡长限制包括最小坡长和最大坡长两方面的内容。

①最小坡长的限制是为了考虑汽车的行驶平稳性、乘坐舒适度、纵向视线及两个相邻竖向曲线的配置。坡长若过短，会频繁转换坡度，导致道路纵断面线形呈现锯齿状，影响道路的整体美观。此外，若相邻的纵坡差异较大且坡长较短，可能会导致汽车在行驶过程中频繁换挡，增加驾驶员的操作负担。因此，应设定一个合理的最短坡长。

②最大坡长限制是指比较大的纵坡对正常行车的影响。根据汽车的动力性能，纵坡的坡度及其长度显著影响汽车的行驶，尤其是长距离的陡坡可能对驾驶非常不利。纵坡若过长，会因为汽车需要克服更大的行驶阻力而显著降低速度，增大汽车发动机负荷，可能导致水箱沸腾或汽车爬坡困难甚至熄火；而在长距离下坡时，连续制动可能导致制动器过热失效，增加事故风险。

（2）缓和坡段。缓和坡段的主要作用是缓解汽车在连续陡坡路段的行驶压力，减少由于长时间低速行驶或下坡行驶带来的安全隐患。因此，当陡坡的长度达到了某一限制值时，应适当设置一段缓坡，以便在陡坡行驶中速度降低的汽车能够恢复速度。理论上，汽车在缓坡段行驶的距离应满足其加速或减速的需求。

4.平均纵坡

平均纵坡是指一定长度路段的高差与水平距离之比，以百分率（%）表示。它是衡量纵断面线形设计质量的一个重要限制性指标。在山区道路设计中，即便纵坡的设计符合最大坡度、坡长和缓和坡段的标准，仍不能完全保证道路的使用性能。频繁的陡坡和缓和坡段交替可能导致汽车在这些路段上持续低速行驶，从而增加事故风险。这表明，汽车在短时间内能应对陡坡的上坡或下坡行驶，长时间连续行驶在这类复杂路段则极具挑战性。因此，控制平均纵坡的数值对于确保行车安全和流畅非常重要。

5.合成坡度

合成坡度是指在设有超高的平曲线上，路线纵坡与超高横坡或路面横坡组合而成的最大坡度。其方向为流水方向，又称流水线坡度。

当陡坡与小半径平曲线重叠时，在条件许可的情况下，以采用较小的合成坡度为宜，特别是在下述情况下，其合成坡度必须小于8%：①冬季路面有积雪、结冰的地区；②自然横坡较陡峻的傍山路段；③非汽车交通比率高的路段。

各级公路的最小合成坡度不宜小于0.5%。在超高过渡的变化处，合成坡度不应设计为0。当合成坡度小于0.5%时，则应采取综合排水措施，以保证路面排水畅通。

6.爬坡车道

爬坡车道是指在陡坡路段正线行车道右侧设置的专供载货汽车行驶的专用车道。在高速公路和一级公路设计最大纵坡标准时，通常以小型客车的行驶速度为基准。由于载货汽车在爬坡时需要克服较大的坡度阻力，往往需降速以安全通过。如果路段上载货汽车数量较多，其低速行驶将对小型客车的正常行驶速度造成影响，增加超车行为，进而降低道路的通行效率，甚至可能引发交通堵塞。为了防止低速的载货汽车影响高速的小型客车，有必要在这些陡坡路段增设爬坡车道，从而将载货汽车从主行车流中有效分流，确保道路的畅通无阻。

对于六车道及以下的高速公路和一级公路，特别是当较长的纵坡超过4%时，由于这种坡度可能会显著影响载货汽车的上坡速度，因此需要特别关注。在这类路段，如果坡度较大且长度有限，就必须对载货汽车上坡时速度的减缓程度及路段的设计通行能力进行详细的验算。上坡速度降低会对交通流产生影响，那么在上坡方向的右侧添加一条宽度通常为3.5米的爬坡车道将是一个合理的选择。这样做可以帮助缓解慢速车辆可能造成的交通拥堵，保证交通的流畅性。

（三）竖曲线

纵断面上相邻两条纵坡线相交的转折处，为了行车平顺，要用一段曲线来缓和，称为竖曲线。通常，这种曲线可以采用圆形或二次抛物线形状。由于二次抛物线在设计和计算过程中更加方便，因此大多数情况下都采用这种形式。在纵坡的设计中，竖曲线的切线长和弧长反映了其在水平面上的投影，而切线的支距则表现为竖直方向的高差。相邻纵坡线的交点角度则用转坡角或变坡角来表示。根据竖曲线的转坡点位置，如果位于曲线上，则形成凸型竖曲线；反之，则为凹型竖曲线。

（四）平面和纵断面线形组合设计

公路的平面与纵断面线形的组合设计，需要考虑汽车的运动学和力学要求，并结合地形、地物、景观视觉及经济因素，研究如何在视觉与心理层面上实现驾驶人的舒适性和连续性，同时与周围环境协调，确保行车的安全、舒适和经济效益。

1.平面和纵断面线形组合原则

（1）设计应自然引导驾驶人视线，并维持视觉连续性。

（2）平面和纵断面线形的技术指标需要平衡，避免在视觉和心理上出现一个标准高而另一个低的不协调情况。

（3）合理选择组合坡度，有利于道路排水和保证行车安全。

（4）设计时应考虑与周边环境的协调，利用公路周围的地形、地貌、自然树林和建筑物，维持景观的连贯性，减少单调感，使公路与自然环境融合。

2.平曲线与竖曲线组合原则

平曲线和竖曲线的设计应相互重叠，以使平曲线略长于竖曲线。竖曲线的起点和终点应位于平曲线的两个缓和曲线中间，这种设计是平面与纵断面线形组合中的最佳选择。

四、横断面设计

（一）公路横断面组成

公路横断面的组成和各部分的尺寸要根据规划交通量、交通组成、设计速度、地形条件等因素确定。在确保足够的通行能力及交通的安全和流畅的同时，应力求减少用地和投资，以提升道路的经济与社会效益。

路幅是指公路路基顶面两路肩外侧边缘之间的部分。对于承担高交通量的高等级公路（如高速公路和一级公路），路段通常设有分隔措施，分为上行和下行各自独立的车道。这种分隔方式主要有两种：一种是设置物理分隔带，另一种是通过不同的高度层面来区分上下行道。物理分隔带的方式称为整体式断面，通常包括车行道、中央隔离带、路肩及必要的紧急停车带、加速或减速车道等设施。没有设置分隔带的断面，如二级或三级公路，则通常包括车行道和路肩，并有可能设有供车辆避让的特殊车道。在城郊地区，由于混合交通量大，可能还需要设置分开的快慢车道，此外，根据具体需求，还可能设有人行道和自行车道等设施。

在设计过程中，直线段和曲线段的路基宽度也会有所区别。在半径较小的曲线段，为了安全行驶，通常会增宽车行道以适应车辆行驶的需要。此外，为了有效排水以防止路面及路肩积水，道路设计中会采用一定程度的横坡。直线段的路面通常采用路中高两侧低的形式，形成双向倾斜的路拱。而在曲线较小的地方，为了抵抗车辆行驶时产生的离心力，路面将设计为向弯道内侧倾斜的单向横坡，这种设计称为超高。

（二）公路横断面的类型

1.单幅双车道

单幅双车道公路是我国最常见的公路类型，通常见于二级、三级以及部分四级公路。单幅双车道公路允许双向行驶，通行量相对较大，最高可达每昼夜15000辆小客车单位。这类公路的设计速度范围在20~80km/h，可以满足大部分日常通行需求。然而，当交通密度增加、非机动车数量多或视线条件不佳时，车速和通行效率会受到影响。在交通混杂、相互干扰较严重的路段，往往需要设置专用的非机动车道，以实现机动车与非机动车的有效分离，确保行车安全与畅通。

2.双幅多车道

四车道、六车道和八车道的公路，中间一般都设分隔带或做成分离式路基而构成"双幅"路。有些分离式路基为了利用地形或由于处于风景区，甚至做成两条独立的单向行车的公路。这种类型的公路能够适应更高的车速和更大的通行能力，每条车道的交通承载量显著高于单幅双车道公路，通行顺畅且事故率相对较低，适合高速长距离的车辆行驶。

3.单车道

单车道公路多见于交通量较低、地形复杂或建设条件较为困难的山区及地方性道路。按照我国的标准，某些四级公路就属于此类。单车道公路的路基宽度为4.50米，路面宽度为3.50米。虽然这类公路的交通量不大，但错车和超车的需求仍然存在。为了安全高效地管理交通流，通常每隔不超过300米就会设置错车道，以便驾驶者能够及时看到前方的交通状况并做出相应的行车决策。

（三）横断面形式的选用

（1）单幅路是一种较为经济的横断面形式，它占用的土地较少，因此在投资上也较为节省。然而，这种形式的道路将各种类型的车辆混合在同一行车道上，这对交通安全构成了挑战。因此，单幅路更适合交通量相对较低，非机动车较少的次干路或支路。在城市旧区的改建项目中，由于用地紧张和拆迁难度大，采用单幅路也是一种可行的解决方案。

（2）双幅路的横断面将来往的车辆通过中央隔离带分开，有效减少了车辆的相互干扰，从而提高了行车速度。在隔离带上，还可以进行绿化美化、设置照明设施以及敷设城市管线。这种类型的道路主要适用于至少设有两条机动车道的主要道路，以及非机动车相对较少的快速路和郊区道路。对于地形复杂或有较大横向高差的区域，双幅路也是一个优良的选择。

（3）三幅路进一步优化了道路使用的功能性，通过更加明确的分隔，将机动车和非机动车彻底隔开，显著提升了交通安全。中央分隔带除了可用作绿化带缓解城市热岛效应，还能有效减少噪声，同时是布置照明设施的理想位置。在机动车交通量大、非机动车也较多的城市道路上，优先考虑采用三幅路是有益的。但需要注意的是，三幅路需要较宽的红线宽度，通常在40米以上，才能满足正常的车道布局需求。

（4）四幅路是对道路功能性的极致拓展，它不仅将机动车与非机动车分开，还将对向行驶的机动车隔离，极大地增加了行车的安全性和速度。这种形式的道路需要更广阔的用地和更高的建设成本，适用于车速需求高、车流量大的快速路和主干路。

总的来说，不同形式的道路横断面应该根据实际的交通需求和地理环境来选择。同时，为了保证道路功能的连续性和安全性，当道路横断面形式或其组成部分的宽度有所变化时，设置适当的过渡段是必要的。这些过渡段应当合理设在交叉口或结构物附近，以实现平滑的交通流转。通过细致的规划和设计，可以有效提升道路的使用效率和安全性，促进城市交通的顺畅和环境的和谐。

第三节　桥梁规划设计

一、桥梁设计的基本原则

桥梁作为公路、铁路和城市交通的关键枢纽，对于地区的政治、经济、国防发展均有着举足轻重的影响。尤其是大型和中型桥梁，它们的建设不仅关系到交通便捷性，更影响着区域的整体发展。因此，桥梁设计必须遵循以下几个基本原则：技术先进、安全可靠、适用耐久和经济。此外，设计中还需考虑到美观、环境保护和可持续发展。

（一）技术先进

为了提升桥梁的功能性和未来适应性，设计时应依据当地的自然和社会条件，广泛采纳和应用新结构、新材料、新设备及新工艺。这包括对国内外最新科技成就的学习与应用，以及对过时或不合理设计理念的淘汰。通过不断地学习与创新，提升桥梁设计的国际竞争力。

（二）安全可靠

（1）设计的桥梁需要具备充分的强度和稳定性，以确保安全储备充足。

（2）高度与强度符合标准的防撞栏杆，以及有效的人车防护措施，防止车辆误入人行道或损毁栏杆坠落桥下。

（3）交通繁忙桥梁应配备适当的照明和清晰的交通标识，同时引桥坡度应适中，避免因坡度过陡引发车辆碰撞。

（4）设计位于地震区的桥梁应遵守抗震标准，并针对河床变化大的河流设计导流设施，防止桥基被冲刷。对于大型船舶频繁通过的河段，还应适当加宽桥孔并设置防撞设施。

（三）适用耐久

（1）桥梁应在其设计基准期（通常为100年）内保持正常的使用性能。

（2）桥面宽度应能满足当前及未来规划的交通需求。

（3）在设计荷载作用下，桥梁结构不应出现严重变形或裂缝。

（4）根据不同的环境影响，选择合适的材料和保护措施，确保桥梁的耐久性。

（5）桥梁下方空间应足以应对洪水泄洪、航运或地面交通需求。

（6）桥梁两端的设计应便于车辆进出，避免交通拥堵。

（7）考虑桥梁的综合利用价值，如便于水、电、通信等各种管线的安装和维护。

（四）经济

（1）设计桥梁时，要根据地形地貌选择合适的材料，便于施工且材料来源方便。

（2）经济合理的桥型应是在建设成本和后期维护费用上综合考虑最为节省的。设计时需便于维护，减少维护费用，尽量保证维修期间交通不被中断，或尽可能缩短影响交通的时间。

（3）选定的桥位应在地质和水文条件优越的位置，且桥梁总长相对较短。

（4）应选在能有效缩短两岸运输距离的位置建桥，以促进当地经济发展，实现最大经济效益。对于收费桥梁，应吸引更多车辆通行，以加快投资回收。

（五）美观

桥梁不仅需展现优美的外观，还应从各个角度观看都美观。结构布局应简洁、比例协调。桥型需与周边环境融为一体，城市及景区桥梁更应重视建筑艺术的融合。优雅的结构布局和轮廓是美观的关键，同时，细节上的美学处理和施工质量也对桥梁的美观产生重要影响。

（六）环境保护和可持续发展

桥梁设计需全面考虑环境保护与可持续发展，涉及生态、水资源、空气质量、噪声等方面。从桥位的选择、桥跨的安排、基础设计、墩身形状到上部结构的施工方法及施工组织设计等方面都应综合考虑环境影响，采取相应的工程控制措施，并建立环境监测与保护体系，尽可能降低对环境的不良影响。桥梁建成后，作为环境保护的一部分，还应包括恢复或改善桥梁两侧的植被，美化周边景观。

二、桥梁平、纵、横断面设计

（一）桥梁的平面设计

对于小型桥梁和涵洞，它们的位置与线形通常需要与路线的整体方向保持一致。在具体设计时，为了应对复杂的水文条件和道路曲线，可能会采用斜桥或弯桥的设计方案。对于公路上的特大桥、大桥及中桥，它们的位置应主要遵循道路的走向，同时考虑桥梁与道路的整体功能和效率，优先选择地质稳固、水流平稳且河道直线的区段。桥梁的平曲线半径、平曲线超高和加宽、缓和曲线、变速车道设置等，均应满足相应等级线路的规定。

（二）桥梁纵断面设计

桥梁纵断面设计包括确定桥梁的总跨径、桥梁的分孔、桥道的高程、桥上和桥头引道的纵坡以及基础的埋置深度等。

1.桥梁总跨径

桥梁的总跨径通常基于水文分析来确定的。其基本原则是：确保桥梁在整个使用周期内，能够有效地排解设计内的最大洪水，同时允许河中的冰块、船只和木筏等顺畅通过，防止由于跨径过小引起的河床和河岸的不良变化，以及桥前水体上涨淹没周边农田、住宅、村庄和其他公共设施。此外，桥梁的总跨径设计还需考虑到河床的冲刷问题，以避免因跨径过短而导致浅埋基础受损。

在一些情况下，为了减少建设成本，可以在不影响桥前水位和不超过规定的最大冲刷限值的前提下，适度增加桥下冲刷区域，从而在确保安全的条件下缩短总跨长。例如，在深埋基础条件下，可以允许较大的冲刷来适当减小总跨径；在平原区宽阔的河段，由于流速较低和漂流物较少，可以在不危及河滩路堤及周围农田和建筑安全的情况下，对浅水区进行适度压缩。但这种设计需要经过严格的审核，确保不会因桥梁壅水而危及河滩路堤以及附近农田和建筑物。

2.桥梁的分孔

桥梁的跨度和孔数需要精心平衡以实现成本效益最大化。较大的跨度虽然减少了桥墩的数量，降低了墩台的建设成本，但同时会增加梁或桥面结构的造价。相反，如果跨度减小，虽然上部结构的成本会降低，但需要更多的桥墩，从而增加了墩台的成本。因此，设计时要在满足安全、使用和技术要求的前提下，找到一个最经济的方案，即总成本最低的方案。这涉及多方面的技术考量，包括材料成本、施工技术、维护费用以及桥梁的使用寿命等。在实际操作中，通常需要结合具体情况，进行详细的工程分析和计算，以确定最适宜的跨度和孔数，从而实现工程效益和经济效益的双重优化。这种平衡是桥梁设计中的一个关键决策点，需要充分考虑不同因素的影响和权衡。这些要求如下。

（1）对于航道需求较高的河流，桥梁分孔应首先保障航道的通行需求，尤其是在航道较为集中的区域，应合理安排较大的通航孔。在地形或河流变化较大的区段，可能需要设置多个通航孔以适应不同的航行条件。

（2）在宽阔的平原河流上，主河道通常需要较大的通航孔，而两侧的浅滩区则可以根据经济和技术的考量分配较小的孔。

（3）山区深谷或流速较快的河段，甚至水库上的桥梁，为减弱中间桥墩的影响，往往需要选择加大跨径，有条件的情况下，可能采用特大的单孔跨越。

（4）多孔连续体系的桥梁设计需要考虑结构的受力特性，通过调整边孔和中孔的跨度，使得跨中的弯矩尽可能相等，以实现结构力学上的均衡。

（5）面对河床中不利的地质条件，如破碎的岩石带、裂隙区或溶洞等，适当增加跨径，以便桥基能够避开这些不稳定的区域，确保整体的安全性和稳定性。

总之，分孔设计是桥梁建设中一个极具挑战的环节，需要综合考虑使用功能、地形地质、水文条件及经济因素等多方面信息，通过详细的技术经济分析，才能制定出最优的桥梁分孔方案。这一过程不仅需要丰富的专业知识，还需精确的计算和周密的规划，以确保设计方案的实用性和经济性。

（三）桥梁横断面设计

在现代交通工程中，桥梁横断面的设计是一项复杂而精细的工程技术活动，它直接关联到桥梁的功能性、安全性及经济性。具体来说,桥梁横断面的设计涉及多方面的考量,其中最为关键的是桥面的宽度及其各个跨度的横截面形态。

桥面宽度的设定,是为了满足交通流量的需求。在设计时,要充分考虑到汽车、自行车及行人的交通流量,确保所有使用者能够安全、顺畅地通过。此外,桥面宽度的选择还需与桥梁所处的交通环境和地理位置紧密相关,例如,在城市繁忙地段或是连接重要交通枢纽的桥梁,其宽度往往需要更宽一些,以适应高峰期的交通需求。为保证桥梁的服务水平,桥面宽度应当与所在路线的路基宽度保持一致。

三、桥梁设计与建设程序

(一)基本内容及程序

大型桥梁的设计工作可分为前期规划与三阶段设计两部分。在前期规划阶段,首先进行相关资料和信息的收集与调研,进行预可行性分析,并撰写初步的研究报告或项目建议书。其次一旦项目建议书获得批复,随即编制详尽的可行性研究报告,这一报告将为后续设计任务书的制定提供关键支撑。后续的三阶段设计包括初步设计、技术设计和施工图设计。对于标准的桥梁项目,设计过程一般包括初步设计和施工图设计两个阶段。每个阶段都应覆盖必要的内容和深入程度,明确其目的和需要解决的关键问题。设计文件或可行性研究报告完成后,需提交至相关部门(如建设单位或项目业主)审批。获得批准的文件将作为开展后续工作的主要依据。

桥梁的建设程序包括以下几个阶段:审批项目建议书进行工程立项,审批可行性研究报告确定设计任务书,在初步设计的基础上形成招标文件并逐次进行工程设计、监理招标、工程施工等。

(二)可行性研究

桥梁建设的前期规划包括预可行性研究(pre-feasibility study)与可行性研究(feasibility study)。两者在内容和目的上大体相同,区别主要在于研究的深入程度。这一阶段的工作通常也被称作桥梁规划设计。在预可行性研究阶段,主要任务是分析项目的必要性与合理性,为项目的启动和资金投入提供决策支持;而在可行性研究阶段,重点放在基于预可行性研究成果的基础上,进一步探讨工程实施和资金投资的可行性。前期规划的核心是验证建桥的必要性与可行性,确立桥梁的位置、规模、设计标准、投资规模及风险管理等重要问题,为项目决策提供科学依据,避免盲目决策及其可能带来的负面影响。

预可行性研究与可行性研究虽然目标相同,但在研究对象、资料收集的细节程度及内容深度上存在差异。在某些情况下,预可行性研究与可行性研究工作可以合二为一。

桥梁建设的必要性主要探讨是否需要建设桥梁，评估桥梁项目对区域经济和地面交通发展的促进作用。作为交通基础设施的一部分，桥梁分为铁路桥、公路桥和城市桥等，各有不同的评估标准。例如，铁路桥梁通常是路网规划的一部分，其必要性研究依据的是区域经济活动产生的短期与长期预测运量；公路桥梁则根据国家或区域道路规划确定建设需求，研究依据主要是车辆流量；城市桥梁需根据城市交通总体规划决定，以桥梁预计承载的车流量为决策依据。

桥梁的可行性论证包括工程可行性和经济可行性两部分。工程可行性主要确定桥梁的设计标准、位置和桥型等技术要素，而经济可行性则关注工程投资、资金筹集和偿还方案等问题。一座桥梁的可行性评估涉及众多因素，包括区域社会经济状况分析、交通增长预测、建设方案、工程实施、投资与融资以及环境影响等，只有通过广泛的调查和全面的分析，才能得出合理的结论，并制定出符合实际需要的设计任务书。下面就工程可行性研究中的一些主要问题说明如下。

1.桥梁技术标准的制定

（1）调查预测：调查桥梁可能承载的交通类型和要求，如特殊荷载、附属管线的需求，预测交通流量及未来增长。

（2）确定设计指标：根据上述调查结果，设定线路等级、车道数量、车道宽度、非机动车道宽度和荷载等级。

（3）设计速度与结构：设定允许的行车速度、桥梁的纵坡和曲线半径。

（4）航运要求：确定航运标准、水位、通航净空、船舶吨位及航道数量和位置，这些因素直接影响桥梁的高度和跨度设计。

（5）协调与规划：设计部门需与航运部门进行充分协商，确保桥梁设计与航运要求相符合。

2.桥位选择

（1）大方向规划：桥位选择应符合桥梁连接两端的路线走向和整体路网规划要求。

（2）地理优化：在小范围内，适当调整桥位位置以优化设计和成本。

（3）城市规划适应性：城市内的桥梁应符合城市道路总体规划的要求。

（4）成本与效益分析：从降低建造和养护费用的角度出发，选择能减少因绕道带来的额外投资和运输费用的位置。

（5）安全性与稳定性：选择河道顺直、水流平稳、河面窄、地质好、河床冲淤小的位置建桥，以提高桥梁的安全性和稳定性。

（6）综合比较决策：对经济或重要性较大的桥梁，桥位选择应经过路桥综合比较后决定。

3.桥式方案比较

在选择桥式方案时，首要目的是评估每个方案的技术实施可能性，特别关注桥梁基础工程的实施性。因此，选择成熟的方案对于提升评估的准确性尤为重要。在制定桥式方案的过程中，必须结合当地的水文、地质和航运状况，分析主桥和引桥的长度与跨度，对比不同结构形式和材料的上部结构，进行深入的比较研究，并对每个方案的建造方法及所需材料量进行详尽的阐述。应选取那些工程量适宜、技术领先且可行的方案，作为特定桥位的首选桥式。

随着社会的持续进步，桥梁设计的理念也在不断更新。这些变化主要体现在上部结构的方案决定上。对于位于城市、景区或其他特殊位置的桥梁，提出的方案不仅需要满足技术的可行性，还应充分考虑桥梁的美观，以及自然与社会环境对桥梁审美的影响。

4.调查工作

（1）地形测量。地形测量主要是为了了解自然环境和周边条件，通常称为初步勘测。这一过程中，需要参照1/10000比例的地形图进行图上定线，并在实地选定的桥位两侧设置测点。使用测距仪确定跨河的实际距离，并对其进行校正，同时进行现场核实。

（2）地质勘探。地质工作主要集中于资料的收集，并辅以在河岸适当位置钻孔进行实际验证。探索工作涵盖了覆盖层的特性、岩层的高度、岩石类型及其构造特征，检查是否存在显著的构造变化或断层，并对各预定桥位从地质角度进行初步评估。

（3）水文资料。为确立桥梁的建设高度、跨径和基础埋深，需调查和测量河流的水文情况。这包括设计流量、历史最高及最低水位、百年一遇的洪水位、常规水位和流速等。在收集这些数据时，考虑上下游水库的存在及其可能的影响。通过资料分析或实验来验证河道的稳定性、主河道的摆动范围及桥梁建设对河段的潜在影响。必要时，通过水工模型试验对这些问题进行验证。

（4）外部条件。调查与桥梁建设直接相关的外部因素，包括当地的砂、石、水、电供应情况，当地及附近的交通状况，施工场地的选择和征用问题（如是否占用农田、是否涉及拆迁等），是否有文物古迹或不能拆迁的建筑，桥梁的高度是否受到机场航空净空限制。还要调查附近是否有码头、过江电缆和航运锚地等情况。这些都是必须清楚了解并妥善处理的关键外部条件。

（三）初步设计

在桥梁可行性研究报告的基础上，当建设主管部门批准后，便可以正式确立桥梁工程项目并制定设计任务书了。建设单位可以选择通过招标或直接委托的方式来完成桥梁的初步设计。设计任务书将作为进行初步设计的基本依据。在这一设计阶段中，设计单位需依据任务书中规定的桥位、荷载等级及其他技术要求（如桥宽、桥梁建筑高度、通航净空等),遵循桥梁设计的基本原则,展开桥梁的方案设计。这包括确定结构形式(如桥式、体系、跨度)及其主要构造尺寸,拟定施工方案,并估算相关的经济指标(如工程预算、主要建材的用量)等。对于委托设计的项目,设计方需提交2~3种桥梁方案供甲方选择,并推荐最优方案。所有参与投标的设计单位所提交的方案,将由建设单位组织的评审委员会进行评审,中标的设计单位将负责后续的技术及施工设计工作。

在确定桥式方案时,需对桥梁平面、立面和断面的具体布置以及它们之间的关系进行反复、交互的研究和调整。

1.平面布置

根据桥址的地形图确定正桥的桥轴线位置,然后在此轴线上,分析河岸和堤防状况,规划两岸的边墩(台)位置及其他桥墩的布局。进一步结合通航需求和河床状况,评估各桥墩位置是否符合通航标准;同时,依据地质剖面图,分析各桥墩位置的岩面特性及周边岩层结构;结合水文资料和流速、流向的计算数据,研究各墩位的水深等因素。将这些因素综合考虑后,就可以初步确定上下部结构的类型、桥墩的防水和抗冲刷措施、基础的类型及其大致的埋深等信息。

结合道路方向、两岸的地形及立面的布置,可以初步选定引桥轴线的方向、弯道和坡度。从岸边墩(台)的路面高程出发,通过合适长度的引桥和分界点连接至桥台,随后通过填土路堤逐渐过渡至地面,并与主线路相接。

2.立面布置

以平面轴线为基准,结合地形图、地质剖面图、水位高程以及冲刷线和已确定的上、下部结构,可以制作沿轴线的桥梁立面图。在立面图上,可以设计上、下部结构和基础的轮廓,并初步验算桥墩及基础的强度和稳定性。通过考虑构造、地质层次、河床情况、水深、两岸地形、坡道长度、桥面高程、桥下净空等因素,可以确定较为准确的尺寸和数字,并展示全桥的结构概貌和轮廓造型。

3.断面布置

沿桥轴线的各关键位置,结合选定的结构类型、地形、地质横断面、水位高程及冲淤计算等,可以制作桥梁的断面布置图。该图显示了上部结构的横断面构造、桥面及桥面净空尺寸,以及墩台顺流向的轮廓设计(经验算后可确定墩台、基础的全部尺寸)。断面布置呈现了桥梁的完整构造,是桥梁立面图的重要补充。当三方面的布置都能互相配合,满足技术要求时,桥式方案就能成立。

(四)技术设计

技术设计需按照已批准的初步设计进行。对于常规的桥梁结构,通常可省略技术设计直接进入施工设计阶段;然而,对于新型、复杂、重要或大型的桥梁,必须细化初步设计，以识别潜在问题并进一步完善设计方案。在技术设计阶段，关键任务是对选定的桥梁方案进行全面和详细的结构分析和设计探讨，旨在解决技术难题，并提供完整的结构设计图纸。这些图纸应包括结构断面、配筋方案、构造细节处理、所需材料清单及预估的工程量等内容。

在进行结构分析时，需利用专业的桥梁分析软件，详尽分析桥梁在建设及使用过程中各种工况下的静态与动态表现；在结构设计过程中，则应遵循现行的设计规范，确保结构的安全性和适用性。此外，技术设计阶段还需进行补充勘探工作（简称"技勘"）。在补充勘探期间，应针对水中基础安排必要的钻探工作，同时确保岸上基础的钻孔密度。对于达到岩层的基础钻孔也应增加密度，通过勘探活动全面评估土层的变化情况。

（五）施工设计

施工设计需要按照已批准的初步设计或技术设计进行。施工设计通常由最初负责初步设计或技术设计的单位承担，亦可交由中标的施工企业来完成。施工设计的核心内容涵盖了结构设计的详细计算和施工详图的制作，以确保施工人员能够依图施工。在制作施工详图时，应避免对结构断面进行大幅修改，但可以对细节处理和配筋进行适当调整，尤其是钢筋的布置。

施工设计阶段还需要进行补充钻探（称为"施工钻探"），特别是对关键基础的部分，需要详细探查承载在岩层上的基础，以确定岩面高程的变化。施工单位应根据施工设计资料，制定详尽的施工组织设计和工程预算。所有设计文件经过上级主管部门审批通过后，便可启动桥梁建设的相关工作。

桥梁建成之后，通常还需要进行成桥荷载试验、质量检查验收以及交接手续的办理，由接收部门负责桥梁的日常通车运营和后续养护维护工作。至此，桥梁的建设工作正式圆满结束。

第三章　混凝土路面的设计方法理论

第一节　混凝土路面设计指标、设计流程与力学模式

一、设计指标

（一）损坏分析

混凝土路面的常见损坏类型大体可以分为四类，即断裂类、变形类、接缝损坏类和表面损坏类。断裂类损坏又分为横向裂缝、纵向裂缝、角隅裂缝、交叉裂缝和D裂缝。除D裂缝外，其他几类皆是混凝土板内应力（荷载、温度应力）超过混凝土强度的缘故，严重时，多条裂缝交叉从而形成破碎板。出现过大应力的原因是多方面的，诸如板的厚度太小或轮载太大、板的平面尺寸太大、地基不均匀沉降或过量塑性变形使得板底失去支承以及施工养生期间收缩应力过大等。断裂的出现，不仅破坏了板的结构整体性，而且说明混凝土板的疲劳强度已经逐渐低于板内的应力，路面结构丧失了大部分乃至全部的承载能力，此情况下其使用性能通常将迅速恶化，混凝土板的断裂可以看作路面结构破坏的临界状态。因此，设计时需要控制路面结构的应力，使其在使用年限内不超过混凝土板的疲劳强度。

变形类损坏包括唧泥、脱空、错台、拱起和沉陷等。唧泥、脱空和错台（以及由此造成的断裂）虽然与荷载的重复作用有关，但主要是基层中细料含量多、不耐冲刷的结果，可以通过基层材料设计予以解决。拱起是膨胀受阻失稳的结果，可以通过设置有效的胀缝予以解决。沉陷则是基础自身的原因或混凝土面板开裂、渗水造成的基层或基础的问题，因此，混凝土路面设计方法中一般尚未采用力学指标对变形类损坏进行控制。

接缝损坏不是路面结构的整体性问题。表面损坏主要由材料设计不当或施工不当引起，因此设计方法中也不需要采用力学指标进行专门的控制。

（二）设计指标

从上面的分析可知，水泥混凝土路面结构的整体性损坏形式主要为断裂。在路面的基

层、基础、材料和排水设计均合理的情况下，路面的结构性损坏主要是荷载、温度应力重复作用引起的混凝土面板和/或半刚性基层的疲劳开裂。因此，我国水泥混凝土路面结构的设计指标是混凝土板底面和/或半刚性基层底面的拉应力（荷载应力和温度应力），其他原因造成的面板断裂可以通过材料设计、构造设计和施工控制等手段予以解决。

二、设计流程

混凝土路面的设计流程与沥青路面是类似的。

水泥混凝土路面设计所需要的基本设计资料与沥青路面是相同的，只是需要根据水泥路面的特点进行资料分析，形成设计的输入数据。在此基础上，进行结构组合设计和接缝设计，根据输入资料和设计者的经验初拟若干路面结构厚度和面板尺寸，进行力学计算和分析，并与设计标准比较，判断是否满足设计要求。最后，对满足设计要求的诸多方案进行经济分析，并根据技术经济分析结果做出最终的选择。

三、力学计算的常用模式

水泥混凝土路面结构的力学计算采用小挠度薄板理论。为了简化计算工作，选取使混凝土面板内产生最大应力或最大疲劳应力的荷载位置作为路面应力计算的代表位置，称为临界荷位。由于目前的设计方法以疲劳开裂作为路面的破坏标准，选择临界荷位时应以产生最大疲劳损耗的荷载位置为标准，即选择荷载位置时不仅要考虑应力大小，还要考虑所承受的荷载作用次数。

以此为基础，将多层的路面结构简化为如下三种计算模式。

（1）弹性地基单层板模式。适用于粒料基层上直接设置混凝土面层和旧沥青路面加铺混凝土面层的路面结构，面层板底面以下部分按弹性均质地基处理。

（2）弹性地基双层板模式。适用于无机结合料类基层或沥青类基层上设置混凝土面层、旧混凝土路面上加铺分离式混凝土面层的路面结构；面层和基层或者新旧面层作为双层板，双层板以下部分按弹性均质地基处理。

（3）复合板模式。适用于两层不同性能材料组成的面层或基层复合板。旧混凝土路面上加铺结合式混凝土面层，两层不同性能材料组成的层间黏结的面层，可以看作复合板并处理成等效的单层板，作为弹性地基上的单层板或者弹性地基上双层板的上层板；无机结合料类基层或沥青类基层与无机结合料类底基层组成的基层，可以看作复合板并处理成等效的单层板，作为弹性地基上双层板的下层板。

为了确定临界荷位，对半无限地基上的有限尺寸矩形板（四边自由），将车轴一侧双轮组轮载简化成双方形荷载图式，借助于有限元法计算分析轴载在板上不同位置时板内的应力状况。

由于有限元法没有解析式，只能采用计算机软件求出具体的结果。为了便于工程上实际使用，依据不同的结构组合，对不同轴型（单轴—单轮、单轴—双轮、双轴—双轮和三轴—双轮）荷载的作用进行大量的计算分析，以确定发生最大荷载应力的作用位置。再利用可以考虑荷载应力和温度应力综合疲劳效应的疲劳方程，分析具有不同接缝传荷能力的混凝土路面的疲劳消耗，可得出不同接缝条件下的临界荷载位置，如表3-1所列。分析时，考虑了轮迹横向分布的影响。

表3-1　不同接缝条件下的临界荷位

纵缝	设传力杆	不设传力杆	自由边
企口设拉杆	纵缝边缘/纵缝边缘	横缝边缘/纵缝边缘	横缝边缘/横缝边缘
平缝设拉杆	纵缝边缘/纵缝边缘	纵缝边缘/纵缝边缘	横缝边缘*/纵缝边缘
自由边	纵缝边缘/纵缝边缘	纵缝边缘/纵缝边缘	横缝边缘/纵缝边缘

注：①表中"/"左边为仅考虑荷载应力疲劳损耗情况，右边为荷载应力和温度应力综合疲劳损耗的情况。

②表中"*"为分向行驶时的情况；不分向行驶时，临界荷位在纵边。

由表3-1可以看出，在考虑荷载应力和温度应力综合疲劳损耗的情况下，除了纵缝为企口缝设拉杆和横缝为自由边的路面，其临界荷位位于横缝边缘中部，其他场合均位于纵缝边缘中部。

当采用刚性、半刚性基层时，基层最大荷载应力位置随基层超宽（纵向、横向）而不同，分别落在板角隅下方基层底面和纵缝边缘中部下方基层底面，分别对应角隅荷位和纵缝边缘中部荷位。为了简化计算，采用等尺寸双层板纵缝边缘中部荷位进行水泥混凝土路面结构各层的荷载应力计算。

第二节　混凝土路面结构组合设计

水泥混凝土路面的结构组合设计原则与沥青路面类似。

一、面层

（一）普通混凝土面层

普通混凝土面层也称素混凝土面层，是指除接缝和角隅等局部范围配设钢筋外，板内不再配置钢筋的水泥混凝土面层，这是目前我国应用最为广泛的混凝土面层类型。它通常采用整体（整层）式浇筑成型，也可采用分层（双层）式浇筑成型，此时上层可采用较小粒径的混凝土。

普通混凝土通常采用滑模摊铺和常规的振捣方法铺筑，还可以采用类似于铺筑水泥稳定粒料的方法进行铺筑，这种工艺形成的混凝土称为碾压混凝土。

（二）钢筋混凝土面层

为了防止混凝土板裂缝缝隙张开，在板内配置纵向和横向钢筋的混凝土面层称为钢筋混凝土面层。钢筋混凝土面层仅在下述情况下采用：板的长度较大，如 10~20m；板下埋有地下设施和路基有可能产生不均匀沉降；板的平面形状不规则或有孔；等等。

（三）连续配筋混凝土面层

除了与其他铺面交接处或邻近结构物处设置胀缝以及视施工需要设置施工缝，路段长度内不设置横缝的一种纵向连续配置钢筋的混凝土面层，称为连续配筋混凝土面层。其纵向钢筋的配筋率通常为 0.6%~0.7%，面层产生的横向裂缝平均间距为 1.0~4.5m，平均缝隙宽度为 0.2~0.5mm。连续配筋混凝土面层的厚度为普通混凝土面层厚度的 80%~90%。

（四）预应力混凝土面层

预应力混凝土面层指对混凝土或钢筋混凝土施加预应力的无筋或钢筋混凝土面层。这种面层目前尚未大量推广应用。

（五）钢纤维混凝土面层

钢纤维混凝土面层指在混凝土内掺入低碳钢或不锈钢纤维所形成的均匀而多向配筋的混凝土面层。

（六）混凝土联锁块面层

混凝土联锁块路面系由混凝土预制块体铺砌而成的面层，依靠块体间的嵌锁作用承受荷载。

（七）独立块体面层

由独立或现浇的较大混凝土块体组成的面层，各块体独立承受荷载，块体间没有联锁作用。

普通混凝土、钢筋混凝土或连续配筋混凝土面层的适用条件和设计选择可参照表3-2进行，所需的厚度可依据交通荷载等级（表3-3）、公路等级和变异水平等级参照表3-4选择，并通过详细的计算确定。

表3-2 其他面层类型选择参考指南

面层类型		适用条件
连续配筋混凝土面层		高速公路
复合式面层	密级配沥青混合料上面层	极重、特重交通荷载的高速公路
	连续配筋混凝土下面层设传力杆普通混凝土下面层	
碾压混凝土面层		二级及二级以下公路、服务区停车场
钢纤维混凝土面层		标高受限制路段、收费站、混凝土加铺层、桥面铺装
混凝土预制块面层		二级及二级以下公路桥头引道沉降未稳定段、服务区停车场

表3-3 交通荷载分级

交通荷载等级	极重*	特重	重	中等	轻
设计车道设计轴载（100kN）累计作用次数 N_e（10^4）	$>1\times10^6$	$1\times10^6 \sim 2000$	$2000\sim100$	$100\sim3$	<3

注：极重*荷载等级的路面应将所承受的特重轴载车辆或特种车辆选作设计轴载并计算累计作用次数。

表3-4 水泥混凝土面层厚度的参考范围

交通荷载等级	极重	特重			重		
公路等级	—	高速	一级	二级	高速	一级	二级
变异水平等级	低	低	中	低	中	低	中	低	中

（续表）

交通荷载等级	极重	特重			重	
面层厚度/mm	≥320	280~320	260~300	240~280	230~270	220~260
交通荷载等级	中等				轻	
公路等级	二级	三、四级			三、四级	
变异水平等级	高	中	高	中	高	中
面层厚度/mm	220~250	210~240		200~230	190~220	180~210

二、基层和垫层

水泥混凝土面层具有较大的刚性和承载能力，往往不需要设置以承重为目的的基层，而应主要考虑确保基层的功能，除非交通特别繁重。因此，在潮湿多雨地区，路基由低透水性细粒土组成的高速公路和一级公路或者承受极重或特重交通荷载的二级公路，宜设置由开级配沥青稳定碎石或开级配水泥稳定碎石组成的排水基层。排水基层下应设置由密级配粒料或水泥稳定碎石组成的不透水底基层。底基层顶面宜铺设沥青类封层或防水土工织物。

混凝土路面的基层和垫层具有如下作用。

（1）防止或减轻唧泥和错台现象的出现。由前面的分析可知，唧泥的产生是由荷载、水、地基刚度和侵蚀等多方面因素综合作用的结果，设置基层或垫层可以减少唧泥的产生。而要真正起到这种作用，必须对基层或垫层结构在刚度、细料含量、抗冲刷能力和排水等方面提出具体要求，并且交通越繁重，降雨量越大，对基层和垫层的上述要求就越高。

（2）有助于减轻或控制路基不均匀冻胀或体积变形对混凝土面层的不利影响。

（3）为面层施工提供稳定而坚实的工作面。面层施工时，需在面层或基层顶面设立侧模，以便于混凝土摊铺或振捣机械的作业。若基层或垫层的刚度不足，会使侧模发生变形，从而影响浇筑后混凝土面层的平整性。同时，运送混凝土的车辆或其他车辆需在基层或垫层顶面行驶，因此基层或垫层必须有承受施工车辆作用的能力。

（4）当交通十分繁重时，基层也将承受较大的荷载压力。此时应确保基层的强度，以满足使用期内的抗疲劳要求。

基层和垫层材料可采用粒料类（碎石、沙砾等）、稳定类（水泥、石灰、沥青等）和贫混凝土（或经济混凝土）三大类，它们分别具有不同的刚度、耐冲刷能力和透水性。

粒料类基层和垫层，包括碎石、沙砾、轧碎或粒状矿渣，或者上述材料的不同组合。当这些材料被用作混凝土路面的基层和垫层时，必须符合下述要求，以控制唧泥的出现。

①最大粒径不超过基层或垫层厚度的1/3。

②小于0.074mm的细料含量不超过15%。

③塑性指数不大于6，液限指数不大于25。

粒料基层和垫层可采用密级配或开级配。前者接近于不透水，后者则为透水基层或垫层。其级配组成应符合密级配或开级配混合料的级配要求。

在交通繁重的道路上，选用水泥、沥青等稳定类材料或贫混凝土作为水泥混凝土路面的基层具有如下优点。

（1）可以为混凝土面层提供更为均匀而坚实的支承，增加路面结构的整体刚度，从而减小面层板的挠度；减少基层和垫层在重复荷载作用下的永久变形，从而减少板底脱空量，并增强缩缝传荷能力的耐久性。

（2）可以增强基层的抗冲刷能力，从而减小产生唧泥和错台等损坏的可能性。

（3）施工时可以为侧模和摊铺机械提供坚固的支承，并保证施工活动不受气候的影响。然而，水泥稳定粒料或贫混凝土基层的刚度较大，造成混凝土面层产生较大的温度翘曲应力，板底易出现同基层顶面的黏结分离。同时，在未采取隔离措施时，由于混凝土板同基层的黏结，水泥稳定沙砾或贫混凝土基层的收缩裂缝会反射到面层上来。

一般情况下，混凝土面层下仅设置基层。在交通特别繁重、路基湿软或季节性冰冻地区，除基层外，还需设置垫层，其厚度一般在15cm以上，目的是防止唧泥。季节性冰冻地区路面结构的总厚度应达到一定的最小厚度（同当地最大冰冻深度相比），以防止或减轻路基不均匀冻胀对混凝土面层的不利影响。表3-5所列为根据使用经验总结出的混凝土路面结构层最小防冻厚度要求。当路面结构的总厚度低于表列数值时，应设置垫层补足。垫层通常采用沙砾，也可采用隔温性能良好的材料（如炉渣等）。

表3-5　水泥混凝土路面结构层最小防冻厚度

路基干湿类型	路基土类别	当地最大冰冻深度/m			
		0.50～1.00	1.00～1.50	1.50～00	＞2.00
中湿路基	易冻胀土	0.30～0.50	0.40～0.60	0.50～0.70	0.60～0.95
	很易冻胀土	0.40～0.60	0.50～0.70	0.60～0.85	0.70～1.10
潮湿路基	易冻胀土	0.40～0.60	0.50～0.70	0.60～0.90	0.75～1.20
	很易冻胀土	0.45～0.70	0.55～0.80	0.70～1.00	0.80～1.30

注：(1) 易冻胀土：细粒土质砾（GM、GC），除极细粉土质砂外的细粒土质砂（SM、SC）外，塑性指数小于12的黏质土（H-、CH）。

(2) 很易冻胀土：粉质土（ML、MH），极细粉土质砂（SM），塑性指数大于12的黏质土（CL）。

(3) 冻深小或填方路段，或者基、垫层采用隔温性能良好的材料，可采用低值；冻深大或挖方及地下水位高的路段，或者基、垫层采用隔温性能稍差的材料，应采用高值。

(4) 冻深小于0.50m的地区，一般不考虑结构层防冻厚度。

基层和垫层的宽度应大于面层的宽度，以便有足够的位置供施工时立侧模用和满足混凝土摊铺的要求，较宽的基层和垫层也有利于改善面层板边缘的受荷条件和给路肩以额外的加强。通常，垫层可修筑成与路床顶同宽的全宽式；基层宽度按摊铺机械或立侧模要求比面层宽出30CIU（一侧）以上。采用开级配的混合料做透水性基层或垫层时，其宽度可修筑成全宽式，或者结合排水系统的设计要求确定。稳定类基层和密级配粒料基层也可修筑成全宽式，以支承路肩、保护路基（膨胀性土时）和为施工期间的车辆提供行驶条件。

贫混凝土或碾压混凝土基层上应铺设沥青混凝土夹层，层厚不宜小于40mm。无机结合料稳定碎石基层上应设置封层，封层可采用单层沥青表面处治等，层厚不宜小于6mm。

基层和底基层的厚度应根据交通状况由计算确定，同时应考虑所选集料的公称最大粒径和压实效果，可参照表3-6选用。当设计层厚超出相应材料的适宜层厚范围时，宜分层铺筑和压实。

表3-6　各种材料基层和底基层的结构层适宜厚度

材料种类		适宜层厚/mm
贫混凝土、碾压混凝土		120~200
无机结合料稳定粒料		150~200
沥青混凝土	集料最大公称粒径/mm　9.5	25~40
	13.2	35~65
	16	40~70
	19	50~75
沥青稳定碎石	19	75~100
	26.5	
多孔隙水泥稳定碎石		100~150
级配碎石、未筛分碎石、级配砾石或碎砾石		100~200

三、土基

水泥混凝土路面板的弹性模量为 $(25~60) \times 10^3$ MPa，具有很大的刚度和扩散荷载的能力，通过面层板传到路床顶面的荷载应力值很小，一般情况下小于0.05MPa，因此该路面不要求有强度大或承载力大的路基。然而，如果路基的稳定性较差，在周围水温变化的影响下出现较大的变形，特别是不均匀变形，则仍会因不均匀支承而给面层带来损坏。

路基产生不均匀支承，可能有以下三方面的原因。

（1）不均匀沉陷。湿软地基未达到充分固结，填料土质不均匀，压实不均匀，新、老路基交接等都可能产生不均匀沉降。

（2）不均匀冻胀。季节性冰冻地区土质不均匀（对冰冻敏感性不同的土类）和路基潮湿条件变化都可能产生不均匀冻胀。

（3）膨胀土——在过干或过湿（相对于最佳含水量）时压实或排水设施不良等，均会导致膨胀土产生不均匀变形。

为了保证路基支承的均匀性，遇有上述情况时，宜采取相应的处理措施，这些措施包括以下几方面。

（1）选择低膨胀性土（塑性指数在10以下）或以冰冻不敏感的土作为填料；将膨胀性高或对冰冻敏感的土放在路堤的下层，而在上层用好的填料填筑；对不同来源和性质的填料进行适当的拌和等。

（2）控制压实度和压实时的含水量。

（3）尽可能提高路基设计标高或加深边沟深度，以增加路面同地下水位之间的距离。

（4）对路基上层土采用低剂量石灰或水泥等结合料稳定处理。

（5）设置路基排水设施，以拦截透水层流向路基的渗透水或降低地下水位。

在可能有不均匀支承的路基上，除了采取上述有关措施，还应加设垫层以缓和可能产生的不均匀变形对面层的不利影响。

四、路肩

混凝土路面板同路肩的交界面，路表水易渗入而侵蚀板边缘下的基层、垫层和路基，造成板边缘底部的脱空，导致唧泥和断裂等损坏现象的出现。对此，可以采用加宽外侧车道宽度（0.70m以上）的措施，以避免车辆沿板边缘行驶，从而减小板边应力，或者可设置带拉杆的混凝土路肩，以减小板边挠度和应力。

路肩铺面可采用沥青面层或水泥混凝土面层。当采用水泥混凝土面层时，其厚度可比行车道混凝土面层薄一些（如15cm），或者与行车道面层厚度相同，材料组成和强度与行车道面层相同。路肩与行车道面层的纵向接缝，在混凝土一次浇筑时采用锯切缩缝形式；而在混凝土分别浇筑时，可采用平缝或企口缝形式；缝内应设置拉杆。路肩面层的横缝间距和布置与行车道面层完全一致。当行车道面层的横缝内设传力杆时，路肩面层内也相应设传力杆，但其间距可适当大些。

第三节　混凝土路面接缝构造设计

水泥混凝土面层需设置各种类型的接缝，把面层划分为较小尺寸的板，以减小伸缩和挠曲受到约束时产生的内应力，并满足施工的需要。接缝的设计要能实现以下三方面的要求。

（1）控制温度收缩应力和翘曲应力所引起的裂缝出现的位置。

（2）具有一定的荷载传递能力。

（3）防止坚硬的杂物落入接缝缝隙，防止路表水渗入。因此，设计时要考虑接缝设置位置、构造（传荷机构）和缝隙的填缝。

一、横向接缝

横向接缝包括横向缩缝、横向施工缝、横向胀缝三种类型。

（一）横向缩缝

缩缝的作用是控制由混凝土的初期收缩和翘曲变形所产生的裂缝。

1.缩缝间距和布置

缩缝间距即为混凝土面层板块的长度。随着板长的增加，混凝土面板的温度翘曲应力迅速增大，收缩应力也将增大。对现有铺面的大量使用调查表明，当板长控制在5～6m以下时，出现横向断裂的断板率（断裂板块数占总板块数的比例）很小；当板长超过此范围时，横向断裂的断板率急剧增大。同时，板长越短，温度变化引起的板长伸缩量越小，因而缝隙的变化量也就越小，这对于保证接缝的传荷能力起着重要作用，特别是对于靠集料嵌锁作用传荷的假缝的作用更大。因此，目前都倾向于采用短板，缩缝间距为4～5m。

缩缝通常都垂直于行车方向等间距布置。为提高行驶质量，国外也有采用变间距缩缝，并与行车方向倾斜布置的情况。例如，倾角1∶6，变间距为4.8—5.7—5.4—3.6（m），或3.0—4.2—3.9—2.7（m），或5.1—6.9—6.6—4.8（m）等。这种方案的优点是车辆的两侧车轮不同时作用在横缝上，可减轻接缝不平整（错台等）对行车的影响，也能避免等间距布置时可能出现的车辆共振现象。

2.缩缝构造

横向缩缝有不设传力杆假缝和设传力杆假缝两种形式。前者依靠接缝槽口下混凝土断裂面处集料的嵌锁作用传递荷载；后者则除了嵌锁作用，主要依靠传力杆传荷。在缝隙较宽和行车荷载多次作用的情况下，假缝的传荷能力会急剧下降，甚至没有传荷能力，因此在特重和重交通的道路上，应采用设传力杆假缝的形式，以减少可能出现的错台损坏现象。

当缩缝内设传力杆时，传力杆应采用光面钢筋，其尺寸可参考表3-7中所列。为防止钢筋同混凝土完全黏结在一起而妨碍板的收缩，钢筋长度的一半以上应涂以沥青或覆以塑料套等。为防止锈蚀，钢筋应经过防锈处理。传力杆应保持正确的定位（平行于道路中线和板顶面），其容许偏差约为6mm（40cm长的传力杆）。为满足此要求，应设置钢筋支架以固定传力杆位置。最外侧的传力杆距接缝或自由边的距离不应小于15cm。

表3-7 传力杆尺寸和间距　　　　　　　　（单位：mm）

面层厚度	传力杆直径	传力杆最小长度	传力杆最大间距
220	28	400	300
240	30	400	300
260	32	450	300
280	34	450	300
>300	36	500	300

接缝的槽口可采用锯切或压入的方式形成。设置传力杆时槽口深度为面层厚度的1/4～1/3，不设置传力杆时槽口深度为面层厚度的1/5～1/4。若槽口深度不足，则该处混凝土截面的强度削弱得不够，就难以保证混凝土板在该预定位置处断开。槽口的宽度一般为3～8mm，具体根据采用的施工方式确定。

槽口断面为深而窄的形状，这种形状的槽口容纳填缝材料后，当缩缝缝隙因板的伸缩而稍有变化时，填缝料便会在深度上出现较大的升落，导致填缝料被挤出槽口或者槽口内填缝料不足，建议容纳填缝料的槽口部分应具有合适的形状（深宽比为1.5～3.0）。采用二次锯切，第一次采用薄锯片进行深锯切，到达要求深度；第二次用厚锯片进行浅锯切，以加宽上部槽口。

（二）横向施工缝

每天工作结束或因临时原因而中断施工时，必须设置施工缝。前者设在横向缩缝或胀缝处，后者可能设在缩缝处，也可能设在两条缩缝的中间。当设在缩缝处时，施工缝应做成平缝形式。为保证接缝的传荷能力，应设置传力杆。设在两条缩缝间的施工缝做成企口缝形式，并设拉杆以保证接缝缝隙不张开。

（三）横向胀缝

在邻近桥梁或其他固定构造物处，或者与其他道路相交处，应设置横向胀缝。当缩缝间距小，混凝土浇筑时的气温较高（如5～10℃以上）时，仅需在遇到固定结构物和不对称交叉口处设置胀缝。胀缝宽20～25mm，缝内设置填缝板和可滑动的传力杆，传力杆的尺寸、间距和要求与缩缝传力杆相同。传力杆的一半以上长度须涂以沥青或覆上塑料套，传力杆的一端加一金属套，内留空隙（其中填以弹性材料），以便板伸长时传力杆有向前移动的余地。

二、纵缝

一次铺筑宽度小于行车道路面宽度时，必须设置纵向施工缝。混凝土路面一次铺筑宽度大于4～4.5m时，碾压混凝土面层一次摊铺宽度大于7.5m时，必须设置纵向缩缝，钢纤维混凝土面层在摊铺宽度小于7.5m时，可不设纵向缩缝。

纵向施工缝可采用设拉杆的平口或企口缝形式；上部应锯切槽口，深度为30～40mm，宽度为3～8mm，槽内灌塞填缝料。纵向缩缝设置成设拉杆的假缝形式，锯切的槽口深度应大于施工缝的槽口深度。采用粒料基层时，槽口深度应为板厚的1/3；采用半刚性基层时，槽口深度应为板厚的2/5。

拉杆应采用螺纹钢筋，设在板厚中央，并应对拉杆中部100mm范围内进行防锈处理。每延米接缝所需的拉杆截面积（m²）按所提供的抗拉力能克服板块收缩时与地基间的摩阻力确定，其计算式为：

$$A_s = \frac{Bh\gamma f}{10 f_s} \qquad (3-1)$$

式中 B——由设拉杆接缝到最近的未设拉杆接缝或自由边缘的距离（m），此距离不应超过15m（用拉杆连接的车道数不应超过4个）。

h——面层板厚度，mm。

γ——混凝土的容重，kN/m³，普通混凝土可取23.5kN/m³。

f——板底与基层顶面间的摩阻系数，一般可采用1.5。

f_s——钢筋的容许拉应力，MPa，通常取钢筋屈服强度的2/3，钢筋的屈服强度参见表3-8。

表3-8 各类钢筋的屈服强度

钢筋种类		屈服强度 f_s /MPa
Ⅰ级（Q235）		235
Ⅱ级（20MnSi，20MnNb）	$d<25$mm	335
	$d>28$mm	315
Ⅲ级（25MnSi）		370
Ⅳ级（40SiMnV，45SiMn，45SiMnTi）		540

拉杆所需的长度（cm）可按钢筋不被板块收缩应力从混凝土内拔出的要求确定。

$$L_s = \frac{f_s d_s}{2 f_{bs}} + t_s \qquad (3-2)$$

式中：d_s——钢筋直径，cm。

f_{bs}——钢筋与混凝土的允许黏结力，MPa，可取混凝土抗压强度的1/10。

t_s——考虑拉杆对中偏差所保留的长度，cm，一般可取5～8cm。

设计规范所推荐的拉杆尺寸和间距列于表3-9，其最外侧的拉杆距接缝或自由边的距离不应大于25～35cm。

表3-9 拉杆直径、长度和间距 （单位：mm）

面层厚度/mm	到自由边或未设拉杆纵缝的距离					
	3.00m	3.5m	3.75m	4.50m	6.00m	7.50m
200～250	14×700×900	14×700×800	14×700×700	14×700×600	14×700×500	14×700×400
≥260	16×800×800	16×800×700	16×800×600	16×800×500	16×800×400	16×800×300

注：拉杆尺寸数字为直径×长度×间距。

三、接缝填缝料

各类接缝的槽口均需采用专门的材料予以填封，以减少路表水渗入，避免杂物进入，填缝料应富有弹性，缝隙缩小时，能压缩而不被挤出；缝隙张开时，又能充分恢复而仍填满缝隙。填缝料还应不透水、耐疲劳、耐老化，能同混凝土表面黏附牢固，还要便于施工，因此对材料性能的要求很高。

填缝材料有接缝板和填缝料两类，目前常用的是填缝料类。

接缝板用于胀缝内，可选用杉木或轻木板、纤维板、涤纶橡胶板、泡沫树脂板等。

填缝料按施工温度的不同，可分为加热式和常温式两种：前者有沥青橡胶类、聚氯乙烯胶泥和沥青玛蹄脂类等，后者有聚氨酯焦油类、氯丁橡胶类、乳化沥青橡胶类等。各类材料的技术要求可参见《公路水泥混凝土路面设计规范》（JTG D40—2011）。

四、特殊部位处理

两条道路相交时，应保持两条道路纵缝的连贯，横缝应做相应的调整。在与桥涵、通道及隧道等固定构造物相衔接的胀缝无法设置传力杆时，可在毗邻构造物的板端部内配置双层钢筋网，或在长度为6～10倍板厚的范围内逐渐将板厚增加20%。在与桥梁相接部位，桥头设有搭板时，应在搭板与混凝土面层板之间设置长6～10m的钢筋混凝土面层过渡板。过渡板与搭板间的横缝采用设拉杆平缝形式，过渡板与混凝土面层板间的横缝采用设传力杆胀缝形式。膨胀量大时，应连续设置2～3条设传力杆胀缝。当桥梁为斜交时，钢筋混凝土板的锐角部分应采用钢筋网补强。混凝土面层下有箱形构造物横向穿越且其顶面至面层底面的距离小于800mm时，在构造物顶宽及两侧一定范围内，混凝土面层内应布设双层钢筋网。具体见《公路水泥混凝土路面设计规范》（JTG D40—2011）。

当混凝土面层自由边缘下基础薄弱或接缝为未设传力杆的平缝时，可在面层边缘的下部配置钢筋。一般选用2根直径为12~16mm的螺纹钢筋，置于面层底面之上1/4厚度处并不小于50mm，间距为100mm，钢筋两端向上弯起。承受极重、特重或重交通的胀缝、施工缝和自由边的面层角隅以及承受极重交通的缩缝面层角隅，宜配置角隅钢筋。一般选用2根直径为12~16mm的螺纹钢筋，置于面层上部，距顶面不小于50mm，距边缘100mm。

第四节　普通混凝土路面厚度设计

一、设计的一般原理

混凝土路面在使用过程中承受着荷载的重复和周围气温周期性变化的双重作用，因此混凝土面层的疲劳损坏不仅是荷载重复作用的结果，还是周期性变化的温度翘曲应力重复作用的结果。为了考虑这种影响，我国《公路混凝土路面设计规范》（JGT D40—2011）采用了姚祖康、谈至明等提出并建立的疲劳应力叠加方法，以设计基准期内行车荷载和温度梯度综合作用产生的面层板疲劳断裂作为设计标准。

$$\gamma(\sigma_{pr}+\sigma_{tr}) \leqslant f_r \tag{3-3}$$

式中：γ——可靠度系数，见表3-10。

σ_{pr}——考虑轴载累计疲劳作用的（代表性）等效荷载应力。

σ_{tr}——考虑温度翘曲应力累计疲劳作用的等效温度应力。

f_r——混凝土的抗弯拉强度。

按荷载疲劳应力和温度梯度疲劳应力设计的面层板厚度，可以在设计基准期内承受行车荷载（以设计轴载表征）和温度梯度的综合疲劳作用。但在轴载谱中存在一些特重的轴载时，在最重轴载和最大温度梯度的综合作用下，有可能出现超出混凝土弯拉强度的极限断裂破坏，为了控制少数超重轴载对面层板的破坏作用，需要进行极限断裂破坏的验算。

$$\gamma(\sigma_{p,\max}+\sigma_{t,\max}) \leqslant f_r \tag{3-4}$$

式中：$\sigma_{p,\max}$——最大轴载在临界荷位处产生的最大荷载应力，MPa。
$\sigma_{t,\max}$——所在地区最大温度梯度在临界荷位处产生的最大温度翘曲应力，MPa。

对于双层混凝土板的下层，当采用贫混凝土或碾压混凝土作为基层时，由于其刚度比底基层大得多，可能会产生较大的层底拉应力，需要进行应力分析，以确定合适的层厚或所需的强度。

$$\gamma \cdot \sigma_{bpr} \leqslant f_{br} \quad (3-5)$$

式中：σ_{bpr}——基层内产生的行车荷载疲劳应力，MPa。
f_{br}——基层材料的弯拉强度标准值，MPa。

由于基层的温度梯度小，相应的温度翘曲应力可以忽略不计，极限状态设计表达式中没有考虑温度梯度疲劳应力。

上述三个设计标准均考虑了路面结构的可靠度。路面结构可靠度的一般定义为，在规定的时间段内，在规定的条件下，路面结构性能满足预定水平（要求）的概率。因此，混凝土路面结构可靠度也可定义为，在规定的设计基准期内，在规定的交通和环境条件下，行车荷载疲劳应力和温度梯度疲劳应力的总和不超过混凝土弯拉强度的概率，或者最重轴载应力和最大温度翘曲应力的总和不超过混凝土弯拉强度的概率。

表3-10 可靠度设计标准

公路等级	高速	一级	二级	三级	四级
安全等级	一级		二级	三级	
设计基准期/a	30		20	20	
目标可靠度/%	95	90	85	80	70
目标可靠指标	1.64	1.28	1.04	0.84	0.52
变异水平等级	低~中		中	中~高	
可靠度系数	1.20~1.50	1.09~1.23	1.08~1.13	1.04~1.11	

以上三项标准为我国采用的设计标准。还有些设计方法仅通过限制混凝土板的尺寸（限制接缝间距）的方法控制温度翘曲应力，而在设计标准中不再考虑温度翘曲应力的疲劳影响，仅通过限制荷载应力不超过混凝土的疲劳强度来确定板的厚度，即

$$\gamma \cdot \sigma_{bpr} \leqslant f_{br} \quad (3-6)$$

式中：σ_{bpr}——标准荷载位于临界荷位时产生的最大应力，MPa。
f_{br}——标准荷载累计作用N次时的混凝土疲劳强度，MPa。

应该指出的是,通过限制荷载和温度应力以控制疲劳断裂的方法只能有效控制混凝土板的断裂,并不能有效防止唧泥、错台等损坏现象,因为唧泥、错台是行车荷载(特别是重车)多次重复作用、水沿接缝/裂缝下渗和基层、路肩材料不耐冲刷等多种因素综合作用的结果。除了从结构和构造上采取措施,如采用排水基层、耐冲刷基层并增强接缝传荷能力等措施,还可以通过增加混凝土板的厚度和基层刚度以减小板边缘和角隅处的挠度,从而减小该处的塑性变形量和相应的板底脱空量,来达到减轻唧泥和错台的目的。因此,有的设计方法除了控制应力,对于高等级和重交通道路还增加了挠度指标——轴载在板边或角隅处产生的最大挠曲量不大于某一容许数值。

下面介绍我国水泥路面厚度计算方法。

二、单层板模型的荷载应力

当混凝土路面基层采用碎石或沥青稳定类等材料时,可以按照单层板模型进行路面的力学计算。

(一)混凝土面板疲劳应力计算

荷载疲劳应力σ_{pr}是一个当量应力值,是标准荷载作用于临界荷位上产生的应力乘以考虑荷载重复作用的疲劳系数所得的结果,其计算式为:

$$\sigma_{pr} = k_e \cdot k_f \cdot k_j \cdot k_{ps} \quad (3-7)$$

式中:σ_{pr}——标准荷载作用于四边自由板临界荷位处产生的弯拉应力,MPa。

k_e——考虑路面动态冲击等影响的荷载安全系数。

k_j——考虑接缝传荷能力的应力折减系数。

k_f——荷载应力疲劳系数。

k_{ps}——考虑面板尺寸、形状和支撑条件对应力影响的系数。

1.临界荷位处的荷载应力计算

综合考虑多种因素,我国采用纵缝边缘中部作为混凝土路面设计的临界荷位。应用有限元法,计算不同弹性地基上不同尺寸混凝土板在荷载作用下的应力,以此为基础进行简化,得出荷载应力计算公式如下。

$$\sigma_{ps} = 1.47 \times 10^{-3} l^{0.70} h_c^{-2} P_s^{0.94} \quad [3-8(a)]$$

$$l = 1.21(D_c / E_t)^{1/3} \quad [3-8(b)]$$

$$D_c = \frac{E_c h_c^3}{12(1-\mu_c^2)} \quad [3-8(c)]$$

式中：P_s——设计轴载的单轴重，kN。

h_c、E_c、μ_c——分别为混凝土面层板的厚度，m；弯拉弹性模量，MPa；泊松比。

l——混凝土面层板的相对刚度半径，m。

D_c——混凝土面层板的弯曲刚度，MN·m。

E_t——基层顶面当量回弹模量，MPa。

2.接缝传荷能力

在混凝土路面中，人们在接缝处采取了许多构造措施以增强混凝土板之间的荷载分担能力，减小接缝处的应力。这种荷载分担能力也称为接缝的荷载传递能力。式（3-8）计算的是四边自由板即接缝没有任何传荷能力时的应力，当接缝有传荷能力时，依式（3-8）计算的应力值应予以修正。

路面横缝和纵缝的设置方式不同，其荷载传递的机制也有所不同。在横缝处，荷载的传递主要有三种方式，即集料嵌锁、传力杆和这两种的综合作用。其中，集料嵌锁依靠接缝处断裂面上集料啮合作用传递剪力，传力杆依靠横跨接缝设置的传力杆传递剪力、弯矩和扭矩。对于纵缝，则主要是靠企口缝或平缝加拉杆传递荷载。

接缝的传荷能力可用传荷系数表示；它以接缝两侧相邻板的弯沉或应力的比值来定义，即

以弯沉表示的传荷系E_w：

$$E_w = \frac{w_U}{w_L} \times 100\% \tag{3-9}$$

或者

$$E_w = \frac{2w_U}{w_L + w_U} \times 100\% \tag{3-10}$$

以应力表示的传荷系数E_σ，准确地说是传荷折减系数。

$$E_\sigma = \frac{\sigma_U}{\sigma_L} \times 100\% \tag{3-11}$$

或者

$$k_j = \frac{\sigma_{cj}}{\sigma_c} \tag{3-12}$$

式中：w_L、σ_L——受荷板边缘的弯沉和应力。

w_U、σ_U——未受荷板边缘的弯沉和应力。

σ_{cj}——考虑接缝传荷作用的板边应力。

σ_c——无传荷作用（自由边）的板边应力。

结构分析时主要关心的是应力或荷载传递,但由于传递量很难实测,所以以应力或荷载表示的传荷系数难以直接得到,而相邻板的弯沉可以通过弯沉测定的方法得到,因此通常采用以弯沉表示的传荷系数评定接缝的传荷能力,再通过结构分析建立弯沉传荷系数与应力传荷系数的对应关系,进而评定接缝传荷能力对路面板应力的影响。

对于常用的路面结构参数(相对刚度半径l=65~100cm)和汽车参数,应用有限元法具体计算分析单轴和双轴荷载作用于纵缝和横缝边缘中部时各类接缝的传荷能力,分别以弯沉传荷系数和应力传荷系数表示。根据分析结果,可以建立轴载作用于纵缝边缘处的弯沉传荷系数和应力传荷系数之间的回归关系。

$$\left.\begin{array}{l}k_j = 0.996 - 0.220E_w - 0.125E_w^2(单轴)\\ k_j = 0.991 - 0.180E_w - 0.115E_w^2(双轴)\end{array}\right\} \quad (3-13)$$

利用上述经验关系,便可通过弯沉实测得到的传荷系数估算路面板边缘由于接缝传荷能力造成的应力减小量。

影响接缝传荷能力的因素很多,包括接缝传荷机制、路面结构相对刚度、温度和轴载等。1979—1985年,同济大学姚祖康等曾对各类接缝的传荷能力进行了试验测定工作。依据实验数据提出了各类接缝的弯沉传荷系数建议范围和相应的应力传荷系数k_j。规范规定,纵缝为设拉杆的企口缝时,k_j=0.76~0.84;纵缝为设拉杆的平缝或缩缝时,k_j=0.87~0.92(刚性和半刚性基层取低值,柔性基层取高值);纵缝为不设拉杆的平缝或自由边时,k_j=1.0。

3.荷载应力疲劳系数

考虑设计使用期内荷载应力累计作用的疲劳系数k_f,以根据低应力变化的双对数疲劳方程

$$\lg(\frac{\sigma_p}{f_r - \sigma_t}) = \lg a - b \lg N_e \quad (3-14)$$

转换后得到

$$k_f = \frac{1}{a} N_e^b \quad (3-15)$$

式中:N_e——设计基准期内标准轴载累计作用次数。

a,b——由疲劳试验得到的回归系数,失效概率为50%时,a=1.0606,b=0.0413。设计规范取a=1.0,b=0.057。因此,对普通混凝土、钢筋混凝土、连续配筋混凝土,取b=0.057;对碾压混凝土和贫混凝土,取b=0.065;对于钢纤维混凝土,则按式(3-16)计算。

$$b = 0.053 - 0.017 \cdot \rho_f \cdot \frac{l_f}{d_f} \quad (3\text{-}16)$$

式中：ρ_f——钢纤维的体积率，%。

l_f——钢纤维的长度，mm。

d_f——钢纤维的直径，mm。

4.荷载安全系数

荷载以一定速度行驶于道路上时会伴随产生动态效应。考虑这些因素对路面产生的疲劳影响，在标准轴载应力计算中引入荷载安全系数（在《公路水泥混凝土路面设计规范》中称为综合影响系数），按公路等级查表3-11确定。

表3-11 荷载安全系数k_c

公路等级	高速公路	一级公路	二级公路	三、四级公路
k_c	1.15	1.10	1.05	1.00

（二）面板最大荷载应力计算

面板最大的轴载在临界荷位处产生的荷载应力由下式计算。

$$\sigma_{p,\max} = k_j k_c \sigma_{pm} \quad (3\text{-}17)$$

式中：k_j、k_c——分别为荷载传递系数和荷载安全系数。

$\sigma_{p,\max}$——最重轴载P_m在面层板临界荷位处产生的最大荷载应力，MPa。

σ_{pm}——最重轴载P_m在四边自由板临界荷位处产生的最大荷载应力，MPa。

按式（3-8）计算，式中的设计轴载P_s改为最重轴载P_m（以单轴计，kN）；或者更简单地按下式计算。

$$\sigma_{pm} = \left(\frac{P_m}{P_s}\right)^{0.94} \cdot \sigma_{ps} \quad (3\text{-}18)$$

计算方法与式（3-7）相同。

三、双层板模型的荷载应力

（一）面层板荷载疲劳应力计算

当混凝土路面采用贫混凝土、碾压混凝土或水泥稳定基层时，路面结构可看成双层板模型，面层板的荷载疲劳应力σ_{pr}依然按式（3-7）计算，其中的荷载疲劳应力系数k_f、接缝传荷系数k_j和荷载安全系数k_c的确定方法与单层板的相同。所不同的是上层板四边自由板时临界荷位处的荷载应力σ_{ps}，应按式（3-19）确定。

$$\sigma_{ps} = \frac{1.45 \times 10^{-3}}{1 + D_b / D_c} l_g^{0.65} h_c^{-2} P_s^{0.94} \qquad [3\text{-}19（a）]$$

$$D_b = \frac{E_b h_b^3}{12(1-\mu_b^2)} \qquad [3\text{-}19（b）]$$

$$l_g = 1.21 \left(\frac{D_b + D_c}{E_t} \right)^{1/3} \qquad [3\text{-}19（c）]$$

式中：D_b——基层板的截面弯曲刚度，MN·m。

h_b、E_b、μ_b——分别为基层板的厚度（m）、弯拉弹性模量（MPa）和泊松比。

l_g——双层板的总相对刚度半径，m。

h_c、D_c——面层板的厚度，m；截面弯曲刚度，MN·m，按式［3-8（c）］计算。

当以最重轴载代入式［3-19（a）］时，即可求得最大轴载作用下四边自由板临界荷位处的荷载应力，并采用式（3-18）计算路面板的最大荷载应力。

（二）基层板荷载疲劳应力计算

贫混凝土、碾压混凝土或水泥稳定碎石基层板的荷载疲劳应力，按式（3-20）计算。其中，基层板疲劳应力系数k_f和荷载安全系数k_c的确定方法与单层板的相同。

$$\sigma_{bpr} = k_f k_c \sigma_{bps} \qquad [3\text{-}20（a）]$$

$$\sigma_{bps} = \frac{1.41 \times 10^{-3}}{1 + D_c / D_b} l_g^{0.68} h_b^{-2} P_s^{0.94} \qquad [3\text{-}20（b）]$$

式中：σ_{bpr}——基层板的荷载疲劳应力，MPa。

σ_{bps}——设计轴载在下层板临界荷位处产生的荷载应力，MPa。

四、复合板（材料）的处理

（一）面层复合板的处理

当面层混凝土板由两层材料浇筑而成时，由于两层材料的性能不同，将影响混凝土板内的应力。为了简化计算，将该复合板处理成等效的单一材料的板，即计算面层复合板的截面弯曲刚度$\tilde{D}_c$和等效厚度$\tilde{h}_c$。

$$\tilde{D}_c = \frac{E_{c1} h_{c1}^3 + E_{c2} h_{c2}^3}{12(1-\mu_{c2}^2)} + \frac{(h_{c1} + h_{c2})^2}{4(1-\mu_{c2}^2)} \left(\frac{1}{E_{c1} h_{c1}} + \frac{1}{E_{c2} h_{c2}} \right)^{-1} \qquad [3\text{-}21（a）]$$

$$\tilde{h}_c = 2.42\sqrt{\frac{D_c}{E_{c2}d_x}} \qquad [3-21(b)]$$

$$d_x = \frac{1}{2}\left[h_{c2} + \frac{E_{c1}h_{c1}(h_{c1}+h_{c2})}{E_{c1}h_{c1}+E_{c2}h_{c2}}\right] \qquad [3-21(c)]$$

式中：E_{c1}、h_{c1}——分别为面层复合板上层的弯拉弹性模量（MPa）和厚度（m）。

E_{c2}、μ_{c2}、h_{c2}——分别为面层复合板下层的弯拉弹性模量（MPa）、泊松比和厚度（m）。

d_x——面层复合板中性轴至下层底部的距离，m。

采用 $\tilde{D}_c$ 和 $\tilde{h}_c$ 替代单层板或双层板的面层板的弯曲刚度 D_c 和厚度 h_c，即可按照上述单一材料的计算方法计算路面内的应力。应该注意的是，此时板的相对刚度半径 l 或 l_g 需依据面层复合板弯曲刚度 $\tilde{D}_c$ 重新计算。

（二）基层复合板的处理

当基层由材料性能相差较多的半刚性上基层和底基层组成时，可以将基层看作复合板，此时与面层混凝土板一起形成一个双层板模型。基层复合板的弯曲刚度按式（3-22）计算，以此弯曲刚度替代式（3-19）中的弯曲刚度，计算双层板的荷载应力。

$$D_{b0} = D_{b1} + D_{b2} \qquad (3-22)$$

式中：D_{b0}——基层复合板的弯曲刚度，MN·m。

D_{b1}、D_{b2}——分别为上基层和底基层的弯曲刚度（MN·m），分别按上基层的厚度 h_{b1}、弹性模量 E_{b1} 和底基层的厚度 h_{b2}、弹性模量 E_{b2}，由式［3-19（b）］计算得到。

当基层为贫混凝土或碾压混凝土时，基层复合板中上基层的荷载疲劳应力 σ_{tpr} 按式（3-23）计算。其他类型基层不需进行荷载疲劳应力计算。

$$\sigma_{tpr} = \frac{\tilde{\sigma}_{tpr}}{1 + D_{b2}/D_{b1}} \qquad (3-23)$$

式中：$\tilde{\sigma}_{tpr}$ 为按式［3-20（b）］计算得到的基层复合板的名义荷载应力，其中，以上基层厚度 h_{b1} 替代式中基层厚度 h_b，以复合板弯曲刚度 D_{b0} 替代式中基层板弯曲刚度 D_b。

五、荷载换算和轮迹横向分布

水泥混凝土路面的轴载换算式，可以按照设计方法所采用的疲劳断裂损坏标准，利用荷载和温度综合作用下的疲劳方程建立。

由式（3-14）所示的双对数疲劳方程可知，轴载 P_i 作用一次所产生的疲劳消耗 D_i 为：

$$D_i = \frac{1}{N_i} = \left[\frac{\sigma_{pi}}{a(f_t - \sigma_t)}\right]^{\frac{1}{b}}$$

标准轴载作用一次的疲劳消耗D_s则为

$$D_s = \frac{1}{N_s} = \left[\frac{\sigma_{ps}}{a(f_r - \sigma_t)}\right]$$

按照等效疲劳原则可得

$$\frac{N_s}{N_i} = \left(\frac{\sigma_{pi}}{\sigma_{ps}}\right)^{\frac{1}{b}} = \alpha_i \cdot \left(\frac{P_i}{P_s}\right)^{\frac{0.91}{0.057}} = \alpha_i \cdot \left(\frac{P_i}{P_s}\right)^{16} \quad (3-24)$$

当不同轴型的荷载驶过路面时，相邻轴在路面内产生的应力具有叠加作用，所以一般而言，当第i级荷载的轴型与标准荷载的轴型（单轴双轮）不同时，$\alpha_i \neq 1$。例如，双联轴驶过混凝土面层板时，临界荷位处会出现二次应力峰值；三联轴驶过时，则会出现三次应力峰值。由于相邻轴产生负弯矩，应力峰值要比单轴作用时小（降低10%～14%）。邻轴的应力影响（降低）程度，与基层刚度和接缝传荷能力等因素有关，计算分析较为复杂。根据轴载调查发现，多联轴各根轴之间的轴重差异较大。双联轴的前轴重与平均轴重之比平均为1.03；三联轴的前轴重与平均轴重之比平均为1.05。综合这两方面因素，为了简化计算，对多联轴的轴载换算作偏保守的处理，忽略邻轴的影响（应力降低作用），双联轴按2次单轴计，三联轴按3次单轴计，从而避免考虑多联轴的轴重不均匀问题，并可直接利用称重站的轴载数据。所以，统一取$\alpha_i \neq 1$。

另外，目前公路上的超载现象较为严重，特别是一些行驶特重轴载车辆或特种车辆的公路。由于水泥混凝土路面的疲劳损伤量对轴重很敏感，参见式（3-24），对于特重轴载采用100kN设计轴载进行设计时，基准期内的设计轴载累计作用次数将十分惊人。为了避免出现这种情况，对于行驶特重轴载车辆或特种车辆的公路，建议在特重或特种车辆中选取占主要份额的轴载作为设计轴载。此时轴载换算的原理是相同的，换算式如下：

$$\frac{N_s}{N_i} = \left(\frac{\sigma_{pi}}{\sigma_{ps}}\right)^{\frac{1}{b}} \quad (3-25)$$

式中，b的取值与式（3-15）相同。

在高速公路和一级公路上，车辆一般分向并渠化行驶，轮迹的横向分布频率在车道内呈驼峰状分布，而在二级及二级以下的公路上，车辆有时不能严格按照车道行驶，特别在交通量较小时，轮迹横向分布频率在行车道内呈正态分布。姚祖康教授等曾对各地各级公路上的货车轮迹横向分布进行了实测，根据测定结果，对于以纵缝边缘中部为临界荷位的情况，提出了轮迹横向分布系数，如表3-12所列。

表3-12 轮迹横向分布系数

公路等级		纵缝边缘处
高速公路、一级公路、收费站		0.17~0.22
二级及二级以下公路	行车道宽＞7m	0.34~0.39
	行车道宽＜7m	0.54~0.62

注：车道或行车道窄或者交通较大，取高值；反之，取低值。

六、温度应力计算

（一）单层板的温度应力

混凝土面层内温度梯度的日变化可近似地用半正弦曲线表征。由于最大温度梯度同日太阳辐射热之间可建立密切的关系，因而各地区的日最大温度梯度的年变化规律可利用日太阳辐射热的年变化规律得到。利用上述规律，可以按各地的太阳辐射热年变化规律推演出温度梯度的变化，分析不同地区的路面结构内的温度应力变化。

为了简化计算过程，依据等效疲劳原则，可以寻求一等效温度疲劳应力值&，它在面层板临界荷位处所产生的疲劳消耗量，与年变化的温度应力所产生的累积疲劳消耗量相等。经过大量计算分析，该等效温度疲劳应力可由式（3-26）计算。

$$\sigma_{tr} = k_t \sigma_{t,\max} \quad (3\text{-}26)$$

式中：$\sigma_{t,\max}$——最大温度梯度时面层板产生的最大温度应力，MPa。

$$\sigma_{t,\max} = \frac{\alpha_c E_c h_c T_g}{2} B_L \quad [3\text{-}27(a)]$$

式中：α_c——混凝土的线膨胀系数，根据粗集料的岩性按表3-13取用。
T_g——公路所在地50年一遇的最大温度梯度，按表3-14取用。
B_L——综合温度翘曲应力和内应力的温度应力系数。

$$B_L = 1.77 e^{-4.48 h_c} C_L - 0.131(1 - C_L) \quad [3\text{-}27(b)]$$

$$C_L = 1 - \frac{\sinh t \cos t + \cosh t \sin t}{\cos t \sin t + \sinh t \cosh t} \quad [3\text{-}27(c)]$$

$$t = \frac{L}{3l} \quad [3\text{-}27(d)]$$

式中：C_L——混凝土面层板的温度翘曲应力系数。

L——面层板的横缝间距，即板长，m。

l——面层板的相对刚度半径，m。

$$k_t = \frac{f_r}{\sigma_{t,\max}} \left[a_t \left(\frac{\sigma_{t,\max}}{f_r} \right)^{b_t} - c_t \right] \qquad (3-28)$$

式中：a_t、b_t、c_t——回归系数，按所在地区的公路自然区划查表3-15确定。

k_t——考虑温度应力累计疲劳作用的温度疲劳应力系数。

表3-13 水泥混凝土线膨胀系数经验参考值

粗集料类型	石英岩	砂岩	砾石	花岗岩	玄武岩	石灰岩
水泥混凝土线膨胀系数10^{-6}/℃	12	12	11	10	9	7

表3-14 最大温度梯度标准值T_g

公路自然区划	Ⅱ、Ⅴ	Ⅲ	Ⅳ、Ⅵ	Ⅶ
最大温度梯度/(℃·m^{-1})	83~88	90~95	86~92	93~98

注：海拔高时，取高值；湿度大时，取低值。

表3-15 回归系数a_t、b_t和c_t

系数	公路自然区划					
	Ⅱ	Ⅲ	Ⅳ	Ⅴ	Ⅵ	Ⅶ
a_t	0.828	0.855	0.841	0.871	0.837	0.834
b_t	0.041	0.041	0.058	0.071	0.038	0.052
c_t	1.323	1.355	1.323	1.287	1.382	1.270

（二）双层板的温度应力

当采用双层板路面模型时，按照式（3-5）所示的设计标准，下层板（路面基层）的温度疲劳应力不需计算。上层板（路面的面层混凝土板）的温度疲劳应力σ_{tr}、最大温度翘曲应力$\sigma_{t,\max}$、综合温度翘曲应力和内应力作用的温度应力系数B_L的计算式与单层板的相同，分别按式（3-26）、式[3-27（a）]、式[3-27（b）]计算；不过，式[3-27（b）]中的温度翘曲应力系数C_L按下式确定。

$$C_L = 1 - \left(\frac{1}{1+\xi} \right) \frac{\sinh t \cos t + \cosh t \sin t}{\cos t \sin t + \sinh t \cosh t} \qquad [3-29（a）]$$

$$t = \frac{L}{3l_g} \quad [3-29(b)]$$

$$\xi = \frac{(k_n l_g^4 - D_c) \cdot r_\beta^3}{(k_n r_\beta^4 - D_c) \cdot l_g^3} \quad [3-29(c)]$$

$$r_\beta = \left[\frac{D_c D_b}{(D_c + D_b)k_n}\right]^{\frac{1}{4}} \quad [3-29(d)]$$

$$k_n = \frac{1}{2}\left(\frac{h_c}{E_c} + \frac{h_b}{E_b}\right)^{-1} \quad [3-29(e)]$$

式中：r_β——层间接触状况参数，m。

k_n——面层与基层之间竖向接触刚度，上下层之间不设沥青混凝土夹层或隔离层时按式［3-29（e）］计算，设沥青混凝土夹层或隔离层时，取3000MPa/m。

（三）复合板的处理

面层复合板的疲劳温度应力计算和疲劳温度应力系数与单层板的相同［式（3-26）］，其最大温度应力$\sigma_{t,\max}$按式（3-30）计算。

$$\sigma_{t,\max} = \frac{\alpha_c T_g E_{c2}(h_{c1} + h_{c2})}{2} B_L \zeta \quad [3-30(a)]$$

$$\zeta = 1.77 - 0.27\ln\left(\frac{h_{c1}E_{c1}}{h_{c2}E_{c2}} + 18\frac{E_{c1}}{E_{c2}} - 2\frac{h_{c1}}{h_{c2}}\right) \quad [3-30(b)]$$

式中：B_L——面层复合板的温度应力系数，按式［3-27（b）］计算，其中，面层板厚度h_c取面层复合板的总厚度（$h_{c1}+h_{c2}$），该式中的温度翘曲应力系数C_L，单层板时按式［3-27（c）］计算，双层板时按式（3-29）确定。

ζ——面层复合板的最大温度应力修正系数。

对于基层复合板的温度应力，首先采用式（3-22）计算基层复合板的弯曲刚度，以此代替式（3-29）中的弯曲刚度，计算双层板的面层温度应力。

七、材料参数

计算混凝土路面应力时，必须事先确定水泥混凝土的模量、强度值以及地基的模量值，它们均应由试验测定。

（一）混凝土和整体性材料的模量和强度

水泥混凝土的强度应以28d龄期的弯拉强度控制。各交通荷载等级要求的水泥混凝土弯拉强度标准值不得低于表3-16的规定。水泥混凝土强度和弹性模量经验参考值见表3-17，水泥混凝土线膨胀系数经验参考值列于表3-18中，其他整体性材料的模量和强度应以测定结果为准，也可参考表3-19和表3-20取值。

表3-16 水泥混凝土弯拉强度标准值

交通荷载等级	极重、特重、重	中等	轻
水泥混凝土的弯拉强度标准值/MPa	≥5.0	4.5	4.0
钢纤维混凝土的弯拉强度标准值/MPa	≥6.0	5.5	5.0

表3-17 水泥混凝土强度和弹性模量经验参考值

弯拉强度/MPa	1.5	2.0	2.5	3.0	3.5	4.0	4.5	5.0	5.5
抗压强度/MPa	7	11	15	20	25	30	36	42	49
抗拉强度/MPa	0.89	1.21	1.53	1.86	2.20	2.54	2.85	3.22	3.55
弹性模量/GPa	15	18	21	23	25	27	29	31	33

表3-18 水泥混凝土线膨胀系数经验参考值

粗集料类型	石英岩	砂岩	砾石	花岗岩	玄武岩	石灰岩
水泥混凝土线膨胀系数10^{-6}/℃	12	12	11	10	9	7

表3-19 无机结合料类基层和底基层材料弹性模量经验参考值 （单位：MPa）

材料类型	7d浸水抗压强度	试件模量	收缩开裂后模量	疲劳破坏后模量
水泥稳定类	3.0~6.0	3000~14000	2000~2500	300~500
	1.5~3.0	2000~10000	1000~2000	200~400
石灰-粉煤灰稳定类	≥0.8	3000~14000	2000~2500	300~500
	0.5~0.8	2000~10000	1000~2000	200~400
石灰稳定类	≥0.8	2000~4000	800~2000	100~300
	0.5~0.8	1000~2000	400~1000	50~200

（续表）

材料类型	7d浸水抗压强度	试件模量	收缩开裂后模量	疲劳破坏后模量
开级配水泥稳定碎石（CTPB）	≥4.0	1300~1700	—	—

表3-20 沥青结合料类基层材料动态模量经验参考值

材料类型	条件	取值范围/MPa
沥青混凝土（AC-10）	20℃，10Hz，AH-90、AH-110，空隙率7%，沥青用量6%	4700~5600
沥青混凝土（AC-16）		4500~5400
沥青混凝土（AC-25）		4000~5000
密级配沥青碎石（ATB-25）		3500~4200
开级配沥青稳定碎石（ATPB）	20℃，沥青用量2.5%~3.5%	600~800

（二）地基回弹模量

在路面力学分析中，路面结构被简化为单层板模型或双层板模型。即便是双层板模型，基层或基层以下的结构仍可能是多层结构，因此需要根据路基和各层的模量确定其当量回弹模量。根据单圆荷载直径0.3m、层间连续、粒料层总厚度0.1~0.5m以及粒料层回弹模量与路床回弹模量之比小于10的条件，按照荷载中心点弯沉等效的原则，回归得到新建公路的板底地基当量回弹模量E_t。

$$E_t = \left(\frac{E_x}{E_0}\right)^a E_0 \qquad [3-31（a）]$$

$$\alpha = 0.86 + 0.26 \ln h_x \qquad [3-31（b）]$$

$$E_x = \sum_{i=1}^{n} h_i^2 E_i / \sum_{i=1}^{n} h_i^2 \qquad [3-31（c）]$$

$$h_x = \sum_{i=1}^{n} h_i \qquad [3-31（d）]$$

式中：E_0——路床顶综合回弹模量，MPa，可参照本书第四章中的方法通过承载板试验确定。

α——与粒料层总厚度h_x有关的回归系数。

E_x——粒料层的当量回弹模量，MPa。

h_x——粒料层的总厚度,m。

n——粒料层的层数。

E_i,h_i——分别为第i结构层的回弹模量(MPa)与厚度(m)。

在旧沥青混凝土路面上铺筑水泥混凝土面层时,原沥青混凝土路面顶面的地基综合当量回弹模量E_t可根据贝克曼梁(后轴重100kN的车辆)的弯沉测定结果,按式[3-32(a)]计算确定,或根据落锤式弯沉仪(荷载50kN、承载板半径150mm)的中心点弯沉的测定结果按式[3-32(b)]计算。

$$E_t = 13789 w_0^{-1.04} \quad [3-32(a)]$$

$$E_t = 18621/w_0 \quad [3-32(b)]$$

$$w_0 = \bar{w} + 1.04 s_w \quad [3-32(c)]$$

式中:w_0——路段代表弯沉值(0.01mm)。

$\bar{w}$——路段弯沉平均值(0.01mm)。

s_w——路段弯沉的标准差(0.01mm)。

当没有实测条件时,可以参照表3-9取值,并根据地下水位的高低采用表3-10中的系数进行修正。

(三)计算温度应力时的模量考虑

实际上,与荷载应力不同,温度应力的产生和消散是一个十分缓慢的过程,此间面层混凝土和地基均将发生徐变,使模量降低。根据以往经验,将混凝土和地基的模量分别折减15%和30%,并将它们计入温度应力系数B_L和温度翘曲应力系数C_L中,计算时混凝土和地基的模量取其和荷载应力分析时相同的数值便可。

第五节 连续配筋和钢筋混凝土路面厚度设计

连续配筋混凝土路面和钢筋混凝土路面的厚度可以参照素混凝土路面的厚度设计,并进行详细的配筋设计。

一、连续配筋混凝土路面

在混凝土内连续配置纵向和横向钢筋的面层,会在温度和湿度变化引起的应力作用下产生许多横向裂缝,裂缝的平均间距不大于1.8m,纵向钢筋埋置深度处的裂缝缝隙平均宽度不大于0.5mm,缝隙平均宽度一般为0.2~0.5m。但是,由于配置了纵向钢筋,这些横向裂缝不至于张开而使杂物侵入或使裂缝边缘的混凝土剥落,也不会使面层结构达到破坏的程度。

确定纵向钢筋用量的控制因素是裂缝的间距和缝隙的宽度。缝隙过宽,易使杂物和水浸入。配筋量多,可使缝隙宽度减小,裂缝间距也减小。由于裂缝间距同裂隙宽度直接关联,并且便于观察,钢筋用量便可按希望得到的裂缝间距来确定。钢筋用量可以根据平均裂缝间距、混凝土强度、钢筋强度、钢筋埋设位置、混凝土线胀系数等许多因素计算〔参见《公路水泥混凝土路面设计规范》(JTG D40—2011)〕,一般采用0.6%~0.7%(中等交通)、0.7%~0.8%(重交通)、0.8%~0.9%(特重交通)或0.9%~1.0%(极重交通冰冻地区路面的配筋率宜高于一般地区0.1%);用于复合式面层的下面层时,其纵向配筋率可降低0.1%。

连续配筋混凝土面层的纵向和横向钢筋均应采用螺纹钢筋,其直径为12~20mm。当钢筋可能受到较严重腐蚀时,宜在钢筋外涂环氧树脂等防腐材料。钢筋的最小间距应为集料最大粒径的两倍,并且不得小于10cm;最大间距为25cm钢筋的搭接长度为钢筋直径的25~30倍,取其中较大值。钢筋的埋置深度为顶面下1/3~1/2板厚的范围内,保护层最小厚度为5cm。

横向钢筋的用量很少,其主要目的是保持纵向钢筋的间距。其配筋率约为纵向钢筋的1/10~1/4,或者截面面积的0.08%。横向钢筋的直径和间距取决于纵向钢筋的直径和钢筋支座的布置间距,但最大间距不得大于150cm。

面层内的钢筋并不是按承受荷载应力进行设计的。因此,连续配筋混凝土面层的厚度仍可采用普通混凝土面层的计算方法确定。

连续配筋混凝土面层在浇筑中断时需设置施工缝。施工缝采用贯通纵向钢筋的平缝形式,并使用拉杆增强,其用量为纵向钢筋的1/3。拉杆的直径和间距与纵向钢筋相同,长度为100cm。

二、钢筋混凝土路面

在板长过大、地基有不均匀沉降或板平面形状不规则时,为防止所产生的裂缝缝隙张开,可在板内配置纵、横向钢筋或钢丝网。设置钢筋的主要目的并不是增加板的抗弯拉强度,以避免板块断裂,而是把开裂的板拉在一起,使板依靠断裂面上的集料嵌锁作用而具有结构强度。因此，钢筋混凝土面层所需的厚度同普通混凝土面层的相同，而配筋量则由混凝土收缩时将板块拉在一起所需的拉力确定。当最大的拉力使断裂发生在板长的中部时，它等于由该处到最近的板边缘范围内面层和基层之间的摩阻力，即每延米板宽所需的配筋量为：

$$A_s = \frac{Lh\gamma f}{20 f_s} \quad (3-33)$$

式中，L在计算纵向钢筋时，为横缝的间距（m）；在计算横向钢筋时，为不设拉杆的自由边或纵缝间的距离（m）；其余符号同式（3-1）。

为使板内的应力尽可能分散，宜采用小直径的钢筋。钢筋的最小直径和最大间距见表3-21。纵向和横向钢筋宜采用相同或相近的直径，其直径差不应大于4mm。最小间距应为集料最大粒径的两倍。根据经验，钢筋的搭接长度宜为直径的24倍以上。由于钢筋的主要作用是使裂缝密闭，它在板内的竖向位置并不太重要，只要有足够的保护层以防锈蚀即可，通常设在顶面下1/3～1/2板厚的范围内。

表3-21　钢筋最小直径和最大间距　　　　　　　　（单位：mm）

钢筋类型	最小直径	纵向钢筋最大间距	横向钢筋最大间距
光面钢筋	8	150	300
螺纹钢筋	12	350	600

由于钢筋混凝土面板的长度大，缩缝缝隙的张开宽度较普通混凝土面板的大，假缝断裂面上集料的嵌锁作用极微弱，因此为保证接缝具有传荷能力，所有缩缝均需设置滑动传力杆。其他接缝设计与普通混凝土面层的情况相同。

第四章 沥青路面的设计方法理论

第一节 沥青路面设计指标、设计流程与力学模式

一、设计指标

(一) 路面损坏分析

路面的常见损坏类型大体上可以分为四类,即开裂类、变形类、表面损坏类和其他类。路面的开裂类损坏又包括四种,即纵向裂缝、横向裂缝、块状裂缝和龟裂。这四种裂缝除了龟裂,其余三种损坏主要是由环境因素主导的,可以称为环境主导型裂缝;龟裂则是由荷载引起的,可以称为荷载主导型裂缝。在目前的路面设计方法中,人们还无法定量地控制环境主导型的裂缝,所以定量设计中主要考虑荷载主导的路面开裂,即龟裂。在一些设计方法中,还给出了考虑低温开裂的准则。

变形类损坏包括车辙、波浪和拥包以及沉陷。拥包和波浪常常与水平力的作用有关,在经常刹车、启动的路段,如交叉口前的路段比较常见,而正常行驶的路段,主要承受竖向荷载的作用,水平力的作用很小。沉陷更多的则是路面结构自身的原因所致。因此,只有车辙是一种普遍存在的损坏,且与荷载重复作用关系密切,是进行结构定量设计时所应考虑的主要变形类因素。

路面表面损坏和其他的一些损坏类型,要么是上述损坏未能及时养护的结果,要么是一种局部的损坏,而与路面整体结构的相关性不大,所以在结构设计方法中一般不予定量考虑。

(二) 力学——经验法中控制的损坏现象和常用的设计指标

如上所述,在路面结构设计中,人们不可能控制所有的损坏类型,但鉴于路面损坏模式的多样性,各种损坏对路面使用性能具有不同性质和不同程度的影响,所以沥青路面设计也不能像其他结构物设计那样,仅选用一种损坏模式的临界状态和单一的设计指标作

为结构的临界状态和设计指标，而必须采用多种临界状态和多项设计指标。在目前的设计方法中，一般考虑弯拉疲劳开裂、车辙、路基顶面压应变或路表回弹弯沉和低温开裂等方面。

1. 弯拉疲劳开裂

路面结构在出现整体性疲劳开裂前所能承受的荷载重复作用次数，称为路面结构的疲劳寿命。实际上，路面结构的疲劳寿命与材料的疲劳寿命不同，既包括材料发生疲劳开裂时承受的荷载作用次数，还包括开裂的扩散（传播）时间（作用次数），即从结构临界点产生疲劳开裂扩散到贯穿路面结构厚度的时间以及裂缝进一步扩展的时间。路面结构的疲劳寿命大小，同组成材料的特性、环境条件（温度、湿度）以及路面所承受的荷载应变（或应力）级位有关。对类似的结构、材料和环境状况，临界点的应变越大，路面结构的疲劳寿命就越短。由此，在以疲劳开裂作为临界状态的结构设计方法中，通常采用结构中临界点的弯拉应变或弯拉应力作为设计指标，以标准轴载在当量疲劳温度或标准温度时产生的弯拉应变或应力不大于该材料在该温度条件下的容许疲劳弯拉应变或应力作为设计标准。

对路面结构而言，临界点可能不止一个，可能位于沥青层的内部、底面或半刚性层的底面，应根据结构组成计算确定。对我国常用的半刚性基层路面或以各类整体性材料为基层的路面而言，在沥青层与基层接触情况是连续的条件下，沥青层的最大弯拉应变位于沥青层的内部；接触情况是滑动的条件下，沥青层的最大弯拉应变则位于沥青层的底面；半刚性层内的临界点则一般位于该层的底面，设计时采用该层底面的最大弯拉应力作为设计指标，控制其大小不超过该层材料的容许疲劳弯拉强度，以避免由于疲劳开裂而诱发结构的开裂。对以级配碎石等粒料为基层的路面结构而言，最大弯拉应变一般发生在沥青层的底面。

实际上，不管是沥青层底面还是半刚性材料层底面的拉应力指标都是控制自下而上的开裂的，还指出了一种自上而下的裂缝。这类裂缝也是由荷载的重复作用引起的，并被认为是剪切主导型的疲劳开裂，在路面结构设计中理应予以控制。但由于这类疲劳开裂本身的复杂性，迄今为止在大多路面设计方法中没有对应的设计指标。

2. 车辙

车辙是荷载重复作用下路面各结构层变形累积的结果，当车辙深度超过10~15mm时，将会使雨天高速行驶的车辆产生漂滑。所以，一些设计方法中要求对车辙深度进行估算，使其不超过10~15mm。车辙深度同重复应力的大小、作用次数、路基和各结构层材料的特性以及温度状况有关。车辙的出现，不仅影响路面的行驶质量，而且影响高速行驶时的行车安全性。以车辙作为临界状态，采用车辙深度或永久变形量作为设计指标，设计时限定设计年限内的累积车辙深度或永久变形量不超过行驶质量和行车安全所容许的车辙深度或永久变形。实际上采用间接的设计指标控制路面的车辙，这个间接指标是路基顶面的压应变。通过控制压应变来控制路基的变形量，从而间接控制车辙的大小。

这种方法对粒料基层的路面结构具有一定的适用性，对我国常用的半刚性基层路面结构则存在较大的局限性。为了克服这个问题，国外一些设计方法中给出了路面车辙的预估方法，即计算沥青层、基层和路基等整个结构层的车辙。这种方法目前只能作为一个验算指标，而不能当作设计指标，无法起到控制结构设计的目的。

3.路基顶面压应变或路表回弹弯沉

路基顶面压应变对路面结构的整体刚度具有较大的影响，尤其是对级配碎石基层的沥青路面结构而言。如上所述，一般认为，采用该设计指标是为了间接控制路面的车辙大小；这对沥青层较薄的路面结构具有较好的效果，但随着沥青层厚度的增加，将会有较大的局限性。

路表面在荷载作用下的回弹弯沉量反映了路面结构的整体刚度。试验观测资料表明，它同路面的使用状态（疲劳开裂和永久变形）之间存在着一定的内在关系，回弹弯沉量越大，出现疲劳开裂的概率越大，永久变形量越大，能承受的荷载作用次数就越少。因此，可以采用路表回弹弯沉值作为路面结构的设计指标，以控制路面结构的整体刚度，从而间接控制结构的疲劳开裂和永久变形。

根据路面使用状态，可以确定一次荷载（标准轴载）作用下路面的弯沉大小，控制其不大于根据使用年限确定的设计弯沉。

我国在2017年以前采用弯沉指标进行综合控制，目前已经不作为路面结构的设计指标，但依然是路面评价的常用指标。

4.低温开裂

这是一项与荷载关系较小、适用于寒冷地区的设计指标。当温度下降时，面层材料因收缩受阻而产生的温度应力大于该温度下沥青混合料的抗拉强度时，路面即发生开裂。设计时限制温度应力的大小，或设法提高沥青混合料的低温抗力，作为防止这类损坏的主要考虑。减少了低温开裂，保证了路面的完整性，减少了雨水的下渗，从而延长了路面的使用寿命。同时，该设计指标还间接反映了对路面结构性能的要求。

二、设计流程

经过半个多世纪的发展，路面结构设计方法已经逐渐选择了力学—经验设计法，即路面结构设计以力学分析作为依据，广泛采用力学指标，形成了设计流程。

（一）输入

输入部分是指调查、收集、预测并确定设计输入参数的过程，是整个设计的基础。

准确地调查这些参数，是决定设计结果是否合理的关键，也是决定设计质量的关键之一。交通参数包括目前的交通量大小、轴载谱、横向分布及交通量的增长率和未来轴载谱的变化。环境因素包括当地的历年最高最低气温、历年气温变化过程以及历年降雨量大小等因素。实际上，路面设计不仅需要当地环境资料，更主要的是要收集道路沿线历年气温和降雨的变化情况。当路线较长或地形复杂时，应该分段收集这些资料，以对路面设计有更强的针对性。土基状况是路面设计时需要明确的另一个重要参数，应根据几何设计结果（填挖方情况）、组成路基的材料特性和地下水位高低等因素，结合本书第三章、第四章方法初步确定土基的模量。材料性能是指路面结构各层次建筑材料的组成、物理性能和力学性能，根据该道路沿线的材料供应情况、各结构层次的具体要求、交通的繁重程度和道路的重要性，按照本书第五章中的方法确定各层材料的类型和力学参数。对于重要的工程或重交通路面，或对不常使用的材料类型，应该通过专门的试验确定材料的具体力学参数。

上述设计参数可以采用不同的方法获取；不同方法所得参数值的准确性、可靠性也不同，通常可以采取三种方法获取上述设计参数，也称为三种精度水平的设计参数。

水平一：通过试验实测。

水平二：利用已有经验关系式计算。

水平三：参照典型数值取用。

在高速公路、一级公路的施工图设计阶段，宜采用水平一，其他设计阶段可采用水平二或水平三方法获取参数；二级及二级以下公路可采用水平二或水平三方法获取参数。

除了上述参外，设计参数还包括路面设计使用年限和设计可靠度。路面设计使用年限是指路面在正常设计、施工、使用和养护条件下，设计时所设定的路面损坏量累积达到临界水平前的时间长度，也称路面设计年限，可细分为路面结构设计使用年限和路面功能设计使用年限。在没有特别说明时，路面设计使用年限一般指路面结构设计使用年限。路面结构设计使用年限是指路面结构性损坏量累积达到临界水平前的时间长度，应根据公路等级、交通荷载、当地经济状况、维修对交通的影响以及建设养护成本来综合确定，表4-1是我国《公路沥青路面设计规范》（JTG D50—2017）规定的设计使用年限的下限。考虑到路面维修对交通的影响越来越大以及路面的全寿命成本，目前国际上路面结构设计大多采用较大的设计使用年限。

表4-1　路面结构设计使用年限（下限）单位：a

公路等级	设计使用年限	公路等级	设计使用年限
高速公路、一级公路	15	三级公路	10
二级公路	12	四级公路	8

路面功能设计使用年限是指路表面满足使用要求或维持所要求功能的时间长度，或路面因表面功能丧失或严重受损而采取铣刨加铺等养护专项工程措施前所持续的时间长度。路面功能设计使用年限和结构设计使用年限可以相同，也可以不同。当采用的结构设计年限比较长时，可以采用不同的功能设计使用年限。对于高速公路和一级公路，其功能设计使用年限可以采用8年以上。

路面使用年限是用于计算累积轴载作用次数的基准期；而基准期内的累积轴载作用次数也称为路面的设计寿命。

在路面结构设计中还需要考虑参数的可靠度，以便更准确地表述所设计的路面结构实现其性能的程度；其定义是路面结构在规定的时间内和规定的条件下完成预定功能的概率。在设计时，要求路面达到的可靠度称为目标可靠度，相应的数值指标称为目标可靠度指标。表4-2是我国《公路沥青路面设计规范》（JTG D50—2017）规定的各等级公路的目标可靠度和目标可靠度指标。

表4-2 目标可靠度和目标可靠度指标

公路等级	高速公路	一级公路	二级公路	三级公路	四级公路
目标可靠度/%	95	90	85	80	70
目标可靠度指标	1.65	1.28	1.04	0M	0.52

在确定了参数的基础上，根据要求的路面设计可靠度，初步拟定一种或多种路面结构和各层材料的具体组成，作为备选方案，供下一步具体分析和优化。

实际上，形成备选方案是整个设计过程中十分重要的环节，也是"设计"中"设"含义的最直接体现。备选方案越多、越全面，则最终的设计结果也就越趋于合理，可以说备选方案的质量是决定最终设计质量的重要因素之一。

（二）损坏分析

损坏分析的主要任务，就是对备选的路面设计方案进行疲劳、变形（车辙）和低温开裂等损伤的定量分析，以确定这些备选方案对设计要求的符合程度；或根据上面提到的某些设计指标对备选方案进行验算，以判断备选结构的合理性。

要对初拟的路面方案进行疲劳、变形（车辙）和低温开裂的定量分析，首先要有相应的损坏分析模型。多年来，大量的研究人员虽然一直开展这方面的研究，试图建立能够定量分析路面不同损坏类型的模型，但成效不大，且未能建立起可靠的分析模型，所以这种理想的分析过程尚未得到广泛应用，尚处于研究之中。

实践中广泛采用的分析方法相对比较简单，即根据设计指标对初拟的路面方案进行验算,看其是否能满足特定的设计标准。所采用的指标即为上面阐述的指标,包括沥青层内的弯拉应变、整体性结构层底面的弯拉应力、路基顶面的压应变和/或路表回弹弯沉等。不同的设计方法采用了上述一种或几种设计指标,根据累计轴载作用次数确定这些指标的设计标准值,以控制相应的路面损坏。

(三)结果输出

基于上述分析,综合考虑技术分析结果和经济、政策等因素,优化选择最终的结构设计方案。

三、力学计算的常用模式

路面结构被看成多层弹性体,各层之间的接触条件假定为完全连续,顶面作用又相当于设计轴载一侧双轮组的两个圆形均布荷载(双圆荷载)。在我国,每个设计荷载中单圆荷载的重量为25kN,两个轮载总重为50kN,荷载半径$\delta=10.65cm$;在其他国家,大多数为单轮荷载为20kN,两个轮载总重为40kN。

设计时可按照表4-3中的提示,取其最大值作为该路面结构的响应量。

表4-3 各设计指标对应的力学响应及其竖向位置

设计指标	力学响应	竖向位置
沥青混合料层的层底拉应变	沿行车方向的水平拉应变	沥青混合料层层底
无机结合料层的层底拉应力	沿行车方向的水平拉应力	无机结合料稳定层层底
沥青混合料层永久变形	竖向压应力	沥青层各分层的顶面
路基顶面竖向压应变	竖向压应变	路基顶面

第二节 沥青路面结构层组合设计

路面结构层组合设计是根据路面结构的受力特点和损坏特征,考虑路面所处地区的环境状况,依据路面结构的使用性能要求,确定路面结构的层次数量、各结构层的模量要求和各结构层的材料类型,使所设计的路面结构在设计年限内能够以经济合理的代价满足行车荷载和环境因素的共同作用。实际上,这是在经过调研确定路面结构设计条件之后,进行路面结构设计的第一步,是决定最终设计结果的十分重要的一步。

一、基本原理——刚度协调原理

不同结构层组合的路面,其使用性能、使用寿命都将不同,工程造价和今后的养护费用、运行费用也会有较大差别。层次多、厚度大的路面,其使用性能不一定就更好,所以进行科学的结构层组合设计是十分必要的。

路面结构层组合设计的关键内容之一是协调各结构层之间的刚度关系,以保证路面结构的刚度、受力、变形的协调性。尤其是协调沥青层与基层之间刚度(模量)的相对大小关系,对于保证路面结构受力的合理性、延长路面寿命非常重要,是路面结构层组合设计时应该重点给予考虑的问题。我国偏好采用半刚性基层路面结构,但已有研究表明,基层的模量并不是越大越好。随着基层模量的增加,面层底面的弯拉应变和路面弯沉迅速减小,这曾被认为是十分有利的因素,也是目前实践中无限制增大基层模量的主要原因;与此同时,路面结构中沥青层顶部的最大剪应力却急速增大。这说明,过小的基层模量固然是不合理的选择,容易造成面层底面的弯拉疲劳开裂,但过大的基层模量也是不利的,这将造成路面结构顶部的剪切疲劳损坏。所以,基层的模量(与沥青层模量的比值)应该有一个合理的范围,太小或太大都是不利的,基层模量与沥青混合料的模量越接近越好,这称作刚度协调原理,或称作模量协调原理、变形协调原理。多层结构的各层之间,都应符合这个原理。

根据理论分析和实践经验,在进行结构层组合设计时通常应遵循以下几方面原则。

(1)适当的层数。

(2)适应各结构层荷载应力分布特性和功能要求,考虑各结构层材料自身的特点和结构层上下层次的相互作用、层间结合条件及结构的协调。

(3)考虑当地环境状况的影响,考虑表面水和结构内部的排水要求。

(4)便于施工。

(5)协调行车道与路肩的路面结构。

(6)考虑当地经验、习惯及施工水平。

二、路面结构的层数

路面结构应具有适当的层数,以满足路面的使用性能和其他多种要求,设计时需要综合考虑道路等级(重要程度)、交通繁重程度、荷载应力在各结构层中的分布特性、环境状况及施工工艺等多方面的因素。

根据道路等级(或重要性)、交通繁重程度,沥青层可以设计成单层、两层或三层(我国通常将其统一称作路面结构的面层)。这样既满足了道路等级和交通的要求,又考虑了面层不同厚度处的功能特点。当面层设计成两层时，分别称为上面层和下面层，国际上一般称之为磨耗层和联结层；当面层设计成三层时，分别称为上面层、中面层和下面层。国际上，面层仅指磨耗层和联结层。随着交通荷载的增加，沥青层的厚度可能超过三层，下面层以下的沥青层我们称之为增强层或增厚层，起到增强沥青层功能的作用。沥青层各层的功能不同，所采用的材料一般也不相同，最终形成一个完整的结构层，我们称之为沥青结构层。

基层可以设计成一层，交通繁重时可以设计成两层，称为上基层和下基层（或底基层），合起来形成完整的基层，我们称为基层结构层。对于季节性冰冻地区，需要考虑路面结构的防冻要求，路面结构的总厚度不能太小。当路面结构的总厚度小于防冻厚度要求时，需要在基层和土基之间增加一个层次，称之为功能层（垫层），以防止路基的冻胀和翻浆。当土基较弱时，有时也会设置一层功能层（垫层）以保护土基，改善基层的支撑条件。

实际上，土基也可以根据需要设计成多层。当土基强度不足时，可以对土基或土基顶部进行换填材料或稳定处理，以改善土基的强度和路面结构的支撑条件。

三、面层

沥青面层直接承受行车荷载和环境因素的综合作用，不仅起到了功能层的作用，而且一般具有扩散荷载的作用，所以要求其具有较高的强度（抗剪和抗拉强度）、耐磨性和高温稳定性。常用的面层有沥青表面处治、沥青贯入碎石和热拌沥青混合料三种类型，各类面层适应的交通如表4-4所列，交通量越大、轴载越繁重、道路等级越高，采用的面层材料的等级也应越高。

表4-4　各类面层适应的交通

公路等级	路面等级	面层类型	设计年限/a
高速公路一、二级公路	高级路面	沥青混凝土	15
二级公路	次高级路面	沥青上拌下贯式沥青贯入式热拌（冷拌）沥青碎（砾）石	12
三级公路	—	沥青表面处治	10
三、四级公路	中级路面	泥结碎石级配碎（砾）石其他粒料	8~10
四级公路	低级路面	当地材料加固改善土	8

沥青表面处治（沥青表处）是用沥青和集料按层铺法或拌和法施工形成的厚度不大于

3cm的薄层面层，主要用作改善路面的表面功能，起到防水、防尘、防泥泞、防滑等功能性作用，适用于交通量很小或三级、三级以下公路的路面工程，也可用于旧路面上的加铺层。拌和法表处是指将拌和好的沥青混合料经摊铺碾压而成，可采用热拌热铺或冷拌冷铺法施工；层铺法是指先洒布一层沥青，紧接着撒铺一层集料经碾压而形成的层次。单层沥青表处的厚度为1.5cm左右，双层表处的厚度为2.5～3cm。

沥青贯入碎石，也称沥青贯入式路面，是指首先撒铺粗骨料碎石组成骨架层，然后分层浇洒热沥青并撒布嵌缝料，经碾压而形成的路面形式。厚度范围一般在4～8cm（单层贯入式厚度一般为4cm，双层贯入式一般不能超过8cm），适用于二级以下或交通量不大的二级公路的路面。实际施工时，常常在沥青贯入碎石层上面加铺沥青表面处治层或沥青砂作为封层，以减少表面水的渗入，此时形成的面层结构称为上拌下贯式面层。

当道路交通量较大时，目前广泛使用的面层类型是热拌沥青混合料（HMA）面层。这是一种高级路面形式，是采用专门设计的集料级配和热沥青在专业拌和设备中拌和，并采用专业设备摊铺、碾压后形成的路面结构层，可根据交通量的大小设计成单层、双层、三层或更多层次，每层厚度应考虑现场压实能力，最大厚度一般不大于12cm。

上面层是路面结构的磨耗层，要求具有好的高温稳定性、低温抗裂能力、抗滑能力和表面构造深度。在一般情况下，中面层是产生车辙的主要层次，所以要具有很好的抗车辙能力和防水能力。下面层则要有很好的抗疲劳开裂能力。

影响沥青层厚度组合设计的因素有很多，包括交通繁重程度、材料性能、环境因素等，应该根据当地路面性能的使用经验确定，尤其应该认真考虑交通的影响，选择能够满足交通要求的沥青层总厚度。对于高速公路，可进行优化。

对重交通和特重交通路面而言，仅满足上述一般要求是不够的，对上面层、中面层、下面层还需要提出更为具体严格的要求。上面层应能提供平整的行驶表面、足够的抗滑性能、足够的高温稳定性和足够的耐久性，可以考虑采用SMA或OGFC等混合料类型，上面层甚至中面层可以考虑采用改性沥青。对集料而言，则应在其形状、表面纹理、强度、与沥青的黏附性以及最大粒径方面执行严格的规定。SMA同时具有优良的抗变形能力和理想的表面构造深度，而OGFC因其空隙大，不仅具有降低行车噪声的功能，而且具有尽快排除路表水的功能，从而保持雨天轮胎与路面的接触面积，减少行车溅水对后面车辆的影响，增加行车安全性。在沥青含量方面，考虑到不同面层层次的功能及发生水损坏的可能性，对上面层的沥青用量，可以采用试验结果的下限，或偏向于下限。中面层由于承受很大的剪切等复杂应力的作用，应具有很强的高温抗变形能力、很高的强度、很强的抗水作用能力和很强的耐久性；混合料级配上则可选择抗车辙能力强的级配，如我国《公路沥青路面设计规范》（JTG D50—2017）中的建议级配或Superpave级配，对特重交通，还可采用高模量沥青混合料。下面层则应具有足够的抗疲劳性能、足够的耐久性和足够的水稳定性，级配上可采用抗疲劳型级配，沥青用量以采用试验结果的上限为宜，这样可以增强其抗疲劳能力和抗水损坏能力。

四、基层

沥青层下面的基层是承接沥青层传递下来的荷载并进一步向下扩散的主要层次，其主要作用如下。

（1）进一步扩散来自面层的荷载，减小垫层功能层和土基所承受的竖向应力应变。

（2）减小面层与垫层或土基之间的模量比，以减小面层底面的弯拉应力和弯拉应变，延长面层的疲劳寿命。

（3）减缓土基不均匀变形或不均匀冻胀对面层的影响。

（4）为面层施工提供稳定的行驶面和工作面，保证面层施工的平整度。

因此，基层应有足够的刚度、强度、稳定性和抗冰冻能力（冰冻或季节性冰冻地区）。基层材料可选用无机结合料稳定类材料，如水泥稳定碎石、石灰—粉煤灰稳定碎石、石灰土等；沥青稳定类材料，如沥青稳定碎石、ATB、沥青贯入碎石等；无结合料粒料类，如级配碎石、嵌锁式碎石等。

无机结合料稳定类基层具有较大的模量，称作半刚性基层。这类基层的刚度随材料组成的不同而在较大的范围内变化，且一般都大于沥青混合料面层在常温下的模量值，因此，比较有利于减小沥青层底面的受力。不过，也应避免基层刚度过大，以满足刚度协调原理的要求。

无机结合料稳定类材料与其他材料一样，在因温度降低而收缩的同时，具有干燥后收缩的特点，极易造成自身的开裂。这种开裂将反应到面层表面上来，形成反射裂缝，这是半刚性基层的致命弱点。为了减少或延缓反射裂缝的产生，实践中从材料设计等方面入手采取措施减少半刚性材料的收缩，如控制水泥剂量和施工时的用水量、降低级配中细料的含量、采用骨架型级配等，或者采取结构性措施延缓基层裂缝的反射速度，如增大沥青层厚度或在沥青层和半刚性基层之间设置应力吸收层（SAMI）等。

可以认为基层的模量与面层的模量应该相近或相等，这意味着基层最好也采用沥青类材料，这可看作国外重交通沥青路面普遍采用沥青混合料作为基层的理论依据。当基层的模量较高时，模量沿路面结构深度的分布与荷载应力随路面结构深度的分布并不一致，呈现了模量分布的倒置；而当采用沥青混合料作为基层时，路面结构模量沿深度的分布与荷载应力沿深度的分布比较和谐，即便温度发生各种变化，也依然比较好地保持和谐，是一种比较理想的选择。

采用粒料等无结合料材料作为路面的基层也是可行的，这是国外常用的基层类型。

当基层采用沥青类材料或无结合料粒料时，通常也称为柔性基层。

虽然多种无结合料材料都可以作为路面的基层，但在具体选择时，还需要注意保持相邻层次的模量比不要太大，即下面层的模量不要小得太多，以避免上面层的底面出现过大的应力应变。根据应力分析和设计经验，面层和相邻基层的模量比保持在3～5以内为宜。

所需的基层厚度应根据交通繁重程度、基层类型以及垫层和土基的情况，通过计算分析而定。当基层厚度超过20～25cm时，应分两层铺筑，形成所谓的上基层和下（底）基层。底基层的强度、刚度可以低于上基层，材料的组成和品质要求也可低于上基层。

应该严格限制基层材料中的含泥量，在砂石路面上加铺沥青层的场合尤其应该注意这一点。许多原先使用状况尚好的泥结碎石或级配碎石路面，在加铺沥青面层后反而迅速出现损坏。这种现象大多出现在潮湿路段，主要是沥青面层不透气、路基和基层中集聚的水分或水汽不能通过面层蒸发出去的缘故。

五、功能层（垫层）

设置垫层的目的除了改善基层与土基之间的模量过渡、承接并进一步扩散荷载，主要是减小土基水温状况对面层、基层的不良作用，起到隔断的作用。当遇有下述情况时，需在基层与路床之间设置垫层。

（1）季节性冰冻地区，当路面结构层（面层和基层）厚度小于该地区要求的路面结构最小防冻厚度时，须设置一定厚度的垫层用以防冻，使结构总厚度满足最小防冻厚度的要求，根据表4-5确定最小防冻厚度。

（2）排水不良或有裂隙水、泉眼等水文条件不良的挖方路段，须设置垫层用以排水，以隔离和排除地下水的影响。

（3）（底）基层和路床的刚度（模量）相差较大时，应设置垫层以增强基层（底基层）的支撑条件，降低路床顶面的竖向压应力和（底）基层底面的弯拉应力。

（4）基层（或底基层）可能受到路床细粒土的污染时，应设置具有反滤层功能的垫层。此外，路床土因多雨导致（底）基层无法施工时，也应设置垫层。垫层材料可按用途的不同分别选用透水性或隔温性好的粒料，如粗砾、沙砾、煤渣或矿渣等，或者荷载扩散能力强的稳定类材料，如低剂量水泥稳定类、低剂量石灰稳定类、石灰—粉煤灰稳定土等。

垫层的宽度应与路床顶面的宽度相同，其最小厚度为15cm。

表4-5 我国沥青路面结构的最小防冻厚度要求（单位：mm）

路基土质	基层、底基层材料性质	对应于以下公路多年最大冻深和路基干湿类型的最小防冻厚度							
		中湿				潮湿			
		500~1000	1000~1500	1500~2000	>2000	500~1000	1000~1500	1500~2000	>2000
黏性土、细亚沙土	粒料类	400~450	450~500	500~600	600~700	450~550	550~600	600~700	700~800
	水泥或石灰稳定类、水泥混凝土	350~400	400~450	150~550	550~650	400~500	500~550	550~650	650~750
	水泥粉煤灰或石灰粉煤灰稳定类、沥青结合料类	300~350	350~400	400~500	500~550	350~450	450~500	500~550	550~700
粉性土	粒料类	450~500	500~600	600~700	700~750	500~600	600~700	700~800	800~1000
	水泥或石灰稳定类、水泥混凝土	400~450	450~500	500~600	600~700	450~550	550~650	650~700	700~900
	水泥粉煤灰或石灰粉煤灰稳定类、沥青结合料类	300~400	400~450	450~500	500~650	400~500	500~600	600~650	650~800

注：①在《公路自然区划标准》（JTJ 003—1986）中，对潮湿系数小于0.5的地区，Ⅱ、Ⅲ、Ⅳ等干旱地区的防冻厚度可比表中值减少15%～20%。

②对Ⅱ区沙性土路基防冻厚度应相应减少5%～10%。

③计算公路多年最大冻深时，靠近上限取值；反之，靠近下限取值。

④基层、底基层采用不同材料类型时，按厚度较大的材料类型取值。

六、土基

土基是路面结构的支撑结构。对土基的基本要求是密实、均匀、水稳定性好。在一般情况下，其干湿类型应保持在干燥或中湿状态。否则，应采取以下技术措施，改善土基的密实、均匀和水稳定特性。

(1)对于软弱地基,应进行加固处理(如排水固结、超载预压、粉喷桩、强夯等),以减小工后沉降量(残余沉降量)和不均匀沉降量。

(2)对潮湿、过湿土基或软弱土基的上部,采用低剂量无机结合料进行稳定处理,或者换填砂、沙砾等粒料,以保障路床部分土的强度和水稳定性;路床顶面的动态回弹模量(平衡湿度状态下并考虑干湿与冻融循环作用后的模量)按照交通等级应不小于40~70MPa。

(3)采用优质填料如粗粒土、低膨胀土、不易冻胀土等时,合理安排填筑顺序(如将土质较差的细粒土放在土基的下部、优质填料填筑在路床上部),以避免或减轻膨胀(冻胀)和收缩引起的不均匀变形。

(4)适当控制压实时的含水率,按要求压实度进行充分压实,以提供体积变化小、支撑均匀的土基。

(5)充分考虑地表排水和地下排水,以改善土基的水文状况。

同时,路基处理还应该充分考虑不同气候区划内的特点,如表4-6所列。

表4-6 不同自然区划内路基处理注意事项

路面所处的自然区划	路基处理注意事项
Ⅰ区	该区北部为连续分布的多年冻土,南部为岛状分布的多年冻土。对于泥沼地多年冻土层,最重要的道路设计原则是保温,不可轻易挖去覆盖层,应使路堤下土层保持冻结状态,若受大气热量影响融化,后患无穷,对于非多年冻土层的处理方法则不同,需将泥炭层全部或局部挖除,排干水分,然后填筑路堤
Ⅱ区	该区的重点是防止冻胀和翻浆。翻浆的轻重程度取决于路基的潮湿状态,可根据不同路基潮湿类型采取措施
Ⅲ区	该区的主要特点是黄土对水分的敏感性。干燥的土基强度高、稳定性好,在河谷盆地的潮湿路段以及灌溉区耕地,土基稳定性差,强度低,必须认真处理
Ⅳ区	该区雨量充沛集中,雨型季节性强,台风暴雨多,水毁、冲刷、滑坡是道路的主要病害,路面结构应结合排水系统进行设计。该区域耕地多,土基湿软,强度低,必须认真处理。气温高,热季长,要注意沥青面层的高温稳定性
Ⅴ区	该区域山多,筑路材料丰富,应充分利用当地材料筑路。对于水文条件不良的路段,必须采取措施,稳定路基

（续表）

路面所处的自然区划	路基处理注意事项
Ⅵ区	该区域大部分地区地下水位很低，虽然冻深多在100cm，甚至150cm以上，但一般道路冻害较轻。个别地区，如河套灌区、内蒙古草原洼地，地下水位高，翻浆严重。丘陵区150cm以上的深路堑冬季积雪厚，雪水浸入路面造成危害，所以路面最好采用不透水材料，路肩也应做防水处理。由于气候干燥，砂石路面经常出现松散、搓板等现象
Ⅶ区	该区局部路段有多年冻土，需按保温原则设计。由于地处高原，气候寒冷，昼夜气温相差很大，日照时间长，沥青老化快，加之年平均气温相对偏低，路面易受冻积雪水渗入而破坏

七、路肩

路肩的结构应具有一定的承载力，以承受临时停靠或驶经车辆的作用。

路肩路面结构层的选择和组合，应同行车道路面结构协调考虑。面层的类型和厚度，对高等级道路而言，最好与行车道相同，对低等级道路则可以不同。基层或基、垫层的设置，要考虑行车道路面结构的排水，不应对排水形成封堵。通常，行车道的垫层应在路床上全宽铺筑。如果该层材料为质量较好的透水性材料，则路肩的基层也可采用同样的材料。如果该垫层材料不透水或者质量不佳，则路肩的基层应另选透水材料。

第三节 沥青路面结构的防水/排水设计

水是造成路面破坏的重要因素之一，路面水损坏可划分为水引起的损坏和水加速的损坏。在水引起的损坏中，水为路面损坏的主要诱因，例如，沥青路面中沥青的剥落和水泥路面的细裂纹。水加速损坏是指主要由除水以外的因素（如轮载）引起，在水分的作用下加速恶化的破坏形式。多数路面损坏在水分的作用下会加速恶化。由此可知，阻止水分进入路面结构可延缓损坏发展，进而延长路面寿命。美国的力学—经验（ME）法设计指南对防水/排水设计进行了详细的论述，本节的内容主要来自该指南。

一、排水设计的必要性

一般来说，良好的内部排水可以增加路面寿命，减少破坏的可能性，但是也会增加初期的建设费用。因此，需要根据路面所处的状况和推荐的设计特征判断排水设计是否节省费用。如果分析认为没有节省费用，则在结构设计中不必考虑排水设计。不过，这里所说的节省或不节省费用，指的都是全寿命费用，而不仅仅是一次性投资。另外，是否建设内部排水系统则主要由全寿命费用—效益分析来决定。如果设置排水是有利的，则可从水力和结构方面进行排水方案设计。

对某个项目来说，确定是否需要内部排水是路面设计的重要步骤。实际上，内部排水设置只有在预计会出现水损坏时才是必要的，也是节省费用的。目前，尚无确定内部排水必要性的普适准则，但在必要性分析时应重点考虑如下因素。

（1）预计的重交通情况（货车交通量是决定是否需要内部排水的一个主导因素）。

（2）气候条件是否会使得大量的水分进入路面。

（3）天然路基是否具有透水能力。

（4）路面材料是否易产生水损坏。

（5）内部排水是否属于最有效的增强路面耐久性的方法。

（6）内部排水系统是否会得到定期养护以保证其有效性。

原则上说，内部排水只有在益处（延长寿命、减少维护）超过建设与维护所增加的费用时才是必要的。

二、防水/排水的常用措施

防水/排水设计的主要目标应当是防止基层、底基层、地基和其他对水敏感的材料逐渐饱和或长期暴露在过湿环境中。减轻水损坏的常用方法包括：防止水分进入路面结构，采用水稳定性好的材料，引入减轻水损坏的设计，设置路面内部排水设施。实际上，没有任何方法可以完全消除水分对于路面结构的影响，通常需要多种方法并用，尤其在重交通条件下。

（一）防止水分进入路面结构

减轻水的不利影响的最佳方法是防止水分进入路面结构，因此设计中应尽可能地减少进入路面结构的水分。

一种有效的手段是用足够大的横坡、纵坡和路边排水系统迅速排水。路面坡度是根据行驶安全、经济状况、服务等级、地形和车辆行驶特点来确定的，水在路面停留的时间越短，渗入接缝和裂缝的水就越少。

另一种减少路表水进入路面结构的常用方法是填补所有的接缝、裂缝等不连续部位，应特别关注车道与车道以及车道与路肩之间的纵向接缝，因为这些是水分渗入的主要部位。尽管热拌沥青混合料路面没有接缝，但是裂缝必须填补以防水分浸入。

（二）采用水稳定性好的材料

减轻水的不利影响的另一个有效的方法是采用对水不敏感或耐冲刷的基层材料，常用的材料包括以下几种。

（1）细料较少的粒料。细料含量低、塑性低的碎石粒料可用来抵御水损坏。这种开级配材料比细料含量高的密级配材料水稳定性更好。首先，水分在开级配材料中更易流动，因此结构层的饱水时间较短；其次，可从接缝和裂缝泵吸出的细集料较少。但需注意这些未经处理的透水基层的稳定性（强度）。

（2）沥青处治基层。热拌沥青混合料基层材料能有效减少路面的水损坏。沥青剥落是沥青处治基层最主要的病害，原因有很多，但主要是由于集料特性和沥青膜厚度不足引起的。如同水稳基层一样，足够的沥青膜厚度和质地优良的集料是沥青处治基层耐久性的保证。沥青处治基层应当采用较高质量的集料，并遵守相应的热拌沥青混合料基层设计方法。总的来说，高沥青用量保证了集料表面沥青膜的厚度，从而提高了抗水损坏能力。应当通过实验室试验确保混合料的设计及其抗剥落性能达到要求。

（3）其他水稳定好的材料，如水泥稳定材料。对重交通路面而言，最好将其作为底基层或垫层使用。

（三）引入减轻水损坏的设计

除了采用水稳定性好的材料，一些设计可以用于减轻水损坏，如设置边沟，与路面结构下的排水槽连通；全宽度摊铺，消除车道与路肩的冷接缝以消除水进入路面结构的主要途径；设置粒料垫层以减轻冲刷，并从底部将水排出以降低冻融的影响。冻融作用将可能导致路面开裂和/或平整度下降。

（四）设置路面内部排水设施

为达到路面排水的目的，设计者应当考虑采用三种类型的排水系统：路表排水、地下水排水和路面内部排水。在过去的二十多年里，路面内部排水已经得到了广泛应用，以解决通过裂缝和路表不连续部分进入路面的水的滞留问题，并有助于消除渗入的冰雪融水。

三、路面内部排水和面层排水

（一）路面内部排水

1.透水基层

透水基层是一种开级配排水层，其主要作用是排出渗入路面的水，使其尽快向路面边缘流动；路肩下设置纵向集水沟和排水管以汇集基层流来的水，通过间隔一定距离设置的横向排水管将水排离路基。

排水路径和水力梯度可依路面几何设计而定。

透水基层可以采用沥青处治、水泥稳定或未处治材料，依结构设计要求而定。当结构要求较高的强度和刚度时，则需要采用经过处治的透水层。透水基层的厚度一般为10~12cm，这个厚度既满足了水可以自由流动的要求，又不至于因使用这种稳定性相对较差的结构层而对结构抗力产生影响。尽管排水能力很重要，但排水基层的排水能力还需要与结构稳定性相协调。就施工和路面长期性能来说，排水层的稳定性很重要，为确保稳定性可以用沥青或水泥稳定。

美国NCHRP1-37报告推荐的排水基层水力设计方法是排水时间法。该方法的主要参数是基层从初始的汇流状态到可以接受的饱水程度（排水程度）所需要的时间。排水基层的质量也由该参数度量。美国大多数州际公路和主干路的排水基层能够在2小时左右将50%的可排除水排走。

用于该层的集料必须是坚硬、耐久的材料。集料最少具有两个破碎面，98%集料宜为碎石。洛杉矶磨耗值（AASHTOT96）不超过45%。由硫酸钠或硫酸镁试验得到的坚固性损失不超过12%或18%，并经检验无塑性。当采用沥青处治材料时，沥青结合料含量一般为集料干重的（3±0.5）%，以不流淌且完全裹覆集料为宜。足够的沥青结合料与沥青膜厚度是耐久性的保证。当采用水泥处治材料时，应保证水泥的质量和剂量。当然，不管采用哪类材料，其级配均需保证自由水的渗透系数大于1000ft/day（1ft=0.3048m）。

集水沟设在路肩下，其内侧边缘应在面层边缘外30cm以上，其宽度按沟内集水管孔径外加两侧至少各5cm透水填料确定，一般不小于25~30cm。集水沟底面的深度，应使集水管的顶面低于透水基层的底面，通常可与基层（或上基层）底面平齐；季节性冰冻地区，需考虑冰冻深度，集水管应尽可能设在冰冻线以下。集水管可采用带孔的PVC塑料管，管径为10~15cm。集水管埋在集水沟底部，沟内回填与基层相同的多孔材料。集水沟与路肩基、垫层材料相接触的外侧，须围以反滤织物（土工布），以防由于周围细粒土的侵入而堵塞透水填料的空隙或集水管管孔。集水沟和集水管的纵坡与路线纵坡相同，但不得小于0.25%。当路肩采用水泥混凝土铺面时，集水沟也可设在路肩外侧边缘外。

横向排水管采用不带孔的PVC塑料管，管径与集水管相同。排水管间距可为30~50m，视排水量和集水沟的纵坡而定，排水管的纵坡为3%~5%。

2.隔离层

隔离层是位于排水层与以下层次（如路基）间的、由不透水的材料层（处治或非处治的）或土工织物构成的层次。隔离层的功能：隔离排水层与以下其他层次，防止两层混合；形成排水隔离层使得水由排水层水平地排向路边；支撑施工车辆。

3.边缘排水与排水口

边缘排水由沿道路纵向的管道组成,其作用是把路面结构内排出的水引到出水口,常用管道边缘排水和预制土工复合材料边缘排水两种方式。管道边缘排水材料须有足够的抗压强度,以满足施工期间的荷载要求。为养护方便,边缘排水管道直径应大于4in(1in=25.4mm),并满足路面横断面的设计排水要求。

排水口是连接边缘排水管道与边沟的短管,应具有足够的抗力抵抗施工与运行中的交通荷载。为了便于养护,管径不宜小于4in。纵向边缘排水系统与排水口的连接应使水流畅通且便于维修和检查。

排水口的水(和路表水)应排入边沟或下水道(城市道路),以形成完整的排水系统。

实际上,内部排水系统可以有多种方式,将排水基层与管道边缘排水结合使用,将排水基层扩展到边沟,或者将无排水功能的基层与纵向管道排水配套,形成一个不完全排水系统。

4.中央分隔带

中央分隔带是造成路面水破坏的重要因素之一,处理好中央分隔带内的水对于保证路面结构的耐久性是十分重要的。应采取各种措施减少乃至杜绝降雨通过中央分隔带渗入路面结构,以改善路面结构的湿度状况。

(二)面层多孔排水路面

面层多孔排水路面是指表面层采用空隙率较大、排水迅速的开级配多空隙材料,例如,开级配沥青磨耗层(OGFC)、无砂混凝土或多空隙水泥混凝土,利用材料内部连通的空隙,使路表水下渗,在面层内流向边缘,然后沿着边缘的排水设施排出。这种面层多孔排水的路面,能够迅速排走降落在路面表面的雨水,路面表面在雨天表现出良好的使用性能;路面不积水,行车时不会出现积水导致的水漂滑溜现象;路面没有残留水,几乎可以消除水雾,减少在潮湿状态下车辆前灯的眩光;雨季夜晚行车标线的识别能力显著增加;表面粗糙,纹理深,抗滑性能提高;表面较大的纹理还起到降低行车噪声的作用。与传统的面层材料相比,这种多孔排水的材料一般耐久性和强度都较低。因此,如采用OGFC,通常需要使用改性沥青或高黏度沥青,故材料成本会增加。

第四节 长寿命路面结构的设计原理

一、长寿命路面的概念

根据美国沥青路面协会（APA）的定义，长寿命路面是指设计使用年限为40～50年的沥青路面，在设计使用年限内无结构性的修复和重建，仅需根据表面层损坏状况进行周期性的修复。

长寿命路面并不是一直不损坏，而是基本上消除传统意义上普遍存在的弯拉疲劳损坏，使路面的损坏只发生在路面的上部，维修时不需要进行结构性的处理，只需将表层混合料铣刨，并换成等厚度的新混合料即可，维修十分方便。国外的长寿命路面追求的寿命是50年，即50年不进行结构性维修。从社会效益角度考虑道路的总费用（初期修建费、养护费、改建费、用户费用、残值等），则增大初期投资，修筑长寿命的高等级沥青路面可能是更为经济的选择。在这样的背景下，产生了长寿命路面设计理念。

传统的力学—经验设计法或基于力学的设计方法认为，不管面层多厚，开裂或者结构性的车辙最终将不可避免。然而，1997年Nunn等人发现，沥青路面面层存在一个厚度极限，在施工良好的道路中，超过这个厚度限值，由下到上的疲劳开裂和结构性的车辙都可避免。可以说这一发现导致了长寿命路面设计理念被广为接受。

这个概念图的要点如下：

（1）轮载下100～150mm区域是高受力区域，也是各种损坏（主要是轮辙）的发生区域。

（2）面层40～75mm高质量沥青混凝土为车辆提供良好的行驶界面，应具有足够的表面构造深度和抗车辙能力，水稳定性要好。

（3）中间层100～175mm高模量抗车辙沥青混凝土起到连接和扩散荷载的作用，应具有高模量（刚度）和抗车辙能力。

（4）最大拉应变产生在HMA基层底部，该区域易发生疲劳破坏。

（5）HMA基层使用75～100mm高柔性抗疲劳沥青混凝土，起到消除疲劳破坏的作用，应具备高柔性、抗疲劳、水稳定性好的性能。

二、长寿命沥青路面设计

（一）路基设计

路面基础不仅为沥青面层的铺筑提供良好的界面，而且对于路面的变形、抗冻都是至关重要的。设计和修筑高强、稳定和均匀的路基对长寿命路面极为重要。在筑路期间，路基为筑路机械设备提供了操作平台；同时，它提供抗力以抵抗压路机造成的变形，从而使上层路面能得到紧密压实。在整个服务期，路基在承受路面荷载和减少由于季节变化引起的诸如冻融、湿度变化造成的承载能力下降方面起着重要作用，路基可由密实路基、化学稳定路基或粒料，或者非稳定类粒料（如碎石或沙砾）构成。不管使用何种材料，路基必须具有最基本的刚度要求以满足整个施工阶段和服务阶段的需要。

英国TRL规定了对路面基础的最低要求，包括在施工时和施工后的要求。根据荷载为40kN的落锤式弯沉仪试验，路基顶面的模量要求不小于40MPa，底基层顶面的模量要求不小于65MPa。

德国交通部根据300mm静力承载板试验认为，路基顶面的模量应不小于45MPa。下基层顶面的模量对轻交通应不小于120MPa，对重交通应不小于180MPa，法国对修筑路基有强制性规范。施工时期，必须满足以下规定：路基在轴载为13t的荷载作用下变形小于2mm或承载板试验所得模量值大于50MPa。

（二）沥青层设计

长寿命路面各沥青层都有其特定的损坏模式，各层材料的选择、配合比的设计以及性能试验也各有其特点。磨耗层混合料的性能需要优化以抵抗车辙或开裂，而耐久性则是对所有面层材料的共同要求。

1.HMA基层

沥青混合料基层需要抵抗由于行车荷载反复作用造成的弯拉应变引起的疲劳开裂。一种增加疲劳寿命的方法是采用高沥青含量的混合料，高沥青含量的混合料有利于抵抗疲劳开裂。C.L.Monismith等关于疲劳的研究认为，增加沥青含量有助于增强混合料柔性以阻止疲劳开裂的发展。再加之以合适的沥青层厚度，这就能确保源于底部的疲劳开裂不发生。这种富含沥青的沥青基层或者说高沥青含量的基层已经在加利福尼亚州和伊利诺伊州使用。

另一种增加疲劳寿命的方法就是为路面结构设计一个适当的厚度，让底部的拉应变小于其疲劳限（$60\sim70\mu e$）。沥青基层应尽量减小空隙率，以确保在集料空隙间沥青结合料的较高填充量，这对增强基层的耐久性和柔性是非常有用的。细级配沥青混合料也被证实有助于改善疲劳寿命。沥青等级应满足沥青各层对其高温性能的要求，沥青低温性能应当与中间层相同。如果施工时期道路交通是开放的话，就应该对材料的车辙试验做出规定，以确保施工时的服务性能。同时应考虑材料的疲劳试验。

沥青基层极易受水影响，所以必须考虑湿度因素。显然高含量沥青混合料能抵制湿度的影响，但是在配合比设计时最好仍然进行水稳定性能测试，如AASHTO-T-283。

2.HMA中间层

中间层必须同时具有耐久性和稳定性，稳定性可以从粗骨料间的骨架结构及采用合适的高温等级沥青来获得，这对面层上部150mm区域是至关重要的。因为，此区域是承受车轮荷载作用的高应力区，极易产生剪切破坏。

内部的摩阻力通过集料获得。可采用碎石和沙砾以确保形成集料骨架，选择之一就是采用最大公称直径较大的集料。可以使用Superpave混合料设计方法。只要集料间保持接触，使用小粒径的集料也可以达到同样效果。当采用粗集料混合料时，需要考虑其离析影响，在拌和、运输和铺筑过程中需要进行合理的操作。

中间层沥青结合料所处高温等级与表面层一致，以抵抗车辙。由于面层中温度的梯度相当陡，并且中间层的最低温度不可能像表面层那样低，所以中间层的低温等级便可放宽一个等级。例如，表面层用的沥青等级为PG70-28，则中间层可用PG70-22。

3.磨耗层

长寿命路面对于磨耗层的性能要求一般规定为10年，每次更换磨耗层即为一个寿命周期。磨耗层的具体要求依赖于交通条件、环境因素、当地的经验和经济条件。性能要求包括抗车辙性能、抗表面开裂性能、良好的抗滑性能、缓解水雾的影响并能减小噪声。基于这些考虑，可以选择SMA、密级配混合料或OGFC等。

在一些对抗车辙性能、耐久性、抗渗性、抗磨损性要求高的地区，往往选择SMA，在交通量大且载重车多的区域尤为适用。而在交通量小，载重车比例较少的情况下，使用密级配混合料更为适合。与SMA一样，它也必须满足抗车辙、抗渗、抗磨耗及气候状况的要求。

开级配抗滑磨耗层（OGFC）有利于水从路表面迅速排出。这种结构层常用于美国的西部和南部地区以改善降雨时路面的摩擦性能。OGFC通常的空隙率为15%，但据报道空隙率在17%~22%能提供更好的长期性能。

第五章　市政路基工程施工

第一节　路基施工准备

一、施工测量

（一）测量内容和精度

路基施工开工前应做好施工测量工作。其内容主要包括导线、中线、水准点的复测，横断面的检查与补测，必要水准点的增设等。施工测量是整个公路工程施工的基础，是确保线路、高程、尺寸、形状正确的手段，必须认真做好这项工作。

（二）导线复测工作

导线点复测保证在道路施工的全过程中，相邻导线间不能通视。

（1）当原测中线的主要控制桩由导线来控制时，施工单位必须根据设计资料认真做好导线复测工作，根据地面上的控制桩做好检查复测工作。

（2）导线复测要求精度较高，应采用现代先进的测量仪器（如红外线测距仪等）进行测量，测量精度应符合有关规程的规定。在进行正式测量前，应对使用的仪器进行认真检验、校正，以确保其测量精度。

（3）当原有导线点不能满足施工要求时，应适当加密，保证在公路施工全过程中相邻导线点间能互相通视。

（4）导线起、讫点应与设计单位的测定结果进行比较，测量精度应满足设计要求。

（5）复测导线时，必须确保其和相邻施工段的导线闭合。

（6）对妨碍施工的导线点，在施工前应当加以固定，固定方法可采用交点法或其他固定方法。设置的护桩应牢固可靠，桩位应便于架设测量仪器，并设在施工范围以外。其他控制点也可以参照此法进行固定。

（三）中线复测工作

中线复测就是在施工过程中对直线和曲线上若干点的测设，将道路中心线测设到地面上。

（1）在路基工程开工前，应全面恢复中线并固定路线的主要控制桩，如交点、转点、圆曲线及缓和曲线的起、讫点等。为确保线路准确无误，对高速公路、一级公路应采用坐标法恢复主要控制桩。

（2）在恢复中线时，应特别注意与结构物中心、相邻施工段的中线进行闭合，发现问题时应及时查明原因，并报现场监理工程师和业主。

（3）如果发现原设计中线长度丈量错误或需要进行局部改线时，应做断链处理，相应调整纵坡，并在设计图表的相应部位注明断链距离和桩号。出现此类错误时，应立即与设计单位联系，协商解决。

（四）校对及增设水准点

（1）在使用设计单位设置的水准点之前，应当进行仔细校核，并与国家水准点闭合。超出允许误差范围时，应查明原因并及时报告有关部门。

（2）两相邻水准点的间距一般不宜大于1km，在人工结构物附近、高填深挖地段、工程量集中地段、地形复杂地段宜增设临时水准点。临时水准点必须符合精度要求，并与相邻路段的水准点闭合。

（3）如果发现个别水准点受施工影响，应将其移至影响范围之外，其标高应与原水准点闭合。

（4）增设的水准点应设在便于观测的坚硬岩石上或永久性建筑物的牢固处，也可设在埋入土中至少1m深的混凝土桩上。

（五）横断面图核对

横断面图是否准确关系到施工放样、工程量计算、施工标准、场地布置和工程结算等。在路基正式施工前，应详细检查、核对设计单位提供的横断面图。如果发现问题，应进行复测，并及时报告监理工程师和业主。如果设计单位未提供横断面图，应按照有关规定全部进行补测。

（六）路基工程放样

路基工程放样是一项非常重要的施工准备工作，是施工的标准和依据，也是确保路基工程质量的重要措施。因此，必须认真、准确地进行路基工程放样工作。

（1）在路基工程正式施工前，应根据恢复的路线中桩、设计图表、施工机械、施工工艺和有关规定，确定路基用地界桩、路堤坡脚桩、路堑堑顶桩、边沟、取土坑、护坡道、弃土堆等的具体位置。在距路中心一定安全距离处，还要设立控制桩，其间距一般不宜大于50m。在桩上应注明桩号、相对路中心的填挖高度，通常用"+"表示填方，用"-"表示挖方。

（2）在放完边桩后，应进行边坡的放样。对于深挖高填地段，每挖、填5m应复测一次中线桩，测定其标高及宽度，以控制边坡角的大小。

（3）对于施工工期较长的公路工程，路基工程施工期间，应至少每半年复测一次水准点。在季节冻融地区施工的路基，在冻融后也应对水准点进行复测。

（4）采用机械施工时，应在边桩处设立明显的填挖标志。高速公路和一级公路在施工过程中，宜在不大于200m的路段内距中心桩一定距离处埋设能够控制标高的控制桩，从而进行准确的施工控制。如果在施工中桩被碰倒或丢失，应当及时按规定将其补上，以免影响工程的正常施工。

（5）取土坑放样时，应在坑的边缘设立明显标志，注明土场供应里程桩号及挖掘深度；对于排水用的取土坑，当挖至距设计坑底0.2~0.3m时，应按照设计修整坑底纵坡。

（6）边沟、截水沟和排水沟放样时，宜先做成样板架检查，也可每隔10~20m在沟内外边缘钉上木桩并注明里程及挖深。

（7）在整个路基工程施工中，应注意保护设置的所有标志，特别注意保护一些原始控制点。

二、施工前的复查和试验

路基施工前应进行认真的复查和试验，以确保工程质量，保证工程顺利进行。路基的复查和试验工作主要包括以下内容。

（1）在路基正式施工前，施工人员应对路基工程范围内的地质、地形、水文情况进行详细调查，通过取样、试验确定其性质和范围，并了解附近已有建筑物和对特殊土的处理方法。

（2）施工人员应根据设计文件提供的资料，对取自挖方、借土场、料场的路堤填料进行复查和取样试验。如果设计文件中提供的料场填料不足或不符合要求，施工单位应自行勘查寻找，并立即报告监理工程师和业主。

（3）挖方、借土场和料场中用作填料的土应严格进行下列试验项目。

①液限、塑限、塑性指数、天然稠度或液性指数。

②颗粒大小分析试验。

③含水量试验。

④密度试验。

⑤相对密度试验。

⑥土的击实试验。

⑦土的强度试验。

⑧一级公路、高速公路应做有机质含量试验及易溶盐含量试验。

对于特殊土，除应进行以上试验外，还应结合对各种土定名的需要辅以相应的专门鉴别试验，以确定其种类及处置方法。

（4）使用新材料（如工业废渣等）填筑路堤时，除应按照相关规范、规程进行有关试验外，还应做对环卫有害成分的试验，同时提出报告，经有关部门批准后方可使用。

三、场地准备

施工场地的准备一般根据合同文件的规定由建设单位配合施工单位进行。

（一）用地划界及拆迁建筑物

路基施工前，应按设计要求进行公路用地放样，根据实际情况确定用地范围，进行公路用地测量，并绘制用地平面图及用地划界表，送交有关单位办理拆迁及占用土地手续。路基施工范围内的所有建筑物、设施等，均应会同有关部门先行拆迁或改造。路基施工影响沿线附近建筑物的稳定时，应予以适当加固。

（二）清理场地

清理场地也是路基工程施工前的一项重要准备工作。如果场地清理不符合要求，不仅不能保证公路工程的质量，而且会严重影响整个工程的施工进度。清理场地主要包括以下工作。

（1）施工前应按设计要求进行公路用地放样，业主办理土地征用手续。施工单位可根据施工需要提出增加临时用地计划，并对增加部分进行公路用地测量，绘制出用地平面图及用地划界表，送交有关单位办理拆迁及临时占用土地手续。

（2）路基用地范围内的既有房屋、道路、河沟、通信设施、电力设施、上下水道、坟墓及其他建（构）筑物，均应会同有关部门进行事先拆迁或改造；路基附近的危险建筑应予以适当加固；文物古迹应妥善保护。

（3）路基用地范围内的树木等均应在施工前砍伐或移植清理。砍伐的树木应移至路基用地之外，进行妥善处理。对于二级及二级以上公路和填方高度小于1m的公路路堤，应将路基基底范围内的树根全部挖除，并将坑穴填平夯实；对于填方高度大于1m的二级以下公路路堤，可以保留树根，但根部不能露出地面。取土坑范围内的树根也应全部挖除。

（4）对路幅范围内、取土坑的原地面表层腐殖土、表土、草皮等进行清理时，应对填方和借方地段的原地面进行表面清理。清理深度应根据种植土的厚度确定，清出的种植土应集中堆放。填方地段在清理完地表面后，应整平压实到规定要求后方可进行填方作业。清出的表层土宜充分利用。

（三）场地排水

场地排水是指疏干、排除场地上所积的地面水，保持场地干燥，为施工提供正常条件。通常根据现场情况设置纵、横排水沟，形成排水系统，将水引入附近河渠、低洼处。在受地面积水或地下水影响的土质不良地段施工时，为了保证工程质量，减少土方挖掘、运送和夯实的困难，施工前也应切实做好场地排水工作。

四、铺筑试验路段

对于高速公路、一级公路，以及在特殊地区或采用新技术、新工艺、新设备、新材料进行路基施工时，应采用不同的施工方案铺筑试验路段。

铺筑试验路段的目的是获得施工经验，检验施工机械组合，根据压实机械情况及施工技术规范准许的压实厚度、松铺系数，确定松铺厚度、土的最佳含水量、达到设计要求密实度的碾压遍数，将其作为以后施工的经验资料，指导大面积路基施工。

试验路段铺筑要求如下。

（1）为了尽快开工及便于管理，试验路段应选在距驻地近、地形较平坦、交通方便、施工条件较好的地段。

（2）试验路段应选在填方工程量集中、施工时间较长或需尽早开工填筑完成的地段。

（3）当沿线填筑的土质变化较大时，试验路段应选在地质条件、断面形式等均具有代表性的地段，试验路段的长度不宜小于100m。

（4）当填方的原地面地基水文地质变化较大时，试验路段应避开水位较高的地基及软地基，宜选在不需要加固处理，地基承载力较高的地段。

（5）试验所用材料和机具应当与全线施工所用材料和机具相同。通过试验可确定采用不同机具压实不同填料时的最佳含水量、适宜的松铺厚度和相应的碾压遍数、最佳的机械配套和施工组织。高速公路和一级公路应按松铺厚度为30cm的地段进行试验，以确保压实层的均匀性。

（6）试验路段施工过程中及完成试验后，应加强对有关压实指标的检测，完工后应及时写出试验报告。如发现路基在设计方面存在缺陷，应提出变更设计意见并报审。

第二节　土方路基施工

一、路堤填筑方式

每侧路堤填土宽度应大于填层设计宽度，压实宽度不得小于设计宽度，最后削坡。

对于山坡路堤，当地面横坡不陡于1∶5且基底符合填方路堤一般规定中的要求时，路堤可直接修筑在天然土基上。当地面横坡陡于1∶5时，原地面应挖成台阶（台阶宽度不小于1m），并用小型夯实机夯实。填筑时，应由最低一层台阶填起，并分层夯实，然后逐台阶向上填筑和分层夯实，所有台阶填完之后即可按一般填土方式进行。

路堤填筑是把填料用一定方式运到堤上铺平、碾压密实的过程。路堤填筑方法分为分层填筑法、竖向填筑法和混合填筑法三种。

（一）分层填筑法

采用分层填筑法时，必须考虑土质的不同，从原地面逐层填起并分层压实，每层填土的厚度可根据压实机具的有效压实深度和压实度确定。分层填筑法可分为水平分层填筑法和纵向分层填筑法两种。

1.水平分层填筑法

填筑时按照横断面全宽分成若干水平层次，逐层向上填筑。如原地面不平，应由最低处分层填起。每填一层，经过压实并符合规定要求之后再填下一层，循环进行直至达到设计标高。这是最常用的一种填筑方法。

2.纵向分层填筑法

其宜用推土机从路堑中取土填筑近距离的路堤，依纵坡方向分层，逐层向上填筑。原地面纵坡坡度大于12%的地段常采用此法。

在稳定的斜坡上分层填筑路堤时应注意以下几点。

（1）横坡不陡于1∶5时，应清除草木杂物、淤泥、松散土后再进行填筑。

（2）横坡陡于1∶5时，除清除草木杂物、淤泥、松散土外，原地面还应挖成台阶（台阶宽度不小于1m）并用小型夯实机加以夯实。

（3）对于高速公路、一级公路，必须在山坡上从填方坡脚向上挖成向内倾斜的台阶，台阶宽度不小于1m。其中，挖方一侧在行车范围之内的宽度不足一个行车道的宽度。

（二）竖向填筑法

竖向填筑法是从路基一端或两端同时按横断面的全部高度逐步推进填筑，仅用于无法自下而上填筑的深谷、陡坡、断岩、泥沼等运土机械无法进场的路堤。

采用竖向填筑法时，因填土过厚不易压实，施工时需采取以下必要的技术措施。

（1）选用振动式或夯击式压实机械。

（2）选用沉陷量较小、透水性较好及颗粒粒径均匀的砂石材料或附近开挖路堑的废石方，并一次填足路堤全宽。

（3）暂时不修建较高级路面时，容许短期内自然沉落。

（三）混合填筑法

在深谷陡坡地段填筑路堤，尽量采用混合填筑法。即在路堤下层竖向填筑，在上层水平分层填筑，使上部填土经分层压实获得需要的压实度。混合填筑法适用于因地形限制或填筑堤身较高，不宜采用水平分层填筑法和竖向填筑法自始至终进行填筑的情况。其可以单机作业，也可多机作业，一般沿线路分段进行，每段距离以20~40m为宜，多在地势平坦或两侧有可利用山地土场的场合下采用。

对于旧路改建工程，路堤填筑方法是分层填压实。为使新、旧路堤紧密结合，加宽之前的旧路边坡须挖成阶梯形，然后分层填筑，层层夯实。阶梯宽一般为1m左右，阶高约0.5m。

在高等级公路施工中，采用不同土质填筑路堤是十分常见的，但若将不同土质的土任意混填，将会造成路基病害，因此必须注意下列几点。

（1）不同土质的土应分层填筑，层次应尽量减少，每层总厚度最好不小于0.5m。不得混杂乱填，以免形成水囊或滑动面。

（2）将透水性差的土填筑在下层时，其表面应做成一定的横坡（一般为双向4%横坡），以保证将来自上层透水性填土的水分及时排出。

（3）为保证水分蒸发和排出，路堤不宜被透水性差的土层封闭，也不应覆盖在透水性较大的土所填筑的下层边坡上。

（4）根据强度与稳定性要求合理安排不同土质的层位。一般地，不因潮湿及冻融而发生体积变化的优良土应填在上层，强度较小的土应填在下层。

（5）为防止相邻两段用不同土质填筑的路堤在交接处发生不均匀变形，交接处应做成斜面，并将透水性差的土填在斜面的下部。

（6）若填方分几个作业段施工，两段交接处不在同一时间填筑，则先填地段应按

1：1坡度分层留台阶；若两个地段同时填，应分层相互交叠衔接，其搭接长度不得小于2m。

二、桥涵等构造物处的填筑

（一）桥涵台背处路基产生沉陷的原因

桥涵台背处路基由于沉陷导致桥头跳车是高等级道路中的一种常见病害。其主要原因如下。

（1）路基本身的压缩沉降。桥台台背、涵洞两侧及涵顶、挡土墙墙背的填筑是在这些构造物基本完成后进行的。由于场地狭窄，死角较多，又不能损坏构造物，故填筑压实比较困难，而且容易积水。如果填筑不良，完工后填土与构造物连接部分容易出现沉降差。

（2）地基沉降。在一般情况下，台背后的地物、地貌与其他路段不同，地形起伏大，地质条件不一。同时桥涵处路基的填筑高度较大，产生的基底应力也相对较大，因此，在台背填筑地段产生的地基沉降较其他路段大。

（3）路基与台背接头处常会产生细小裂缝，雨水渗入裂缝后会使路基产生病害，导致该处路基发生沉降。

综上所述，填筑施工的质量直接关系到桥涵台背处路基是否出现沉降。要解决桥涵处填料的下沉问题，必须采取正确的施工措施。

（二）台背填土的施工与控制

1.填料选择

桥涵及其他构造物的填料，除设计文件中另有规定外，应采用沙类土或透水性土。在下列范围内，一般应选用渗水土填筑：台背顺路线方向，上部距翼墙尾端不小于台高加2m，下部距基础内缘不小于2m；拱桥台背不小于台高的3~4倍；涵洞填土每侧不小于2倍孔径长度。挡土墙回填部分如果采用透水性材料有困难时，在冰冻地区自路堤顶面起2.5m以下，在非冰冻地区的高水位以下，可用与路堤相同的填料填筑。特别注意不要将从构造物基础下挖出来的劣质土混入填料中。当确有困难，不得不采用透水性土时，应在土中添加外加剂，如石灰、水泥等。

2.填筑方式

桥梁台背后填土应与锥坡填土同时进行，涵洞、管道缺口填土时应在两侧对称均匀回填。涵顶填土的松铺厚度小于50cm时，不得通过重型车辆或施工机械；构造物1.0m范围内，不得有大型机械行驶或作业。

3.排水措施

对于桥涵等构造物处的填土,在施工中应注意防止雨水流入。对于已有积水,应挖沟或用水泵将其排出。对于地下渗水,可设盲沟引出。当不得不用非渗水土填筑时,应在其上设置横向盲沟或用黏土等不透水材料封顶。挡土墙墙背应做好反滤层,使水能顺利地从泄水孔中流出。具体做法:台背路基填筑前,在原地基土拱上设置泄水管或盲沟。在基底上,先对基底做必要的处理,然后填筑横坡为3%~4%的夯实黏土拱,再在黏土拱上挖一条双向坡的地沟(地沟一般宽40~60cm,深30~50cm)。最后在台背后全宽范围内满铺一层隔水材料(可用油毡,或下垫尼龙薄膜,上盖油毡)。在地沟四周铺设小孔硬塑料管(管径一般不小于10cm,其上小孔孔径为5mm,布成绢花形,间距控制在10cm以内)。塑料泄水管的出口应伸出路基外。然后在硬塑料管四周填筑透水性好、粒径较大的砂石材料,再分层填筑台背后透水性材料,直到路基顶面。

横向盲沟的设置与上相同,取消泄水管,用渗透系数较大的透水性材料填筑地沟(如大粒径碎石)。用土工布包裹盲沟出口处,并对其做必要的处理。

4.压实

桥涵及其他构造物处的填料应适时分层回填压实。压实时的含水量应控制在最佳含水量状态,分层松铺厚度宜小于20cm。当采用小型夯具时,对于一级以上的公路,松铺厚度不宜大于15cm,并充分压(夯)实到规定标准。

5.填土前基底的加固处理

高速公路桥台填土路堤工后沉降量(使用期间地基的残余沉降量)一般控制在10cm以内。因此,为尽量减小路、桥衔接处的沉降差异,可采用加设钢筋混凝土搭板的形式,但对台背下的软弱地基进行加固处理是减小工后沉降量,控制桥头"跳车"的重要措施。目前,对地基的处理方法很多,如换土法、超载预压法、排水固结法、粉体搅拌法、高压喷射注浆法及振动碎石桩和矿渣桩等。

三、路堑开挖方式

应根据挖方量大小、土石质情况和施工要求确定路堑开挖方式。土质和软石路堑可采用机械开挖法,机械难以开挖的石质路堑或土石混合路堑可采取爆破方法或松土法。

(一)横向挖掘法

横向挖掘法分为单层横向全宽挖掘法和多层横向全宽挖掘法。

采用单层横向全宽挖掘法时,需利用一台挖掘机,使其位于道路中心位置,左、右分别挖土,按断面全宽一次性挖掘至设计标高,边挖边沿中线移动,使路堑一次成型。这种方法适用于挖掘深度小、工程量较小、工作面较窄且较短的路堑。

多层横向全宽挖掘法和单层横向全宽挖掘法基本相同，一层挖完后再挖下一层，分层挖掘至设计标高。该方法主要适用于深、短且较窄的路堑。

（二）纵向挖掘法

对于土方量比较集中的深路，采用多层纵向挖掘法。先沿路堑挖一通道，然后将该通道向两侧拓宽，扩大工作面，该通道可作为运土路线和场内排水的出路。该层拓宽至路堑边坡后，再开挖下层，直至挖至设计标高。该法适用于较长、较深且两端纵坡较小的路堑开挖。当路堑过长时，也可分段纵挖，即将路堑分成两段或数段，各段分别安排多个施工队伍，同时按上述方法组织纵向开挖。纵向挖掘法可以使用推土机、铲运机施工，也可使用装载机或挖掘机配合自卸汽车施工。

（三）混合式挖掘法

当路线纵向长度和挖掘深度都很大时，为扩大工作面，可以将多层横向全宽挖掘法和通道纵向挖掘法混合使用，以增大工作面，提高作业效率。

四、路基压实

填土经过挖掘、搬运，其原状结构已被破坏，土团之间留下许多孔隙。在荷载作用下，可能会出现不均匀或过大的沉陷、坍落甚至失稳滑动，所以路基填土必须进行压实。对于松土层构成的路堑表面，为改善其工作条件，也应将其压实。

土是三相体，土粒为骨架，颗粒之间的孔隙被水和气体占据。采用机械对土施以碾压能量时，土颗粒重新排列，彼此挤紧，孔隙减小，形成新的密实体，增强了粗粒土之间的摩擦和咬合以及细粒土之间的分子引力，从而可提高土的强度和稳定性。实践证明，经过压实的路基，塑性变形、渗透系数、毛细作用及隔温性能等都有明显改善。因此，压实是改善土工程性质的一种经济、合理的措施。

（一）影响压实效果的主要因素

1.含水量

土中含水量对压实效果的影响比较显著。当含水量较小时，粒间引力（可能包括毛细管压力）使土保持比较疏松的状态或凝聚结构，土中孔隙大多互相连通，水少而气多。在一定的外部压实功能的作用下，虽然土孔隙中的气体易被排出，密度增大，但由于水膜润滑作用不明显以及外部压实功能不足以克服粒间引力，土粒相对移动并不容易，因而压实效果比较差；当含水量逐渐增大时，水膜变厚，引力减小，在水膜的润滑作用和外部压实功能的作用下，土粒相对移动比较容易，压实效果渐佳；当土中含水量过大时，孔隙中出现了自由水,压实功能不可能将气体排出,压实功能的一部分被自由水所抵消,减小了有效压力,压实效果反而降低。

然而,当含水量较小时,土粒间引力较大,虽然干容重较大,但是其强度可能比最佳含水量时还要高。此时,因土的密实度较低,孔隙多,一经吸饱水,其强度会急剧下降。因此又可得出一个结论:在最佳含水量的情况下,压实土的水稳定性最好。

最佳含水量和最大干容重是两个十分重要的指标,对路基设计与施工很有用。

2.土类

在同一压实功能的作用下,含粗粒越多的土,其最大干容重越大,最佳含水量就越小,即随着粗粒土的增多,其压实曲线的峰点向左上方移动。施工时,应根据不同土类分别确定其最大干容重和最佳含水量。

3.压实功能

对于同一类土,其最佳含水量随压实功能的增强而减小,而最大干容重则随压实功能的增强而增加。当土偏干时,增强压实功能对提高干容重影响较大,偏湿时则收效甚微。故对偏湿的土欲借助增强压实功能的办法来提高土的密实度是不经济的;若土的含水量过大,此时增强压实功能就会出现"弹簧"现象。另外,当压实功能增强到一定程度后,最佳含水量的减小和最大干容重的提高都不明显。即单纯通过增强压实功能来提高土的密实度未必划算,压实功能过强会破坏土体结构,效果会适得其反。

(二)路基压实标准

衡量路基压实程度的指标是工地实际达到的干容重(即不含水分状态下的容重)与由室内标准击实试验所得的最大干容重的比。

路基受到的荷载应力随深度的增加而迅速减小,所以路基上部的压实度高一些。另外,公路等级高,其路面等级也高,对路基强度的要求相应提高,所以对路基压实度的要求也应高一些。因此,高等级公路路基的压实度标准(重型击实试验),对于路堤,路槽底面以下0~80cm应不小于95%,80~150cm应不小于93%,150cm以上应不小于90%;对于零填土及路堑,路槽底面以下0~30cm应不小于95%。

在平均年降水量小于150mm且地下水位低的特殊干旱地区(相当于潮湿系数小于等于2.25的地区),路基的压实度标准可降低2%~3%。因为这些地区降水量较小,地下水位低,天然土的含水量大大低于最佳含水,加水到最佳含水量进行压实对施工确有很大困难,而压实度标准稍降低并不影响路基的强度和稳定性。在平均年降水量超过2000mm,潮湿系数大于2的过湿地区和不能晾晒的多雨地区,天然土的含水量超过最佳含水量5%时,要达到上述要求极为困难,应进行稳定处理后再压实。

所谓重型击实试验,是与原来的击实试验(现称轻型击实试验)相比较而言的。重型击实试验增强了击实功能，从而提高了路基的压实标准。其所得的最大干容重，对于沙性土提高6%～10%，对于黏性土提高10%～18%；而最佳含水量则有所降低，对于砂性土降低1%～3%，对于黏性土降低3%～9%。

（三）压实方法

压实土层的密实度随深度递减，表层5cm的密实度最大。填土分层压实厚度和压实遍数与压实机械类型、土的种类和压实度要求有关，应通过试验来确定。同样质量的振动压路机要比光轮静碾压路机的有效压实深度大1.5～2.5倍。如果压实遍数超过10遍仍达不到压实度要求，则继续增加遍数的效果很差，不如减小压实层厚。

碾压时，横向接头的轮迹应有一部分重叠，振动压路机一般重叠40～50cm，三轮压路机一般重叠1/2后轮宽；前后相邻两区段也宜纵向重叠1～1.5m。应做到无漏压、无死角，确保碾压均匀。

压路机行驶速度过慢会影响生产率；行驶过快则压路机与土的接触时间过短，压实效果较差。一般来说，光轮静碾压路机的最佳行驶速度为2～5km/h，振动压路机的最佳行驶速度为3～6km/h。当压实度要求高，以及铺土层较厚时，行驶速度要更慢些。碾压开始时宜用慢速，随着土层的逐步密实，速度逐步提高。压实时的单位压力不应超过土的强度极限，否则土体将会遭到破坏。开始时土体较疏松，强度低，故宜先轻压；随着土体密度的增加，再逐步增大压强。所以，推运摊铺土料时，应力求机械车辆均匀分布行驶在整个路堤宽度内，以便填土能够得到均匀预压。否则，应采用轻型光轮静碾压路机（6～8t）进行预压。正式碾压时，若为振动压路机，第一遍应静压，然后由弱振至强振进行碾压。

碾压时，在直线路段和大半径曲线路段，应先压边缘，后压中间；半径曲线路段因有较大的超高，碾压顺序宜先低（内侧）后高（外侧）。

路堤边缘往往无法压实，处于松散状后容易滑塌，故两侧可多填宽度40～50cm，压实工作完成后再按设计宽度和坡度予以刷齐整平。也可以采用卷扬机牵引的小型振动压路机从坡脚向上碾压，或采用人工拍实。坡度不大于1∶1.75时，可用履带式推土机从下向上压实。

不同的填料和场地条件要选择不同的压实机械。一般来说，轻型光轮静碾压路机（6～8t）适用于各种填料的预压整平；重型光轮静碾压路机（12～15t）适用于细粒土、沙类土和砾石土；重型轮胎压路机（30t以上）适用于各种填料，尤其是细粒土，其气胎压力应根据填料种类进行调整，土颗粒越小气压越高；羊足碾（包括格式和条式）最适用于细粒土，也适用于粉土质与黏土质沙，需要有光轮静碾压路机配合对被翻松的表层进行补压；振动压路机具有滚压和振动的双重作用，适用于沙类土、砾石土和巨粒土，其效果远远优于其他压实机械，但对细粒土的压实效果不理想。

牵引式碾压机械结构质量大，爬坡能力强，生产率高，适用于广阔的工作场，采用螺旋形运行路线；自行式碾压机械结构质量较小，机动灵活，适用于一般工作场，采用穿梭形运行路线，在尽头回转；夯实机械在路基压实中不是主要设备，仅用于狭窄工作场地的作业。

压实质量要求高的路基宜选用压实效果较好的碾压机械，如重型轮胎压路机和振动压路机。

（四）压实质量控制与检查

土的压实应在其接近最佳含水量的条件下进行。天然土通常接近最佳含水量，因此填铺后应随即碾压。当含水量过大时，应将土摊开晾晒至要求的含水量后再整平压实。

填土接近最佳含水量的容许范围，与土的种类和压实度要求有关。在一定的压实度要求下，沙类土比细粒土的范围大；对于同一种土类，压实度要求低的土比要求高的土范围大。最佳含水量的容许范围可从该种土的击实试验曲线上查得，即在该曲线图的纵坐标上在要求的干密度处画一横线，此线与曲线相交的两点所对应的两个含水量就是它的范围。

在压实过程中，施工单位的自检人员应经常检查压实度是否符合要求。压实度的试验方法有环刀法、蜡封法、水袋法、灌砂法或核子密度湿度仪法。环刀法适用于细粒土，灌砂法适用于各类土。核子密度湿度仪法应先与环刀法、灌砂法等进行对比标定后才可应用。

每一压实层均应检验压实度，合格后方可填筑下一层。

检验取样频率：当填土宽度较小时（如路堤的上部），沿路线纵向每200m检查4处，每处左、右各1个点；当填土宽度较大时，每2000m²检查8个点。必要时可增加检查点数，以防止压实不足处漏检。

弯沉值测试应在不利季节进行。若在非不利季节测定时，则应乘以季节影响系数。弯沉值测试频率为每车道50m检查4个点（左、右两后轮隙下各1个点）。

路槽底弯沉值反映路基上部的整体强度，而压实度反映路基每一层的密实状态。只有弯沉值和压实度两者都合格，路基的整体强度、稳定性才能符合要求。如果经过反复检查，各层压实度均合格，表面弯沉值仍然达不到设计要求值（这种情况极少），则应考虑按实测弯沉值调整路面结构设计，适应该压实土所能达到的强度。

第三节　石质路基施工

一、岩石的开挖方法

石方路堑的开挖应根据岩石的类型、风化程度、岩层产状、岩体断裂构造、施工环境等因素确定开挖方案。爆破法施工是石质路基施工最有效的方法。此外，爆破还可以爆松冻土、爆除淤泥、开采石料等。山区公路路基石方工程量大量集中时，采用爆破法施工不但可以提高功效、缩短工期、节约劳动力，而且可以改善线型，提高公路使用质量。

（一）炸药种类、起爆材料及起爆方法

为了爆破某一岩体，在其中或表面放置一定数量的炸药，称为药包。按其形状或集结程度的不同，可以分为集中药包、延长药包和分集药包三种。凡药包形状接近球形或立方体，以及高度不超过直径4倍的近似圆柱体和最长边不超过最短边4倍的近似直角六面体，均属于集中药包；相反，药包的长度或高度超过上述情况者，属于延长药包。分集药包是提高炸药有效能量利用率的新型装药方式，它是将一个集中药包分为两个保持一定距离的子药包。

1.炸药种类

炸药种类繁多，在爆破工程中常用的种类有以下两种。

（1）起爆炸药。它是一种爆炸速度极高的烈性炸药，爆速可达2000~8000m/s，用于制造雷管。起爆炸药可分为正起炸药和副起炸药。正起炸药对热能和机械冲击能均具有强烈的敏感性；副起炸药须由正起炸药引爆，其爆速甚高，可加强雷管的起爆能量。

（2）主要炸药。用于对岩石或其他介质进行爆破的炸药称为主要炸药。它的敏感性较低，要在起爆炸药的强力冲击下才能爆炸。道路工程中常用的主要炸药有TNT、黑火药、硝铵等。

2.起爆材料及起爆方法

（1）起爆材料。雷管是常用的起爆材料，黄色炸药和硝铵炸药一般用直接火花不会引起爆炸，需用雷管来引爆。按照引爆方式，雷管有火雷管和电雷管两种。火雷管也叫作普通雷管，它是用导火索来引爆的。火雷管由雷管壳、正副起炸药、加强帽三部分组成。在管壳开口的一端留有15mm长的空隙，以便插入导火索，另一端做成窝槽状。电雷管是

用电流点火引爆的。电雷管的构造与火雷管的构造基本相同，不同之处在于管壳上的一段有一个电气点火装置，通电时电流通过电桥丝，灼热的电桥丝将引燃剂点燃，使起爆炸药爆炸。电雷管又可分为即发电雷管和迟发电雷管。即发电雷管用于同时点火、同时起爆的电点火线路中；迟发电雷管用于同时点火，但不同时爆炸的电点火线路中。迟发电雷管的构造与即发电雷管基本相同，只是在引火药与起爆药之间装有燃烧速度相当准确的缓燃剂。

（2）起爆方法。

①导火索及火花起爆法。导火索是点燃火雷管的配置材料，外形为圆形索线，索芯内装有黑火药，中间有纱导线，芯外紧缠数层纱与防潮纸（或防潮剂）防潮，以避免变质。导火索应满足的要求是燃烧完全，燃速恒定。根据使用要求，导火索的正常燃烧速度有两种规格：一种为10mm/s，另一种为5mm/s。

②电力起爆法。电雷管是用点火器，通过电爆导线通电发热起爆的。点火器即为产生电流的电源，如干电池组、蓄电池、手摇起爆机等。

③传爆线起爆法。传爆线又称导爆线，其索芯用高级烈性炸药制成，内有双层棉织物：一层为防潮层，另一层为缠绕的纱线。为了与导火索区别，传爆线表面涂成红色或红黄相间色等。我国制造的传爆线是以黑索金或泰安为索芯，速度为6800~7200m/s。

（二）综合爆破方法

1.中、小型爆破

（1）钢钎炮（眼炮）。在路基工程中，钢钎炮通常是指炮眼直径和深度分别小于70mm和5m的爆破方法。因其炮眼浅、用药少、工效低，一般情况下单独使用钢钎炮爆破石方是不太经济的，但是由于其比较灵活，所以仍不失为一种重要的炮型，在地形艰险及爆破量较小的地段（如挖水沟、便道、基坑等）仍属必需，在综合爆破中是一种改造地形，为其他炮型服务的辅助炮型。

（2）药壶炮（烘膛炮）。药壶炮是指在深2.5~3.0m以上的炮眼底部用少量炸药经一次或多次烘膛，使眼底呈葫芦形，将炸药集中装入药壶中以提高爆炸效果的一种炮型。它适用于XI级以下岩石，不含水分，阶梯高度（H）小于10m，自然地面坡角在70°左右的情形。

（3）猫洞炮（蛇穴炮）。猫洞炮是指炮洞直径为0.2~0.5m，洞穴水平或略有倾斜（台眼），深度小于5m，用集中药包在炮洞中进行爆破的一种方法。其特点是充分利用岩体本身的崩塌作业，能用较浅的炮眼爆破较高的岩体，一般爆破可炸松15~50m³。采用这种爆破方法，可以获得较好的爆破效果。

2.大爆破

打爆破指采用导洞和药室装药，用药量在1000kg以上的爆破。主要用于石方大量集中、地势险要或工期紧迫路段。

3.洞室炮爆破

为使爆破设计断面内的岩体大量抛掷（抛坍）出路基，减少爆破后的清方工作量，确保路基的稳定性，可根据地形和路基断面形式采用以下不同性质的洞室炮爆破方法。

（1）抛掷爆破。当自然地面坡角小于15°，路基设计断面为拉沟路堑，石质大多是软石时，为将石方大量抛掷到路基两侧，通常采用稳定的加强抛掷爆破方法。但此法在公路工程中很少采用。当自然地面坡角为15°～50°，岩石也较松软时，可采用斜坡地形半路堑的抛掷爆破方法。

（2）抛坍爆破。当自然地面坡角大于30°，地形地质条件均较复杂，临空面大时，宜采用这种爆破方法。在陆坡地段，岩石只要被充分破碎，就可以利用其自重坍滑出路基，这样既提高了爆破效果，又使爆后路堑边坡稳定，单位耗药量下降，从而降低了路基工程造价。

（3）多面临空地形爆破。路线通过起伏的峡谷或鸡爪地形地段时，因地形状况的限制，会出现较多临空面，这将有利于爆破，采用多面临空地形爆破。

（4）定向爆破。这是利用爆能将大量土石方按照指定的方向，搬移到一定的位置并堆积成路堤的一种爆破施工方法。它减少了挖、装、运、夯等工序，生产率极高。采用定向爆破，一次可形成百米甚至数百米路基。

（5）松动爆破。大型松动爆破主要用于不宜采用抛掷爆破的次坚石而需进行机械化清方的地段。在坚石中，宜采用深孔炮。

4.微差爆破

两相邻药包或前后排药包以毫秒的时间间隔（一般为15～75ms）依次起爆，称为微差爆破，也称毫秒爆破。其优点是可减震1/3～2/3，提高爆破效果，节省炸药200%，有利于挖掘机作业。

5.光面爆破和预裂爆破

（1）光面爆破是指在开挖限界的周边适当排列一定间隔的炮孔，在有侧向临空面的情况下，用控制抵抗线和药量的方法进行爆破，使之形成一个光滑、平整的边坡。

（2）预裂爆破是指在开挖限界处按适当间隔排列炮孔，在没有侧向临空面和最小抵抗线的情况下，用控制药量的方法预先炸出一条裂缝，使拟爆体与山体分开，将其作为隔离减震带，起减弱开挖限界以外山体或建筑物的地震破坏作用。光面爆破与预裂爆破后，在边坡壁上通常会留下半个炮孔的痕迹。

进行光面爆破或预裂爆破时，应严格保持炮孔在同一平面内，炮孔间距和最小抵抗线之比应小于0.8。装药量应适当，并采用合理的药包结构，通常使炮孔直径大于药卷直径的1~2倍，或采用间隔药包、间隔钻孔装药。

（三）爆破方法的基本选用原则

为了充分发挥各种爆破方法的优点，利用地形地质的客观条件，在路基石方工程中采取综合爆破，选用各种爆破方法组织炮群，有计划、有步骤地爆破拟开挖的石方是十分重要的。为此，石方工程的施工方案应全面规划，重点设计；由路基面开挖，形成高阶梯，以增加爆破效果；综合利用小炮群，以分段、分批爆破的原则进行爆破。

二、填石路堤

（一）对石料的要求

用于填石路堤的石料强度不应小于15MPa，用于护坡的石料强度不应小于20MPa；填料最大粒径不应大于500mm，并不宜超过分层压实厚度的2/3。当石料性质差异较大时，不同性质的石料应分层或分段填筑。暴露在大气中风化较快的石块不应用作填石路堤的填料。当必须用这种强风化石料或软质岩石填筑路堤时，应先检验其CBR值是否符合土质路堤的填土质量要求：CBR值符合要求的按土质路堤相关技术要求进行填筑，不符合要求的不得使用。高速公路和一级公路填石路堤路床顶面以下500mm范围内用符合路床要求的土填筑，土的最大粒径不得超过10mm，并分层压实。其他公路填石路堤路床顶面以下300mm范围内用符合路床要求的土填筑，填料粒径不大于150mm。

（二）石质路堤填筑方案

石质路堤的填筑施工方式有倾填（含抛填）和分层填筑、分层压实两种。

由于石料从高处自然落下，石料间难免重叠交错，空隙较大，故倾填路堤的压实、稳定等问题较多。高速公路、一级公路和铺设高级路面的其他等级公路的石质路堤不宜采用倾填式施工，而应采用分层填筑、分层压实的方法。对于二级及二级以下且铺设低级路面的公路，在陡峭山坡段施工特别困难或大量爆破移挖作填时，可采用倾填方式将石料填筑于路堤下部，但倾填路堤在路床底面下小于1.0m范围内仍应分层填筑、分层压实。分层填筑、分层压实方式施工又可分为机械作业和人工作业两种方法。机械作业分层填筑、分层压实时，高速公路及一级公路分层松铺厚度一般为500mm，其他公路为1000mm。

（三）注意事项

填石路堤应主要考虑石料性质、石块大小、填筑高度和边坡坡度，应逐层水平填筑，并夯压密实。用风化岩石填筑路堤时，石块应摆平、放稳，空隙用小石块或石屑填满铺平，边坡坡度同土质路堤；用不易风化且粒径在250mm以下的石块填筑路堤时，应分层铺填，当路堤高度不超过6m时，边坡要码砌1~2m厚，大面向下，小面向上，摆平靠紧，用小碎石填缝找平；用250mm以上的大石块填筑路堤时，可大致分层铺填，不必严格找平，尽量靠紧密实，边坡要码砌1~2m厚，如边坡码砌成台阶形，则上、下层石块应错缝互相压住。当用土、石混合填筑路堤时，如土石易分清，宜分开分段填筑；如不易分清，应尽量按上述情况施工，不得乱抛乱填。

第六章　市政路面工程施工

第一节　路面工程基础

一、路面的概念、结构与分类

（一）路面的概念

路面是指用各种材料铺筑在路基上的供车辆行驶的构造物，其主要任务是保证车辆快速、安全、舒适地行驶，路面不仅应能够承受交通荷载和自然因素的作用，还要与周围环境衬托协调。

（二）路面的结构

道路行车荷载和自然因素的作用一般随深度的增加而减弱，为适应这一特点，路面结构也是多层次的，路面结构一般由面层、基层、垫层组成，有的道路在面层和基层之间还设立了一个联结层。

1.面层

面层位于整个路面结构的最上层，直接承受行车荷载，并受自然因素的影响，因此要求面层应有足够的强度、刚度和稳定性，另外面层还应有良好的平整度和抗滑性能，以保证车辆安全平稳地通行。

面层通常使用水泥混凝土、沥青混凝土、沥青碎石混合料做铺筑材料，有些道路也用块石、料石或水泥混凝土预制块铺筑道路面层，山区交通量很小的地区也直接用泥灰结碎石或泥结碎石做面层。面层可分层铺筑，称为上面层（表层）、中面层和下面层。

2.基层

基层是指面层以下的结构层，主要起支撑路面面层和承受由面层传递来的车辆荷载作用，因此基层应有足够的强度和刚度，同时基层也应有平整的表面，以保证面层厚度均匀、平整，基层还可能受到地表水和地下水的浸入，故应有足够的水稳定性，以防湿软变形而影响路面的结构强度。

基层可采用水泥稳定类、石灰稳定类、石灰工业废渣稳定类，以及级配碎砾石、填隙碎石或贫混凝土铺筑。当基层较厚时，应分为两层或三层铺筑，下层称为底基层，上层称基层，中层视材料情况，可称为基层也可称为底基层。选择基层材料时，为降低工程成本，应本着因地制宜的原则，尽可能使用当地材料。

3.垫层

垫层设在土基和基层之间，主要用于潮湿土基和北方地区的冻胀土基，用以改善土基的湿度和温度状况，起隔水（地下水和毛细水）、排水（基层下渗的水）、隔温（防冻胀）及传递荷载和扩散荷载的作用。

垫层材料不要求强度高，但要求水稳性能和隔热性能好，常用的垫层材料有沙粒、炉渣或卵圆石组成的透水性垫层和石灰土或石灰炉渣土组成的稳定性垫层。

4.联结层

联结层指为加强面层和基层的共同作用或减少基层裂缝对面层的影响，而设在基层上的结构层，经常被视为面层的组成部分。联结层一般采用颗粒较大的沥青稳定碎石、大粒径透水性沥青稳定碎石或沥青贯入式。

（三）路面的分类

从路面力学特性角度划分，传统的分法把路面分为柔性路面和刚性路面，随着科技的进步，又有了新的发展，路面分类进一步得到细化如半刚性路面和复合式基层路面。

1.柔性路面

柔性路面是指刚度较小，抗弯拉强度较低，主要靠抗压和抗剪强度来承受车辆荷载作用的路面，其主要特点是刚度小，在车轮荷载的作用下弯沉变形较大，车轮荷载通过时路面各层向下传递到路基的压应力较大。

2.刚性路面

刚性路面是指路面板体刚度大，抗弯拉强度较高的路面，其主要特点是，抗弯拉强度高、刚度大，处于板体工作状态，竖向弯沉较小，传递给下层的压应力较柔性路面小得多。

3.半刚性路面

我国公路科研工作者经过研究和探索，在20世纪90年代初又提出半刚性路面的概念。我国在公路建设中大量使用了水泥稳定类、石灰稳定类和石灰粉煤灰稳定类材料做基层，这些基层材料随着龄期的增长，其强度和刚度也在缓慢地增长，但最终的强度和刚度仍远小于刚性路面，其受力特点也不同于柔性路面，以沙庆林院士为首的我国公路路面科研人员，将之称为半刚性路面基层，加铺沥青面层之后，称为半刚性路面。

4.复合式基层路面

《公路沥青路面施工技术规范》提出了混合式基层的概念,即上部使用柔性基层,下部使用半刚性基层的基层称为复合式基层,它的受力特点是处于半刚性基层和柔性基层中间的一种结构,可以提高柔性路面的承载能力,在加铺沥青面层之后,称之为复合式基层路面。

当前一个时期内国内大量使用了半刚性路面基层,半刚性基层的整体性好,但易形成温度裂缝和干缩裂缝,并经反射造成沥青面层开裂,水渗入后在行车荷载的作用下出现唧浆现象,进而形成公路路面的早期损坏。将半刚性基层用作下基层,上覆以柔性基层,成为复合式结构,不仅可以提高基层的承载力,也可以扩散半刚性基层裂缝产生的水平应力,进而截断反射裂缝向上传递的途径。同时,柔性基层多采用级配碎砾石结构,具有一定的排水功能,进一步完善基层边缘排水设计,应能起到预防路面早期破坏的效果。重交通量和多雨潮湿地区目前已开始混合基层的研究和实践。

二、路面施工的特点和基本要求

路面工程是直接承受行车荷载的结构,经受严酷的自然环境和行车荷载的反复作用,因此对路面工程也提出了更高要求。

(一)路面施工的特点

1.机械化程度高

随着经济的发展,机械制造业也发展迅速,各种类型、各种功能的路面施工机械相继出现,以前使用人工施工为主的路面施工已经转变为机械化施工为主、人工为辅的局面。如何更好地发挥机械性能,减轻人工的劳动强度,也是路面工程施工组织的重要内容。

2.工程数量均匀,容易进行流水作业

一般情况下,一个工程项目路面工程的结构类型和设计厚度是相同的或相近的,除交叉口和收费区范围外,每千米工程数量是均匀的,这使采取流水作业法安排路面工程施工变得更加容易。

3.路面施工材料相对比较均匀,更容易控制路面质量

采用细粒土的路面基层底基层材料,虽然也采取了因地制宜的原则,用沿线的土进行基层底基层施工,但相对于路基工程——土石混合来讲,土质差别比较小,可以利用塑性指数的差别制定统一的质量控制标准来控制基层质量(如建立相同强度下,塑性指数与灰剂量的关系;或建立相同灰剂量情况下,塑性指数与最大干密度的关系等)。对于采取砂石材料进行施工的路面基层和面层,由于材料的产地相同,材质更加均匀,更容易用同样的质量标准来控制生产。

4.与桥梁工程、台背回填、防护工程施工又相互干扰

在施工进度安排上,因桥梁工程、台背回填、防护工程的滞后影响基层施工时,可采取跳跃施工的方法;对于面层施工时,应已完成上述工作,不影响面层施工的连续性。

5.废弃材料

废弃材料应注意不对绿化工程、防护工程和水资源造成污染,必要时应采取环境保护措施。

6.半刚性基层

沥青路面的基层与面层宜在同一年内施工,以减少半刚性基层的反射性裂缝和沥青面层的早期损坏。

(二)对路面工程的基本要求

一般来说,不同等级的公路对路面的使用品质具有不同的要求,主要表现在一定设计年限内允许通行的交通量和要求道路提供的服务等级。首先,路面在设计年限内通过预测交通量的情况下,路面应保持一定的承载能力和抗疲劳能力;其次,路面在风吹、日晒、雨淋、严寒、酷暑、冻融等复杂自然条件下,在设计年限内应保持一定的稳定性和耐久性;最后,就是在设计年限内经过一定的养护管理,路面应具有与公路等级相适应的服务水平,为车辆行驶提供安全可靠、快捷舒适的服务。

三、路面施工的基本方法

路面工程是层状结构,路面工程施工的共同点是几乎所有的路面结构(手摆拳石和条石路面等结构除外)都需要拌和混合料、摊铺和压实三道工序,路面工程施工主要有三种方法:人工路拌法、机械路拌法、厂拌机铺法。

(一)人工路拌法

20世纪80年代以前路面工程施工主要采取这种方法。人工摊土(石料)、人工拌和、简易机械压实,基层施工主要有人工翻拌法、人工筛拌法等,沥青面层施工主要有沥青贯入式和人工冷拌沥青混合料、使用炒盘人工拌和沥青混合料等。

其主要的特点为:用工数量大,劳动强度大,工作效率低,工程质量受人为因素影响大,且质量不稳定,安全生产和防护措施比较严格,安全生产难度大。

(二)机械路拌法

20世纪80年代以后,我国开始引进德国生产的宝马牌路拌机,路面基层施工开始以机械路拌法为主的施工方法,其操作是以人工或机械分层摊铺各种路用材料,然后用路拌

机械拌和，整形后碾压成形，也是目前路面底基层和二级以下公路路面基层常用的施工方法。

其主要特点为：用人工数量大大减少，混合料拌和质量较好，但如不严控拌和深度，易出现素土夹层。对于高速公路和一级公路除直接和土基相邻的路面底基层外，不宜采用机械路拌法施工，而应采取厂拌机铺法施工。

（三）厂拌机铺法

随着高速公路的快速发展，无机结合料稳定粒料路面基层得到广泛应用，这种结构多使用厂拌机铺法，此外，沥青碎石和沥青混凝土路面的施工，水泥混凝土路面的施工，也采用厂拌机铺法，即用专门的厂拌机械拌制混合料，用专门的摊铺机械摊铺路面的施工方法。

其主要特点为：机械化程度高，混合料配比准确，厚度控制、高程控制比较直观，但需要大量的自卸运输车辆。

四、路面工程试验路段

在进行大面积施工之前，修筑一定长度的试验路段是很有必要的，在高速公路与一级公路的工程实践中，施工单位通过修筑试验路段，进行施工优化组合，把施工中存在的问题找出来，并采取措施予以克服，提出标准的施工方法和施工组合用来指导大面积施工，从而使整个工程施工质量高、进度快。

修筑试验路段的任务是，检验拌和、运输、摊铺、碾压、养生等拟投入设备的可靠性；检验混合料的组成设计是否符合质量要求及各道工序的质量控制措施；提出用于大面积施工的材料配比和松铺系数；确定每一作业段的合适长度和一次铺筑的合理厚度；对于沥青混合料还应提出施工温度的保障措施，水泥稳定类混合料还应提出在延迟时间内完成碾压的保证措施等；最后提出标准施工方法。

标准施工方法主要内容应包括：集料与结合料数量的控制与计量方法；摊铺方法；合适的拌和方法：拌和深度、拌和速度、拌和遍数；混合料最佳含水量控制方法；沥青混合料油石比的控制方法；整平和整形的合适机具与方法，如平整度及厚度的控制方法；压实机械的组合、压实顺序、速度和遍数；压实度的检查方法和对比试验；机械的选型与配套；自卸车辆与摊铺机械的配合等。

第二节　沥青路面施工

一、热拌沥青混凝土路面施工

（一）施工方法

1.施工准备

（1）铺筑沥青层前，应检查基层或下卧层的质量，不符合要求的不得铺筑沥青面层。旧沥青路面或下卧层已被污染时，必须清洗或铣刨处理后方可铺筑沥青混合料。

（2）石油沥青加工及沥青混合料施工温度应根据沥青标号及黏度、气候条件、铺装层的厚度确定。

2.混合料拌制

（1）沥青混合料拌和时间根据具体情况经试拌确定，以沥青均匀裹覆集料为度。间歇式拌和机每盘的生产周期不宜少于45 s（其中干拌时间不少于5~10 s）。改性沥青和SMA混合料的拌和时间应适当延长。

（2）拌和的沥青混合料应均匀一致，无花白料、无结团成块或严重的粗细料分离现象，不符合要求时不得使用，并应及时调整。

（3）出厂的沥青混合料应逐车用地磅称重，并按现行试验方法测量运料车中沥青混合料的温度，签发一式三份的运料单，一份存拌和厂，一份交摊铺现场，一份交司机。

3.混合料运输

（1）运料车进入摊铺现场时，轮胎上不得沾有泥土等可能污染路面的脏物，否则宜设水池洗净轮胎后进入工程现场。沥青混合料在摊铺地点凭运料单接收，若混合料不符合施工温度要求，或已经结成团块、已遭雨淋的不得铺筑。

（2）摊铺过程中运料车应在摊铺机前100~300mm处停住，空挡等候，由摊铺机推动前进开始缓缓卸料，避免撞击摊铺机。在有条件时，运料车可将混合料卸入转运车经二次拌和后向摊铺机连续均匀地供料。运料车每次卸料必须倒净，尤其是对改性沥青和SMA混合料，如有剩余，应及时清除，防止硬结。

（3）SMA与OGFC混合料在运输、等候过程中，如发现有沥青结合料沿车厢板滴漏现象时，应采取措施予以避免。

4.混合料摊铺

（1）热拌沥青混合料应采用沥青摊铺机摊铺，在喷洒有黏层油的路面上铺筑改性沥青混合料或SMA时，宜使用履带式摊铺机。摊铺机的受料斗应涂刷薄层隔离剂或防黏结剂。

（2）热拌沥青混合料应采用机械摊铺。对高速公路、一级公路和城市快速路、主干路宜采用两台以上摊铺机成梯队作业，进行联合摊铺。相邻两幅之间应有重叠，重叠宽度宜为5~10cm。相邻两台摊铺机宜相距5~10m，且不得造成前面摊铺的混合料冷却。当混合料供应能满足不间断摊铺时，也可采用全宽度摊铺机一幅摊铺。

（3）摊铺机开工前应提前0.5~1h预热熨平板不低于100℃。在铺筑过程中，应选择适宜的振动频率和振幅来使用夯锤压实装置，以提高路面的初始压实度。熨平板加宽连接应仔细调节至摊铺的混合料没有明显的离析痕迹。

（4）摊铺机必须缓慢、均匀、连续不间断地摊铺，不得随意变换速度或中途停顿，以提高平整度，减少混合料的离析。摊铺速度宜控制在2~6m/min的范围内，对改性沥青混合料及SMA混合料宜放慢至1~3m/min。当发现混合料出现明显的离析、波浪、裂缝、拖痕时，应分析原因，予以消除。

（5）热拌沥青混合料的最低摊铺温度根据铺筑层厚度、气温、风速及下卧层表面温度选用。每天施工开始阶段宜采用较高温度的混合料。

（6）沥青混合料的松铺系数应根据实际混合料类型、施工机械和施工工艺等，通过试铺试压方法或根据以往的实践经验确定。

5.混合料压实与成型

（1）沥青混凝土的压实层最大厚度不宜大于100mm，沥青稳定碎石混合料的压实层厚度不宜大于120mm，但当采用大功率压路机且经试验证明能达到压实度时允许增大到150mm。

（2）压路机应以慢而均匀的速度碾压。压路机的碾压路线及碾压方向不应突然改变而导致混合料推移。碾压区的长度应大体稳定，两端的折返位置应随摊铺机前进而推进，横向不得在相同的断面上。

（3）沥青混合料的压实应按初压、复压和终压（包括成型）三个阶段进行。初压应紧跟在摊铺机后碾压，并保持较短的初压区长度，以尽快使表面压实，减少热量散失，对摊铺后初始压实度较大，经实践证明采用振动压路机或轮胎压路机直接碾压无严重推移而有良好效果时，可免去初压，直接进入复压工序。初压后应检查平整度、路拱，有严重缺陷时进行修整乃至返工。

（4）复压应紧跟在初压后开始，且不得随意停顿。压路机碾压段的总长度应尽量缩短，通常不超过60~80m。宜采用重型的轮胎压路机、振动压路机和钢筒式压路机，碾压时宜安排一台压路机做全幅碾压，防止不同部位的压实度不均匀。碾压遍数应经试压确定，并不宜少于4~6遍。复压后路面达到要求的压实度为止。

（5）终压应紧接在复压后进行，如经复压后已无明显轮迹时可免去终压。终压可选用双轮钢筒式压路机或关闭振动的振动压路机碾压不宜少于2遍，至无明显轮迹为止。

6.接缝处理

（1）沥青路面的施工必须接缝紧密、连接平顺，不得产生明显的接缝离析。上、下层的纵缝应错开150mm（热接缝）或300~400mm（冷接缝）以上。相邻两幅及上、下层的横向接缝均应错位1m以上。接缝施工应用3m直尺检查，确保平整度符合要求。

（2）摊铺时采用梯队作业的纵缝应采用热接缝，将已铺部分留下100~200cm宽暂不碾压，作为后续部分的基准面，然后做跨缝碾压以消除缝迹。

（3）当半幅施工或因特殊原因而产生纵向冷接缝时，宜加设挡板或采用切刀切齐，也可在混合料尚未完全冷却前用镐刨除边缘留下毛茬的方式，但不宜在冷却后采用切割机作纵向切缝。加铺另半幅前应涂洒少量沥青，重叠在已铺层上50~100mm，再铲走铺在前半幅上面的混合料，碾压时由边向中碾压留下100~150mm，再跨缝挤紧压实。或者先在已压实路面上行走碾压新铺层150mm左右，然后压实新铺部分。

（4）斜接缝的搭接长度与层厚有关，宜为0.4~0.8m。搭接处应洒少量沥青，混合料中的粗集料颗粒应予剔除，并补上细料，搭接平整，充分压实。阶梯形接缝的台阶经铣刨而成，并洒黏层沥青，搭接长度不宜小于3m。

（5）平接缝宜趁尚未冷透时用凿岩机或人工垂直刨除端部层厚不足的部分，使工作缝成直角连接。当采用切割机制作平接缝时，宜在铺设当天混合料冷却但尚未结硬时进行。刨除或切割不得损伤下层路面。切割时留下的泥水必须冲洗干净，待干燥后涂刷黏层油。铺筑新混合料接头应使接茬软化，压路机先进行横向碾压，再纵向碾压成为一体，充分压实，连接平顺。

（二）质量检验

1.基本要求

（1）沥青混合料的矿料质量及矿料级配应符合设计要求和施工规范的规定。

（2）严格控制各种矿料和沥青用量及各种材料和沥青混合料的加热温度。

（3）拌和后的沥青混合料应均匀一致，无花白、无粗细料分离和结团成块现象。

（4）摊铺时应严格掌握厚度和平整度，细致找平，要注意控制摊铺和碾压温度，碾压至要求的密实度。

2.外观鉴定

（1）表面平整密实，无泛油、松散、裂缝和明显离析等现象。

（2）表面无明显碾压轮迹。

（3）接缝紧密、平顺，烫缝不应枯焦。

（4）面层与路缘石及其他构筑物衔接平顺，无积水现象。

（5）沥青面层内部及表面的水要排除到路面范围外，路面无积水。

二、沥青表面处置

（一）施工要求

1.一般规定

（1）沥青表面处置适用于三级及三级以下公路的沥青面层。各种封层适用于加铺薄层罩面、磨耗层、水泥混凝土路面上的应力缓冲层、各种防水和密水层、预防性养护罩面层。

（2）沥青表面处置宜选择在干燥和较热的季节施工，并在最高温度低于15℃时期到来之前半个月及雨期前结束。

2.施工要点

（1）沥青表面处置可采用道路石油沥青、乳化沥青、煤沥青铺筑，沥青标号应按相关规范规定选用。沥青表面处置的集料最大粒径应与处置层的厚度相等，沥青表面处置施工后，应在路侧另备S12（5~10mm）碎石或S14（3~5mm）石屑、粗砂或小砾石（2~3m³/1 000 ㎡）作为初期养护用料。

（2）清扫基层，洒布第一层沥青。在清扫干净的碎（砾）石路面上铺筑沥青表面处置时，应喷洒透层油。沥青的洒布温度根据气温及沥青标号选择，石油沥青宜为130~170℃，煤沥青宜为80~120℃，乳化沥青在常温下洒布，加温洒布的乳液温度不得超过60℃。前后两车喷洒的接茬处用铁板或建筑纸铺1~1.5m，使搭接良好。分几幅浇洒时，纵向搭接宽度宜为100~150mm，洒布第二、三层沥青的搭接缝应错开。

（3）洒布主层沥青后应立即用集料洒布机或人工洒布第一层主集料。洒布集料后应及时扫匀，达到全面覆盖、厚度一致、集料不重叠，也不露出沥青的要求。局部有缺料时适当找补，积料过多的将多余集料扫出。两幅搭接处，第一幅洒布沥青应暂留100~150mm宽度不撒布石料，待第二幅一起撒布。

（4）撒布主集料后，不必等全段撒布完，立即用6~8t钢筒双轮压路机从路边向路中心碾压3~4遍，每次轮迹重叠约300mm。碾压速度开始不宜超过2 km/h，以后可适当增加。

（5）第二、三层的施工方法和要求应与第一层相同，但可以采用8t以上的压路机碾压。

（6）采用双层式或单层式沥青表面处置浇洒沥青及撒布集料的次数相应减少。

（二）质量检验

1.基本要求

（1）沥青材料的各项指标和石料的质量、规格、用量应符合设计要求和施工规范的规定。

（2）沥青浇洒应均匀，无露白，不得污染其他建筑物。嵌缝料必须趁热撒铺均匀，不应有重叠现象，压实平整。

2.外观鉴定

（1）表面应平整密实，不应有松散、油包、油丁、波浪、泛油、封面料明显散失等现象，有上述缺陷的面积之和不超过受检面积的0.2%。

（2）无明显碾压轮迹。

（3）面层与路缘石及其他构筑物应密贴接顺，不得有积水现象。

三、沥青贯入式路面施工

（一）一般规定

（1）沥青贯入式路面适用于三级及三级以下公路，也可作为沥青路面的联结层或基层。

（2）沥青贯入式路面的厚度宜为4~8cm，但乳化沥青的厚度不宜超过5cm。当贯入层上部加铺拌和的沥青混合料面层成为上拌下贯式路面时，拌和层的厚度宜不小于1.5cm。

（3）沥青贯入式路面的最上层应撒布封层料或加铺拌和层。沥青贯入层作为联结层使用时，可不撒表面封层料。

（4）沥青贯入式路面宜选择在干燥和较热的季节施工，并宜在日最高温度降低至15℃到来以前半个月结束，使贯入式结构层通过开放交通碾压成型。

（二）施工准备

（1）沥青贯入式路面施工前，基层必须清扫干净。当需要安装路缘石时，应在路缘石安装完成后施工。路缘石应予遮盖。

（2）乳化沥青贯入式路面必须浇洒透层或黏层沥青。沥青贯入式路面厚度小于或等于5cm时，也应浇洒透层或黏层沥青。

（三）施工要点

（1）采用碎石摊铺机、平地机或人工摊铺主层集料时，铺筑后严禁车辆通行。

（2）碾压主层集料。撒布后应采用6~8 t的轻型钢筒式压路机自路两侧向路中心碾压，碾压速度宜为2 km/h，每次轮迹重叠约30cm，碾压一遍后检验路拱和纵向坡度，当不符合要求时，应调整找平后再压。然后用重型的钢轮压路机碾压，每次轮迹重叠1/2左右，宜碾压4~6遍，直至主层集料嵌挤稳定，无显著轮迹为止。

（3）浇洒第一层沥青。浇洒方法应按相关规范进行。采用乳化沥青贯入时，为防止乳液下漏过多，可在主层集料碾压稳定后，先撒布一部分上一层嵌缝料，再浇洒主层沥青。

（4）采用集料撒布机或人工撒布第一层嵌缝料。撒布后尽量扫匀，不足处应找补。当使用乳化沥青时，石料撒布必须在乳液破乳前完成。

（5）立即用8~12 t钢筒式压路机碾压嵌缝料，轮迹重叠轮宽的1/2左右，宜碾压4~6遍，直至稳定为止。碾压时随压随扫，使嵌缝料均匀嵌入。因气温较高使碾压过程中发生较大推移现象时，应立即停止碾压，待气温稍低时再继续碾压。

（6）按上述方法浇洒第二层沥青、撒布第二层嵌缝料，然后碾压，再浇洒第三层沥青。

（7）按撒布嵌缝料方法撒布封层料。

（8）采用6~8 t压路机做最后碾压，宜碾压2~4遍，然后开放交通。

四、冷拌沥青混合料路面施工

冷拌沥青混合料适用于三级及三级以下的公路的沥青面层、二级公路的罩面层施工，以及各级公路沥青路面的基层、联结层或整平层。冷拌改性沥青混合料可用于沥青路面的坑槽冷补。

（一）拌和混合料

（1）冷拌沥青混合料宜采用拌和厂机械拌和及沥青摊铺机摊铺的方式。缺乏厂拌条件时也可采用现场路拌及人工摊铺方式。

（2）混合料适宜的拌和时间应根据实际情况调节并通过试拌确定，矿料中加进乳液后的机械拌和时间不宜超过30 s，人工拌和时间不宜超过60 s。

（二）混合料推铺及压实

（1）已拌好的混合料应立即运至现场进行摊铺，并在乳液破乳前结束，在拌和与摊铺过程中已破乳的混合料，应予废弃。

（2）乳化沥青冷拌混合料摊铺后宜采用6 t左右的轻型压路机初压1~2遍，使混合料初步稳定，再用轮胎压路机或钢筒式压路机碾压1~2遍。当乳化沥青开始破乳、混合料由褐色转变成黑色时，改用12~15 t轮胎压路机碾压，将水分挤出，复压2~3遍后停止，待晾晒一段时间，水分基本蒸发后继续复压至密实为止。当压实过程中有推移现象时应停止碾压，待稳定后再碾压。当天不能完全压实时，可在较高气温状态下补充碾压。当缺乏轮胎压路机时，也可采用钢筒式压路机或较轻的振动压路机碾压。

（三）养护

（1）乳化沥青混合料路面施工结束后宜封闭交通2~6 h，并注意做好早期养护。开放交通初期，应设专人指挥，车速不得超过20 km/h，不得在其上刹车或掉头。

（2）冷拌沥青混合料施工遇雨应立即停止铺筑，以防雨水将乳液冲走。

第三节 水泥混凝土路面施工

水泥混凝土路面的施工应根据合同及设计文件、施工现场所处的气候、水文、地形等环境条件，选择满足质量指标要求、性能稳定的原材料，确定配合比、设备种类和施工工艺，进行详细的施工组织设计，建立完备的施工质量保障体系。

一、施工工艺流程和施工准备

（一）施工工艺流程

水泥混凝土路面的施工工艺流程为：施工准备→混凝土拌和物搅拌与运输→混凝土面层铺筑→钢筋及钢纤维混凝土路面和桥面铺筑→面层接缝→抗滑与养生。

（二）施工准备

1.施工机械选择

根据公路等级的不同，混凝土路面的施工宜符合规定的机械装备要求。

2.搅拌场设置

搅拌场宜设置在摊铺路段的中间位置。搅拌场内部布置应满足原材料储运、混凝土运输、供水、供电、钢筋加工等使用要求,并尽量紧凑,减少占地。应保证电力供应充足、用水要保质保量,并且确保摊铺机械、运输车辆及发电机等动力设备的燃料供应。离加油站较远的工地宜设置油料储备库。

每台搅拌楼应至少配备两个水泥罐仓,如掺粉煤灰还应至少配备一个粉煤灰罐仓。当水泥的日用量很大,需要两家以上的水泥厂供应水泥时,不同厂家的水泥应清仓再灌,并分罐存放。严禁粉煤灰与水泥混罐。

应确保施工期间的水泥和粉煤灰供应。供应不足或运距较远时,应储备和使用吨包装水泥或袋装粉煤灰,并准备水泥仓库、拆包及输送入灌设备。水泥仓库应覆盖或设置顶篷防雨,并应设置在地势较高处,严禁水泥、粉煤灰受潮或浸水。

3.路基、基层和封层的验收

路基应稳定、密实、均质,对路面结构提供均匀的支承。对桥头、软基、高填方、填挖方交界等处的路基段,应进行连续沉降观测,并采取切实有效的措施保证路基的稳定性。垫层、基层应符合《公路水泥混凝土路面设计规范》和《公路路面基层施工技术规范》的规定。并且(上)基层纵、横坡一般可与面层一致,但横坡可略大0.15%~0.20%,并不得小于路面横坡。硬路肩厚度薄于面板时,应设排水基层或排水盲沟。缘石和软路肩底部应有渗透排水措施,面层铺筑前,宜提供足够机械连续施工10 d以上的合格基层。面板铺筑前,应对基层进行全面的破损检查,当基层产生纵、横向断裂、隆起或碾坏时,应采取有效措施进行彻底恢复。

在高速公路和一级公路的半刚性上基层表面,宜喷洒热沥青和石屑(2~3m³/100 m²)做下封层。沥青封层的厚度不宜小于5mm。在各交通等级有可能被水淹没浸泡路面的路段,可采用较厚的坚韧塑料薄膜或密闭土工膜覆盖基层防水。当封层出现局部损坏时,摊铺前应采用相同的封层材料进行修补,经质量检验合格,并由监理签认后,方可铺筑水泥混凝土面层。

二、混凝土拌和物搅拌与运输

(一)拌和配料

采用计算机自动控制系统的搅拌楼时,应使用自动配料生产,并按需要打印每天(周、旬、月)对应路面摊铺桩号的混凝土配料统计数据及偏差表。

(二)拌和时间

根据拌和物的黏聚性、均质性及强度稳定性试拌确定最佳拌和时间。一般情况下,单立轴式搅拌机总拌和时间宜为80~120 s,全部原材料到齐后的最短纯拌和时间不宜短于40 s；行星立轴和双卧轴式搅拌机总拌和时间为60~90 s，最短纯拌和时间不宜短于35 s；连续双卧轴搅拌楼的最短拌和时间不宜短于40 s。最长总拌和时间不应超过高限值的2倍。

（三）外加剂掺入

外加剂应以稀释溶液加入，其稀释用水和原液中的水量，应从拌和加水量中加除。使用间歇搅拌楼时，外加剂溶液浓度应根据外加剂掺量、每盘外加剂溶液筒的容量和水泥用量计算得出。连续式搅拌楼应按流量比例控制加入外加剂。加入搅拌锅的外加剂溶液应充分溶解，并搅拌均匀。有沉淀的外加剂溶液，应每天清除一次稀释池中的沉淀物。

（四）粉煤灰及其他掺合料拌和

粉煤灰或其他掺合料应采用与水泥相同的输送、计量方式加入，粉煤灰混凝土的纯拌和时间应比不掺的延长10~15 s。当同时掺用引气剂时，宜通过试验适当增大引气剂掺量，以达到规定含气量。拌和引气混凝土时，搅拌楼一次拌和量不应大于其额定搅拌量的90%。纯拌和时间应控制在含气量最大或较大时。

（五）拌和物质量检验

混凝土拌和过程中，不得使用沥水、夹冰雪、表面沾染尘土和局部暴晒过热的砂石料。拌和物应均匀一致，有生料、下料、离析或外加剂、粉煤灰成团现象的非均质拌和物严禁用于路面摊铺。一台搅拌楼的每盘之间，各搅拌楼之间，拌和物的坍落度最大允许偏差为±10mm。拌和坍落度应为最适宜摊铺的坍落度值与当时气温下运输坍落度损失值两者之和。

搅拌过程中，拌和物质量检验应符合规定。低温或高温天气施工时，拌和物出料温度宜控制在10℃~35℃。并应测定原材料温度、拌和物的温度、坍落度损失率和凝结时间等。

（六）钢纤维混凝土拌和

钢纤维混凝土搅拌的投料次序和方法应以搅拌过程中钢纤维不产生结团现象和保证一定的生产率为原则，并通过试拌或根据经验确定。宜采用将钢纤维、水泥、粗细集料先干拌后加水湿拌的方法；也可采用钢纤维分散机在拌和过程中分散加入钢纤维的方法。拌和时间应通过现场搅拌试验确定，并应比普通混凝土规定的纯拌和时间延长20~30 s，采用先干拌后加水的搅拌方式时，干拌时间不宜少于1min。当桥梁伸缩缝等零星工程使用少量的钢纤维混凝土时，可采用容量较小的搅拌机拌和，每种原材料应准确称量后加入，不得使用体积计量。采用小容量搅拌机拌和时,钢纤维混凝土总拌和时间应较搅拌楼拌和时间延长1~2min,采用先干拌后加水的搅拌方式时,干拌时间不宜少于1.5min。严禁人工拌和,保证钢纤维在混凝土中的分散性及均匀性,水洗法检测的钢纤维含量偏差不应大于设计掺量的±15%。当钢纤维体积率较高,拌和物较干时,搅拌楼一次拌和不宜大于其额定搅拌量的80%,拌和物中不得有钢纤维结团现象。

(七)碾压混凝土拌和

砂石料堆放时应全部覆盖防雨,堆底严防浸水。必要时,还应对砂石料仓、粉煤灰料斗、外加剂溶液池等做防雨覆盖。在装载机料斗和料仓内的砂石料不应有明显的湿度差别,严禁雨天拌和碾压混凝土。拌和时,应精确检测砂石料的含水率,根据砂石料含水率变化,快速反馈并严格控制加水量和砂石料用量。除搅拌楼应配备砂(石)含水率自动反馈控制系统外,每台班至少应监测3次砂石料含水率。碾压混凝土的最短纯拌和时间应比普通混凝土延长15~20s。

(八)拌和物运输

根据施工进度、运量、运距及路况,选配车型和车辆总数,总运力应比总拌和能力略有富余,确保新拌混凝土在规定时间内运到摊铺现场。运送混凝土的车辆装料前,应清净厢罐,洒水润壁,排干积水。装料时,自卸车应挪动车位,防止离析。搅拌楼卸料落差不应大于2m。运输到现场的拌和物必须具有适宜摊铺的工作性。

混凝土一旦在车内停留超过初凝时间,应采取紧急措施处置,严禁混凝土硬化在车厢(罐)内。混凝土运输过程中应防止漏浆、漏料污染路面,途中不得随意耽搁。自卸车运输应减小颠簸,防止拌和物离析。车辆起步和停车应平稳。运输车辆在模板或导线区掉头或错车时,严禁碰撞模板或基准线,一旦碰撞,应告知测工重新测量纠偏。烈日、大风、雨天和低温天远距离运输时,自卸车应遮盖混凝土,罐车宜加保温隔热套。使用自卸车运输混凝土最远运输半径不宜超过20km。碾压混凝土卸料时,车辆应在前一辆车离开后立即倒向摊铺机,并在机前10~30cm处停住,不得撞击沥青摊铺机。然后换成空挡,并迅速升起料斗卸料,靠摊铺机推动前进。

三、混凝土面层铺筑

水泥混凝土面层铺筑的技术方法有滑模机械铺筑、三辊轴机组铺筑、轨道摊铺机铺筑、小型机具铺筑和碾压混凝土面层施工五种方法。

（一）滑模机械铺筑

1.机械配备

（1）高速公路、一级公路施工，宜选配能一次摊铺2~3个车道宽度（7.5~12.5m）的滑模摊铺机；二级及二级以下公路路面的最小摊铺宽度不得小于单车道设计宽度。硬路肩的摊铺宜选配中、小型多功能滑模摊铺机，并宜连体一次摊铺路缘石。

（2）滑模摊铺路面时，可配备一台挖掘机或装载机辅助布料。

（3）可采用拉毛养生机或人工软拉槽制作抗滑沟槽。工程规模大、日摊铺进度快时，宜采用拉毛养生机。高速公路、一级公路宜采用刻槽机进行硬刻槽，其刻槽作业宽度不宜小于500mm，所配备的硬刻槽机数量及刻槽能力应与滑模摊铺进度相匹配。

（4）滑模摊铺混凝土路面的切缝，可使用软锯缝机、支架式硬锯缝机和普通锯缝机。配备的锯缝机数量及切缝能力应与滑模摊铺进度相适应。

2.滑模摊铺混凝土路面的施工应设置基准线

基准线设置形式有单向坡双线式、单向坡单线式和双向坡双线式三种。基准线桩直线段的纵向间距不应大于10m，竖、平曲线路段视曲线半径大小应加密布置，最小2.5m。线桩固定时，基层顶面到夹线臂的高度宜为450~750mm。基准线桩夹线臂夹口到桩的水平距离宜为300mm，基准线桩应钉牢固。单根基准线的最大长度不宜大于450m，基准线拉力不应小于1 000 N。

3.滑模摊铺准备

（1）滑模摊铺混凝土路面开始前，所有施工设备和机具应全部就位，且处于良好状态。基层、封层表面及履带行走部位应清扫干净。摊铺面板位置应洒水湿润，但不得积水。

（2）横向连接摊铺时，前次摊铺路面纵缝的溜肩胀宽部位应切割顺直。侧边拉杆应校正扳直，缺少的拉杆应钻孔锚固植入。纵向施工缝的上半部缝壁应满涂沥青。

4.摊铺混凝土

（1）摊铺混凝土时，卸料、布料与摊铺速度相协调。当坍落度在10~50mm时，布料松铺系数宜控制在1.08~1.15之间。布料机与滑模摊铺机之间施工距离宜控制在5~10m。

（2）操作滑模摊铺机应缓慢、匀速、连续不间断地作业。摊铺速度应根据拌和物稠度、供料多少和设备性能控制在0.5~3.0m/min，一般宜控制在1m/min左右。拌和物稠度发生变化时，应先调振捣频率，后改变摊铺速度。正常摊铺时应保持振捣仓内料位高于振捣棒100mm左右，料位高低上下波动宜控制在±30mm之内。路面出现麻面或拉裂现象时，必须停机检查或更换振捣棒。摊铺后，路面上出现发亮的砂浆条带时，必须调高振捣棒位置，使其底缘在挤压底板的后缘高度以上。振捣频率可在6000~11000r/min调整，宜采用

9000r/min左右。根据混凝土的稠度大小，随时调整摊铺的振捣频率或速度。摊铺机起步时，应先开启振捣棒振捣2~3min，再缓慢平稳推进。摊铺机脱离混凝土后，应立即关闭振捣棒组。

（3）滑模摊铺机满负荷时可铺筑的路面最大纵坡为：上坡5%；下坡6%。上坡时，挤压底板前仰角宜适当调小，并适当调轻抹平板压力；下坡时，前仰角宜适当调大，并适当调大抹平板压力。板底不小于3/4长度接触路表面时抹平板压力适宜。滑模摊铺机施工的最小弯道半径不应小于50m；最大超高横坡不宜大于7%。

（4）单车道摊铺时，应视路面设计要求配置一侧或双侧打纵缝拉杆的机械装置。两个以上车道摊铺时，除侧向打拉杆的装置外，还应在假纵缝位置配置拉杆自动插入装置。软拉抗滑构造时表面砂浆层厚度宜控制在4mm左右，硬刻槽路面的砂浆表层厚度宜控制在2~3mm。

（5）滑模摊铺过程中应采用自动抹平板装置进行抹面。对少量局部麻面和明显缺料部位，应在挤压板后或搓平梁前补充适量拌和物，由搓平梁或抹平板机械修整。

（6）滑模摊铺结束后，必须及时清洗滑模摊铺机，进行当日保养，加油加水，打润滑油等。并宜在第二天硬切横向施工缝，也可当天软做施工横缝。应丢弃端部的混凝土和摊铺机振动仓内遗留下的纯砂浆，两侧模板应向内各收进20~40mm，收口长度宜比滑模摊铺机侧模板略长。施工缝部位应设置传力杆，并应满足路面平整度、高程、横坡和板长要求。

（二）三辊轴机组铺筑

1.设备选择

（1）三辊轴整平机的主要技术参数：板厚200mm以上宜采用直径168mm的辊轴；桥面铺装或厚度较小的路面可采用直径为219mm的辊轴。轴长宜比路面宽度长出600~1200mm。振动轴的转速不宜大于380r/min。

（2）三辊轴机组铺筑混凝土面板时，必须同时配备一台安装插入式振捣棒组的排式振捣机，振捣棒的直径宜为50~100mm，间距不应大于其有效作用半径的1.5倍，并不大于500mm。插入式振捣棒组的振动频率可在50~200Hz之间选择，当面板厚度较大和坍落度较低时，宜使用100Hz以上的高频振捣棒。该机宜同时配备螺旋布料器和松方控制刮板，并具备自动行走功能。

（3）当桥面铺装厚度小于150mm时，可采用振捣梁。振捣频率宜为50~100Hz，振捣加速度宜为（4~5）g（g为重力加速度）。

（4）当一次摊铺双车道路面时应配备纵缝拉杆插入机，并配有插入深度控制和拉杆间距调整装置。

2.应有专人指挥车辆均匀卸料

布料应与摊铺速度相适应，不适应时应配备适当的布料机械。坍落度为10～40mm的拌和物，松铺系数为1.12～1.25。坍落度大时取低值，坍落度小时取高值。超高路段，横坡高侧取高值，横坡低侧取低值。

3.混凝土拌和物布料长度大于10m时

可开始振捣作业。密排振捣棒组间歇插入振实时，每次移动距离不宜超过振捣棒有效作用半径的1.5倍，并不得大于500mm，振捣时间宜为15～30 s。排式振捣机连续拖行振实时，作业速度宜控制在4m/min以内。

4.面板振实后，应随即安装纵缝拉杆

单车道摊铺的混凝土路面，在侧模预留孔中应按设计要求插入拉杆；一次摊铺双车道路面时，除应在侧模孔中插入拉杆外，还应在中间纵缝部位，使用拉杆插入机在1/2板厚处插入拉杆，插入机每次移动的距离应与拉杆间距相同。

5.三辊轴整平机作业

（1）三辊轴整平机按作业单元分段整平，作业单元长度宜为20～30m，振捣机振实与三辊轴整平两道工序之间的时间间隔不宜超过15mim。

（2）三辊轴滚压振实料位高差宜高于模板顶面5～20mm，过高时应铲除，过低时应及时补料。

（3）三辊轴整平机在一个作业单元长度内，应采用前进振动、后退静滚方式作业，宜分别2～3遍。最佳滚压遍数应经过试铺确定。

（4）在三辊轴整平作业时，应有专人处理轴前料位的高低情况，过高时，应辅以人工铲除，轴下有间隙时，应使用混凝土找补。

（5）滚压完成后，将振动辊轴抬离模板，用整平轴前后静滚整平，直到平整度符合要求，表面砂浆厚度均匀为止。

（6）表面砂浆厚度宜控制在（4±1）mm，三辊轴整平机前方表面过厚、过稀的砂浆必须刮除丢弃。

（7）精平饰面，应采用3～5m刮尺，在纵、横两个方向进行精平饰面，每个方向不少于两遍。也可采用旋转抹面机密实精平饰面两遍。

（三）轨道摊铺机铺筑

1.机械选型

轨道摊铺机的选型应根据路面车道数或设计宽度按相关的技术参数选择。最小摊铺宽度不得小于单车道设计宽度3.75m。

2.布料

（1）使用轨道摊铺机前部配备的螺旋布料器或可上下左右移动的刮板布料，料堆不得过高过大，亦不得缺料。可使用挖掘机、装载机或人工辅助布料时。螺旋布料器前的拌和物应保持在面板以上100mm左右，布料器后宜配备松铺高度控制刮板。也可使用有布料箱的轨道摊铺机精确布料，箱式轨道摊铺机的料斗出料口关闭时，装进拌和物并运到布料位置后，轻轻打开料斗出料口，待拌和物堆成"堤状"，左右移动料斗布料。

（2）轨道摊铺时的适宜坍落度按振捣密实情况宜控制在20～40mm。

（3）当施工钢筋混凝土路面时，宜选用（两台）箱型轨道摊铺机分两层两次布料，可在第一层布料完成后，将钢筋网片安装好，再进行表面第二层布料，然后一次振实；也可分两次布料两次振实，中间安装钢筋网。采用双层两遍摊铺钢筋混凝土路面时，下部混凝土的布料与摊铺长度应根据钢筋网片长度和第一层混凝土凝结情况而定，且不宜超过20m。

3.振实作业

（1）轨道摊铺机应配备振捣棒组，振捣方式有斜插连续拖行及间歇垂直插入两种。当面板厚度超过150mm坍落度小于30mm时，必须插入振捣；连续拖行振捣时，宜将作业速度控制在0.5～1.0m/min，并随着坍落度的大小而增减。间歇振捣时，当一处混凝土振捣密实后，将振捣棒组缓慢拔出，再移动到下一处振实，移动距离不宜大于500mm。

（2）轨道摊铺机应配备振动板或振动梁对混凝土表面进行振捣和修整，振动梁的振捣频率宜控制在50～100Hz，偏心轴转速调节到2 500～3 500r/min。经振捣棒组振实的混凝土，宜使用振动板振动提浆，并密实饰面，提浆厚度宜控制在（4±1）mm。

4.整平饰面

（1）往复式整平滚筒前的混凝土堆积物应涌向横坡高的一侧，保证路面横坡高端有足够的料找平。

（2）及时清理因整平推挤到路面边缘的余料，以保证整平精度和整平机械在轨道上的作业行驶。

（3）轨道摊铺机上宜配备纵向或斜向抹平板。纵向抹平板随轨道摊铺机作业行进可左右贴表面滑动并完成表面修整；斜向修整抹平板作业时，抹平板沿斜向左右滑动，同时随机身行进，完成表面修整。

（四）小型机具铺筑

小型机具性能应稳定可靠，操作简易，维修方便，机具配套应与工程规模、施工进度相适应。

1. 摊铺

(1) 混凝土拌和物摊铺前,应对模板的位置及支撑稳固情况,传力杆、拉杆的安设等进行全检查。修复破损基层,并洒水润湿。用厚度标尺板全面检测板厚与设计值相符,方可开始摊铺。

(2) 人工布料应用铁锹反扣,严禁抛掷。人工摊铺混凝土拌和物的坍落度应控制在5~20mm,拌和物松铺系数宜控制在K=10~1.25,料偏干,取较高值;反之,取较低值。

(3) 因故造成1 h以上停工或达到2/3初凝时间,致使拌和物无法振实时,应在已铺筑好的面板端头设置施工缝,废弃不能被振实的拌和物。

2. 振实施工

(1) 采用插入式振捣棒振实时,在待振横断面上,每车道路面应使用两根振捣棒,组成横向振捣棒组,沿横断面连续振捣密实,并应注意路面板底、内部和边角处不得欠振或漏振,振捣棒在每一处的持续时间,应以拌和物全面振动液化、表面不再冒气泡和泛水泥浆为限,不宜过振,也不宜少于30s。振捣棒的移动间距不宜大于500mm,至模板边缘的距离不宜大于200mm。应避免碰撞模板、钢筋、传力杆和拉杆。振捣棒插入深度宜离基层30~50mm,振捣棒应轻插慢提,不得猛插快拔,严禁在拌和物中推行和拖拉振捣棒振捣。振捣时,应辅以人工补料,应随时检查振实效果,模板、拉杆、传力杆和钢筋网的移位、变形、松动、漏浆等情况,并及时纠正。

(2) 在振捣棒已完成振实的部位,可开始用振动板纵横交错两遍全面提浆振实,每车道路面应配备1块振动板。振动板移位时,应重叠100~200mm,振动板在一个位置的持续振捣时间不应少于15 s。振动板须由两人提拉振捣和移位,不得自由放置或长时间持续振动。移位控制以振动板底部和边缘泛浆厚度(3±1)mm为限。缺料的部位,应辅以人工补料找平。

(3) 振动梁振实时,振动梁应垂直路面中线沿纵向拖行,往返2~3遍,使表面泛浆均匀平整。在振动梁拖振整平过程中,缺料处应使用混凝土拌和物填补,不得用纯砂浆填补,料多的部位应铲除。振动梁应具有足够的刚度和质量,底部应焊接或安装深度4mm左右的粗集料压实齿,保证(4±1)mm的表面砂浆厚度。每车道路面宜使用一根振动梁。

3. 整平饰面

每车道路面应配备一根(双车道两根)滚杠。振动梁振实后,应拖动滚杠往返2~3遍提浆整平。第一遍应短距离缓慢推滚或拖滚,以后应较长距离匀速拖滚,并将水泥浆始终赶在滚杠前方,多余水泥浆应铲除。拖滚后的表面宜采用3m刮尺,纵横各一遍整平饰面,或采用叶片式或圆盘式抹面机往返2~3遍压实整平饰面。抹面机配备应按每车道路面不宜少于一台。在抹面机完成作业后,应进行清边整缝,清除黏浆,修补缺边、掉角。应使用抹刀将抹面机留下的痕迹抹平,当烈日暴晒或风大时,应加快表面的修整速度,或在防雨篷遮阴下进行。精平饰面后的面板表面应无抹面印痕,致密均匀,无露骨,平整度应达到规定要求。

4.真空脱水

小型机具施工三、四级公路混凝土路面,应优先采用在拌和物中掺外加剂,无掺外加剂条件时,应使用真空脱水工艺,该工艺适用于面板厚度不大于240mm混凝土面板施工。使用真空脱水工艺时,混凝土拌和物的最大单位用水量可比不采用外加剂时增大3~12kg/m³。拌和物适宜坍落度为高温天30~50mm,低温天20~30mm。真空脱水机宜真空度稳定,有自动脱水计量装置,有效抽速不小于15 L/s。脱水前,应检查真空泵的空载真空度不小于0.08MPa,并检查吸管、吸垫连接后的密封性,同时应检查随机工具和修补材料是否齐备。吸垫铺放应采取卷放,避免皱褶;边缘应重叠已脱水的面板50~100mm。开机脱水,真空度应逐渐升高,最大真空度不宜超过0.085MPa。当脱水达到规定时间和脱水量要求后(双控),应先将吸垫四周微微掀起10~20mm,继续抽吸15 s,以便吸尽作业表面和吸管中的余水。

真空脱水后,应采用振动梁、滚杠或叶片、圆盘式抹面机重新压实精平1~2遍。真空脱水整平后的路面,应采用硬刻槽方式制作抗滑构造。真空脱水混凝土路面切缝时间可比规定时间适当提前。

(五)碾压混凝土面层施工

1.碾压混凝土面层摊铺前后洒水湿润基层

选用预压密度高的沥青摊铺机,根据路面摊铺宽度可选用1~2台。铺筑松铺系数应根据混凝土配合比、施工机械由试铺确定。采用高密实度摊铺机时,松铺系数宜控制在1.05~1.15。摊铺速度可根据计算确定,并且控制在0.6~1.0m/min。拉杆设置应与摊铺同步进行,并根据设计间距设醒目的定位标记,保证准确打入拉杆。铺筑弯道路段时,应及时调整左右两侧分料器的转速,保证两侧供料均衡,弯道超高路面摊铺应确保超高部位的供料充足。摊铺过后,应立即对所摊铺混凝土表面进行检查,局部缺料部位应及时补料。局部粗料集中的部位,应采用湿筛砂浆进行弥补。

2.碾压段长度以30~40m为宜

直线段碾压时,压路机应从外侧向路中心碾压;平曲线有超高路段时,由低侧向高侧、自内向外碾压,压完全宽为一遍。碾压作业应均匀、速度稳定,并按初压、复压和终压三个阶段进行。

(1)初压应采用钢轮压路机或振动压路机静压,静压重叠量宜为1/3~1/4钢轮宽度,初压遍数宜为两遍。

(2)复压应采用振动压路机振动碾压,重叠量宜为1/3~1/2振动碾宽度。振动压路机起步、倒车和转向均应缓慢柔顺，严禁振动压路机中途急停、急拐、紧急起步及快速倒车。复压遍数按检测达到规定压实度进行控制，一般宜为2～6遍。

（3）终压应采用轮胎压路机静压。终压遍数应以弥合表面微裂纹和消除轮迹为停压标准，一般宜为2～8遍。

（4）初压、复压和终压作业应密切衔接配合、一气呵成；中间不应停顿、等候和拖延，也不得相互干扰。宜尽量缩短全部碾压作业完成时间。如有局部晒干和风干迹象，应及时喷雾。压实后表面应及时覆盖，并洒水养生。

3.在施工终点处设纵向斜坡，作为压路机碾压过渡段

碾压结束后，将平整度合格部位以外斜坡刨除。第二天摊铺开始，后退150～200m切割施工缝，切割深度宜为80～100mm，将切缝外侧混凝土刨除，形成台阶。涂刷水泥浆后，纵向连接摊铺新路面。硬化后切施工缝。

4.设置胀缝

在邻近构造物、小半径平曲线两端和凹形竖曲线纵坡变换处应至少各设两条胀缝，其余路段可不设置胀缝。胀缝形式可为混凝土枕垫式或钢板枕垫式两种。

5.碾压混凝土路面纵向缩缝中应设拉杆

面板尺寸可与普通混凝土路面相同，也可略大，但最大不宜超过6m×8m。纵、横向缩缝应采用硬切缝，硬切缝及填缝要求与普通混凝土路面相同。面层抗滑构造可采用硬刻槽或缓凝裸露集料法制作，三、四级公路和基层可不做抗滑处理。

四、模板架设与拆除

（一）模板技术要求

（1）公路混凝土路面板、桥面板和加铺层的施工模板应采用刚度足够的槽钢、轨模或钢制边侧模板，不应使用木模板、塑料模板等其他易变形的模板。钢模板的高度应为面板设计厚度，模板长度宜为3～5m。需要设置拉杆时，模板应设拉杆插入孔。每米模板应设置一处支撑固定装置。模板垂直度用垫木楔方法调整。

（2）横向施工缝端模板应按设计规定的传力杆直径和间距设置传力杆插入孔和定位套管。两边缘传力杆到自由边距离不宜小于150mm。每米设置一个垂直固定孔套。

（3）模板或轨模数量应根据施工进度和施工气温确定，并应满足拆模周期内周转需要。一般情况下，模板或轨模总量不宜少于3～5 d摊铺的需要。

（二）模板安装

（1）支模前在基层上应进行模板安装及摊铺位置的测量放样，每20m应设中心桩，

每100m宜布设临时水准点；核对路面标高、面板分块、胀缝和构造物位置。测量放样的质量要求和允许偏差应符合相应规范的规定。纵横曲线路段应采用短模板，每块模板中点应安装在曲线切点上。

（2）轨道摊铺应采用长度为3m的专用钢制轨模，轨模底面宽度宜为高度的80%，轨道用螺栓、垫片固定在模板支座上，模板应使用钢钎与基层固定。轨道顶面应高于模板20~40mm，轨道中心至模板内侧边缘距离宜为125mm。

（3）模板应安装稳固、顺直、平整，无扭曲，相邻模板连接应紧密平顺，不得有底部漏浆、前后错茬、高低错台等现象。模板应能承受摊铺、振实、整平设备的负载行进、冲击和振动时不发生位移。严禁在基层上挖槽、嵌入安装模板。

（4）模板安装完毕，应经过测量人员使用与设计板厚相同的测板做全断面检验。

（5）模板安装检验合格后，与混凝土拌和物接触的表面应涂脱模剂或隔离剂，接头应粘贴胶带或塑料薄膜等密封。

（三）模板拆除

（1）当混凝土抗压强度不小于8.0MPa方可拆模。当缺乏强度实测数据时，边侧模板允许的最早拆模时间宜符合规定。达不到要求，不能拆除端模时，可空出一块面板，重新起头摊铺，空出的面板待两端均可拆模后再补做。

（2）拆模不得损坏板边、板角和传力杆、拉杆周围的混凝土，也不得造成传力杆和拉杆松动或变形。模板拆卸宜使用专用拔楔工具，严禁使用大锤强击拆卸模板。拆下的模板应将黏附的砂浆清除干净，并矫正变形或局部损坏。

第四节 路面工程主要施工机械

路面工程施工机械种类比较多，本节重点介绍路面专用机械。如稳定土拌和机，稳定土厂拌设备，沥青混合料搅拌设备，沥青混合料摊铺机，沥青洒布车，石屑撒布机和粉料撒布机，水泥混凝土滑模摊铺机。

一、稳定土拌和机

稳定土拌和机是一种自行式路拌机械，主要用于无机结合料稳定土的拌和施工，行走装置一般为履带式或轮胎式，传动方式有液压式或机械传动式，工作装置亦有后悬挂和中间悬挂之分。目前，我国生产的稳定土拌和机多为轮胎式后悬挂液压传动式。

（一）稳定土拌和机结构

稳定土拌和机发展到今天，世界各生产厂家公认的基本机型是自行后悬挂式，且绝大多数采用液压传动系统。稳定土拌和机主要由行走底盘、动力及传动系统、工作装置等组成。

（二）稳定土拌和机的使用

稳定土拌和机是基层路拌法的核心机械，也是具有核心生产能力的机械，施工中若要充分发挥稳定土拌和机的作业能力，应注意以下问题：

（1）确保配套机械的完好率。

（2）选择合理的施工段长度、较长的路段减少掉头时间，生产效率就会提高，但并非越长越好，应根据施工单位经验确定。

（3）选择合理的拌幅和拌和重叠宽度。

（4）检查控制好拌和深度，防止夹层。

二、稳定土厂拌设备

稳定土厂拌设备是在拌和厂拌制各种稳定土混合料的专用设备，它具有配比准确、拌和均匀、便于计算机自动控制和生产效率高的优点，稳定土厂拌设备可以根据工程设计要求，拌制不同级配的稳定土混合料。

（一）稳定土厂拌设备的工作原理和结构特点

1.工作原理

稳定土厂拌设备由以下几个部分组成：粗骨料配料系统（也称配料机）、结合料（水泥、石灰）配料系统（也称粉料供给系统）、供水系统、搅拌仓、输送机和计量系统等。

其工作流程为，利用装载机将不同粒径的骨料分别装进不同的配料料斗中，再通过给料机采用体积计量或质量计量的方法，对骨料按施工配合比进行配料，利用气力输送装置把结合料（水泥或石灰粉）输送到粉料储仓中，再通过计量系统进行配料；配好的骨料和粉料进入搅拌仓，水经供水系统计量后泵入搅拌仓，在搅拌仓进行拌和；拌好的成品料从搅拌机的出料口，经传输带卸入储料仓；装车运往施工现场。

2.结构特点

各厂家生产的稳定土拌和站，在外观上有较大差别，但结构大致相同。现选择某厂

WBC200机型为例说明。

（1）主要组成部分

配料系统：包括各种原材料的储存仓，通常有水泥仓、粉煤灰仓等，并配有计量装置来精确控制每种材料的添加量。

输送系统：使用皮带输送机或螺旋输送机将原料从储存仓输送到搅拌主机。

搅拌系统：这是设备的核心部分，用来将所有原料均匀混合。WBC200型号中的"200"通常表示该设备每批次可以处理的混合物容量为200吨。

控制系统：采用PLC（可编程逻辑控制器）或更先进的自动化控制系统，操作人员可以通过触摸屏界面设定参数并监控整个生产过程。

出料系统：完成混合后的稳定土通过此系统送出，准备运输到施工现场或直接铺设在预定位置。

（2）工作原理

当启动设备后，控制系统会根据预先设定的比例自动开启各个原料储存仓的下料口，使所需材料按比例进入输送系统。接着，这些材料会被送入搅拌主机进行充分混合。混合完成后，稳定的土质材料通过出料系统输出，等待进一步使用。

（3）特点

高效性：能快速完成大规模混合任务。

准确性：计量系统确保了混合比的准确性。

环保性：一些高级模型可能会配备除尘系统，减少粉尘排放，保护环境。

（二）稳定土厂拌设备的使用

稳定土混合料的制作过程包括原材料的堆存，称量配料、搅拌及混合料的运输等工序，各工序的生产管理都影响混合料的最终质量，必须加强拌和全过程的管理，厂拌设备使用过程中应注意以下问题：

（1）原材料堆放不混杂。防止堆放杂乱，导致配比不准确的情况出现，经常性检测原材料的含水量，及时对拌和加水量进行调整。

（2）经常对设备的称量系统按使用说明书要求进行校定，保证各种原材料的称量准确。

（3）对成品混合料进行经常性筛分试验，检测其配比准确性。

（4）按说明书要求，对厂拌设备进行经常性保养，尤其是拌和桨叶等易磨损件应经常检查、及时更换，保证设备有良好的工作状态。

三、沥青洒布车

沥青洒布车主要用于沥青贯入、沥青表处和沥青路面黏层、透层、封层等的施工，沥青洒布车按行走方式分为拖式和自行式，按喷洒方式可分为气压式和泵压式。

（一）沥青洒布车的结构、原理与性能

以自行泵压式沥青洒布车为例，介绍沥青洒布车的结构、原理和性能。自行式沥青洒布车是一种将沥青罐和沥青洒布机构装在载货汽车的底盘上，自行完成沥青运输与洒布作业的机械。主要由保温沥青箱加热系统、传动系统、循环—喷洒系统、操纵机构组成。

1.保温沥青箱

沥青箱主要用于储存热沥青，并有保温功能，其箱体外的前部有一个温度计（测量范围为0℃～250℃），用以测量箱内沥青的温度，箱内还装有浮子油杆，通过系列的连接，通过刻度盘显示箱内的沥青数量。

2.加热系统

加热系统用来加热沥青箱内的沥青，使其具有洒布所需要的工作温度。在沥青洒布车作业前应使用手提式喷燃器加热沥青泵、各三通阀门、管路等部件，使其内部凝积的沥青熔化，便于沥青泵的正常运转。

3.传动系统

沥青洒布车的传动系统除了传递动力使车辆行驶，还驱动沥青泵工作。发动机的动力传到变速箱后，经取力齿轮、取力器和万向节传动轴驱动沥青泵，取力器有高速挡、低速挡和一个倒挡，高速挡和低速挡用于喷洒不同的洒布量，倒挡用于沥青箱吸油或洒布作业后将管路内的沥青抽回箱内。

4.循环—喷洒系统

循环—喷洒系统有两个作用：一是使沥青箱内的沥青经过沥青泵和管道循环流动，便于更均匀地给沥青加热；二是进行沥青的洒布作业。

5.操纵机构

沥青洒布车的操纵机构包括三通阀的拨动和洒布管的操纵两部分。三通阀在洒布时打开，洒布管的操纵一般有三个手柄（手轮）。一是洒布管升降手轮，可调节洒布管距地面的高度；二是洒布管喷洒角度调整手柄，可以调节洒布管相对于路面做90°范围的转动，即可使喷孔垂直向下喷洒或向前下方45°或后下方45°喷洒；三是洒布管左右摆动手柄，可根据需要使洒布管的横向位置左右调整。

（二）沥青洒布车的使用

沥青必须均匀地喷洒在路面上，沥青量过多或过少都会影响路面工程的质量乃至使用寿命，沥青洒布车施工时应注意以下几方面的问题：

（1）保持沥青在其工作温度范围内进行喷洒。

（2）调整好喷嘴槽口与喷管中心线的夹角（一般20°～30°）和离地面高度（一般25cm左右），保证洒布宽度和相邻喷嘴的重叠量（三层重叠洒布）。

（3）洒布时保持沥青泵的转速稳定，以保持喷嘴喷射锥角的稳定。

（4）注意安全施工，因沥青易燃，要特别注意防火。

（5）使用后及时保养，及时清洗管路。

四、石屑撒布机和粉料撒布机

（一）石屑撒布机

石屑撒布机是一种可以撒布40mm以下各种规格石料的专用机械，是沥青路面层铺法施工的关键配套设备之一，它可以按照施工要求将一定规格的石料连续、定量、均匀地撒布在已喷洒沥青的路基或路面上。对公路工程而言，由于表面处置层铺法是恢复和提高道路表面抗滑能力和防水性能的一种经济快捷和有效的路面养护方法，因此在国外被广泛用于道路罩面（旧路面铺筑一层或两层表处结构）养护作业。

石屑撒布机按其不同的结构形式，可分为自行式、悬挂式和拖式三种。悬挂式和拖式石屑撒布机结构简易，一般用于小规模的路面修筑和养护工程。自行式石屑撒布机结构比较复杂，但操作性和施工效果良好，适应于大规模施工。

自行式石屑撒布机自身配有动力与行走、后接收料斗、皮带输送机、前撒布料斗、计量撒布料辊、后牵引挂钩等装置，作业时供料自卸汽车由石屑撒布机牵引拖拉着运行，边行走边将石料卸入石屑撒布机的后接收料斗内，再经皮带输送机送至前撒布料斗内，装满后即可启动石屑撒布机的撒布装置，撒布料辊便将石料定量均匀地撒布在已喷洒了沥青的路基、路面基层或面层上。

目前，科技人员还研制了同步撒布机，即在同一部设备上既有沥青洒布装置，还有石屑撒布装置，能更好地进行沥青表处的施工。

（二）粉料撒布机

粉料撒布机适用于道路基层、底基层路拌法施工时，水泥、石灰、粉煤灰等粉状物料的撒布作业。粉料撒布是稳定土路拌施工前的一道重要工序，粉料撒布均匀与否直接影响稳定土的均匀程度，从而关系到道路的整体质量。

粉料撒布机按动力牵引方式可分为自行式和拖式，自行式撒布机的料箱和撒布装置安装在专用底盘上，作业时边行走边撒布粉料，拖式粉料撒布机则由装有粉料的载重车牵引行驶，将粉料输送到粉料撒布机的料斗中，由撒布机自身动力或从牵引车引来的动力驱动撒布装置，在行走中进行撒布作业。目前，我国拖式撒布机还没有定型产品。

自行式粉料撒布机作业时的工艺流程为，在料场利用装载机或皮带输送机等，将粉料装入撒布机料箱中，利用称重法（或其他方法）进行计量，装好粉料的撒布机根据施工工艺要求的撒布宽度和撒布厚度进行撒布。施工前调整粉料撒布机的粉料输送速度、设备运行速度和撒布装置速度，要求三个速度同步，并同时满足施工需要，这一过程需随时监控，随时调整，避免出现失误或差错。

粉料撒布机对粉粒的颗粒要求比较高，一般要求粉料所含颗粒直径小于10mm，最大不得超过25mm，粉料含水量不得大于1.5%，否则会黏结粉料输送和撒布系统，影响正常作业。

撒布量的调整，可在一块干净平整的场地试铺，任取3块1㎡的粉料称重，算出平均值和要求撒布量比较，反复调整输送器和撒布滚轮速度，使之满足要求。

五、沥青混合料搅拌设备

沥青混合料的搅拌设备和摊铺设备是沥青路面施工的关键设备。沥青混合料的搅拌设备应完成以下基本工作：冷矿料的烘干、除尘、加热与计量；沥青的加热、保温与计量；按照规定的配合比，将热矿料（或加入适量的矿粉）与热沥青均匀地拌和成需要的混合料。沥青搅拌设备根据所采取的工艺流程不同可分为连续式和间歇强制式。20世纪末，科学家又研制了双滚筒搅拌设备，具备连续式和强制式的共同特点。

（一）连续式搅拌设备

连续式搅拌设备一般也称滚筒式搅拌设备，其冷矿料的烘干、加热及热沥青的拌和是在同一滚筒内进行的，其拌和方式是非强制性的，它依靠矿料在旋转滚筒内的自行跌落而实现被沥青裹覆。滚筒式搅拌设备可使得细颗粒粉尘向外发散的机会减少，从而可以用较简单的除尘设施达到较严格的环保标准。但在我国，滚筒式搅拌设备的关键技术，油石比的精确计量和控制的问题没有得到解决，加之我国砂石料的供应渠道不规范，连续式搅拌设备未设有2次筛分装置，无法更好地控制配比，故我国现行的施工技术规范规定：不允许用滚筒式拌和设备修筑高等级公路路面。但是连续式搅拌设备由于经济性能好，在低等级公路施工中仍得以广泛使用。

滚筒式搅拌设备多为移动式，主套设备分为几个运输单元，有的为全挂式牵引拖车，有的为半挂式牵引拖车，便于拆装运输。

1.连续式滚筒搅拌设备结构

连续式滚筒搅拌设备由冷矿料配料系统、矿粉的供给系统、沥青供给计量系统、控制系统、烘干—拌和滚筒、除尘设施和成品料的输送和储存系统组成。

（1）冷矿料配料系统。冷矿料配料系统包括配料斗、给料机、集料皮带机和机架，连续式滚筒搅拌设备的矿料级配精度取决于冷矿料配料系统的精度。冷矿料配料后由称重皮带输送机运送到烘干—拌和滚筒。

（2）烘干—拌和滚筒。烘干—拌和滚筒是滚筒式搅拌设备的核心部分。它的加热装置设在滚筒的进料端，集尘装置设在滚筒的出料端，物料和热气流同时流动，在距出料口长度1/3～2/5处设有沥青喷洒口，加热的石料在滚筒内最后区段被沥青裹覆拌成沥青混合料。

烘干—拌和滚筒对回收旧沥青混合料的再生极为有利。如在滚筒的中部增设一个喂料环，回收材料通过喂料环喂入滚筒，并在滚筒内被加热，沥青软化后与旧矿料脱离后又与新矿料及新加入沥青重新拌制成新的沥青混合料，但回收材料的颗粒不能太大，以不破坏最大矿料的颗粒为宜，禁止将块状回收材料投入滚筒。

（3）矿粉的供给系统。矿粉加入烘干—拌和滚筒有两种常见方法：一种是单独计量后，用螺旋输送机将矿粉送至冷矿料的称重皮带上，随冷矿料一起进入滚筒；另一种是计量之后，采用气力输送的方式经管道从出料端进入滚筒，它的出口设在沥青喷嘴之下。采取前种方法比较简单，但是滚筒内风速较大，矿粉容易流失。采取后种方法，矿粉易与沥青结团，难以拌和均匀，故保证矿粉的加入量和均匀的拌和效果是滚筒式搅拌设备的技术关键。

（4）沥青供给计量系统。沥青供给计量系统包括沥青保温罐，由调速电机驱动的沥青泵、沥青流量计、压力表、三通阀、过滤器及连接阀门、连接管路组成。为适合混合料连续拌和的特点，作为结合料的沥青需要连续稳定地输入烘干—拌和滚筒，并准确计量，方便调整送入量的大小，这些功能通过上述装置得以实现。

（5）成品料的输送和储存系统。成品料从滚筒出料后通过提升斗进入储存仓，对于连续式卸料，为减少成品料的离析，在仓的顶部接料槽下设置了一个小料仓，小仓内料堆集到一定程度，小仓底的滑移料斗自动打开，集中将料卸入大仓，较大型的成品储料仓，仓外有保温材料和蒙皮，锥体部分有导热油加热或电加热措施。

（6）除尘设施。中小型的滚筒式搅拌设备，一般配备干式集尘装置即可满足环保需要，许多大型的滚筒式搅拌设备也选配了布袋式集尘装置。

（7）控制系统。控制系统是搅拌设备的中枢和指挥系统，大中型的滚筒式搅拌设备多采用微机自动控制系统进行拌和控制。各搅拌设备使用前应认真阅读使用说明书，并由厂方提供操作培训和技术服务。

2.连续式滚筒搅拌设备的使用

由于滚筒搅拌设备采取连续生产、一次计量的特定工艺流程,为确保成品料的质量,在设备使用中应注意以下问题:

(1)保持各冷矿料料斗中材料规格的一致性。严格控制进料规格,加强对料堆的管理,特别注意避免各种材料混仓。

(2)正确调整各冷仓门的开度和皮带给料机的速度。斗门的开度用于对冷矿料的流量进行粗调,其流量的精调是通过改变皮带给料机的速度来实现的。调整方法:首先在中等的皮带速度上调整好斗门的开度,使该仓的材料流量基本上达到设定的流量,固定斗门的开度,然后再用调整皮带速度的方法进一步细调,使满足精度要求。

(3)经常性检查各规格冷矿料的级配和含水量。

(4)利用计算机的监控数据,保持随时对混合料质量的监控。

(5)试验室每天抽样,通过抽提试验和筛分试验对成品料质量进行试验检测,并及时反馈给拌和操作管理人员。

(二)间歇强制式拌和设备

间歇强制式拌和设备的特点:冷矿料的烘干、加热以及热沥青的拌和是先后在不同的设备中进行的。级配之后的各种砂、石料在烘干、除尘之后,经过二次筛分,并经计量之后再与沥青及矿粉混合并强制搅拌成为成品混合料。由于强制式拌和设备有二次筛分和二次计量功能,能保证混合料有较精确的配合比,并且可以方便地更换配方,生产出不同工程需要的各种沥青混合料。

1.间歇强制式搅拌设备工艺流程

间歇强制式搅拌设备采取相对较为简单、方便的计量技术,能获得各种沥青混合料的较为精确的配比,因而得到了广泛的使用,其缺点是设备庞大、搬迁困难,优点是工艺流程明了。

2.间歇强制式搅拌设备的结构与工作原理

间歇强制式沥青混合料搅拌设备由以下几套装置(或系统)组成:冷矿料的储存与配料装置、干燥滚筒、热矿料筛分装置、热矿料的储存和计量装置、矿粉的供给与计量装置、沥青供给计量系统、集尘装置、搅拌仓、控制系统、成品料储存仓。

(1)冷矿料的储存与配料装置。冷矿料一般堆放在露天场地上,生产商品沥青混凝土的搅拌站也可采用筒仓方式储存石料。

配料装置主要由配料斗、给料机、集料皮带输送机和机架组成。配料斗的数量根据工程需要确定,冷矿料配料完成后经皮带输送机或提升斗运送至干燥滚筒。

(2)干燥滚筒。干燥滚筒是烘干、加热矿料的设备,现有的干燥滚筒均采用旋转的长圆柱形的筒体结构，矿料从一端进入筒内被烘干和加热后从另一端卸出，并通过提升机进入二次筛分装置。

燃料可分为固体燃料和液体燃料，液体燃料因燃烧值高，便于运输，火焰稳定，燃烧部分废物含量少等特点，得到了更广泛使用。

干燥滚筒的钢材在高温下抗弯模量会降低，所以在遇到突发事故和工作结束时，滚筒不要立即停车，应转动至主筒体冷却方可停车，否则筒体会产生下挠变形。

（3）热矿料筛分装置。储存在不同料斗内的冷砂石料经给料器粗配后进入干燥滚筒，在干燥滚筒内烘干加热时已被混合在一起，筛分装置的作用在于把热矿料提升机送来的石料按不同粒径重新分开，对每种粒径的矿料进行二次精确计量之后再投入拌和仓。

筛分装置分为振动筛和滚动筛，由于滚动筛效率低，已基本不再使用，振动筛体积小，生产效率高，维修简便，因此被广泛使用。振动筛安装的倾斜角度应安装正确，否则会影响筛分质量和生产效率。

（4）热矿料的储存和计量装置。二次筛分后的砂石料再次分别予以精确计量，是间歇强制式搅拌设备获得较高配比精度和油石比精度的重要保证，这种配料方式将不同规格的矿料、矿粉、沥青分别计量，排除了相互影响。热矿料经二次筛分，按不同粒径分别储存于热储料仓的几个隔仓内，以便于按一定的配合比分别计量。计量时多数设备采用电子计量秤。操作人员可以在控制台的称量数码显示上读出计量值，计量好的热矿料卸至搅拌仓。

应当注意的是：二次筛分是对初配冷矿料混合后的筛分，所以冷矿料的初配应使筛分后的热矿料在各自的隔仓内，粒径基本均衡，这样才能保证各种规格材料的矿料计量准确，并按设定的生产周期正常进行；还应注意的是，二次筛分的筛孔大小与试验所用的筛孔大小及冷矿料的规格尺寸并不是完全对应的，操作人员应通过对各仓和各规格的材料进行筛分试验，找出对应的关系。

（5）矿粉的供给与计量装置。矿粉一般储存在专用的筒仓内，一般通过螺旋输送机直接送至矿粉称量斗，矿粉计量装置也由称量斗和电子计量秤组成。

（6）沥青供给计量系统。沥青供给计量系统包括保温罐沥青泵、计量装置以及连接管路阀门计量装置、喷射装置等。

储存在保温罐内的沥青，由沥青泵抽送至称量桶内称量，称量好的沥青经喷射装置喷入搅拌仓内与砂石料及矿粉进行搅拌。

（7）搅拌仓。搅拌仓是把按一定配合比称量好的砂石料、矿粉和沥青均匀地搅拌成所需混合料的装置。拌和时投料顺序有两种：一种是先将砂石料放入拌和器内干拌 3~5 s 后加入沥青，再拌和几秒钟之后加入矿粉，连续搅拌成成品料；另一种是加入砂石料后，再加入矿粉、干料几秒钟后，最后加入沥青进行搅拌。目前大部分搅拌设备采用第一种投料顺序，因为第一种投料顺序，矿料投入后可很好地和沥青结合，矿料表面、油膜厚度均匀，而第二种投料顺序矿粉易结团，搅拌时间长。

（8）集尘装置。矿料在烘干、筛分、计量和搅拌过程中，会逸散出大量灰尘，造成环境污染，这是环境保护法所不允许的，因此集尘装置对搅拌设备来说是十分重要的组成部分。集尘设备一般通过管道连接在烘干、加热滚筒进料端的烟箱之后，强制式沥青混合料搅拌设备多采用两级集尘装置，一级集尘装置采用干式集尘器，二级集尘装置采用湿式集尘器或布袋式集尘器。干式集尘器多采用离心式集尘器，布袋式集尘器的除尘效果最好，但造价较高，回收的粉尘土可以代替一定数量的矿粉做填料，但用量不得超过矿粉总量的50%。

（9）成品料储存仓。由搅拌仓拌和好的成品料可以直接卸入自卸汽车运往工地，也可以通过单斗提升机先卸入成品储存仓暂存放，缓解运输车辆少的矛盾，小型的储料仓一般不设有保温装置，大型的储仓壳体外仓有80～100mm的保温材料，再在最外层蒙皮，仓体下部还设有加温设施。

（10）控制系统。搅拌设备控制系统一般具有以下功能：
①各运动部件的启动和停机功能，即按设定的连锁关系依次启动或停机，这项功能多为自动控制，按下一个操作按钮，各运动部件将依次启动或反向依次停机。
②温度控制功能，温度控制包括矿料加热温度控制和沥青加热温度控制。
③称量和搅拌控制功能，有手动控制、自动控制和半自动控制三种型式。目前大多数搅拌设备设有两种以上控制系统，正常施工时搅拌站按设定的配比、温度自动称量，自动控制生产。在设备调试和试搅拌时，采用手动控制，以便于采集相关的数据。

3.间歇强制式搅拌设备的使用

间歇强制式沥青混合料搅拌设备采取分次计量和分次搅拌的生产方式，生产的混合料具有配比准确、质量稳定的特点，在设备的使用中应注意以下问题：

（1）冷矿料配比和热矿料二次筛分配比的一致性，否则将影响生产效率，热料仓大量热矿料通过溢料管溢出，造成材料和热资源的浪费。

（2）利用计算机的监控系统，随时对料温、配比等进行全过程监控，防止温度过高造成沥青的老化。

（3）保持设备电子系统有良好的工作状态。

（三）双滚筒搅拌设备

双滚筒搅拌设备是一种全新的沥青混合料搅拌设备，它主要适用于沥青回收材料的再生利用，所谓双滚筒即烘干—拌和滚筒采用了双层结构。内筒是一个大的旋转体，其内部结构、支撑和驱动方式等都与间歇式搅拌设备的干燥滚筒相似。冷矿料在这里被烘干和加热，然后从内筒筒壁的缝隙中流入外筒的内腔中，在内筒的外壁上装有搅拌叶桨，当内筒旋转时，桨叶拨动内外筒之间的矿料和其他材料做螺旋推进运动，从而得到成品混合料。沥青回收材料直接注入内外筒之间，避免了与火焰的直接接触，依靠吸收内筒壁和新鲜石料的热量，实现沥青回收材料的软化和升温，矿粉等添加剂也从外筒直接加入，避开了热气流，减少了矿粉的流失。

双滚筒搅拌设备具备以下特点：

（1）充分利用沥青回收材料，回收料的利用率可以达到50%之多，回收材料与火源隔绝，无黑烟排放。

（2）粉尘排放量较滚筒式连续拌和设备低。

（3）双层滚筒设计、热量损失少，可节省10%左右燃料。

（4）可使用多种再生料。

六、沥青混合料摊铺机

沥青混合料摊铺机，可以用来摊铺沥青混合料、碾压混凝土材料、基层稳定土混合料及级配碎石材料等。由于它一开始主要用于沥青混合料的摊铺，所以习惯称之为沥青混合料摊铺机。沥青混合料摊铺机按行走方式分为履带式和轮胎式，一般小型摊铺机多为轮胎式，大中型摊铺机多为履带式。

（一）摊铺机的基本结构

沥青混合料摊铺机由主机和熨平装置两大部分组成，主机和熨平装置由牵引大臂连接。

（二）摊铺机的摊铺作业

摊铺前首先调整好摊铺机的宽度、路拱等装置，设置好摊铺厚度，装运混合料的自卸汽车倒车并对准收料斗，直至后轮与摊铺机料斗前顶摊辊相接触，汽车挂空挡，下坡时轻踩刹车以预防汽车滑出，自卸车向收料斗卸料，摊铺机顶摊自卸车前进。同时，刮板输送器将混合料均匀地向后输送到螺旋摊铺器前通道内的路基或路面基层上，螺旋送料器则沿摊铺机的整个摊铺宽度向左右横向输送，摊铺的混合料经熨平装置整型，预压成为一条平整的有初步密实度的铺层，再经压路机压实成为合格的路面面层或基层。自卸汽车卸完后立即驶离，另一自卸车重复上述作业，使摊铺机不间断地工作。

（三）摊铺机的使用

摊铺机可广泛用于沥青面层、路面基层的厂拌机铺，施工中要正确选择摊铺机的机型、宽度和摊铺速度，防止材料离析。

1. 摊铺机机型选择

根据工程重要程度，二级以上公路应选择高性能履带式摊铺机，一般等级的道路可以选择轮胎式摊铺机，采用两台或两台以上摊铺机联机作业时，应尽量选用同型号的摊铺机，采用同样的工作参数进行施工。

2. 摊铺机宽度和摊铺速度的确定

摊铺宽度的选择主要依据路面宽度、公路等级和机械配套情况，应避免片面追求一次摊铺而盲目接长熨平装置，造成其刚度的下降影响路面横向的平整度。在宽度较大的路面上采用两机联合铺筑或多机联合铺筑的方法是可行的，两机搭接部尽量选择在车道标线位置。

在摊铺沥青混合料时，摊铺速度宜选择 $1\sim6m/min$；摊铺路面基层稳定粒料，摊铺速度宜选择 $0.5\sim1.2m/min$。

3. 防止摊铺材料的离析

摊铺过程中，确保螺旋送料器左右通道畅通，在摊铺和送料过程中，确保螺旋送料器在料中埋置深度不低于送料器直径的2/3，不宜采用过大的摊铺宽度等。欧美各国已经开始使用专用转运车与摊铺机同步施工。自卸车将混合料卸入转运车内，转运车和摊铺机同步行驶，并使用皮带输送机将混合料连续、均匀、平稳地送入摊铺机收料斗内，从而使摊铺机处于连续平衡的工作状态，可提高摊铺质量，减少材料离析。

4. 清洗与整理

摊铺机每天工作完毕，必须清洗和整理与摊铺材料相接触的各部件，以保持良好的工作状态。

七、水泥混凝土滑模摊铺机

水泥混凝土滑模摊铺机是一种在20世纪60年代发展起来的水泥混凝土路面施工机械。其摊铺设备安装在底盘上，行走装置一般为履带式。滑模机在摊铺作业时不需另设模板和轨道，依靠导向钢丝和高强尼龙绳来控制摊铺的高程，依靠滑动模板控制路面的外形尺寸。水泥混凝土滑模摊铺机可实现多功能的摊铺，尤其是中小型滑模机，可方便地铺筑硬路肩和路缘石等带状结构物。

第七章　道路施工实践
——以隧道工程施工为例

第一节　隧道的施工组织设计

隧道施工组织设计是组织施工的基本文件。它是根据施工文件要求、隧道工程特点、围岩条件、工期要求、周围环境、施工技术装备和施工力量等技术和经济因素等，在确保安全、经济的前提下，编制隧道施工组织设计，确定合理的施工方法，对施工工艺、机械配备、监控量测、工序安排、劳动组织、材料供应、工程投资、场地布置等，制定合理的计划，并提出组织措施和充分预计可能出现问题的对策等，确保隧道施工有条不紊地顺利进行。

一、隧道施工组织设计的内容

设计阶段编制的施工组织设计，称为隧道施工指导性组织设计；隧道施工前准备阶段、隧道施工阶段和竣工验收阶段编制的施工组织设计，称为隧道工程的实施性施工组织设计。

（一）隧道工程的指导性施工组织设计

对地质复杂、施工条件困难和控制总工期的重点工程，应由设计单位在隧道工程设计阶段编制指导性施工组织设计，并编入相应的设计文件。它是规定整个工程项目的总规划和总决策，制定隧道施工的轮廓计划，初步拟定施工方法、施工程序及施工时间，部署隧道施工各个环节和彼此之间的协调关系，并为编制隧道工程设计概算提供依据。隧道指导性施工组织设计文件组成与内容应包括。

（1）施工组织设计说明书：
①设计依据；
②工程概况；

③当地自然条件;

④施工条件(含材料供应);

⑤辅助工程;

⑥过渡工程;

⑦施工期限安排及其依据;

⑧施工准备工作;

⑨施工方法及工序安排;

⑩不良地质和特殊地质地段施工的原则;

⑪施工通风、防尘、排水及动力照明的布置和必要措施;

⑫采用新技术、新工艺、新材料和新方法;

⑬劳动力安排意见;

⑭其他有关事项。

(2)主要工程数量表。

(3)主要机具设备表。

(4)隧道进出口及斜井、竖井、横洞、平行导坑洞口施工场地布置图。

(5)隧道各口施工通风设计图。

(6)隧道各口施工通风风道及机械安装设计图。

(7)施工排水设计图。

(8)施工动力及照明线路布置图。

(9)隧道防尘及其他必要措施设计图。

(10)指导性施工组织设计图(含劳动力动态图)。

(11)过渡工程设计图。

(12)其他必要的布置图或设计图。

(二)隧道工程的实施性施工组织设计

实施性施工组织设计是由施工单位根据指导性施工组织设计和工地具体情况,对隧道施工中各项分部工程,各工序及施工队或班组的人力、机具等配备情况,分期、分部位、分项目编制的更为具体详细的计划安排,实行施工组织动态管理,其目标是安全、经济、保质、保量、按期或争取提前圆满地完成施工任务。

实施性施工组织设计的主要内容:①工程概况:包括隧道名称、起讫里程;中线平面位置及纵向坡度情况;隧道所处围岩的工程地质和水文地质情况、所处地区的气候条件、地形地貌;当地可供利用的运输道路、电力、水源和当地建筑材料等情况;本隧道与洞外其他工程的关系及工期等。②施工准备工作的安排:提出复测或控制测量的要求及其完成期限；计算洞口工程和临时工程（如临时便道、给水、供电、通信、施工房屋等）的工程数量，合理安排施工顺序和施工期限；合理布置为隧道施工服务的整套附属生产设施，如当地砂石料的开采场地、木工场、机修房、变电站、空压机站、水泵站等；各种机械的安装、配套及试运转；材料库的建立及部分材料的储运工作等。③工程数量：计算包括洞内外的各种工程数量并列表汇总。④材料数量：包括主要材料及辅助材料并将供应计划列表汇总。⑤机械（具）配备：将各种施工机械（具）的配备数量及其耗油量（列入材料表中）列表汇总。⑥劳力及工班组织：将劳动计划、各工序需要的施工天数列表汇总；工班组织即各工序具体劳力分工安排情况。⑦提供各种施工设计：包括开挖、支护设计；钻爆设计；运输计划设计；施工监测计划；施工通风设计；作业循环图；高压风、水、电设计等。⑧洞口平面布置图。⑨施工组织进度图：隧道各工序施工进度及劳动力动态用坐标图形式表示，并附上主要材料、机械表等。⑩质量及安全措施：特别要对新技术的工艺提出质量要求，对各工序要提出相应的安全措施。

二、隧道施工组织设计编制依据和原则

（一）编制依据

①隧道的各种设计文件、标准图、工程数量。②工期要求、劳力、材料、机械（具）、运输等条件。③现场调查资料、预先选定的施工方案。隧道施工方案一般包括辅助坑道方案、开挖方案、支撑与预加固方案、支护与衬砌方案、风水电作业方案、场地布置方案、运输方案、施工进度和劳动计划及机具设备计划等。④各种定额指标，包括劳动定额、材料定额和机械定额。根据定额可计算出全部工程所需的劳动工天、材料总消耗量、机械总台班数。它是编制施工计划、经济核算的依据。⑤各种质量、安全规划及管理制度。包括主要技术组织措施；采用推广新技术；提高劳动生产率，节约人力、物力，降低工程成本；检查和提高工程质量的制度；施工安全措施；开展劳动竞赛及施工奖惩制度等。

（二）编制原则

根据隧道工程的技术与经济特点，在编制时应贯彻以下原则：
①严格遵守签订的工程施工承包合同或上级下达的施工期限，保证按期或提前完成隧道施工任务，交付使用通车运营。②遵守隧道施工技术规范和操作规程，确保隧道工程质量及施工安全。③采用新技术、新工艺、新方法，不断提高机械化施工及预制装配化施工进度，降低成本和提高劳动生产率，减轻劳动强度，统筹安排施工及尽量做到均衡生产。④开源节支，精打细算，充分利用现有设施，尽量减少临时工程，降低工程造价，提高投

资经济效益。⑤认真贯彻就地取材的原则，尽量利用当地资源。⑥合理组织冬季、雨季施工和隧道工程建筑材料运输、储备工作，增加全年施工工作日，力求降低冬季、雨季施工的附加费用。⑦节约隧道施工用地，少占或不占农田，注意水土保持和重视环境保护。⑧统筹布置隧道施工场地，要确保施工安全，方便职工、民工的生产和生活。

第二节　隧道工程施工组织设计实例

下面介绍云阳至万州高速公路韩婆垭隧道总体实施性施工组织设计。该隧道由中国铁道建筑总公司云万高速公路12合同段项目经理部承建。

一、预定目标承诺

（一）质量目标

确保本合同段全部分项工程达到交通部《公路工程质量检验评定标准》（JTG F80/1—2017）中的优良等级，单位工程一次质量检验合格率100%，优良率达90%以上，确保投诉处理率100%。

（二）安全目标

消灭因违章施工危及公路行车险性及以上事故；杜绝职工因工死亡事故，无职工一次负伤5人以上或一次重伤3人以上事故；重伤率控制在0.6‰以下，轻伤率控制在5‰以内。

（三）环境保护目标

杜绝重大环境污染责任事故，确保社会、居民投诉及抱怨事件的处理率100%。

二、编制说明

（一）编制依据

施工合同、投标书、施工图纸，现行施工技术规范、操作规程、安全技术规程（包括技规、安规、行规、维规）、试验规程、检验评定标准、验收规范、企业贯标程序文件、管理办法，项目进场调查报告等。

（二）编制原则

遵循"严肃性、标准性、先进性、可行性、连续性、均衡性、节奏性、协调性、经济性"的九项原则。

（三）总体设计思路

以"高起点、高标准、高质量、高效益"为总体目标，精心组织、科学规划。做到开工必优，精益求精，铸造精品工程。

三、工程概况

（一）工程的概况

1.工程概述

本合同段起于韩婆垭隧道中部（K171+750），途经庙湾、上柳树湾、狮子岩、掀盘湾、杏子包至长堰塘与K合同段相接（K173+499）。其间无河流，存在不同水量的溪流。与K合同段接头处距离云阳至万州公路约3km。全长1.749km。其中左线隧道起讫K171+750～K172+953，长1203m。右线隧道起讫YK171+750～YK172+948，长1198m。隧道最大埋深276m。

2.地形地貌

隧址区地貌上属低山重丘区地貌，最低处标高约280m，最高处标高约590m，相对高差约310m。

3.工程地质

韩婆垭隧道出口位于低山重丘斜坡下部，地形呈斜坡小坎状，洞口地形坡度稍缓，总体坡度约25°，隧道走向与坡向近一致，冲沟较发育，无地下水出露，坡面第四系堆积物厚度薄，多小于2m。基岩为粉砂质泥岩与砂岩互层，未见不良地质现象，坡面较稳定。基岩浅埋或裸露，强风化—弱风化裂隙较发育，岩体较破碎—较完整，围岩受浅埋和风化影响，稳定性差。边仰坡成坡条件一般，采取无仰坡进洞的方式处置。

隧道洞身段岩性为粉砂质泥岩、泥质粉砂岩与砂岩不等厚互层，岩石为弱—微风化，属软质岩。裂隙不发育—较发育，岩体完整—较完整。岩石透水性差，洞室开挖不会产生大的地下水涌出现象，但局部有渗水现象。围岩类别以Ⅳ级为主，有少量Ⅲ、Ⅳ类。

岩性层，且粉砂质泥岩、泥质粉砂岩、砂岩层间结合较差，层间裂隙较发育，在岩性分界处，尤其是洞顶板为粉砂质泥岩段，洞顶可能产生掉块或松动落石，局部可能坍塌等。

4.地质构造稳定性和地震安全性

场区内无断裂构造通过，单斜构造，地层倾向195°～210°，倾角20°～25°，优势产状202°∠22°。新构造运动总体以间歇性缓慢上升隆起为特征，流水切蚀形成山川河谷，现属相对稳定期。区内节理裂隙主要以层间裂隙为主，卸荷裂隙、风化裂隙次之。

场区内为单斜构造，无褶曲断裂，大部分地段坡体稳定。

5.水文地质及气象特征

（1）水文地质。区间气候温暖潮湿，降水充沛，地表径流丰富，为地下水的形成提供了良好的条件。沿线地势较高，切割剧烈，在构造应力的作用下各类岩组的裂隙较为发育，为地下水的富集提供了条件。区间地下水类型主要为第四系松散堆积孔隙潜水和基岩风化裂隙水两种。

第四系松散堆积层孔隙潜水主要埋藏于沿河漫滩阶地和支流冲积扇中，含水较为丰富，与河水、沟水存在密切水力联系，水位季节变化明显，受大气降水、农田灌溉水等补给，顺层径流排泄，其透水性及赋水性差。另外，堆积于斜坡上的松散的（残）崩坡积层块（碎）石质土层与基岩接触面常有地下水赋存或富集，虽含水量有限，但往往是造成岸坡失稳的润滑剂。

基岩风化裂隙水赋存于砂质岩裂隙及泥质岩类风化裂隙中，主要受大气降水、上层滞水等补给。因岩体裂隙发育，区内雨量充沛，一般含水性较好。由于砂岩与泥岩呈互层状，泥岩具有一定的隔水性能，经褶曲错移，构成不同规模的封闭的储水构造，形成局部水压力。对隧道施工可能存在不利影响。

（2）气象特征。测区属亚热带季风气候区，气候温和，雨量充沛，四季分明。具有春早、夏热、秋雨绵、冬暖而多雾、无霜期长、雨量充沛等特点。气象要素、变化与流域地理位置及地形、地势特点相适应，多年平均气温16.6℃～18.7℃。元月平均气温7.1℃，7月平均气温29.6℃。相对湿度73%～87%，霜冻期日数一般为10～20天/年。雾日数多为25～30天/年。历年最大风速为17m/s，多年平均风速2.1m/s，最大频率风向为东北风。

多年平均降雨量1149.3mm，最大年降雨量1614.8mm。年内分布不均，降雨量多集中于5~9月，占全年降雨量的70%。冬季（12月至次年2月）降雨量最少。

测区属长江流域，以长江为骨干，主要支流有小江（彭溪河）、汤溪河等。三峡库区建成蓄水后，将影响该段河流的水文气象条件。

6.植被及人类活动

隧址处植被茂密，主要为竹、木林，西北部有零星农耕和人工林，东部洞顶有5栋居民住房，隧洞出口附近基岩被耕植土覆盖。合同段线路经过人和镇木古村4个组，涉及300余人，自三峡库区移民后，近期人类活动频繁。

（二）施工环境条件

1.交通运输

韩婆垭隧道出口与318国道相距不远，其间有乡村公路和机耕道与之相连，沿线还有渝巴公路、省道开云路、万开公路，县道有云阳至红狮公路。云阳地处长江边，并有多条铁路相连，万州与重庆均有机场，交通便利。

2.主要材料及其供应计划

云阳县有多处料场开采石料、碎石、砂、卵石，石料多为灰色、灰白色厚层状长石砂岩，石质坚硬，节理裂隙不发育。本工程用外加剂主要是微膨胀剂和减水剂，可在重庆和成都合格厂家购买。水泥拟采用重庆市忠州水泥厂和葛洲坝水泥厂生产的32.5级、42.5级、52.5级水泥，其均为大厂旋窑，由厂家直接送货到施工现场。钢材采用成都钢铁有限公司和重庆钢铁有限公司（均为年生产50万吨以上的厂家）提供的产品，其运输方式与水泥相同。木材在云阳县木材场采购。由于本合同段沥青用量很少，主要用于沉降缝，可由当地购买。

3.施工用电

云阳县电力资源丰富，已形成重庆市地区重要的电力生产基地。隧道出口区有10kV高压电力线路通过，由业主负责接驳并设置两台630kV的变压器至洞口，只要架设部分线路即可到施工点。

4.施工及生活用水情况

隧道附近溪流（木古坝河沟）是隧道出口施工主要水源，需设置水池及供水管路以满足生产、生活用水。

5.通信情况

合同区段属电讯网覆盖区，程控及移动电话均可外拨，与外界联系方便。

6.其他资源

（1）医疗卫生。云阳县城内有一个规模较大的人民医院，还有一定数量的诊所、药房。人和镇有一乡级卫生所，具备基本医疗条件。

（2）石油。云阳县有中国石油等几家大、中型石油公司，在项目部驻地附近有一家加油站，能够满足工程机械用油需求。

四、施工总体部署

（一）施工布置及劳动力安排计划

1.施工队伍及场地布置

韩婆垭隧道共投入：一个隧道队、一个综合队和一个混凝土拌和站参与施工，各队驻地及生产用房、场地均根据施工特点及现场实际情况布置在工点附近。施工队伍及场地布置情况详见总体实施性施工组织设计。

2.主要劳动力和技术力量部署计划

（1）本工程主要劳动力配置。根据韩婆垭隧道工程数量以及工期进度安排，计划调遣1支专业队投入施工，平均上场人数300人，高峰期上场人数355人，并根据工程进度情况实行劳力动态调整，各施工队专业技工人数比例控制在75%以上。

（2）本工程主要技术力量。为优质高效地完成本合同段的施工任务，我们将选派一批理论和实践经验丰富、业务素质高、综合能力强并且有良好敬业精神的施工技术和管理人员，分配在项目经理部和各施工队，充实和加强对本合同段工程的施工技术管理。

（二）主要材料、机械设备、检测仪器进场计划

1.主要材料进场计划

（1）主要材料供应方式及来源和组织计划

按照"提前准备、略有富余、保证供应、加速资金周转、做到工完料尽"的原则，根据总工期、各分项工程工期安排和工程量情况，拟订每月材料使用计划，及时报送有关部门作为材料领取、采购、供应的依据。

按照合同文件要求，本工程所需主要材料由承包人自己采备，供货地点、价格自己调查。根据我公司现场调查情况，材料供应拟订计划如下：

1）水泥采用云阳红旗水泥厂和湖南岳阳水泥厂生产的水泥，由厂家直接送货到施工现场。

2）钢材从重庆市采购，通过公路运到施工现场。

3）砂、石等地材，根据分供方调查和取样试验报告结果来确定。其中碎石尽量利用隧道弃渣中符合设计标准要求的岩石加工而成。

（2）材料管理

材料管理严格按照实施性总体施工组织设计执行。

2.主要施工机械设备使用配置及来源计划

（1）主要施工机械配置。施工难度大、技术复杂、工期紧迫是本工程最突出的特点，为确保各项目标的实现，上足精良施工机械设备是重要措施之一。由于韩婆垭隧道地质条件主要为Ⅱ、Ⅲ类围岩，施工时主要采用分部开挖，大型钻孔设备施展不开，我公司计划配备16台YT28气腿式凿岩机及自制一定数量的钻架，充分利用其灵活快速的特点，以加快隧道钻孔速度，配备4台混凝土喷射机以加快锚喷支护速度，配备93-1型110×2kW通风机加快排烟、尘、气的速度，每个工区分别采用两台ZLC 50装载机，同时装渣以加快出渣速度，采用自制仰拱作业防干扰平台以减少工序干扰，采用4台穿行式全液压衬砌台

车配备4套模板以加快衬砌速度。

（2）主要施工机械设备使用计划。本工程主要施工机械设备配置计划见《投入本合同段的主要施工机械表》（略）。

3.主要检验、试验、测量设备仪器配置使用及来源计划

为满足本工程材料检验和工程质量监控的需要，我公司已投入大量先进的测试仪器，其规格型号、数量等详见《配备本合同工程的主要测试仪器设备表》（略）。

（三）工程投资完成计划、资金流动及工程款控制

工程投资完成计划、资金流动及工程款控制是工程成本的主要控制途径，必须严格执行总体实施性施工组织设计关于本项的各项条款。

五、施工进度安排及工期保证措施

（一）各分项工程具体施工进度安排

1.施工进度计划编制依据和原则

根据合同文件和施工规范，结合我公司以往类似工程的施工经验及项目工程实际情况，编制本合同段工程进度计划。

（1）严格按照合同规定的控制性工期要求，科学合理地制定施工方案，安排施工和控制进度，确保甲方规定的工期并力争提前。

（2）紧紧围绕控制工期的关键线路组织施工，充分考虑各分项工程相互间的制约，合理安排相互交叉施工的分项工程施工的时间，确保整个工程合理有序及顺利地进行。

（3）积极采用新技术、新工艺、新方法、新材料，对重点部位实施科技攻关，确保总工期。

（4）强化资源配置优化机械设备组合，提高施工生产效率，加快施工进度。

（5）采用科学的施工进度指标排定施工日程，针对不可预见因素，在工期安排时留有一定的富余量。

2.各分项工程工期安排

隧道工程各分项工程工期安排见《韩婆垭隧道施工进度计划横道图》（略）、《韩婆垭隧道施工进度网络计划图》（略）。

（二）施工顺序安排

1.工点施工顺序

施工准备→明洞及洞门施工→洞身开挖及支护→仰拱及填充→二次衬砌→洞内装饰→

路面工程。

2.专业施工顺序

（1）洞口及明洞工程施工顺序

坡顶排水系统→明洞路堑土石方开挖→边、仰坡开挖及加固→混凝土衬砌→防水层→回填→隔水层→洞顶截水沟。

（2）洞门施工顺序

洞门挖基→洞门墙施工（含锁口圈梁）→护面墙→边沟、截水沟。

（3）隧道开挖、支护作业施工顺序

①V级浅埋围岩开挖、支护作业施工顺序：小导管预注浆超前支护→双侧壁导坑开挖→锚、喷、网、钢格栅联合支护→开挖中洞核心土→临时钢支撑→拱部锚、喷、网、钢格栅联合支护→拆除临时钢支撑→出渣。

②Ⅳ、V级围岩开挖、支护作业施工顺序：超前小导管注浆加固围岩（V级）→上部断面台阶法开挖→锚、喷、网、钢格栅联合支护→出渣→下部开挖→出渣→锚、喷、网、钢格栅联合支护。

③Ⅱ级围岩开挖、支护作业施工顺序：钻爆设计→布眼→钻孔→清孔→装药→联结起爆网络→起爆→排风降尘→清危→爆破效果检查→出渣→锚杆、挂网、喷射混凝土支护。

（4）隧道衬砌施工顺序

①Ⅳ、V级围岩有仰拱断面施工顺序：仰拱开挖→仰拱初期支护→仰拱混凝土施工→隧底填充→墙基以上衬砌断面施工→电缆槽、水沟施工。

②Ⅱ级围岩无仰拱断面施工顺序：衬砌台车就位→防水层施工→安装模板→浇筑混凝土→拆模→养生。

（5）洞内路面施工顺序

现场清理→混凝土整平层施工→养生→水泥混凝土面板施工→养生。

（三）工期保证措施

（1）加强组织领导，选派精锐施工队伍，以组织保工期。

（2）认真编制实施性施工组织设计和进度计划，以计划保工期。

（3）投入足够精良施工机械，提高劳动生产率，以机械化施工保工期。

（4）加强材料管理，以提前供应合格材料保工期。

（5）建立健全的质量管理体系，营造全员全过程全方位质量管理的氛围，加强每道工序的质量监控，以"开工必优、一次成优"确保工期。

（6）建立安全管理体系，以安全保工期。

（7）大力采用新工艺、新技术、新材料、新设备，不断优化施工方案，选用正确合理的施工工艺，以"四新"技术保工期。

（8）对比进度，随时调整，以进度保工期。

（9）强化施工管理，加强工序衔接，以管理保工期。

施工中严格按施工组织设计和网络进度计划展开工序流水作业，各工序环环紧扣、协调配合，全面展开施工。

（10）协调好与业主、监理、设计单位及地方政府的关系，做好与相邻标段的配合工作，保证工程正常有序地进行，以"人和"保工期。

（11）隧道不良地段保证工期技术措施。①针对隧道不良地质地段展开科技攻关，加快施工进度。施工时遵循"先预报、重治水、短开挖、弱爆破、强支护、早衬砌、早成环、勤量测、稳扎稳打"的原则，施工中要对不良围岩进行超前预报、超前支护，根据围岩状况，设置长大管棚、超前注浆小导管、超前锚杆等制定切实可行的施工方案，合理组织，稳扎稳打，严格按规定程序安排各工序，严禁盲目冒进，避免塌方，安全稳妥地顺利通过不良地质地段，以保证工期。②穿越洞口超浅埋地段时，侧壁导坑先行穿越，到围岩较好地段，开辟另一工作面，使掘进施工进度不受破碎带影响。施工时用超前小导管注浆预加固，爆破并清除危石后，及时喷射厚度不小于5cm的混凝土护面，喷锚支护完成后，及时装设钢架支撑，加强支护，改善衬砌结构。③穿越软岩地段，施工时采用侧壁导坑法开挖，开挖后立即喷射混凝土封闭围岩，钢拱架支撑，锚喷支护，同时尽早做好施工排水，避免地下水浸泡墙角而造成塌方。

六、施工方案选定说明

（一）隧道工程施工方案选定原则

在满足安全、质量、施工进度的前提下，要讲求经济效益，尽量采用低造价的施工方法。

（二）隧道工程施工方案

韩婆垭隧道为复合式衬砌设计，按新奥法施工，拟安排隧道队同向双口掘进。按照"随开挖、随支护、早封闭、快衬砌"的原则组织施工。施工过程中采用超前预报系统进行超前地质勘探，对不同围岩类别采用不同钻爆设计。总体实施掘进（钻爆、无轨运输出渣）、支护（导管、拌、运、锚、喷）、衬砌（拌、运、灌、振捣）三条机械化作业线。Ⅴ级围岩采用环向开挖，保留核心土的开挖方法，Ⅳ级围岩采用台阶法开挖方法，Ⅱ级围岩采用非电毫秒雷管光面爆破全断面开挖方法。超前支护采用液压钻孔台车及NZ130注浆机施作超前小导管预注浆，初期支护采用YSP 45锚杆钻孔机打注浆锚杆，TK 96-1湿式混凝土喷射机喷射混凝土，人工架立钢支撑，出渣运输采用ITC-312及WA 300-1装载机装渣，T815捷克、太脱拉、沃尔沃20T自卸汽车完成无轨运输施工。衬砌混凝土采用混凝土自动计量拌和楼，混凝土搅拌运输车，混凝土输送泵，大模板整体液压衬砌台车完成全断面衬砌一次成型。仰拱采用跳槽开挖，施工时采用自制的仰拱作业防干扰平台，减少出渣与仰拱的工序干扰，洞内路面采用小型机具作业，混凝土采用输送车运输、泵送入模；施工通风采用大功率通风机，大口径软管，压入式长大隧道供风技术；洞内反坡排水采用二级泵站接力排水至洞外；施工用电采用洞口变电的方式；施工用水采用高山水池供水方式；施工用高压风采用空压机供风方式。车行、人行横洞与正洞同时进行开挖与衬砌。路面混凝土和其他附属工程采用集中时间，机械化流水作业，一次施工，一次成优。

（三）隧道工程施工技术方法

1. 洞口与明洞工程

（1）施工方案。根据我公司多年隧道施工的经验及韩婆垭隧道出口位置具体情况，经过经济性、安全性综合分析比较后，决定明洞开挖前先完成地表排水系统，采取分层开挖，分层支护，自上而下，边挖边护的明洞边坡加固处理方法。明洞与仰坡开挖同时进行，洞门与明洞整体浇筑。进洞采用先施作超前小导管、短进尺、弱爆破、快循环、早封闭的施工方案。

（2）施工方法。首先开挖并施作洞口边仰坡截水沟，以截排地表水，截水天沟开挖线距倾坡边缘不小于5m，沟底纵坡不小于3‰，排水沟与路基排水系统相衔接。

①明洞及仰坡开挖由外向里，从上而下分台阶、分层分段开挖，分层分段支护。根据地形条件，土方和强风化岩采用PC 200-5挖掘机挖装，人工配合清理边仰坡开挖面，局部陡坡地带采用人工开挖，石方采用浅孔台阶钻爆法开挖，明挖梯段边坡外预留1~1.2m光爆层，钻孔采用YTP-28风动凿岩机钻孔，采用毫秒微差线型爆破技术，"—"型起爆。槽挖梯段根据地形条件取2~4m，"V"型起爆，两侧边坡及基底面以上各预留1~1.2m光爆层。开挖台阶高度2~4m。开挖形成的坡面按设计及时进行封闭防护，避免长时间暴露造成坡面坍塌。

②明洞开挖与仰坡开挖同步进行。挖到设计标高后，及时清理基底，检验基底地质和承载力情况，并按设计要求进行地基处理，经监理工程师检查，合格后立即立模绑扎钢筋，架立外模，灌筑明洞钢筋混凝土。当拱圈混凝土达到设计强度的70%以上后拆除内外支模，拱圈背部用砂浆找平，敷设防水板并应粘贴紧密，相互错缝搭接良好，搭接长度不小于100mm，并向隧道内拱背延伸不少于500mm，再涂抹水泥砂浆层。

③明洞回填采用两侧对称法，由人工分层夯实，每层厚度不得大于0.3m，回填至拱顶齐平后，应立即分层满铺填筑至要求高度，机械回填应待拱圈混凝土强度达到设计强度且

由人工夯实填至拱顶1m后方可进行。拱背回填按设计要求做好洞顶铺砌层，应与边仰坡搭接良好。

④削竹式洞门与明洞同时浇筑。

⑤沿暗洞开挖轮廓打超前小导管（长3.5～4m）注浆，小导管间距40cm，外露1m以便于与钢格栅相连接。

⑥用Ⅱ类超浅埋围岩段的施工方法开挖暗洞2m，完成支护体系。

⑦定位放线，组装台车，绑扎钢筋，浇筑暗洞衬砌混凝土。

2.隧道开挖

（1）开挖作业

①V级围岩施工：采用小导管超前支护，环向开挖保留核心土法开挖，上下阶距离5～10m。开挖后立即喷射C20混凝土，然后打锚杆、架立钢架、复喷至设计厚度。人工配合风镐开挖。

施工顺序：先超前支护，后开挖并及时初期支护；开挖由上而下，衬砌由下而上；开挖时应短进尺，弱爆破，每循环进尺不得超过1m；初期支护及混凝土施工应及时封闭仰供。

②Ⅳ级围岩施工：防护采用小导管超前支护，带格栅钢架。其他同Ⅲ类围岩施工。

③Ⅳ级围岩施工：Ⅳ级围岩地段采用短台阶爆破开挖，网喷锚格栅钢架初期支护，全断面灌注二次衬砌混凝土，上断面超前3～5m，作为上断面钻孔喷锚网工作平台，上、下断面同时爆破开挖。

钻孔时，上断面配8台风枪钻孔，下断面采用凿岩机钻孔，采用反铲挖掘机将上断面石渣扒至下半断面，下半断面由侧卸式装载机装渣，自卸汽车运渣。开挖时要短进尺、弱爆破，以减轻爆破震动对围岩的破坏，确保围岩的稳定，循环进尺设计为2.0m。洞身开挖后，立即施作锚喷网格栅拱架初期支护，及时封闭围岩。

④Ⅳ类围岩施工：采用全断面光面爆破开挖，锚喷网初期支护，待围岩变形基本稳定后，全断面施作二次衬砌，采用凿岩机钻孔，侧卸式装载机装渣，自卸汽车出渣，全断面液压衬砌台车衬砌。Ⅳ类围岩比较稳定，开挖时可提高循环进尺，每循环设计进尺3m，喷锚与掘进平行作业，月掘进150～180m。

（2）钻爆

①钻爆设计：钻爆作业是隧道施工控制工期、保证开挖轮廓的关键。为了充分发挥围岩的自承能力，减轻对围岩的振动破坏，韩婆垭隧道采用微振控制爆破技术，实施全断面光面爆破，并根据围岩情况及时修正爆破参数，达到最佳爆破效果，形成整齐圆顺的开挖断面，减少超欠挖。

②钻爆作业：采用钻孔台架配YTP-28手持式风动凿岩机钻孔，人工装药起爆。钻爆

作业按照爆破设计进行钻眼、装药、接线和引爆。如围岩出现变化需要变更爆破设计时，由主管工程师确定。炮孔的装药、堵塞和引爆线路的连接，均由考核合格的爆破工负责。a.测量。测量是控制开挖轮廓精确度的关键。采用隧道断面激光测量仪进行断面和炮孔画线。每循环都由测量技术人员在掌子面标出开挖轮廓和炮孔位置。b.定位开眼。采用钻孔台车钻眼时，台车与隧道走线保持平行，台车就位后按炮眼布置图正确钻孔。对于掏槽眼和周边眼的钻眼精度要求比其他眼要高，开眼误差要控制在3~5cm。c.钻孔。钻工要熟悉炮眼布置图，要能熟练地操纵凿岩机械，特别是钻周边眼，一定要经验丰富。钻孔时严格按照炮孔布置图正确对孔，以确保爆破质量。周边孔外插角2°~10°，炮孔相互平行，周边孔在断面轮廓线上开孔（在Ⅱ类、Ⅲ类围岩地段，周边孔在断面轮廓线内5~10cm处开孔），周边孔对孔误差环向不大于5cm。掏槽孔对孔误差不大于3cm，其他炮孔开眼误差不大于10cm。在钻眼过程中，应根据岩孔位置及掌子面岩石的凹凸程度调整炮眼程度，以保证炮眼底在同一平面上。d.装药。钻完孔后，用高压风吹孔，经检查合格后装药。装药分片分组负责，自上而下严格按爆破设计规定的装药量、雷管段号"对号入座"。e.堵塞。所有装药的炮眼均堵塞炮泥，堵塞长度不小于40cm。f.瞎炮处理。发现瞎炮，首先应查明原因，如果是孔外的导爆管损坏引起的瞎炮，则切去损坏部分重新连接导爆管即可，但此时的接头应尽量靠近炮眼。

③超欠挖控制：钻爆法开挖是否经济、高效，关键是控制好超欠挖，钻爆施工中将采取如下措施：a.根据不同地质情况，选择合理的钻爆参数，选配多种爆破器材，完善爆破工艺，提高爆破效果。对于Ⅱ类、Ⅲ类围岩，考虑开挖线内的预留量，爆破后机械凿到设计开挖轮廓线。实践证明此法对于光面爆破十分有效，可起到事半功倍的效果。b.提高画线、钻眼精度，尤其是周边眼的精度，是直接影响超欠挖的主要因素，因此要认真测画中线高程，准确画出开挖轮廓线。c.提高装药质量，杜绝随意性，防止雷管混装。d.断面轮廓检查及信息反馈，了解开挖后断面各点的超欠挖情况，分析超欠挖原因，及时更改爆破设计，减少误差，配专职测量工检查开挖断面，超挖量（平均线性超挖）应控制在10cm（眼深3m）和13cm（眼深5m）以内。e.建立严格的施工管理，在解决好超欠挖技术问题的同时，必须有一套严格的施工管理制度来保证技术的实施，为此，在进洞前，就要制定严格的奖罚制度，用经济杠杆来调动施工人员的积极性，造成人人关心超欠挖，人人为控制超欠挖去努力。

（3）装渣运输

韩婆垭隧道洞内出渣采用无轨运输方式，侧卸式装载机装渣，自卸汽车运渣至弃渣场。配置侧卸式装载机4台，自卸车18台，以加快出渣速度。为了提高出渣效率，缩短循环时间，保证安全，采取如下措施：

①加强装运渣设备的维护保养，备足易损配件，发现故障及时排除。

②设专人养护道路，保持道路平整、无积水，定期铺渣维修。尤其雨季，设专人及时排除安全隐患。

③加强洞内排水与照明，保持洞内有良好照明和路况。

④加强通风，保证洞内空气新鲜。

⑤弃渣场采用推土机平整，专人指挥倒渣。

⑥教育司机遵守交通规则，礼貌行车，严禁带故障行车和酒后驾车。

⑦施工便道经常洒水，防止尘土飞扬。

3.衬砌施工方法

（1）小导管预注浆超前支护

小导管采用外径φ42mm、壁厚4.0mm的热轧无缝钢管，长4.5m，前端加工成尖锥状，尾部焊φ6加劲箍，管壁四周按15cm间距梅花形钻设φ8mm压浆孔。

小导管环向间距30cm，外插角5°～10°，纵向每开挖3.5m施作一环，搭接1.0m，在拱部120°范围布置。

小导管注浆前，应对开挖面及5m范围内的坑道喷射厚为50～100mm的混凝土或用模筑混凝土封闭。

施工采用钻孔台车或风动凿岩机钻孔，注浆泵注浆。注浆材料采用掺BR水泥砂浆及净浆，其配合比根据试验确定，注浆参数如下：

1）水泥与BR外掺防水剂质量比为：0.12。

2）水泥与浆水灰比（质量比）为1:1。

3）水泥与外掺剂专用粉质量比为1:0.04。

注浆压力P=0.5～1.0MPa，必要时可在孔口处设置能承受规定的最大注浆压力和水压的止浆塞。

注浆后至开挖前的时间间隔，视浆液种类宜为4～8h。开挖时应保留1.5～2.0m的止浆墙，防止下一次注浆时孔口跑浆。

（2）初期支护

初期支护能迅速控制或限制围岩松弛变形，充分发挥围岩自身承载能力，是隧道施工的重要环节。严格按照有关规范和设计要求进行施工，做好初期支护，保证隧道施工和运营安全。

①喷射混凝土：为了降低粉尘，减少回弹量，提高喷射混凝土的质量，本隧道喷射混凝土均采用湿喷法，喷射机型号为TK-961。混凝土由洞外拌和站拌和，混凝土罐车运输至洞内卸入TK-961湿喷机料斗，人工抱喷嘴湿喷。

a.喷射混凝土材料。水泥：32.5普通硅酸盐水泥；砂：河砂，细度模数>2.5；石子：粒径15mm；速凝剂：TX-1型液体，掺量4%～7%。

参考施工配合比如下为水泥：砂：石子：水：硅粉：高效减水剂=1∶2.47∶1.53∶0.43∶0.1∶0.007。

施工过程：先将水泥、砂、石子、水、硅粉和高效减水剂按配合比投入强制式搅拌机进行拌和，然后由搅拌运输车运至洞内，卸至喷射机进料口，在喷嘴处再加入液态速凝剂4%~7%后，喷射到岩面上。

b.工艺要点：选用普通硅酸盐水泥，细度模数大于2.5的硬质洁净砂或粗砂，粒径5~12mm连续级配碎（卵）石，化验合格的拌和用水。

喷射混凝土严格按设计配合比拌和，配合比及搅拌的均匀性每班检查不少于两次。喷射前认真检查隧道断面尺寸，对欠挖部分及所有开裂、破碎、出水点、崩解的破损岩石进行清理和处理，清除浮石和墙角虚渣，并用高压水或风冲洗岩面。

喷头距岩面距离以1.5~2.0m为宜，喷头应垂直受喷面，喷初支钢架时，可将喷头稍加偏斜，角度大于70°。

喷射混凝土作业采取分段、分块，先墙后拱、自下而上的顺序进行。喷射时，喷嘴做反复缓慢的螺旋形运动，螺旋直径为20~30cm，以保证混凝土喷射密实。同时掌握风压、水压及喷射距离，减少回弹量。

隧道喷射混凝土厚度大于5cm时分两层作业。初次喷射先找平岩面，第二次喷射混凝土如在第一层混凝土终凝1h后进行，需冲洗第一层混凝土面。

喷射混凝土终凝2h后，进行喷水养护，养护时间不少于7d。

喷射混凝土开挖时，下次爆破距喷射混凝土完成时间的间隔，不少于4h。有水地段喷射混凝土采取如下措施：

当水点不多时，可设导管引排水后再喷射混凝土；当涌水量范围较大时，可设树枝状导管后再喷混凝土；当涌水严重时可设置泄水孔，边排水边喷混凝土。增加水泥用量，改变配合比，喷混凝土由远而近逐渐向涌水点逼近，然后在涌水处安设导管，将水引出，再向导管附近喷混凝土。

当岩面普遍渗水时，可先喷砂浆，并加大速凝剂掺量，保证初喷后，再按原配比施工。当局部出水量较大时采用埋管、凿槽，树枝状排水盲沟措施，将水引导疏出后，再喷混凝土。

②锚杆施工。a.中空注浆锚杆：采用风动凿岩机钻孔，专用注浆泵或2TGZ-60/120注浆泵注浆施工。注浆压力一般为地下水静水压的2~3倍，同时应考虑岩层的裂隙阻力，根据现场情况试验后确定。但瞬间最高压力值不应超过0.5MPa。

b.砂浆锚杆：锚杆及锚杆孔的质量要满足以下要求。

杆身必须调直无缺损。

锚杆长度大于孔深6~10cm，每根加工长度误差不大于±1cm，缝长误差不大于

±5cm。并除去杆上油污、铁锈、杂质。

锚杆孔位置误差不大于±10cm。

钻孔后，孔内石粉必须用高压水冲洗干净。

钻到设计深度时，若流出的岩粉呈黄色或褐色，或钎头冲击异常时，说明遇到较软弱的岩石或破碎夹层，则变更锚杆深度与位置。

③钢格栅拱架支立。a.施工方法：钢支撑采用格栅支撑，钢筋按设计规格加工焊接而成，钢筋按设计要求下料，在胎具上分节加工钢格栅，拼装合格后，分节运至洞内，人工拼装。

安装前，先对断面进行检查，局部欠挖时及时处理。钢支撑安装在初喷后进行，安装时测量控制钢支撑的中线、高程、垂直度。每榀钢支撑之间，环向每隔1m设置1根连接钢筋。钢格栅与锚杆焊连在一起。钢格栅与围岩之间每隔1m用垫块塞紧。

b.施工工艺要点：安装前分批检查验收钢支撑的加工质量，不合格的禁止使用。钢支撑有足够的刚度和强度，焊接质量符合规范要求。

各节接头连接牢固，纵向连接钢筋等配件齐全，结构稳定。同一榀钢支撑位于同一平面上，倾斜度不大于50mm。

严格控制中线及标高。

钢支撑与岩面间安设鞍形垫块，确保岩面与拱架密贴。

确保初喷质量，钢架在初喷5cm后架设。

段间连接安设垫片拧紧螺栓，确保钢支撑结构稳定。

④挂钢筋网。

钢筋网加工：钢筋网采用6.5钢筋加工成方格网片，纵横钢筋相交处可点焊成块，也可用铁丝绑扎成一体。

挂钢筋网：有钢支撑（格栅）时，将钢筋网点焊在两榀钢支撑的外弧上；无钢支撑（格栅）时，通过与锚杆焊接固定在开挖的轮廓面上，且随岩面起伏铺设。

（3）二次衬砌。混凝土衬砌应根据新奥法原理，在初期支护完成后适时进行。根据施工量测，二次模注衬砌时间应在围岩量测净空变化速率小于0.2mm/d，变形量已达到预计总变形量的80%以上，且变形速率有明显减缓趋势时方可进行，适时衬砌。

衬砌台车采用液压混凝土衬砌台车，每段模注混凝土一次完成整体灌注，在灌注时预留和预埋照明、通风、消防等所需的洞室和线路管、孔、槽。

在隧道进口修建一座自动计量混凝土拌和楼，集中生产混凝土。混凝土搅拌运输车运输，混凝土输送泵泵送混凝土入模，插入式振捣器振捣密实。

施工方法：隧道衬砌采用液压混凝土衬砌台车。

衬砌台车定位：采用STZ型激光准直仪导向，现场设流动试验站，进行各种原材料及混凝土的试验工作，确保混凝土衬砌内实外美，断面尺寸准确无误。

台车控制标准：a.严格控制轨道中心距，允许误差±1cm；b.轨面标高比隧道路面中心高15cm，允许误差±1cm；c.两侧电缆沟盖板以下直墙部分，人工立模先行浇筑；d.台车就位时，先调顶模中心标高，然后由顶模支撑梁上横向丝杆调整台车中线符合要求。最后由侧向丝杠电动调节边模张开度，调整到位后放下翻转模和底脚斜撑丝杠加固。

混凝土的拌制：采用自动计量混凝土拌和站，集中生产混凝土。混凝土坍落度控制在13~18cm，并掺加FDN-440缓凝减水剂，以确保混凝土质量。要注意运输过程中的坍落度损失。

混凝土的运输：采用混凝土输送车运输，输送泵泵送混凝土。

混凝土的浇筑：混凝土采用水平分层、对称浇筑。输送软管管口至浇筑面垂直距离控制在1.5m以内，以防混凝土离析。浇筑过程要连续，避免停歇造成"冷缝"，间歇时间一般不得超过2h，否则按施工缝处理。

当混凝土浇至作业窗下50cm时，应刮净窗口附近的凝浆，涂刷脱模剂，窗口与面板接缝处粘贴海绵止浆条，以避免漏浆。

采用插入式振捣器振捣，标准为混凝土表面不再下沉，无气泡，表面开始泛浆为止。既防漏振致使的混凝土不密实，又防过振致使的混凝土表面出现砂纹。特别是内模反弧部分要确保捣固充分，避免出现气孔现象。

封顶采用顶模中心封顶器接输送管，按从里向外的顺序逐渐封顶。当挡头板上观察孔有浆溢出时，即封顶完成。

拆模：混凝土试件现场试压达到规范规定强度时，方可拆模。拆模时要谨慎，以免缺棱掉角现象发生。

养生：衬砌浇筑10~20h后即开始养生，采用覆盖洒水养生法，养生时间不少于14d。

（4）仰拱及隧底填充。软弱围岩段隧道采用仰拱与隧底填充先行的施工方案，仰拱与铺底同时施作，距开挖工作面相距20~30m。实践证明，及时施作仰拱，早闭合、防塌方，同时能保证洞内道路的畅通，对搞好洞内排水、搞好文明施工、防止隧道基底软化等都非常有利。仰拱施作，势必影响到车辆的运行，为此采取防干扰简易平台作为过渡通道，以保证掌子面正常施工。隧底填充采用定型加长模板。

①仰拱：本隧道Ⅱ、Ⅲ类围岩地段设有仰拱，施工中，应紧随初期支护尽早修筑仰拱，以利于初期支护结构的整体受力。

仰拱浇筑前清除浮渣，排除积水。为了仰拱施工、掘进平行作业，采用自制的仰拱作业防干扰平台，避免仰拱施作与出渣的工序干扰。仰拱采用全幅整体浇筑至拱墙脚基座标高。

主要施工工序。a.边墙基底清理：对要施工地段仰拱的边墙基底进行人工清底，然后立模进行混凝土施工。

b.仰拱平台就位：在水沟底部位铺设钢轨，钢轨间距4500mm，然后将平台后坡道用倒链拉起，用装载机将仰拱平台前坡道拖起，缓慢拖至预定位置，上紧卡轨器。

c.清底、立模及混凝土施工：仰拱平台就位后，进行人工清底，将平台下仰拱底部虚渣清理干净，抽出积水，然后架立仰拱堵头模板。浇筑仰拱及隧道填充混凝土时，采用运输车将混凝土运至仰拱平台，向中间及两侧倾倒，或直接用混凝土输送泵送至仰拱模板内。用混凝土振动棒将混凝土摊平、振捣。

d.混凝土养护及平台拖移：混凝土浇筑完毕后，进行自然养护或洒水养护，达到可以通行运输车辆的强度，然后拖移平台进入下一个仰拱施工。

②隧底填充：a.在施工前应清除仰拱面的碎渣、粉尘，并冲洗干净，不得有积水。b.仰拱混凝土达到设计强度70%后，进行10号浆砌片石的隧底填充。

4.防水和排水施工方法

（1）施工防排水。隧道反坡开挖采用二级水泵抽水进行排水。洞内集水排出洞外先存入过滤池净化，净化后排入既有沟渠，防止对环境造成污染。集水井视水量大小可在隧道两侧同时设置或仅一侧设置。

（2）结构防排水。隧道结构防排水是关系到工程质量、运营安全的重要因素。本合同段隧道施工中将设计采取的防水设施有：

①在隧道初期支护和二次衬砌之间铺设聚氯乙烯防水板加土工布复合防水板。

②沉降缝、施工缝处采用橡胶防水板、BW止水带防水。

排水措施有：

在隧道环向铺设塑料盲沟将水引入边墙，两侧φ5cm弹簧排水管集水，然后将水引入排水沟排出洞外。

①防水板施工：为保证防水板的铺设质量，施工中采用无锚钉铺设防水板工艺，该工艺已成为铁道部部级工法，并在多座公路隧道和铁路隧道施工中成功运用，保证在每一循环防水板没有一个锚钉，没有一处穿孔，在不增加造价的前提下，对施工工艺进行了优化创新，大大提高了防水板铺设质量。a.防水板洞外下料及焊接：防水板按环进行铺设。根据开挖方法、设计断面、规范规定的搭接尺寸及一个循环的长度来确定防水板的下料尺寸；将剪裁好的防水板平铺，按规范要求搭接，再焊接成一个循环所需要的防水板；对焊接好的防水板进行抽样检查，合格后将一个循环的防水板卷成筒状待用。b.防水板的铺设：铺设防水板在铺设台架上进行。铺设台架采用结构简单的临时支架，可用万能杆件拼装，也可使用工地现有的材料加工制作。上部采用φ108钢管或槽钢弯成与隧道拱部形状相似的支撑架，用丝杠与台架连接，以便其升降；走行部分采用轨式，轨距与衬砌钢模台车一致。

②止水带施工：衬砌台车就位后，在邻近施工缝或沉降缝处的拱架外侧按一定间距安装止水带固定装置。由拱顶向两侧逐段将其放入固定装置的安装槽内，并固定。然后安装挡头板。在安装过程中止水带的长度应逐段留有一定的余量，不能绷紧；灌注衬砌混凝土时，应随时注意止水带位置的变化，不能被混凝土横向压弯变形，止水带周围混凝土要振捣密实。

③边沟、电缆沟施工：施工采用组合钢模板现浇混凝土，立模时由测量人员严格控制尺寸、标高，同时检查是否固定稳固，确保位置准确不跑模；盖板洞外预制，洞内安装。

（3）隧道结构防渗漏的关键技术。隧道结构防排水是关系到工程质量、运营安全的重要因素。在本隧道施工中将采取下列有效技术措施：

①开挖采用光面爆破技术，保证开挖面圆顺，是结构防水的基础。施工中，严格爆破设计与试验，选择适宜的参数，控制钻孔工艺，确保开挖光面爆破残眼率，使围岩爆破开挖面圆顺。

②对岩面渗水预先进行有效处理，具体做法：大股水流用插管引导；较弱裂隙股水用塑料网格夹无纺布引导；大面积严重渗水以PCE膨胀剂防水砂浆抹腻，将渗水集中，然后开槽引排。

③富水地段采用预注浆进行有效固结止水：根据设计及施工阶段地质预报，对富水地段，采用超前中空锚杆注浆加固地层并止水，或采用超前小导管进行预注浆。

④利用喷射混凝土作为结构防水的关键环节：采用湿喷工艺，喷射路线自下往上喷，喷射范围每次长1.5~2.0m，高1~1.5m；复喷划分区段，每段长6m左右，先喷平凹面，后喷凸面。确保喷射厚度符合设计要求。

⑤对衬砌环节认真处理：设计定型挡头板，安装严密确保接缝无漏浆。按设计要求于拱墙模筑衬砌后设置复合防水板或橡胶板隔离层；衬砌背后设环向盲沟，同时在施工接缝处设置止水条。

⑥采用先进的衬砌混凝土施工工艺，确保衬砌结构自防水。施工中采用自动计量拌和楼拌和混凝土，泵送混凝土入模，机械振捣，防止冷缝。确保衬砌的"四度一无"，"四度"：平整度、光洁度、密实度、厚度；"一无"：无渗漏。

（4）隧道结构渗漏水治理措施

①大面积严重渗漏水可采用下列处理措施：a.衬砌后和衬砌内注浆止水或引水，待基面干燥后，用掺外加剂防水砂浆、聚合物水泥砂浆、挂网水泥砂浆或防水涂层等加强处理；b.引水孔最后封闭；c.必要时采用贴壁混凝土衬砌加强。

②大面积一般渗漏水和漏水点，可先用速凝材料堵水，再做防水砂浆抹面或防水涂层加强处理。

③渗漏水较大的裂缝，可用速凝浆液进行衬砌内注浆堵水，渗水量不大时，可进行嵌

缝或衬砌内注浆处理，表面用防水砂浆抹面或防水涂层加强。

④结构仍在变形、未稳定的裂缝，应待结构稳定后再进行处理。

⑤有自流排水条件的工程，除应做好防水措施外，还应采用排水措施。

⑥需要补强的渗漏水部位，应选用强度较高的注浆材料，如水泥浆、超细水泥浆、环氧树脂、聚氨酯等浆液处理，必要时可在止水后再做混凝土衬砌。

⑦锚喷支护工程渗漏水部位，可采用引水带、导管排水、喷涂快凝材料及化学注浆堵水。

⑧细部构造部位渗漏水处理可采用下列措施：a.变形缝和新旧结构接头，应先注浆堵水，再采用嵌填遇水膨胀止水条、密封材料或设置可卸式止水带等方法处理；b.穿墙管和预埋件可先用快速堵漏材料止水后，再采用嵌填密封材料、涂抹防水材料、水泥砂浆等措施处理；c.施工缝可根据渗水情况采用注浆、嵌填密封防水材料及设置排水暗槽等方法处理，表面增设水泥砂浆、涂料防水层等加强措施。

5.行车、行人横洞施工方法

Ⅱ类、Ⅲ类围岩处行车、行人横洞，若有水采用双侧壁法施工；若无水采用上半断面弧形导坑开挖法施工。超前支护采用超前注浆小导管，施工支护采用喷、网、钢拱架及有压注浆锚杆等支撑体系，工序与一般断面相同。

Ⅳ类围岩处行车、行人横洞，若有水采用台阶法施工；若无水采用全断面法施工。施工支护采用喷混凝土、挂钢筋网及有压注浆锚杆，工序同一般断面。

（1）开挖方式。采用YP28风动凿岩机凿眼，全断面光面爆破一次开挖成型。开挖时，前三排炮应遵循"短开挖、多打眼、少装药"的原则，周边眼间距30cm，隔眼装药。第一排炮进尺控制在1.5m内，第二排炮控制在2.0m内，第三排炮控制在2.5m内，以防爆破危及正洞边墙。

（2）出渣。采用小型机具，人工配合出渣至正洞位置，大车倒运至弃渣场。

（3）支护。按设计同正洞相同围岩支护工序。

（4）衬砌。按衬砌轮廓加工定型拱架，轨行型钢作业平台支撑，建筑钢模板立模，木模挡头板封堵，泵送混凝土浇筑，振动棒振捣，进行全断面整体施工。

6.风水电作业和通风防尘

（1）施工通风及防尘

①施工通风：韩婆垭隧道单洞全长分别为1203m和1198m。因此，必须制定好合理的通风方案，设置专门的通风管理机构和专职人员，负责通风系统的管理、设备检修、测试风速、风量和有害气体的浓度等工作。认真按有关规范、规程管理好通风，以改善劳动条件，保证作业人员身体健康，确保施工进度。通风方案：洞出口采用管道压入式通风，在洞口设一台大功率轴流式通风机做主扇，在工作面附近设局扇加强工作面的通风效果。风

管均采用大口径软管。通风机的选择和布置：进出口各选用一台93-1型轴流式通风机作为主风机，局扇采用TZ-90型轴流式通风机。出口采用管道压入式通风，洞口设一台主风机，主风机均安装在洞外距洞口30m处，以保证压入洞内的空气新鲜，防止洞内排出的污浊空气被再次压入洞内。为加强通风效果，掘进工作面设局扇，用管道压入式通风，把新鲜空气送到开挖工作面。主扇风管采用ϕ1600mm软管，风管安装在顶部中央，风管末端距工作面的距离为50～80m。在主风管末端附近安设局扇，用局扇把新鲜空气送到开挖工作面，局扇风管采用ϕ1000mm软管，挂在边墙拱脚附近，其台数根据实际需要决定。通风管理：通风管理是通风效果好坏的关键，为了确保通风效果，要加强通风管理。建立专门的通风管理机构，项目副经理任组长，隧道队副队长任组员，根据职责分工负责通风系统的管理和维修。定期对通风系统进行测试，如风量、风速、风压等，并把测试结果报告有关部门，以便对通风效果做出评价和采取改进措施。通风管要始终保持平、直、顺，接头严密，若有破损及时修补或更换。通风系统安装后，不经允许不可随意改动，非管理人员不得开关风机。严禁未装有废气净化装置的内燃车辆进洞。

②施工防尘：洞内施工防尘采用水幕降尘和个人戴防尘口罩相结合的方式。

水幕降尘就是把水雾化成微细水滴并喷射到空气中，使之与尘粒碰撞接触，则尘料被水捕捉而附于水滴上，或者被湿润的尘料互相碰撞而凝聚成大颗料，从而加快了其沉降速度。水幕降尘器主要解决1～3μm粒径的粉尘，措施是利用风水混合型水幕降尘器使水充分雾化，迫使粉尘迅速降尘。

（2）施工供水。洞内高压供水采用山顶水池供水方式，压力稳定，运行安全可靠，只需电机水泵和输水管道。

（3）施工供电。施工用电主要采用地方电力，隧道出口修建一处1260kVA变电站，同时配备250kW的柴油发电机组作为上场初期和施工期间应急备用电源。变电站电源线如跨越施工地区，电线最低点距人行道和运输线路的高度不得小于6.5m。洞内施工地段临时电线路采用橡胶电缆，电线悬挂高度距人行地面不小于2.0m，并安装触电保护器，同时对各种电气设备和输电线路，有专人经常进行检查维修，调整工作。

7.不良地质地段——洞口超浅埋Ⅱ类软岩地段施工方法

对洞口超浅埋Ⅴ级软岩地段，我们除采用前述之预留核心土环形开挖法施工外，还可采用中国铁道建筑总公司一级工法《软岩公路隧道短台阶七步平行流水作业施工工法》进行施工，该方法施工进度较慢，但相对安全。其施工方法如下。

（1）工艺原理

短台阶七步平行流水作业是采用2～3层短台阶，分步平行开挖，分步平行施作拱墙初期支护，混凝土仰拱超前施作及时闭合构成稳固的初期支护体系，保护围岩的天然承载力，有效抑制围岩变位。经量测监控信息化反馈指导施工，及时调整支护参数和混凝土衬砌施工时间。

在断层带、破碎带等自稳性较差地层和富水地层中，则采用大管棚、迈式注浆锚杆和小导管预注浆固结止水等辅助施工措施后，上部弧形导坑法短开挖施作拱部初期支护，再左右错位开挖及施作边墙初期支护；混凝土仰拱紧跟下台阶并及时施作尽早闭合成环构成支护体系受力。

（2）施工工艺

①开挖：对隧道周边围岩进行超前预加固后进行分步平行开挖。一般采用三台阶分步平行开挖法，上半断面环形部分人工采用风镐开挖，其余各部采用CAT320B挖掘机开挖、装渣。循环一般控制在0.5~1.2m为宜。

②初期支护施工：初期支护是由锚杆、钢筋网、钢架和喷射混凝土组成的一种联合受力结构。为保护围岩的天然承载力，初期支护要尽快施作。

a.初喷混凝土封闭岩面：用高压风自上而下吹净岩面，埋设控制喷射混凝土厚度的控制标志，如工作面有滴水或淋水，提前做好钻孔埋管的引排水工作。

喷射作业先从拱脚或墙脚向上堆喷，以防止上部喷射回弹料虚掩拱脚（墙脚）而不密实，以致强度不够，造成失稳；先将凹洼部分找平，然后喷射凸出部分，并使其平顺连接。

喷射操作应沿水平方向以螺旋形画圈移动，并使喷头尽量保持与受喷面垂直，喷嘴口至受喷面距离以0.6~1.0m为宜。

b.施作结构锚杆，挂设钢筋网：锚杆为全长黏结型锚杆，杆体为$\phi 22mm$的20MnSi螺纹钢筋，长度为3.0m或3.5m，间距0.8~1.0m，梅花形布置，径向施作。各台阶初期支护连接处左右均需设不少于两根锁脚锚杆，确保初期支护不失稳。

钢筋网为8mm或6mm钢筋焊接而成，网格为20cm或25cm。钢筋网应随受喷面的起伏铺设，其间隙不大于3cm，钢筋网应与锚杆体连接牢固。

c.安装钢架：钢架是软弱围岩中初期支护的重要组成部分，应严格按设计图及设计要求加工制作和架设。

钢架架设施工：拱部单元，首先进行施工放样，确定钢架基脚位置，然后铺设25a槽钢垫板，施作定位系筋，最后架设钢架，设纵向连接筋。

墙部单元钢架，墙脚部位铺设25a槽钢垫板，施作定位系筋；对应拱部单元钢架位置架设墙部单元钢架，拴接牢固设纵向连接筋。

d.施作拱部超前支护和二次喷射混凝土：拱部按设计技术参数施作下一循环超前支护，并把该支护尾端焊在钢架上。分层喷射混凝土到设计厚度，每层5~6cm厚；钢架保护层不小于2cm，整个喷射混凝土表面要平顺。

e.监控量测、修正支护参数：严格按设计要求进行拱顶下沉和周边敛位移量测，通过监近代量测的信息反馈,及时调整支护参数,以保证初砌结构的安全。

③仰拱施工:在设计有混凝土仰拱施工地段,拱墙按期支护施工完成后,要及时左右错位跳挖仰拱,安装仰拱钢架,进行混凝土仰拱施工,使初期支护尽早闭合成环构成稳固的初期支护体系,并为施工运输创造良好环境。

④混凝土衬砌:采用可调式防水层作业专用台车按设计材料和技术参数施作防水层,铺设要采用无钉孔工艺,并视初期支护的平整情况,将防水板留一定的富余量,以防止过紧而导致混凝土挤破。

混凝土衬砌采用全断面液压钢模台车、泵送混凝土灌注。混凝土生产采用自动计量拌和,混凝土输送车运输。要左右对称地灌筑,防止台车偏移。设置制式挡头模板,确保施工缝处混凝土质量。

8.隧道路面施工方法

隧道内主洞、紧急停车带的混凝土路面包括C15水泥混凝土整平层(厚16cm),混凝土路面面层,路面横坡2%,路面宽度8.75m。行人横洞路面采用厚10cm的C15混凝土。行车横洞基层采用厚10cm的C15混凝土,面层采用厚18cm的水泥混凝土。

(1)整平层施工。本隧道15cm厚的C15混凝土路面整平层拟采用集中厂拌、自卸汽车运输、人工摊铺、压路机压实的施工方法。分段流水作业,合理选择作业段长度,各工序紧密衔接,尽量缩短从拌和到完成碾压之间的延迟时间,按试验路段确定的合适的延迟时间进行施工。

①下承层准备:施工前对下承层进行检查,合格后将表面清扫干净并洒水润湿。恢复路线中线,直线段每20~25m设一桩,并在两侧路面边缘外0.3~0.5m处设指示桩,用油漆标出基层边缘的设计标高及松铺厚度位置。

②材料选择及试验:按技术规范要求选择水泥、碎石等材料,进行混合料的组成设计及试验,通过试验确定材料的配合比、最大干密度及最佳含水量。

③拌和:严格按配合比控制各种材料的用量,使混合料均匀,颜色一致无离析现象,控制混合料的含水量略高于最佳含水量。

④运输和摊铺:拌和均匀的混合料由自卸汽车尽快运至施工路段进行摊铺。摊铺前在下承层上洒少量水,将其表面湿润。

⑤碾压:混合料摊铺成型后及时进行碾压。压实作业遵循先轻后重、先慢后快的原则,施工方法同底基层施工。碾压过程中,如出现"弹簧"、松散、起皮等现象,及时翻开重新拌和再压实。

⑥养生:每一作业段碾压完成并检查合格后,立即进行洒水养生,养生时间不少于7d,养生期间内封闭交通。

⑦施工注意事项:a.严格控制水灰比,尤其是水泥剂量,拌和过程中每小时定一次剂

量。b.对进场的水泥进行快速测定,以保证不合格的水泥不能进仓。c.拌和设备储料仓门采用间断开启,以减少混合料的离析。d.严格控制延迟时间,保证混合料的质量。e.碾压过程中,基层表面应始终保持湿润状态,如表面蒸发失水太快,则应及时洒少量水。f.派专人用3m的直尺跟随量测平整度。

(2)混凝土路面施工

①施工方法:本工程采用混凝土集中拌和,混凝土输送车输送,机械摊铺、整平、振捣、真空吸水、抹光,切割机锯缝,滚动压纹机压纹。

②施工工艺要点:a.混凝土路面施工技术标准高,必须按照设计图纸和监理工程的指示,在验收合格的基层上施工水泥混凝土路面板。b.水泥混凝土路面面层全面开工前,必须对混凝土各项材料进行取样试验,只有在满足施工规范要求的情况下并在监理工程师在场时,按批准的施工方案施工。首先施工不小于200m²的试验段,取得相应试验数据,其次对于不合理的地方进行修正,并编制试验段报告,最后取得监理工程师的批准后,再开始全面施工。c.混凝土所用材料必须经自检和监理检验合格后方可报验,其物理性质和化学性质应满足设计要求。d.混凝土配合比。在试验路段开工前最少14d,将拟用于本工程的混合料配合比方案提交监理单位批准,并得到监理的批准后方可应用。e.钢筋的制备。钢筋按设计设置,横向缩缝及胀缝装设传力杆应与中线及路面平行,偏差不大于5cm。在传力杆长度的一半再加上5cm处涂一层沥青,并在涂沥青的一端加一个预制的盖套,内留30cm的空隙,填以纱头或泡沫塑料。传力支撑装置应在铺筑路面之前装设好,并得到工程师的批准。纵向缩缝和纵向施工缝装设的拉杆亦应在混凝土摊铺前装设好,两侧各40cm的长度内涂以防锈涂料。钢筋混凝土工程中所有钢筋的设置及绑扎都应经监理工程师检查签证后,才能浇筑混凝土。

第三节 隧道施工管理与控制

一、隧道施工技术管理

(一)隧道施工技术管理工作任务及内容

1.隧道施工技术管理工作任务

为确保工程优质,不仅要有良好的施工计划管理,还要采取相应的技术组织保证措施。只有在隧道工程计划管理与技术管理同时保持高水平的条件下，才能把工程质量创优目标落到实处。

（1）隧道施工技术管理工作保证措施。①采用科学的隧道施工方案和详细的施工工艺；②加强隧道施工技术措施，推广使用新技术；③选用先进设备，提高隧道施工装备技术水平；④重点工序施工前必须制定质量保证目标及技术保证措施；⑤加强职工上岗技能培训，特殊岗位持证上岗；⑥坚持换手复核制度，确保技术指令及监控量测成果准确无误。

（2）隧道工程技术管理主要任务。①科学地组织各项施工技术工作；②建立规范的施工技术秩序；③充分发挥技术力量和装备的作用；④提高机械化施工水平；⑤保证隧道工程质量，提高劳动生产率；⑥降低工程成本，保质保量按期完成隧道施工任务。

2.隧道施工技术管理主要内容

（1）编制隧道阶段性施工组织设计。

（2）制定隧道施工技术措施和操作规程。

（3）图纸会审、技术交底、变更设计、技术培训、质量检查、材料试验、技术革新和总结。

（4）保管隧道工程资料，建立技术责任制。

（5）保证工程质量，改进施工技术和操作方法及施工工艺，这是技术管理的中心内容。

完成上述各项施工技术管理工作，关键是建立并严格执行隧道施工的各种技术管理工作规章制度：①隧道施工技术责任制；②施工图纸会审制；③施工技术交底制；④隧道施工测量复核制；⑤隧道工程施工试验制；⑥工程质量检测制；⑦隧道施工现场监控量测制；⑧隧道施工日志制；⑨隧道工程技术档案制。

3.隧道施工技术管理基础工作

（1）制定和贯彻隧道施工技术标准和规程。

（2）认真执行国家颁发的技术标准和规程。

（3）执行施工单位有关施工方法和操作方法及工程质量要求等规定。

（4）制定各种技术管理工作制度。

（5）开展隧道施工技术科学研究工作。

（6）做好隧道施工技术资料积累和管理工作。

（7）重视隧道设计与施工总结工作。

（二）隧道施工技术责任制及技术管理

1.隧道施工技术责任制

建立和健全隧道施工技术责任制是保证技术管理工作正常开展的关键。在隧道工程技术责任制中，应该明确规定各级工程技术人员和施工人员对各项工作所负的职责；应明确分工、层层负责、层层检查和监督到位。

2.隧道施工技术管理工作内容

（1）隧道施工图纸学习与会审。

（2）隧道施工技术交底。

（3）隧道施工技术档案管理制度。

二、隧道施工计划管理

隧道施工计划管理是根据合同要求，通过计划把隧道施工组织设计的内容具体化，使施工全过程做到综合平衡、衔接配套，以保证施工目标的全面实现。计划管理是隧道施工管理工作的中心环节。

施工计划管理目标是实现合同要求，获得最好的经济效益和社会效益。

隧道施工计划管理程序包括隧道施工计划编制、实施、检查和调整四个不断循环的环节。

（一）隧道施工计划编制依据和原则

1.隧道施工计划编制依据

根据隧道工程承包合同的工程项目、工程量、工期要求，并以施工图、施工预算、合同价格和其他各项指标作为依据，结合施工单位的劳力、技术水平、材料设备、运输等施工条件，编制隧道施工计划。

2.隧道施工计划编制原则

（1）应遵循根据地质条件，结合实践经验决定隧道施工进度的原则。

（2）要遵循综合平衡、全面安排的原则。

（3）要贯彻积极可靠、留有余地的原则。

（4）要坚持按施工方案和施工程序合理组织施工，保证重点，照顾一般的原则。

（5）要坚持保证施工安全和工程质量的原则。

（二）隧道施工计划种类和内容

隧道施工计划内容包括总工程数量、劳力总工日、施工总进度和年度安排、隧道工程总造价和年度工程费、主要材料、机械和车辆申请计划等。

1.隧道施工年度计划

计划年度要求完成的工程项目和工程量、施工进度安排、部署劳力，提出财务、材料、机械、运输等后勤保障计划。

2.隧道施工季度计划

在年度计划内，具体规定各季度的各项指标和具体的施工计划。

3.月（旬）或日隧道施工计划

根据季度施工计划，安排月（旬）或日计划完成的施工进度、工程量、劳力、材料使用等具体项目。

（三）隧道施工计划编制方法

隧道施工计划是施工组织设计的重要组成部分，而隧道施工进度计划是施工计划的核心，因此，编制隧道施工计划应先做好进度计划。

隧道施工计划的编制方法步骤如下：①计算工作量和劳动工日及所需机械台班；②按施工顺序调整工程项目、工程数量；③确定施工顺序、施工方法和作业组织等；④编制隧道施工进度计划和劳力平衡计划；⑤编制材料、机械、运输、财务等计划。

三、隧道施工质量管理

"质量责任重于泰山"和"百年大计，质量第一"等口号，明确强调质量是工程建设永恒的主题。

（一）隧道施工全面质量管理

全面质量管理是把对隧道工程施工质量的管理，归结为对生产的全企业、所有部门及全体人员，在生产过程中工作质量的管理，通过管理好工作质量来保证工程质量。它是以数理统计方法及充分发挥专业技术与人事组织的作用，建立起一整套全面的质量管理保证体系。

1.全面质量管理特点

全面质量管理具有广泛群众性、全面性、预防性和可控制性、服务性、科学性、工作质量与工程质量责任明确性等特点。

2.全面质量管理基本方法

全面质量管理是对施工全过程进行科学管理，PDCA（Plan、Do、Check、Action，即计划、实施、检查、处理）制度，技术标准化及QC（Quality Control）小组活动四部分。隧道施工全面质量管理，常用的几种数理统计方法有：

（1）主次因素排列图法。对质量不合格的问题进行统计分析，找出发生质量问题的主要原因的一种方法。它的作用是可以找出"关键性因素"对工程质量管理的影响程度。

（2）因果关系分析图法。分析工程质量问题因果关系，寻找产生质量问题原因的一种方法，以便对症下药，采取良方予以解决。

（3）直方图法。通过概率数分布来分析研究数据的集中程度和波动范围的数学方法。用横坐标表示特性单位，以纵坐标表示频率数，通过分析绘成的直方图的形状来判断统计数据的分布是否正常，即隧道施工过程是否稳定（通过与技术标准和质量标准的比较，判断是否存在异常现象）。

（4）控制图法（又称管理图或监控图法）。控制图应用方法：一般是在施工生产正常情况下，先取样品，经计算求得控制上、下界限数值后，画出管理控制图。并在生产过程中定期取样品，得出数据描在控制图上。如果点子落在控制界限内，则表明施工生产过程正常，如果点子超出控制界限，则表明施工生产过程不正常，应及时采取措施使生产恢复正常。

（二）确保隧道工程质量和工期的保证措施

1.确保隧道施工工程质量主要措施

（1）建立健全的质量管理保证体系。

（2）提高全员质量意识，按分项分工序实施专项质量意识教育，建立健全质量管理及奖惩的规章制度。

（3）公开招投标，选择具有丰富隧道施工经验的专业施工队伍。

（4）成立隧道施工工地中心试验室，加强对施工过程质量的检验和监控量测，严禁不合格材料进入任何工序，确保各项工序一次成优。

（5）狠抓工序质量的自检、互检与专业检查，确保隧道整体工程质量优良。

2.确保隧道施工工期要求主要措施

（1）调遣精兵强将，强化施工管理。组建精干的工程项目经理部，成立各种专业队，建立各种管理体系。

（2）科学组织，精心施工，文明生产。运用统筹法、网络技术、系统工程等新技术编制切实可行的实施性施工组织设计，选择最优施工方案，确保工程按计划完成。

（3）广泛应用高效先进成套隧道施工机具及采用先进的施工工艺，合理安排作业层次，投入足够的劳力和技术骨干，提高工效，加快进度。

（4）成立协调小组，抓好协调，减少施工干扰，使工程施工顺利进行。

（5）抓住时机，适时掀起施工高潮，开展劳动竞赛，振奋拼搏创优精神，加快施工进度。

（6）做好雨季施工和农忙季节的施工安排，减少雨水对施工的影响，做好防汛准备，有备无患。

四、隧道施工安全管理

建立健全的隧道施工各项安全管理制度、规划和规定、措施及基本要求，包括：做好隧道施工前安全准备工作；建立健全的隧道施工安全管理制度；认真贯彻施工安全规范；制定项目安全制度，提高安全施工意识；加强施工技术安全管理；加强安全教育，制定相应安全措施；隧道施工机械设备的安全措施；防触电及电器设备安全措施；防高空坠落伤人的安全制度；施工现场设立安全标志；洞内作业安全管理；洞内和夜间施工照明；爆破器材安全管理；严格执行安全检查制度；特殊技术工人技术培训；岗前安全教育；实行交接班制度；发现险情，必须设立警示标志；领导干部必须经常深入现场，检查安全工作；实行安全工作与经济挂钩；配备足够的防水、火、毒安全器材；隧道施工应重视防火灾；加强隧道的围岩量测监控工作。

对隧道施工中的各类事故，均应严格按照"三不放过"的原则处理，即事故原因调查不清楚不放过；事故责任者和施工人员未受到应有的教育不放过；没有制定出今后防范措施不能放过。

五、隧道施工经济管理

隧道工程施工经济管理工作，主要包括施工定额和控制工程项目的成本管理两大项内容。

（一）隧道工程建设标准定额使用

标准定额是指在规定的一定时间内完成工程质量合格的单位工程数量所消耗的劳动力、材料和机械台班等数量的标准。

定额使用时应注意：①在施工中如果施工条件、地质条件变化较大，原定额已不适用时，提出对具体定额的修改意见，报编制定额单位批准后执行；②严格按照定额手册中的说明要求办理；③应注意定额拟定中的施工条件应与本隧道工程施工条件是否一致或较接近；④计算单位要统一，可换算的项目，注意换算方法；⑤学会善于联系工程实际，灵活使用各种定额。

（二）隧道工程成本管理

工程成本管理是施工企业为降低工程成本而进行各项经济管理的总称。其目的主要是以尽量少的劳动力、机械台班和材料消耗，优质高效地完成施工任务，并获得较好的经济效益。隧道工程成本管理的主要内容：①隧道工程成本的计划；②隧道施工工程成本责任的控制；③隧道工程成本核算与分析。

六、隧道施工工程中机械设备管理与控制

机械设备管理是以机械设备为研究对象，追求设备寿命周期费用最经济和设备综合效能最高为目标。而工程机械设备的管理内容包括：机械设备规划决策与新增机械管理；机械设备改造和更新；机械设备的选购、安装、调试与技术验收管理；机械设备的使用、保养、维修管理等多方面。

（一）做好施工中施工机械的调度工作

调度工作是执行施工计划和补充计划不足的一种措施。由于施工现场受到地形、地质条件和气候等的影响，虽然已有了较好的施工计划，但现场情况的变化使施工机械、施工情况发生变化是常有的事。这就要求调度人员及时发现、及时解决。

（二）做好施工机械实际运转记录

实际运转记录非常重要，能反映每班的工作内容、运转时间、台班产量、动力燃料消耗、故障和维护保养情况。从中可以分析出完成工程量的好坏，未能完成任务的原因，以便能及时采取措施挽救。它也是基层单位经济核算的主要依据。

（三）搞好单机或机组核算制

现代工程项目使用施工机械施工的作用越来越大。其使用费在施工成本中占的比重也越来越大，一般可占到40%~60%，如果是土方工程可达90%。故在施工中，要随时掌握这些机械的生产率、消耗费用、保修费用，按定额标准进行考核，促使驾驶员提高操作水平，加强维护保养，注意节省各种消耗（油料、配件等）费用，从而达到较高的生产率和获得较好的经济效益。

单机或机组的经济核算是在建立各种指标、定额、原始记录、考核制度（如完好率、利用率、机械效率）等基础上进行的。

进行经济核算也是制定奖惩制度的基础。

（四）坚持保养与维修制度

施工机械在使用过程中，随着运转时间的增加，机械零件的磨损程度加大，必然导致机械性能下降，不能充分发挥机械效能，而一旦故障发生，就要停车，影响工程任务。为此，必须坚持按照机械保养的规定，做好日常、定期保养，延长机械零件的使用寿命，保

持机械经常处于良好的技术状况。

施工机械除日常和定期的保养外,还应定期保修。保修是在机械零件达到极限磨损后不能正常工作时进行的恢复性技术保障作业,以使机械重新达到正常工作状况。它在使用一定的时间后进行,必须按期进行保修,否则会使整机发生故障而造成大修理,则该机就不能在短期内使用了。

现场施工中如何处理好使用和保养、维修的关系,需要特别注意。在实际工作中,往往不给保养时间;或有的项目,机械一旦使用就很难停下来保养,如隧道衬砌用的拌和机。驾驶员强调要停机保养,使用单位强调停机会影响生产任务。这种矛盾时常发生,处理时应遵循以下几点:①使用单位要尊重科学性,提高对机械客观规律的认识,理解保养是为了更好地使用,应给予时间按时保养。②驾驶员强调保养是必要的,但可利用作业间歇时间进行,不一定要在工作时间另外给停机保养时间。如果是连续作业难以停下来保养,而保养时间又在这一期间内,应提前一段时间提交该机的保养日期计划,以便使用单位预先能做好安排。③对于土方工程机械,驾驶员应在交班前做好日常保养,为下班驾驶员做好工作准备;下班驾驶员提前一些时间接班协助。多台土方工程机械一起作业,必须有一两台备用,也就不存在必须停机保修的问题。

总之,做好施工中的机械管理工作,是一个非常重要的问题,是施工项目能否按合同如期完成任务、成本能否降低、质量能否达到要求的关键所在。

七、隧道施工过程材料管理与控制

施工材料是劳动的对象,是生产要素的重要组成部分。施工过程也就是材料消耗过程。在工程项目施工中,施工材料的消耗量大,所用的品种、规格复杂众多,其价值在建筑总造价中占很大比例,为50%~70%。施工材料指主要原材料、辅助材料、机械配件、燃料、工具、机电设备等,它服务于整个建设项目,贯穿于整个施工过程中。因此,对于它的采购、运输、储存保管、发放、节约使用、综合利用和统计核销,关系到整个工程建设的进度、质量与成本,必须对它进行全面的管理。

(一)施工材料供应优化的原则和方法

施工材料供应优化就是在工程项目建设的全过程中对施工材料供需活动进行计划、组织、指挥、协调和监督的全过程管理,最优地实现工程进度,满足合同要求,达到工程质量好、成本低的目标。

1.根据施工进度计划编制供应计划

工程项目施工进度计划编制好后,各作业使用的材料就已确定。由于工程建设周期长,所需各种工程材料的品种繁多,不可能在开工前就采购供应齐全,应按施工的前后顺序、轻重缓急，有步骤、有计划地供应，这就要以施工进度计划为依据编制好采购计划。

2.成立强有力的物资供应部

在项目经理部中要设立强有力的物资供应部，抽调既懂设计和施工程序，又有较高业务素质的材料人员（包括计划与采购人员）参加。在组建物资供应部过程中，要按项目性质和承包工程合同的范围，选取不同层次的人员进行优化组合，承担采购工作。

供应部需承担的任务如下：①根据工程项目施工组织设计或与建设单位签订的采购协议，编制项目采购实施计划。②根据合同变更情况，检查与修订采购计划。③向费用控制部门提出设备、材料购置费用估算（概算），并根据项目经理批准的采购计划购置费用进行指标控制和使用资金控制。④对国家控制的主要原材料及时报请批复，并与厂家签订供货合同。⑤选定供货厂（商），负责签订合同，并根据订购材料签订的合同，负责督促、中间检验、进货验收，并向项目经理及有关部门提出检验情况报告及合格证书。⑥工程设备和材料运抵现场后，负责向接收单位（或仓库）办理交接手续，如发现实物外观、尺寸、型号不对，应负责向供货单位交涉，甚至拒收和索赔。⑦负责汇总材料消耗、费用和竣工资料，以便进行成本核算。

3.制定材料订货（采购）工作总体控制计划方案

在编制出各工点需供应的材料计划后，材料的来源渠道如未解决，还需要制定采购计划，然后交给采购人员按各个渠道采购。

编制计划方案是为了适应多供应渠道的状况，以便按各渠道订货。编制中需根据每个渠道的供应特点，参照物资供应管理工作程序，分析供应的规律、厂家的信誉以及从订货到运抵工地交通情况和所需时间，以便对照按施工进度计划制定的材料供应计划的要求时间相符，如有困难，必要时需调整施工进度计划。

（二）施工材料采购优化

1.适应物资体制改革的形势做好采购工作

当前，国家对物资体制进行了深化改革，不是所有物资都由国家统管调拨，而是进行宏观管理，建立和发展有领导、有组织的生产资料市场，给工程材料采购带来了生机，也给采购工作带来了复杂性和多变性。要使采购工作获得最佳成效，必须适应国家物资体制改革的形势，切实加强调查研究，掌握各种市场技术经济信息，按照承包工程项目的实际情况，分析各类物资供应渠道，密切和当地物资经销部门合作。

2.编制好各种所需材料计划

应在设计、施工部门的配合下，编制好全部工程所需的材料计划。要确定先进的消耗定额和储备定额，并尽量利用库存量，在此基础上方能制定所需材料计划。

（1）编制计划的指导思想。编制优化的材料采购计划是材料系统管理的第一步。其指导思想是以提高经济效益为中心，按质、按量、适时、适地、适价、经济合理、成套齐备地供应工程项目建设所需的材料，保证施工活动顺利进行，完成项目建设。

按质——按照工程设计所提供质量标准，正确地选用品种、规格和相应的质量要求。不能低于设计要求，否则工程质量不合格；如高于要求，则材料费用增加，引起工程造价增加。

按量——进货量、储存量和供应要能满足施工需要，要有一点的余量，不能满打满算。否则过少，造成停工待料；过多，造成积压和浪费资金。

适时——按施工进度对材料需要量的要求，以最短的时间，分批、分期地均衡供应到现场。过早，费用增加；过晚，造成窝工。

适地——材料运抵现场时，一次到指定地点，避免二次倒运，造成材料损失，增加运输费用。

适价——购进材料的单价，尽量不超过工程预算价格。

经济合理——质量好，价格低。

成套设备——材料供应要符合项目建设的配套要求，不齐，则此配套项目不能一次完成，留下尾巴。

（2）编制的方法。①核算库存，摸清家底及在途数量，预计全年消耗量。②收集基础资料，包括设计部门提供的工程项目设计资料、施工部门提供的施工组织设计资料、财务部门提供的计划年度资金、计划和本部门规定的主要物质材料消耗定额。③确定计划年度主要工程材料的储备定额，按有关部门核定储备定额的规定，到货的供应时间间隔、到货拖延期等统计资料，结合流动资金管理要求，确定材料周转天数。④根据历年各种材料从发货到保管过程的途耗、库耗、加工损耗等资料，测算出年度损耗率。⑤编制计划。

（3）施工材料采购的优化方法。随着经济体制改革的深化和施工企业经营自主权的扩大，生产资料市场不断发展，一部分计划分配的材料也将进入市场，采购的品种和数量必将日益增加，应采用现代化管理方法方能进行采购优化。如应用价值工程进行采购优化和运用ABC分类法对采购与仓库进行管理等。

（三）施工材料的动态管理

1.现场施工材料的接运和检验

施工材料采购运抵现场后，要立即交给施工单位，施工单位要负责验收，双方手续齐备。验收的步骤如下：①验收前的准备。：需要开箱检验的，应根据材料性质、箱外指示，合理使用开箱工具。开箱后，检查材料的包装、外观、防护、密封及资料文件有否异常现象。②资料验收。即核对资料。资料包括业务和技术资料。业务资料含装箱单、磅码单、发货明细等；技术资料含说明书、合格证、图纸、化验文件及其他技术文件。③数量验收。即材料数量、附件、随机工具等。④质量验收。按订货的质量要求或国家标准及有关规定进行检验。以上每种验收，都须一一记录，签证登记上账。

2.现场材料发放与回收

（1）严格按定额消耗发放，领料人有领料单，手续齐全。

（2）对于周转材料收回时要进行清点，擦洗干净，否则拒收。如钢模板回收时必须涂油防锈。材料回收时要有手续，回收后立即堆放好，以备下次使用。

（3）材料发放的料单，要归类放好并进行登记，以便进行各项目材料消耗统计，为成本核算提供依据。

（4）材料发放要按施工进度有计划、适时、适量均衡地进行，超前的不能发放，以免造成损失。

第八章　市政桥梁工程施工

第一节　拱桥施工新技术

拱桥作为一种古老的桥式,以跨越能力大、承载能力高、可用地方材料、造价经济、养护维修费用少、造型美观等特有的技术优势而成为建筑历史最悠久、竞争力较强的桥型。其发展大致经历了石拱桥、混凝土拱桥(含钢筋混凝土拱桥,下同)、预应力混凝土拱桥、钢拱桥、钢-混结合拱桥、劲性骨架混凝土拱桥及钢管混凝土拱桥等漫长的过程。

一、装配式混凝土拱桥施工

(一)概述

梁桥上部结构的轻型化、装配化,大大加快了梁桥的施工速度。要提高拱桥的竞争能力,拱桥也必须向轻型化和装配化的方向发展。从双曲拱桥到及以后发展至桁架拱桥、刚架拱桥、箱形拱桥、桁式组合拱桥、钢管混凝土拱桥,均沿着这一方向发展。混凝土装配式拱桥主要包括肋拱、组合箱形拱、悬砌拱、桁架拱、钢管拱、刚构拱和扁壳拱等,也适用于采用预制安装的其他类型的桥梁,如简支T形梁桥、T形刚构的吊装等。

装配式混凝土拱桥施工是在预制场地进行混凝土拱桥各构件的制造,然后在桥位进行装配的施工方法。装配式混凝土拱桥采用的施工方法可以分为少支架和无支架施工两种。下面将着重介绍箱形截面拱桥的装配式施工。

(二)缆索吊装施工

在峡谷或水深流急的河段上,或在通航的河流上需要满足船只的顺利通行,缆索吊装由于具有跨越能力大、水平和垂直运输机动灵活、适应性广、施工比较稳妥方便等优点,使缆索吊装成为拱桥施工中使用最为广泛的方案。

采用缆索吊机吊装拱肋时,为使在起重索的偏角不超过15°的限度内主索减少横向移动次数，可采用两组主索或加高主索塔架高度的方法施工。

在采用缆索吊装的拱桥上，为了充分发挥缆索的作用，拱上建筑也可以采用预制装配施工。缆索吊装对于加快桥梁施工速度、降低桥梁造价等方面起到很大作用。

1.构件的预制

（1）拱肋构件坐标放样。装配式混凝土拱桥，拱肋坐标放样与有支架施工拱肋坐标放样相同。

（2）拱肋立式预制。采用立式浇筑方法预制拱肋，具有起吊方便、节省木材的优点。常用的预制方法：①土牛拱胎立式预制；②木架立式预制；③条石台座立式预制，条石台座由数个条石支墩、底模支架和底模组成。

（3）拱肋卧式预制

①木模卧式预制。预制拱肋数量较多时，宜采用木模。浇筑截面为L形或倒T形时（双曲拱拱肋），拱肋的缺口部分可用黏土砖或其他材料垫砌。

②土模卧式预制。在平整好的土地上，根据放样尺寸，挖出与拱肋尺寸大小相同的土槽，然后将土槽壁仔细抹平、拍实，铺上油毛毡或水泥袋，便可浇筑拱肋。

③卧式叠浇。采用卧式预制的拱肋混凝土强度达到设计强度的30%以后，在其上安装侧模，浇筑下一片拱肋，如此连续浇筑称为卧式叠浇。

2.拱肋分段与接头

（1）拱肋的分段

拱肋跨径在30m以内时，可不分段或仅分2段；在30～80m范围时，可分3段；大于80m时一般分5段。拱肋分段吊装时，理论上接头宜选择在拱肋自重弯矩最小的位置及其附近，但一般为等分，这样各段重力基本相同，吊装设备较省。

（2）拱肋的接头形式

①对接。拱肋分两段吊装时多采用对接形式。对接接头在连接处为全截面通缝，要求接头的连接材料强度高，一般采用螺栓或电焊钢板等。

②搭接。分3段吊装的拱肋，因接头处在自重弯矩较小的部位，一般宜采用搭接形式。分5段安装的拱肋，边段与次边段拱肋的接头也可采用搭接形式。

搭接接头受力较好，但构造复杂，预制也较困难，需用样板校对、修凿，以保证拱肋安装质量。

③现浇接头。用简易排架施工的拱肋，可采用主筋焊接或主筋环状套接的现浇接头。

（3）拱肋的接头连接方法及要求

用于拱肋接头的连接材料，有型钢电焊、钢板（或型钢）螺栓、电焊拱肋钢筋、环氧树脂水泥胶等。

接头处的混凝土强度应比拱肋混凝土强度等级高一级。对连接钢筋、钢板（或型钢）的截面要求，应按计算确定。钢筋的焊缝长度，应满足《公路桥涵设计通用规范》的有关规定。

3.拱座

拱肋与墩台的连接，称为拱座。拱座主要有插入式、预埋钢板法、方形肋座、钢铰连接几种形式，其中插入式及方形肋座因构造简单、钢材用量少、嵌固性能好等优点，采用较为普遍。

4.拱肋起吊、运输及堆放

（1）拱肋脱模、运输、起吊时间的确定。装配式拱桥构件在脱模、移运、堆放、吊装时，混凝土的强度不应低于设计所要求的吊装强度，若无设计要求，一般不得低于设计强度的75%，为加快施工进度，可掺入适量早强剂。在低温环境下，可用蒸汽养护。

（2）场内起吊。拱肋移运起吊时的吊点位置应按设计图上设计位置进行，无要求应结合拱肋的形状、拱肋截面内的钢筋布置以及吊运、搁置过程中的受力情况综合考虑确定，以保证移运过程中的稳定安全。当采用2点吊时，吊点位置应设在拱肋弯曲平面重心轴之上，一般可设在离拱肋端头（0.22~0.24）L处（L为拱肋长度）。当拱肋较长或曲率较大时，应采用3点吊或4点吊，以保持拱肋受力均匀和稳定。除跨中设1吊点外，其余2吊点可设在离拱肋端头0.2L处。采用4点吊时，外吊点一般设在离拱肋两端头0.17L处，内吊点可设在离拱肋两端头0.37L处。4个吊点应左右对称布置。

大跨径拱桥拱肋构件的脱模起吊一般采用龙门架，小跨径拱桥拱肋及小型构件可采用三角扒杆、马凳、吊车等机具进行。

（3）场内运输（包括纵、横向移动）。场内运输可采用龙门架、胶轮平板挂车、汽车平板车、轨道平车或船只等机具进行。

（4）构件堆放。拱肋堆放时应尽可能卧放，特别是矢跨比小的构件（拱肋、拱块），卧放时应垫3点，垫木位置应在拱肋中央及距两端0.15L处。3个垫点应同高度。如必须立放时，应搁放在符合拱肋曲度的弧形支架上，如无此种支架，则应垫搁3个支点，其位置在中央及距两端0.2L处，各支点高度应符合拱肋曲度，以免拱肋折断。

堆放构件的场地应平整夯实，不致积水，当因场地有限而采用堆垛时，应设置垫木。堆放高度按构件强度、地面承载力、垫木强度以及堆放的稳定性而定，一般以2层为宜，不应超过3层。

构件应按吊运及安装次序顺序堆放，并留适当通道，防止越堆吊运。

5.吊装程序

根据拱桥的吊装特点，其一般吊装程序为一边段拱肋吊装及悬挂；次边段拱肋吊装及悬挂（对五段吊装）；中段拱肋吊装及拱肋合龙；拱上构件的吊装或砌筑安装等。

6.缆索设备的检查与试吊

缆索吊装设备在使用前必须进行试拉和试吊。

（1）地锚试拉。一般每一类地锚取一个进行试拉。缆风索的土质地锚要求位移小，因此在有条件时宜全部试拉，使其预先完成一部分位移。可利用地锚相互试拉，受拉值一般为设计荷载的1.3~1.5倍。

（2）扣索对拉。扣索是悬挂拱肋的主要设备状态，因此必须通过试拉来确保其可靠性。可将两岸的扣索连在一起，将收紧索收紧进行对拉，这样可全面检查扣索、扣索收紧索、扣索地锚和动力装置等是否达到了要求。

（3）主索系统试吊。主索系统试吊一般分跑车空载反复运转、静载试吊和吊重运行三个步骤。必须待每一步骤检查、观测工作完成并无异常现象后，方可进行下一步骤。试吊重物可以利用钢筋混凝土预制构件、钢轨和钢梁等，一般按设计吊重的60%、100%、130%分几次进行。

试吊后应综合各种观测数据和检查情况，对设备的技术状况进行分析和鉴定，然后提出改进措施，确定能否进行正式吊装。

7.拱肋缆索起吊

拱肋由预制场运到主索下后，一般用起重索直接起吊，当不能直接起吊时，可采用下列方法进行。

（1）翻身。卧式预制拱肋在吊装前，需要"翻身"成立式，常用就地翻身和空中翻身两种方法。

①就地翻身。先用枕木垛将平卧拱肋架至一定高度，使其在翻身后两端头不致碰到地面，然后用一根短千斤顶将拱肋吊点与吊钩相连，边起重拱肋边翻身直立。

②空中翻身。在拱肋的吊点处用一根串有手链滑车的短千斤，穿过拱肋吊环，将拱肋兜住，挂在主索吊钩上，然后收紧起重索起吊拱肋，当拱肋起吊至一定高度时，缓慢放松手链滑车，使拱肋翻身为立式。

（2）掉头。为方便拱肋预制，边段拱肋有时采用同一方向预制，这样部分拱肋在安装时，掉头方法常因设备不同而异。

①在河中起吊时，可利用装载拱肋的船进行掉头。

②在平坦场地采用胶轮平车运输时，可将跑车与平车配合起吊将拱肋掉头。

③用一跑车吊钩将拱肋吊离地面约0.50m，再用人工拉动麻绳使拱肋旋转180°掉头放下，当一跑车承载力不够时，可在两跑车下另加一钢扁担起吊，旋转掉头。

（3）吊鱼。当拱肋从塔架下面通过后，在塔架前起吊而塔架前场地不足时，可先用一跑车吊起一个吊点并向前牵出一段距离后，再用另一跑车吊起第二个吊点。

（4）穿孔。拱肋在桥孔中起吊时，最后几段拱肋常须在该孔已合龙的拱肋之间穿过，俗称穿孔。穿孔前应将穿孔范围内的拱肋横夹木暂时拆除。在拱肋两端另加稳定缆风索，穿孔时应防止碰撞已合龙的拱肋，故主索宜布置在两拱肋中间。

（5）横移起吊。当主索布置在对中拱肋位置、不宜采用穿孔工艺起吊时，可以用横移索帮助拱肋横移起吊。

8.拱肋缆索吊装合龙方式

边段拱肋悬挂固定后，就可以吊运中段拱肋进行合龙。拱肋合龙后，通过接头、拱座的连接处理，使拱肋由铰接状态逐步成为无铰拱，因此，拱肋合龙是拱桥无支架吊装中一项关键工作。拱肋合龙的方式比较多，主要根据拱肋自身的纵向与横向稳定性、跨径大小、分段多少、地形和机具设备条件等不同情况，选用不同的合龙方式。

（1）单基肋合龙。拱肋整根预制吊装或分两段预制吊装的中小跨径拱桥，当拱肋高度大于（0.009～0.012）UL，UL为跨径，拱肋底面宽度为肋高的0.6～1.0倍，且横向稳定系数不小于4时，可以进行单基肋合龙，嵌紧拱脚后，松索成拱。这时其横向稳定性主要依靠拱肋接头附近所设的缆风索来加强，因此缆风索必须十分可靠。

单基肋合龙的最大优点是所需要的扣索设备少，相互干扰也少，因此也可用在扣索设备不足的多孔桥跨中。

（2）悬挂多段拱脚段或次拱脚段拱肋后单基肋合龙。拱肋分三段或五段预制吊装的大、中跨径拱桥，当拱肋高度不小于跨径的1/100且其单肋合龙横向稳定安全系数不小于4时，可采用悬扣边段或次边段拱肋，用木夹板临时连接两拱肋后，单根拱肋合龙，设置稳定缆风索，成为基肋。待第二根拱肋合龙后，立即安装两肋拱顶段及次边段的横夹木，并拉好第二根拱肋的风缆。如横系梁采用预制安装，应将横系梁逐根安上，使两肋及早形成稳定、牢固的基肋。其余拱肋的安装，可依靠与"基肋"的横向连接，达到稳定。

（3）双基肋同时合龙。当拱肋跨径大于等于80m，或虽小于80m但单肋合龙横向稳定安全系数小于4时，应采用"双基肋"合龙的方法。即当第一根拱肋合龙并调整轴线，楔紧拱脚及接头缝后，松索压紧接头缝，但不卸掉扣索和起重索，然后将第二根拱肋合龙，并使两根拱肋横向连接固定。拉好缆风绳后，再同时松卸两根拱肋的扣索和起重索，这种方法需要两组主索设备。

（4）留索单肋合龙。在采用两组主索设备吊装而扣索和卷扬机设备不足时，可以先用单肋合龙方式吊装一片拱肋合龙。待合龙的拱肋松索成拱后，将第一组主索设备中的牵引索、起重索用卡子固定，抽出卷扬机和扣索移到第二组主索中使用。等第二片拱肋合龙并将两片拱肋用木夹板横向连接、固定后，再松起重索并将扣索移到第一组主索中使用。

9.拱上构件吊装

主拱圈以上的结构部分，均称为拱上构件。拱上构件的砌筑同样应按规定的施工程序对称均衡进行，以免产生过大的拱圈应力。为了能充分发挥缆索吊装设备的作用，可将拱上构件中的立柱、盖梁、行车道板、腹拱圈等做成预制构件，用缆索吊装施工，以加快施工进度，但因这些构件尺寸小、质量小、数量多，其吊装方法与吊装拱肋有所不同。常用的吊装方法有以下几种。

（1）运入主索下起吊。这种方法适用于主索跨度范围内有起吊场地时的起吊，它是将构件从预制场运到主索下，由跑车直接起吊安装。

①墩、台上起吊。预制构件只能运到墩、台两旁，先利用辅助机械设备，如摇头扒杆、履带吊车等，将构件吊到墩、台上，然后由跑车进行起吊安装。

②横移起吊。当地形和设备都受到限制时，必须在横移索的辅助下将跑车起吊设备横移到桥跨外侧的构件位置上起吊。这种起吊方式对腹拱圈可以直接起吊安装；对其他构件，则须先吊到墩、台上，然后再起吊安装。

（2）"横扁担"吊装法。由于拱上构件数目多，横向安装范围广，为减少构件横移就位工作，加快施工进度，可采用"横扁担"装置进行吊装。

①构造形式。"横扁担"装置可以就地取材，采用圆木或型钢等制作。

②主索布置。根据拱上构件的吊装特点，主索一般有以下三种布置形式。

a.将主索布置在桥的中线位置上，跑车前后布置，并用千斤绳连接。每个跑车的吊点上安装一副"横扁担"。这种布置比较简单，但吊装的稳定性较差，起吊构件须左右对称、质量相等，多用在一组主索的桅杆式塔架的吊装方案中。

b.将一根主索分成两组布置，每组主索安置一台跑车，横向并联起来。"横扁担"装置直接挂在两跑车的吊点上。这种吊装方式稳定性好，吊装构件不一定要求均衡对称、灵活性强，但主索布置工作量稍大，且只能安装一副"横扁担"。

c.在双跨缆索吊装中，将两跑车拆开，每一跨缆索中安装一台，用一根长钢丝绳连接起来（钢丝绳长度相当于两跨中较大一跨的长度）。这种布置，由于两跑车只能平行运行，因此两跨不能同时吊装构件。

（3）吊装。用"横扁担"吊装时，应根据构件的不同形状和大小，采取不同的吊装方法。对于短立柱，可直接直立吊运。对于长立柱，因受到吊装高度的限制，常需先进行卧式吊运，待运到安装位置后，再竖立起来，放至立柱的下端进行安装。对于盖梁，一般可直接采用卧式吊运和安装的方法。对腹拱圈、行车道板的吊装，为减小立柱所承受的单向推力，应在横桥方向上分组，沿桥跨方向逐次安装。

二、钢管混凝土拱桥施工

钢管混凝土拱桥是以钢管为拱圈外壁，在钢管内浇筑混凝土，使其形成由钢管和混凝土组成的拱圈结构。由于管壁内填满混凝土，提高了钢管壁受压的稳定性，且钢管内的混凝土受钢管的约束，提高了混凝土的抗压强度和延性。在施工上，由于钢管的质量小，刚度大,吊装方便,钢管的较大刚度可以作为拱圈施工的劲性骨架,钢管本身就是模板,这些优点给大跨度拱桥施工创造了十分有利的条件。由于有上述这些优点,使钢管混凝土拱桥在全国各地很快得到推广应用。

(一)钢管混凝土拱桥的基本构造

目前国内修建的钢管混凝土拱桥,主要有如下类型。

1.从行车位置分

有上承式、中承式及下承式拱桥。由于拱桥适宜在山区修建,因而采用上承式及中承式较多;近年来,由于拱桥有着彩虹般优美的外观,诸多城市争相采用,故下承式拱桥的数量已占到一定分量。

2.从受力结构形式(力学模式)分

有三铰拱、两铰拱及无铰拱桥。由于钢管混凝土拱桥跨度较大,因此大多采用超静定的无铰拱结构。

3.从拱脚是否产生推力来分

有无推力拱和推力拱之分。推力拱一般将拱座建造于山区地带的山体坚硬岩石上。无推力拱则主要为下承式拱,水平推力由两拱脚间的系杆来承担,故又称系杆拱。系杆拱又有刚架系杆拱与拱梁组合体系之分。

4.从用途上来分

有铁路拱桥、公路拱桥及人行拱桥等。钢管混凝土拱桥大多有两条拱肋,拱肋间采用横撑连成整体,形成拱圈。两条拱肋相互间采用平行、内倾和外倾设置其中,平行设置较多,内倾(提篮式拱)和外倾(展翅拱,又称蝶形拱)较少采用。拱肋轴线多采用悬链线,也有采用抛物线和圆曲线的,但较少见。

(二)钢管混凝土拱桥施工方法

钢管混凝土拱桥施工的重点与难点在于钢管拱肋节段的制造、吊装及填充混凝土泵送。

本处施工方法主要指钢管拱肋节段吊装。目前国内桥梁上,钢管拱肋节段吊装的方法较多,归纳起来有如下几种。

1.支架法

支架法即在桥位处直接搭设支架,在支架上拼装与焊连拱肋节段,合龙后将支架拆除。该方法施工较为简便,但需要有较空旷的场地,地基地质条件好,承载力较高,适用于矢高不大的拱桥,不适宜于大跨拱桥。

2.缆索吊机斜拉扣挂悬臂拼装法

此法利用缆索吊机吊起拱肋节段，两岸对称，逐节段从拱脚向拱顶方向悬臂拼装或焊连，每拼接或焊连一节段，须挂设一组扣索和锚索，将拼装好的悬臂拱拉住，最后在拱顶合龙。该方法适用范围广，较为常用。

3.转体施工法

它是在岸边利用支架顺桥向或横桥向预先拼装好两个半拱，并利用斜拉索将半拱拽拉好，按规定要求做一定的转动，使两半拱在跨中合龙。转体有平转和竖转两种，平转又分有平衡重和无平衡重转体两种。转体施工要求两半拱拼装焊连方便，是较为常用的方法之一。

4.整体大节段吊装法

它是在岸边码头上将拱肋拼装好形成整体拱圈，而后用大型船舶浮运到桥位处，利用大型浮吊或拼装式吊机整体一次性将拱圈吊起安装就位。该方法需具备拼装码头和航运条件及大型起吊设备。

5.拱上爬行吊机

它是悬臂拼装法的一种，类似于钢桁梁悬臂拼装，对于跨度较大的拱桥，因悬臂较大，尚需借助于吊索塔架或扣、锚索等辅助结构。该方法需通航河流从水上输送钢拱肋，故较少采用。

（三）施工注意事项

（1）合龙前对拱肋进行全面的线形、位置测量及调整，并尽可能选择温度变化幅度较小的时间段合龙。合龙后对拱肋线形及位置实施精测，调整合格后固定合龙装置，进行各扣段连接缝焊接工作，完成拱肋的正式合龙。

（2）焊接宜采用小电流、多道焊的方法，以提高焊接接头的韧性。

（3）过量气孔、夹渣、未熔合、裂纹等缺陷，采用碳弧气刨和砂轮打磨的方法清除不合格焊缝，然后补焊。

（4）顶升混凝土时，每个灌注孔备用一台输送泵，防止泵车中途出现故障，避免管内混凝土凝固。

（5）灌注前用水或蒸汽湿润管壁。

（6）输送过程中的泵压宜控制在小于3.5MPa范围内，不宜大于4MPa，以免顶裂管壁。

（7）在混凝土灌注前、灌注过程中、灌注后对拱肋关键点进行高程测量和横向位移观测。

（8）混凝土灌注24h后，对拱肋浇水降温养护。

第二节　斜拉桥施工

一、索塔施工

索塔施工有现场浇筑法和预制后运到塔位处拼装两种方法。索塔可为钢结构或工形、箱形钢筋混凝土结构。

（一）钢筋混凝土索塔施工

1. 钢筋混凝土索塔施工方法

钢筋混凝土索塔的施工，可以采用搭架现浇、预制吊装、爬模施工多种方法，它们各有其特点和适用范围。

（1）搭架现浇。此施工方法工艺成熟，简便易行，无须专用的施工设备，能适应较复杂的断面形式，对锚固区的预留孔道和预埋件的处理也较方便，但缺点是费工、费料、速度慢。此法适用于索塔高度较小的斜拉桥施工。

（2）预制吊装。该法可将节段预制与基础施工同时进行，因而，可加快施工进度。但该法要求有起重能力较大的专用起重设备，如果索塔的高度较高、断面较大，则很难采用预制吊装法施工。

（3）爬模施工。本法的最大优点是施工进度快，适用于较高的直立塔及倾斜塔的施工。但对拉索的锚固区预留孔道和预埋件的处理要困难些，并需要有专用的设备（如提升式千斤顶、顶杆等）。为了方便爬模施工，设计上应采取必要的措施。

2. 索塔的搭设

塔墩固接的索塔，施工脚手架宜在墩上搭设；塔梁固接的索塔，施工脚手架宜在梁上搭设。

3. 斜拉索锚固管的定位

斜拉索的锚固管全部集中在索塔上部的锚固区，其位置的准确性直接影响到斜拉桥的工程质量，因此锚固管的精密定位是索塔施工的重点，是控制索塔施工的关键，锚固管定位要求平面及高程误差不得大于5mm。为了保证索塔及锚固管位置的准确，现在的钢筋混凝土索塔设计中都布设有刚性骨架。刚性骨架由型钢制作，其安装精度易于保证，锚固管等可以比较容易地精确固定在刚性骨架上，而且在混凝土灌筑过程中也不易发生移动。另外，刚性骨架还可用来悬挂固定模板，甚至可临时安装吊装用的起吊设备等。

4.索塔施工变形观测

变形观测是指导施工及相应测量工作的依据。索塔施工中因受大气温度及日照的影响，塔柱将会发生扭转。这样，在不同时刻进行的观测，就会有不同的结果，这就需要研究掌握索塔在自然条件下的变化规律。另外，在主梁施工过程中，为掌握索塔在索力影响下偏离平衡位置的程度，也需要进行索塔施工的变形观测。钢筋混凝土索塔大都采用高等级混凝土泵送法施工。因而，对混凝土的早强和可泵性有一定的要求，需对混凝土的用料、级配及其外加剂严格把关，要严格按混凝土施工的有关规定进行。

（二）钢索塔的安装

钢索塔需用铆接、螺栓连接或焊接等连接形式进行装配，通常为型钢组成的桁架或框架。其操作应遵循一般钢结构的拼装要求，特别应注意尺寸的准确性，并使结构单元简化，减少拼装时的吊装次数。

（三）索塔施工的精度要求

索塔断面尺寸一般都较小，而且轴向压力非常大，故施工中对索塔的尺寸和轴线位置的准确性应有一定的要求。

二、梁体施工

（一）梁体截面形式

主梁的截面为箱形、工字形或箱形与工字形并用，占绝大多数，也有少数斜拉桥的主梁用空心板梁或桁架。箱梁的特点是抗扭刚度大，横向刚度也较大，适用于跨度大、桥面宽的斜拉桥，可通过设置横梁或横撑，使斜拉桥的斜缆索的拉力传递到主梁上，这样一面或两面锚固缆索均可；工字梁的特点是横向刚度小，但通过设置横隔板可提高刚度，工字梁比较轻，从短跨到长大跨均能适用；箱梁和工字梁均能工厂化生产，用预制构件施工能够进行悬臂拼装并可现场浇筑悬臂，有利于施工。

（二）梁塔连接方式

1.全固接

桥塔、主梁、桥墩三者均固接。其优点是不需设置支座；缺点是固接点附近的主梁应力大，梁需变高。

2.塔墩固接

桥塔和桥墩固接,而主梁悬浮,即主梁不与桥墩和桥塔连接或铰接。其优点是主梁可采用较小的支座,普遍不设固定支承;缺点是梁的抗风性能和横向刚度有所降低。

3.梁塔固接

梁塔固接是指主梁和桥塔固接,而与桥墩之间为铰接或滑动支座连接。

(三)梁体施工方法

1.缆索法

缆索法是用缆索系统架设桥梁的方法。缆索装置又叫施工索道或缆索起重机,用此种方法架设斜拉桥,可用索塔代替施工索道中的塔柱,物尽其用。在这种施工方法中,索塔既是桥梁结构的重要组成部分,又是施工设施的主要组成部分。

2.支架法

支架法是在支架或临时墩上修建斜拉桥主梁最简单方便的方法。但这种方法只有当桥不高,临时支架不影响桥下交通时才有可能采用。因此,一般多用于在河滩地段施工边跨,中跨则采用其他施工方法。

采用此法施工能保证桥梁设计要求的几何形状、尺寸、坡度,并且施工费用较低。

3.顶推法

顶推法施工与连续梁所用的顶推法大致相同。当然,要增加索塔与拉索的制作、安装工作。在钢斜拉桥的施工中,有将完成的整座结构(指索塔与梁固接的形式)一起顶推的成功经验,特别是将主梁节段用滚轴顶推已有许多实例。

4.悬臂法

悬臂法是架设大跨径斜拉桥主梁最常用的方法,它可分为整孔浇筑(或拼装)和分段浇筑(或摊装)两种工艺,常需用临时支架等辅助设施架梁或浇筑混凝土。

(1)悬臂拼装施工程序。①浇筑塔墩,同时预制节段;②将预制节段运来吊装就位;③安装拉索;④张拉并设置预拱度;⑤待前进几段后对拉索进行一次微调;⑥全桥拼好后再对拉索做最后调整。

(2)悬臂浇筑施工程序。悬臂浇筑施工流程与悬臂拼装施工流程基本相同。①拼装悬臂托架,浇筑主梁起始梁段;②拼装悬臂挂篮,对称悬浇梁段,张拉纵向预应力筋并灌筑砂浆;③挂篮前移,并浇下一梁段;④遇有拉索的梁段,安装拉索并张拉索力;⑤跨中合龙段的浇筑;⑥拉索索力的调整。

斜拉桥主梁悬臂施工进度主要受单元长度的影响,单元长度大,能加快施工进度,但将增加挂篮所受荷载。

5.平转法

平转法与拱桥中采用的平转法相似,即将上部结构分为两半,在沿河岸顺河流方向的矮支架上制作,然后以桥墩为圆心旋转到桥位合龙,此法修建的斜拉桥跨径不大,其施工工序如下:

(1)建造主墩与上下转盘并试转;

(2)在岸上浇筑或拼装全桥的主梁;

(3)浇筑索塔;

(4)安装拉索,张拉并调高程与拉力;

(5)平转就位;

(6)校核高程,必要时再做最后调整;

(7)封填转盘。

6.混合法

混合法是指将斜拉桥主梁分为三部分(两块边纵梁和一块行车道板)预制或现浇,纵梁可预制,行车道板可现浇或预制。施工时,利用吊机先安放两侧边纵梁并拉拉索,然后再浇筑或拼装主梁中间的行车道板。

三、拉索施工

(一)拉索制作

1.平行钢丝束的制作

(1)调直与防锈。未经镀锌的高强钢丝应堆放于室内,并防止潮湿锈蚀。使用前须注意调直,用调直机进行调直和除锈。经调直的钢丝其弯曲矢高<5mm/m,表面不能有烧伤发蓝的痕迹,调直后的钢丝表面应均匀涂抹防锈油脂。

(2)钢丝排列夹紧定位。在编索平台上按锚板孔的位置将钢丝分层排列,并注意标准丝安排在最外层,不可错位;然后用梳板将钢丝梳理顺直;再用特别的夹具,将梳理顺直的钢索夹紧定位,夹具间距一般可为2m。夹紧的钢索断面应符合设计形状,且能保证钢丝之间相互密贴,无松动现象。

(3)内防腐处理。在夹紧定位后的钢丝束上需进行内防腐处理,一般可采用涂刷橡胶沥青防水涂料和包以玻璃纤维的做法。要求涂料涂刷均匀,无空白漏涂现象;玻璃纤维布的包裹应紧密重叠。

(4)平行钢丝束的内防护。平行钢丝索的外防护有多种处理方法,一般宜采用聚乙烯管作护套,安装后再在护套内压注特种水泥砂浆。因此,护套需能承受一定的内压并具有一定的防老化的能力。可根据设计所要求的直径与管壁厚度,由专业工厂制作,其分节长度可视工地现场及运输条件确定。

（5）护套安装。平行钢丝索的外防护完成后，即可套入聚乙烯套管，要求将每节聚乙烯捋顺，并保持其接缝平整严密。

（6）堆放要求。平行索应保持顺直、平放、支点间距一般不应大于4m。堆放场地要求干燥阴凉；堆放工地现场需有保护措施，以防碰撞、破损缆索表面。

2.钢绞线索的制作

（1）绞制要求。钢丝应按设计断面进行排列定位，不能错位。钢索绞制的角度须严格控制在2°～4°以内，钢索绞制成型后立即绕上高强复合带2～4层，要求缠绕紧密，经缠绕后的钢束断面形状应正确，且钢丝紧密无松动现象。

（2）热挤护套要求。热挤护套可采用低密度聚乙烯或高密度聚乙烯材料，根据设计决定的材料性能选用。聚乙烯材料中应掺有一定比例的炭黑，以提高抗老化能力；聚乙烯护套应紧裹在钢丝索外。在正常生产、运输、吊装过程中，不应脱壳。护套外观应光滑圆整。

（3）绳缆长度要求。挤好护套后的缆索长度应大于成品索的设计长度，换算成标准温度在无应力状态下的长度，经精确丈量，复核无误后将两端切齐，要求端面与缆索垂直，不能歪斜。

（4）防锈、防伤。绞制钢索所用高强钢丝为未镀锌时，应用除锈、防锈油等做临时防腐措施；当采用镀锌钢丝时，亦须注意在放丝绞制过程中防止擦伤镀锌表层。

（二）拉索与塔、梁的连接

1.索与塔的连接

索与塔的连接有辐射集中于一点和均匀布设在塔上两种连接方法。索在塔上的支承方式有连续式和固定式两种。

索鞍是连接索与塔的结构，索鞍是近年来国内混凝土斜拉桥中较多采用的形式，它是固定在塔上的。在这里，索鞍已不再呈"鞍"的形状了，之所以这样称呼，是沿用传统的索鞍名称。这种索鞍之所以能得到广泛应用，主要是因为国内的斜拉桥大都采用高强钢丝作为拉索材料，并使用了镦头锚具或冷铸锚具。

除适应镦头锚具和冷铸锚具的特点外，高强钢丝还具有张拉和锚固较容易进行，拉索受力明确塔顶宽度不受拉索变曲半径的限制等优点，因而可以做得比较纤细。

尽管这种锚固方法有较多的预埋管道，并且管道和钢筋的位置要求较精确，但可以将锚固块件在地面上以较高的精度预制好，然后再吊装就位，与塔拼成整体。因此，这种锚固方法在近几年得到了较广泛的应用。

2.索与梁的连接

在斜拉桥中,索与梁的连接通常有三种形式:

(1)索通过主梁顶板锚固。

(2)索锚固在肋板里。

(3)设置铰座来锚固。

此外,在早期的斜拉桥中也常采用锚固横梁来锚固钢索,但是,由于锚固横梁的体积庞大,需耗用大量的钢筋和混凝土,同时其施工也很复杂,近年来已很少采用这种方式。

(三)拉索施工

1.索的运输

索在制索厂制成后,暂时堆放在制索场并在安装前运到桥上。对小直径的短索来说,其困难不大,但对直径较大且已制作了刚性索套的长索来说,其运输非常困难。这不仅是由于大直径的索比较重,更重要的是带有索套的索不允许有过小的弯曲半径,否则很容易导致索套开裂破坏。

在专门制索厂制作的拉索需经长途运输时,斜拉索可以盘绕成盘后用汽车或火车运送,盘绕外径不得小于索径的250倍,索的表面应用麻条或纤维布两层缠包,以保护锚头不生锈。

2.拉索的安装

(1)单吊点法。拉索运上桥面后,利用索塔上的滑车组和从索塔孔道内伸下的吊绳,连接拉索的上端,将拉索起吊并穿入索塔管道内,引出孔口,安装上端锚具。

此法简便,安装迅速,但应注意避免索的弯折和缠包索套的破损。单吊点法仅适用于缠包玻璃布套的柔软拉索。

(2)多吊点法。从索塔上部,安装一斜向的天线,在天线上按规定距离拴上滑轮组,组成多吊点,用人工拉滑轮组绳索,配合吊绳均匀起吊拉索,穿入孔道后,两端安装锚具固定拉索。

此法吊点分散,受力较小,但操作需统一指挥,以均匀起吊。

(3)导索法。在安装拉索的上方设置斜向天线(导索),拉索运到导索下端,从索塔管道内伸下牵引绳,拴在拉索的一端,在导索上装上第一个滑环,牵引拉索沿导索上升,并按一定距离装挂滑环,引拉索沿导索上升,随升随挂,直到拉索上升穿入索塔孔道,安装锚具固定。此法对成卷的拉索施工尤为简便,但对于编制成束并缠包玻璃丝布套的拉索施工稍有难度。

(4)起重机安装。按拉索长度在桥上设一台或两台起重机,用特制的长扁担捆拉索起吊。拉索上端由索塔孔道内伸出的拉绳引入索塔孔道,下端穿入主梁孔道,装锚具固定。

拉索锚具的安装，通常都是先安装固定好下端主梁的锚具，然后设法装妥索塔上的上端锚具。上端锚具的安装以往常用的办法是用倒链或绞车紧拉拉索，使锚具穿过预留孔道。现在则较常利用张拉千斤顶直接拉紧拉索的办法，此法还分为软牵引和硬牵引两种方法。

拉索安装应注意拉索不能与孔道壁接触，以防振动磨损，锚头可在允许移动的间隙内调整位置，该调整的偏移量需在安装前测定，并在锚下垫板上标明锚头位置，使锚头可对线安装。

3.斜拉索张拉

斜拉索应按设计吨位张拉，其延伸值可以作为校核拉力的参考。斜拉索在下列情况下应同步张拉：

（1）索塔和梁体两侧对称位置上的拉索；

（2）中孔无挂梁的连续梁，两端索塔和梁体两侧对称位置上的拉索。

同步张拉是为了避免索塔向一侧偏歪，导致索塔根部出现裂纹；以及为了避免梁体左右侧扭转，导致梁体两侧出现裂纹。考虑到索塔和梁体都有一定的抗弯、抗扭刚度，除设计另有规定外，同步张拉的拉索，允许有10%以内的施工误差。

索塔两侧拉索不对称或两侧索力不一致的拉索，应按设计规定分阶段拉力，同步张拉。

斜拉索的张拉工作，由于索位、索长、环境、张拉设备和操作等因素，施工误差较大，故在一组拉索张拉完成后，须用振动频率计测试各拉索的张拉力，每组及每索的拉力误差均不得超过设计规定值，如误差大于设计规定值，必须予以调整（放松或拉紧）。

第三节 桥面铺装施工技术

一、桥面铺装防水施工技术

（一）桥面铺装防水材料技术要求

1.高效的密水性能

桥面防水层的功能是在桥梁的使用期限内保证外界水无法渗漏到桥面混凝土内，这要求防水层不仅保持良好的完整性,而且具有一定的抵抗外界破损的能力。防水层施工过程中,防水材料要承受沥青混合料高温和压路机碾压作用,合格的防水材料应该保证在经受可能的施工损伤后仍保持良好的不透水性,在防水层的使用过程中,在行车荷载作用下保持不渗漏也是对材料性能的基本要求。

2.良好的黏结性能

防水层作为联结混凝土桥面和沥青铺装层的结构层,不仅要具备防水的功效,还必须具有良好的黏结性能,使得整个桥面系统在行车荷载作用下保持良好的整体性,不至于因为车辆的水平剪切作用造成层间滑移,引起桥面推移、壅包等病害。

3.温度敏感性差

防水层在施工阶段高温天气下易出现发黏和变软,易受后续施工的破坏。在面层摊铺时,防水薄膜一旦接触到热沥青混合料,自身温度在瞬间急剧增高,导致沥青类材料迅速老化,同时,由于防水材料在高温下软化,导致防水层薄膜遭受热集料的破坏,降低防水层的防水性能。在冬季受低温或温度骤降的影响,防水层脆性增加,会产生开裂破坏。因此,要求防水材料必须具备良好的耐高、低温性能。

4.抵抗桥面变形的能力强

当防水膜铺设在桥面板上时,必须能抵抗混凝土裂缝造成的破坏。从桥梁建成通车开始,防水薄膜要经历混凝土桥面板由整体到开裂的过程,作为与桥面板联结为一体的防水材料来说,要经历应力变化的整个过程,不仅要承受拉区的弯拉变形,还要在裂缝处协调与梁体之间的变形关系。

5.施工后完整性好

防水层施工完成后,后续施工过程中运料车、洒水车会从桥面上通过,车辆轴载多在 100 kN,因此车轮荷载的碾压破坏也是造成柔性防水薄膜破损的重要原因。在混合料摊铺过程中,压路机的碾压作用也会使混合料对防水薄膜产生强烈的挤压破坏。

6.桥型及桥面适应性强

桥面处理工艺多样,处理后的桥面平整度、粗糙度差异大,局部可能存在凹陷、凸起、碎片、灰尘等缺陷,要求防水材料在施工及固化过程中具有适应外界影响的良好能力,不会导致性能有大幅度的衰减。

7.耐久性好

桥面防水材料多为有机材料或高分子改性沥青材料,有机物最大的缺点是容易老化。因此,要求防水材料具有优良的耐久性能,即不低于面层材料的耐久性。

8.工艺简单且施工快捷

防水材料施工受外界因素影响较多,为了减少外界的干扰,应尽量采用施工工期短、铺设工序简单的材料。野外现场施工,须将薄的不透水材料铺设到大面积的桥面上,此时，施工时简单、方便，自动化程度高，劳动强度低的材料就具有相当大的竞争优势。另外，防水层材料应能适应宽的温度范围施工，不太复杂的施工工艺，便于一般技术人员操作，施工时应尽可能少地出现气泡、针孔、龟裂等病害。

9.施工协同性好

桥面铺装的施工是一个系统工程，不但防水层有良好的密水性和施工便利性，还必须保证不能影响上铺装层的施工效果，防水层施工质量得以保证后，其上铺装层施工时，防水层在高温、高压作用下不应有较大的发软、变形、流淌现象，否则会影响上铺装层的压实度，使混合料的空隙率增大，密水性能降低，发生水损害的概率也增大。

（二）防水材料常见类型及性能控制指标

1.热沥青碎石封层

热沥青碎石封层按照施工工序的不同分为同步施工和分步施工两种。

同步碎石封层源自20世纪80年代的法国，90年代传播到欧洲各国及美国，作为黑色路面养护的一种新技术、新工艺被欧美各国广泛采用。

该防水黏结层由热改性沥青防水层（厚度1~2mm）、沥青含量为0.4%的预拌碎石（5~10mm）保护层、沥青砂多功能层、改性乳化沥青黏结层组成。

根据混凝土桥梁的受力特点，防水层采用改性沥青时必须能够在高温、低温、常温、黏韧性、耐久性等方面具有良好的特性。采用热沥青防水层，要确保其在低温下不脆裂、高温时不软化滑移且该沥青必须具有较低的温度敏感性。从已有研究来看，符合《公路沥青路面施工技术规范》规定的道路石油沥青技术要求的一般普通沥青软化点多在45~50℃，低温脆点也在-10℃以上，按照美国SHRP的PG等级分类，高温性能远低于我国多数地区铺装层的实际温度，从调查结果来看，满足要求的、市场上普遍供应且不受料源限制的便只有SBS改性沥青。SBS改性沥青由于添加了SBS（苯乙烯-丁二烯-苯乙烯嵌段共聚物），其黏度较普通沥青有大幅度增加，高温稳定性也有明显提高，按照美国SHRP标准，符合公路沥青路面施工技术规范I-D标准的SBS改性沥青为PG76-22左右，而且随着SBS改性剂掺量的增加，其黏度呈线性增长，无疑有利于层间的黏结。考虑到黏结力及韧性的要求，要求SBS改性沥青除满足I-D标准外，在生产条件允许的范围内提高其软化点、135℃运动黏度及弹性恢复指标。

受生产工艺及存储稳定性的影响，橡胶粉改性沥青在我国实际工程中尚未得到推广。橡胶是一种高弹性的高分子化合物，它具有其他材料所没有的高弹性，亦称作弹性体，其主要特征是分子量巨大，具有多分散性，在沥青中由于橡胶的混入，使沥青材料具有了某些橡胶特性。橡胶的加入量越多，其弹性、韧性、耐热性、耐寒性和耐久性就越好，而且橡胶粉改性沥青具有造价低、环保的特点，代表了未来防水黏结层的应用方向。

2.橡胶沥青+防护板体系

橡胶沥青热沥青膜厚5mm，橡胶膜的整个施工过程主要依靠人工和简单的专用设备来完成，主要分为橡胶沥青的融化与涂敷两个过程，首先利用机械式搅拌器在容器内充分融化沥青，连续膜层的厚度为5mm。防护板为浸有沥青的板材，约3.6mm厚。

严格来讲，在大多数铺面承受交通的温度下，从其力学行为看，无论是液体沥青还是固体沥青，都是一种黏弹性体。在弹性体的情况下，对材料施加应力时，材料将瞬间产生形变并达到最大形变状态，不会再有运动，应力施加多久，形变状态就持续多久；一旦撤销应力，形变即瞬间恢复。在牛顿黏性液体的情况下，任何微小的外力都能引起不可逆的剪切流动或永久的塑性变形，外力施加多久，流动即持续多久，剪切停止时，液体中的应力立即下降为零；液体各部分之间不存在滑移。当采用橡胶沥青作为防水层且具有一定厚度（5mm）时，在铺装层的工作温度范围内，橡胶沥青具有相当的弹性特征以保证在荷载作用下具有良好的变形及自我恢复功能，以保证不会发生荷载下的层间滑移及在内部裂缝类缺陷产生时有较好的自愈能力。

3.浇筑式沥青混凝土防水黏结层

与防水黏结层1类似，该防水黏结层主要由GIS-I溶剂型黏结剂（底涂层）与浇筑式沥青混凝土防水层组成，浇筑式沥青混凝土空隙率小，具有良好的防水功能，同时由于沥青含量高，与界面接触性能优异。GS溶剂型黏结剂是沥青与多种高分子树脂基助剂经专门加工工艺溶解于有机溶剂中而形成的一种单组分溶剂型防水黏结剂。

该产品的施工及工作机理为：该产品为单组分黏度较低的液态物质，施工前将其倒入适当大小的容器中，轻微搅拌3~5min。施工时可由操作人员采用辊筒通过人工涂布的方式均匀涂布于水泥混凝土表面，也可由操作人员通过喷枪将其均匀喷涂到桥面上，在第一遍喷涂1h之后进行第二遍喷涂，待溶剂黏结剂弯曲固化后，方可进行沥青混合料的摊铺。

当GS-I喷涂到处理后的水泥混凝土桥面上时，黏结剂可在短时间内渗透到水泥混凝土表层一定深度（相关资料表明达2~5mm）范围内的微孔中并完成固化，形成了与水泥混凝土相互贯穿的致密结构，从而实现了GS-I与水泥混凝土基层之间的有效黏结及防水作用。由于该黏结剂属高分子热塑性材料，与同为高分子材料的道路沥青有着较好的相似相容性，当施工沥青混合料时，在热拌沥青混合料的热作用和碾压作用下，GS-I膜部分熔化与热拌沥青混合料融为一体。随着温度逐渐降低，两者发生第二次固化，从而实现黏结剂与沥青铺装层之间的有效黏结。

4.纤维增强型聚合改性沥青防水涂层

该防水黏结层为一种机械喷涂的防水涂膜，与常规柔性防水薄膜不同的是，该聚合物改性沥青防水涂料分4~5层喷涂，喷涂2层、4层时同步撒布无碱玻璃纤维，起到加筋的作用，有效提高了防水黏结层的整体强度及施工期间抗刺破能力。同时能适应该桥动荷载抗压、抗拉的特点，具有良好的防水性能和黏结性。

二、水泥混凝土桥面铺装施工技术

（一）桥面板处理及清理工艺

桥面处理方式是保证铺装层和桥面板之间连接良好的基础。实践证明，处理不良的桥面极易造成层间黏结强度与抗剪切强度过小，过早地出现层间滑移等破坏。

当前桥面的处理工艺很多，如铣刨、凿毛、喷砂、抛丸等，这些施工在可操作性、机械化程度、环境因素等方面各有不同的特点，处理后的桥面状况（粗糙度、平整度、均匀性等）也有所不同，直接影响防水黏结体系施工后的附着力和摩阻力。传统人工处理及半机械化处理的桥面仍存在大量未清理的浮浆、破碎和松动的骨料，同时在局部强机械力震击下，桥面会有各种显微裂纹。这些问题靠简单的清理工艺是无法完全解决的，而且不容易被发现，但是当上承层施工完毕后，其负面作用短期内便会在荷载及环境因素的作用下显现出来，导致桥面板强度低。即使采取了凿毛等处理措施，其表面仍存在破碎和松动的骨料，表层酥软，铺装层成型后，很容易在荷载与水的作用下，因为黏结能力不足发生脱层。

1. 桥面处理的解读

为了保证混凝土层与沥青铺装层的连接，建议在沥青混凝土铺装层施工之前，水泥混凝土桥面板应当采用专门处理，使混凝土表面露出新鲜的集料和混凝土层。凿毛处理后要保证2/3单位面积以上露出新鲜的混凝土层。开始防水作业之前要求处理表面织纹状凹槽的深度应降低为2mm或者少于2mm，并且通过鼓风、清洗等方式清除处理区域的所有松散的、片状的表面砂浆以暴露出良好的混凝土表面。

需要指出的是，这里所指"2/3面积露出新鲜面"是指任意指定的桥面处理域都有2/3以上的面积为新鲜茬面，那种认为"处理总面积占桥面面积2/3以上即可"的看法是错误的，前者强调了桥面处理的均匀性。

2. 桥面处理工艺的要求

（1）处理后的表面粗糙均匀，不会破坏原路面结构和平整度，国外ASTM、SSPC等机构将处理后的混凝土表面按照构造深度分为SP3~SP7五个等级。认为上层材料为铺装层材料时，SP3~SP5是合适的，对应的粗糙度为0.4~0.8mm。规定处理后的桥面要求均匀，不破坏原桥面结构和平整度。采用铺砂法测定桥面处理后的粗糙度，考虑到当前抛丸工艺的局限性，规定工程用桥面板处理后粗糙度合格范围为0.4~0.8mm（桥面板采用C50及以上混凝土），如果桥面板采用C50以下混凝土或抛丸工艺改进后，可控制在

0.6~1.0mm。

（2）最大程度去除浮浆和起砂，能达到100%"创面"最优。

（3）可提前暴露混凝土缺陷，处理后桥面露骨，但同时不会造成骨料的松动或产生微裂纹。

（4）一次性施工，施工后易于清理；施工周期快，环境污染小。

综合以上要求，对比各种处理工艺特点，抛丸工艺是可以最大限度满足条件的现有工艺。

3.桥面处理后的清理要求

经过处理后的桥面需要进行全面细致的清扫处理，彻底去掉表面灰尘，这是保证防水黏结层良好实施的关键，否则，防水黏结层洒布后，很容易即出现"起皮"现象。

（二）防水黏结层设置及施工工艺

1.防水黏结层材料使用要求

理想的防水黏结层应该具有施工期间的不透水和使用期间（设计年限内）的不透水两方面的功能，而且施工工艺简单、方便、快捷，同时满足施工协同性要求，此外，在全寿命周期内费用是经济的。重要的是，其使用寿命不得低于面层寿命的耐久性。综合来说：

（1）材料本身的质量和性能的保证；

（2）施工工艺和方法的保证；

（3）防水层与上铺装层施工的协同性能。

以上三方面的共同作用才能够使防水层的作用得到充分体现，作为一个整体的防水体系缺一不可。

2.防水黏结层性能及评价指标

防水层和路面面层以及桥面底层要有足够的黏结强度和剪切强度，这两方面的指标当前主要通过拉拔试验和剪切试验来衡量。桥面的黏结强度不仅与防水材料自身特性有关，还与桥面的处理状态、洁净程度、上铺装层的压实程度等因素有关，分析发现四个方案的评价指标和标准应依据各铺装层的防水层特点有所侧重。

3.边缘及边角结构的处理

水是造成桥面铺装水损害的根源，边缘是水最容易渗入的部位。对于边缘处防水层被破坏或施工不完善的桥面，在铺装排水体系时，不但要"防"，而且要"排"，确保排水的顺畅非常重要。因此，要切实做好中央分隔带的防水与排水，避免进入中央分隔带内的水渗入铺装层内部。实际施工中，由于施工顺序安排不当，在桥面处理后，处理中央分隔带、桥梁接缝、排水管道等时，会对桥面造成二次污染，即使清扫也不能保证完全干净。防水黏结层施工时，边缘处不洒或洒布后被后续施工车辆破坏，这些都影响了铺装层与桥面板之间的黏结和整体性。因此，必须加强对桥面边缘及细部结构等薄弱部位的清理和处理。

三、钢桥面铺装施工技术

（一）钢板除锈及防腐

（1）对于新建和存在较大面积维修的桥梁，其桥面钢板应进行喷砂除锈处理。对于小面积维修和无法进行喷砂除锈的桥梁，其桥面钢板可采用打磨等其他工艺进行除锈。

（2）对于旧桥桥面铺装施工，必须在清除原有铺装层及黏结层等，并清洗桥面，在桥面钢板干净干燥并满足相关要求情况下方可进行喷砂除锈施工。

（3）原则上应进行现场喷砂除锈处理，特殊情况下，在能确保对除锈后实施的防腐涂层有良好保护或工期较短、工程量较小等情况下，也可在工厂进行除锈处理。

（4）钢板表面若有锐边、飞溅、不光滑焊缝、切割边缘等缺陷，应先用工具打磨干净。

（5）喷砂除锈施工前应对桥面板上的油污等部位进行清洁处理，并对全桥锈蚀、冷染状况进行全面调查记录，按ISO 8502-9标准的试纸测试，氯化物含量应不超过0.014%（约7Mg/cm²）。在桥面钢板锈蚀较严重的地方，按ISO 8502-1标准以铁氰化钾试纸测试，以无蓝点视为合格。

（6）现场喷砂除锈一般应采用全自动无尘喷砂设备除锈，特殊情况时，可在工作棚内用手持压缩空气喷砂设备进行喷砂处理，如桥面边角部位。

（7）喷砂除锈应采用部分带棱角的磨料，比例应视粗糙度要求、钢板表面状况在施工前通过试验确定。

（8）在除锈和涂装作业中，应测量大气温度、湿度及钢板温度，要求大气相对湿度不大于85%，钢板温度应高于露点温度3℃以上。

（9）喷砂除锈后应立即检查钢板的清洁度和粗糙度，一般情况下，要求清洁度达到Sa2.5级，粗糙度达到设计要求；人工小范围打磨工艺除锈的清洁度应达到St3.0级，粗糙度达到设计要求。

（10）应在除锈后4 h内完成钢板上第一层涂层施工，以对除锈后的钢板进行封闭保护。

（11）当设计采用防腐涂层时，固化后应检测涂层厚度并达到设计要求。

（二）浇筑式沥青混合料的施工

1. 浇筑式沥青混合料的拌和

（1）浇筑式沥青混合料宜采用能对矿粉升温干燥的拌和设备拌和。在能对矿粉升温干燥的情况下，一般石料加热温度为280～320℃，以拌和后出料温度达到200～225℃为控制目标。

（2）拌和工艺：将加热后的集料称量并加入矿粉，干拌10～20 s使矿粉充分升温并排除矿粉中的水分，同时使集料温度降低；在加入沥青或改性沥青后拌和60～90 s。

（3）浇筑式沥青混合料拌和后放入专用的拌和运输车中保温拌和、运输。浇筑式沥青混合料在搅拌运输车中应搅拌至少40min。

（4）使用聚合物改性沥青的浇筑式沥青混合料，从拌和开始应在3 h内完成运输、摊铺施工过程；使用硬质改性沥青（仅掺加天然沥青）的浇筑式沥青混合料从拌和开始，应在6 h内完成运输、摊铺施工。浇筑式沥青混合料拌和后如因遇雨等原因无法在规定时间内完成摊铺施工，混合料应予以废弃，不得再重新加热拌和施工。

2. 浇筑式沥青混合料的运输

（1）先将拌和运输车预热至约160℃，装入浇筑式沥青混合料后应不停地搅拌升温。对搅拌运输车应设定好最高限制温度（搅拌运输车内温度宜为220～240℃，最高不宜超过250℃），以防止浇筑式沥青混合料的硬结。

（2）应使用具有加热和搅拌功能的专用设备运输浇筑式沥青混合料，运输过程中，应关闭运输罐的上盖，尽可能减少与空气的接触和温度的损失。

（3）运输车进入施工区域前必须将底盘及轮胎清扫干净，防止将泥土等污染物带入施工场地。运输车的数量应根据运距及拌和站的拌和能力确定，应保持前场与后仓间的有效联系和施工的连续性。

3. 浇筑式沥青混合料摊铺

（1）在桥面行车道上，浇筑式沥青混合料应采用专用摊铺机械摊铺，在边带及人行道上，可以采用人工摊铺。

（2）摊铺前下卧层应清洁、干燥。如发现有污染或水滴应立即擦干处理。

（3）浇筑式沥青混合料摊铺前应根据摊铺厚度立模，一般采用钢板或木板作为侧向模板，特殊情况下也可以采用木模板。可以采用模板厚度控制摊铺厚度和平整度。

（4）运输车应在摊铺机前，将拌制的浇筑式沥青混合料直接卸在桥面板上。摊铺机的布料器左右移动使熨平板前充满混合料，并前行摊铺混合料到规定厚度。

（5）摊铺时，应设定合理的摊铺宽度，尽可能避免将纵向施工接缝设置在行车轮迹带上（可设置在车道画线区位置或车道正中间）。

(6)浇筑式沥青混凝土的接缝,应先对已摊铺部位接缝位置进行预热处理或使用预制贴缝条,确保与新铺的浇筑式沥青混凝土形成整体。

(7)摊铺机的行走速度应与拌和站的拌和能力相匹配,不允许停机待料。

(8)对摊铺中出现的缺陷点应尽快人工处理完毕。如发现有气泡或鼓包,应进行放气处理。

4.碎石撒布

(1)紧随摊铺机后面,应采用自行式碎石撒布机撒布适宜粒径的预拌沥青碎石。

(2)双层浇筑式混合料铺装时,下层表面可不撒布碎石;如铺装面层为其他需热碾压的沥青混凝土,应撒布粒径4.75~9.5 mm或9.5~16mm并预拌0.5%~1%沥青的碎石。撒布量根据现场试验确定,以撒布50%~70%面积为宜。

(3)对于浇筑式沥青混合料直接应用于行车道铺装面层时,应紧跟摊铺机后撒布粒径2~7mm预拌碎石,撒布量应满布(8~10 kg/㎡)。宜采用耐磨光的浅色石料。

(4)碎石撒布后,可用人工滚筒或小型压路机等方式将碎石压入浇筑式沥青混凝土中。对于浇筑式沥青混合料用于铺装面层时,对接缝未嵌入碎石部位应进行局部加热补撒碎石并压入浇筑式沥青混合料中,使铺装表面均匀、粗糙并具有优良的抗滑性能。

第九章 桥梁工程各环节施工技术研究

第一节 桥梁施工准备

施工准备工作的目的是为施工创造有利条件,使施工工作能够有计划、连续、均衡地进行,在确保质量和安全的前提下,降低施工成本,按期交工,尽早使工程投入使用,发挥效益。

施工准备通常包括技术准备、劳动组织准备、物资准备、施工现场准备和施工场外准备等工作。

一、技术准备

技术准备是施工准备的核心。任何技术上的差错都可能造成质量与安全事故,带来巨大的经济损失,甚至危及生命安全,因此必须认真做好技术准备工作。

(一)熟悉设计文件、研究和审查施工图纸

为使从事桥梁施工技术和经营管理的工程技术人员在拟建工程开工之前充分地了解和掌握设计意图、桥梁的结构与构造特点和技术要求,能够按照设计要求顺利地进行施工,建造出符合设计要求的桥梁工程,施工单位在收到拟建工程的设计图纸和有关技术文件后,应尽快组织工程技术人员熟悉、研究所有技术文件和图纸。

1.主要内容

(1)通过熟悉与研究设计文件,全面领会设计意图。

(2)明确拟建工程的结构型式和特点,审查设计图中工程复杂、施工难度大和技术要求高的分部分项工程或新结构、新材料、新工艺,检查现有施工技术水平和管理水平能否满足工期和质量要求,并采取可行的技术措施加以保证。

(3)检查图纸与设计文件是否齐全、清晰,有无错误,各组成部分之间有无矛盾以及在几何尺寸、坐标、标高、说明等方面是否一致。

(4)审查设计是否符合国家相关工程建设在设计、施工方面的方针和政策。

(5)审查地基处理与基础设计同拟建工程地点的工程水文、地质等条件是否一致，以及拟建工程与地下建筑物或构筑物、管线之间的关系，必要时与现场情况进行核对。

(6)明确工程建设期限以及工程所用的主要材料与设备的数量、规格、来源。

(7)明确业主、设计、监理和施工等单位之间的协作、配合关系，以及根据招标文件业主单位可以提供的施工条件。

2.主要程序

熟悉、审查设计图纸和有关设计资料的程序通常分为自审、会审和现场签证三个阶段。

(1)自审阶段。施工单位收到拟建工程的设计图和有关技术文件后，组织有关的工程技术人员熟悉和自审，写出自审图纸记录。自审图纸记录应包括对设计图的疑问和对设计的有关建议。

(2)会审阶段。一般由监理单位主持，由业主单位、设计单位和施工单位参加，三方进行图纸的会审。会审时，首先由设计单位的工程主设计师向与会者说明拟建工程的设计依据、意图和功能要求，并对特殊结构、新材料、新工艺和新技术提出设计要求；其次由施工单位根据自审记录以及对设计意图的了解，提出对图纸的疑问和建议；最后在统一认识的基础上，对所探讨的问题逐一地做好记录，形成"图纸会审纪要"，由业主单位正式行文，参加单位共同会签盖章，作为与设计文件同时使用的技术文件和指导施工的依据，以及业主单位与施工单位进行工程结算的依据。

(3)现场签证阶段。在拟建工程施工的过程中，如果发现施工的条件与设计图的条件不符，或者发现图中仍有错误，或者因为材料的规格、质量不能满足设计要求，或者因为施工单位提出了合理化建议，需要对设计图进行及时修订时，应遵循技术核定和设计变更的签证制度，进行图纸的施工现场签证。在施工现场进行的图纸修改、技术核定和设计变更资料，都要有正式的文字记录，并归入拟建工程的施工档案，作为指导施工、竣工验收和工程结算的依据。

(二)原始资料的调查分析

对拟建工程进行实地勘察，进一步获得有关原始数据的第一手资料，这对于正确选择施工方案、制定技术措施、合理安排施工顺序和施工进度计划是非常必要的。

1.自然条件

(1)地质。在地质方面，应了解的主要内容有地质构造、墩台位处的基岩埋深、岩层状态、岩石性质、覆盖层土质、土的性质和类别地基土的承载力、土的冻结深度、妨碍基础施工的障碍物、地震级别和烈度等。

(2)水文。在水文方面，应了解的主要内容有河流流量和水质、年水位变化情况、最高洪水位和最低枯水位的时期及持续时间、流速和漂浮物、地下水位的高低变化、含水层的厚度和流向；冰冻地区的河流封冻时间、融冰时间、流冰水位、冰块大小；受潮汐影响河流或水域中潮水的涨落时间、潮水位的变化规律和潮流等情况。

（3）气象。在气象方面，应调查的内容一般包括气温、气候、降雨降雪、冰冻、台风（含龙卷风、雷雨大风等突发性灾害）、风向、风速等变化规律及历年记录；冬、雨季的期限及冬季地层冻结厚度等情况。

（4）施工现场的地形地物。施工现场的地形地物主要包括建设场地的地形地貌，邻近的房屋、桥梁、道路、输变电线路、通信线路，施工现场的地上与地下障碍物状况等，为编制"四通一平"计划及进行施工现场平面布置提供依据。

2.技术经济条件

技术经济条件主要内容包括地方建筑施工企业的状况、施工现场的征地拆迁状况、当地可利用的地方材料状况、地方能源和交通运输状况、地方劳动力和技术水平状况、当地生活供应和医疗卫生状况、当地消防与治安状况和参加施工单位的技术力量状况。

（三）制定施工方案，进行施工设计

在全面掌握了设计文件和设计图纸，正确理解了设计意图和技术要求，以及进行了以施工为目的的各项调查之后，应根据进一步掌握的情况和资料，对投标时初步拟定的施工方法和技术措施等进行重新评价和深入研究，以制定出详尽的更符合现场实际情况的施工方案。

施工方案一经确定，即可进行各项临时性结构的施工设计，诸如基坑围堰，浮运沉井和钢围堰的制造场地及下水、浮运、就位、下沉等设施，钻孔桩水上工作平台，连续梁桥顶推施工的台座和预制场地，悬浇桥梁的挂篮，导梁或架桥机，模板支架及脚手架，自制起重吊装设备，施工便桥、便道及装卸码头的设计。施工设计应在保证安全的前提下，尽量考虑使用现有材料和设备，因地制宜，使设计出的临时结构经济适用、装拆简便、通用性强。

（四）编制施工组织设计

中标后的施工组织设计是施工准备工作的重要组成部分，也是指导施工现场全部生产活动的技术经济文件。编制施工组织设计的目的在于全面、合理、有计划地组织施工，从而具体实现设计意图，优质、高效地完成施工任务。

（五）编制施工预算

施工预算是根据施工图纸、施工组织设计或施工方案、施工定额等文件进行编制的。施工预算是施工企业内部控制各项成本支出、考核用工、签发施工任务单、限额领料以及基层进行经济核算的依据，也是制定分包合同时确定分包价格的依据。

二、劳动组织准备

（一）建立组织机构

建立组织机构应遵循的原则：根据工程项目的规模、结构特点和复杂程度，系统进行各职能部门的设置，坚持合理分工与密切协作相结合，使之便于指挥和管理，分工明确，权责具体，权责一致。人员的配备应力求精干，以适应任务的需要。

（二）合理设置施工班组

施工班组的设置应认真考虑专业和工种之间的合理配置，技工和普工的比例要满足合理的劳动组织要求，并符合流水作业方式的要求，同时制定出该工程的劳动力需要量计划。

（三）劳动力进场

集结施工力量，组织劳动力进场。进场后应对工人进行技术、安全操作规程以及消防、文明施工等方面的培训教育，并安排好职工的生活。

（四）施工组织设计、施工计划和施工技术交底

进行施工组织设计、施工计划和施工技术交底的目的是把拟建工程的设计内容、施工计划和施工技术等要求，详尽地向施工班组和工人讲解，交代清楚。以保证工程能严格按照设计图纸施工工艺、安全技术措施、降低成本措施和施工验收规范的要求进行施工；新技术、新材料、新结构和新工艺的实施方案和保证措施得以落实；有关部位的设计变更和技术措施等事项得以贯彻执行。交底应在单位工程或分部分项工程开工之前，按照管理系统逐级进行，由上而下直到工人班组，其方式有书面形式、口头形式和现场示范形式等。

（五）建立健全各项管理制度

工地的各项管理制度是否建立健全，直接影响其各项施工活动是否可以顺利进行。若有章不循，后果是严重的，而无章可循更是危险的。为此必须建立健全工地的各项管理制度，通常包括以下内容：技术质量责任制度、工程技术档案管理制度、施工图纸学习与会审制度、技术交底制度、技术部门及各级人员的岗位责任制度、工程材料和构件的检查验收制度、工程质量检查与验收制度、材料出入库制度、安全操作制度、机具使用保养制

度等。

三、物资准备

材料、机具和设备是保证施工顺利进行的物质基础,这些物资的准备工作必须在工程开工之前完成。根据各种物资的需要量计划,分别落实货源、安排运输和储备,使其满足连续施工的要求。

物资准备工作主要包括工程材料的准备、工程施工设备的准备、构件的加工准备,以及其他各种小型生产工具、小型配件等的准备,具体内容如下:

(1)根据施工预算、分部(项)工程施工方法和施工进度的安排,拟订材料、施工机具等物资的需求量计划。

(2)根据各种物资需求量计划,组织货源,确定加工、供应地点和供应方式,签订物资供应合同。

(3)根据各种物资的需求量计划和合同,拟定运输计划和运输方案。

(4)按照施工总平面图的要求,组织物资按计划时间进场,在指定地点、按规定方式进行贮存或堆放。

四、施工现场准备

施工现场的准备工作主要是为工程的施工创造有利的施工条件和物资保证,其具体内容如下。

(一)施工控制网测量

按照勘测设计单位提供的桥位总平面图和测图控制网中所设置的基线桩、水准标高及重要桩志的保护桩等资料,进行三角控制网的复测,并根据桥梁结构的精度要求和施工方案补充加密施工所需要的各种标桩,建立满足施工要求的平面和立面施工测量控制网。

(二)补充钻探

桥梁工程在初步设计时所依据的地质钻探资料往往因钻孔较少、孔位过远而不能满足施工的需要,因此必须对有些地质情况不甚明了的墩位进行补充钻探,以查明墩位处的地质情况和可能的隐蔽物,为基础工程的施工创造有利条件。

(三)搞好"四通一平"

"四通一平"是指水通、电通、通信通、路通和场地平整。为了蒸汽养生的需要以及在寒冷冰冻地区,还要考虑暖气供热的要求。

(四)建造临时设施

按照施工总平面图的布置,建造所有生产、办公、生活、居住和贮存等临时用房,以及临时便道码头、混凝土拌和站、构件预制场地等。

(五)安装调试施工机具

对所有施工机具都必须在开工之前进行检查和试运转。

(六)材料的试验和贮存堆放

按照材料的需求量计划,应及时提供材料的试验申请计划,如混凝土和砂浆的配合比和强度、钢材的机械性能等试验,并组织材料进场,按规定的地点和指定的方式进行贮存堆放。

(七)新技术项目的试制和试验

按照设计文件和施工组织设计的要求,认真组织新技术项目的试验研究。

(八)冬、雨季施工安排

按照施工组织设计要求,落实冬、雨季施工的临时设施和技术措施,做好施工安排。

(九)消防、保安措施

建立消防、保安等组织机构和有关的规章制度,布置安排好消防、保安等措施。

(十)建立健全的施工现场各项管理制度

根据工程特点,制定施工现场必要的各项规章制度。

五、施工场外准备

(一)材料的加工和订货

加强与材料供应单位的联系,签订供货合同,确保材料能得到及时供应,保证施工企业的正常生产。

(二)做好分包工作和签订分包合同

由于施工单位本身的力量所限,有些专业工程的施工、安装和运输等均需要委托外单位完成,因此应依据招标文件、投标文件,根据工程量、完成日期、工程质量和工程造价等内容,选择合适的分包单位,并与其签订分包合同,保证分项工程的按时实施。

(三)向监理单位提交开工申请报告

在做好上述准备工作后,应该及时地填写开工申请报告,并上报业主单位或监理单位批准。

单位工程开工必须具备下列条件:

(1)施工图经过会审,图中存在的问题和错误已得到纠正。
(2)施工组织设计或施工方案已经得到监理工程师的批准并进行交底。
(3)场内外施工便道已经修通,施工用水、用电、排水和通信能满足施工的需要。
(4)材料、成品、半成品等物资能满足连续施工的要求。
(5)附属加工厂和职工生活福利设施的建设能满足施工和生活的需要。
(6)施工机械和设备已进场,并经过检验能保证正常运转。
(7)施工力量已经调集,并已经过必要的技术安全和防火教育,安全消防设备已经具备。
(8)已办理好施工许可证。

第二节 桥梁定位放样

一、桥梁定位放样概述

公路桥涵按其多孔跨径总长或单孔跨径可分为特大桥、大桥、中桥、小桥、涵洞五种形式,如表9-1所示。桥涵施工测量的方法及精度要求随跨径、桥长及桥涵结构的情况而定。

表9-1 公路桥涵按跨径分类

桥涵分类	多孔跨径总长L/m	单孔跨径长L/m
特大桥	$L \geqslant 500$	$L \geqslant 100$
大桥	$100 \leqslant L < 500$	$40 \leqslant L < 100$

（续表）

桥涵分类	多孔跨径总长L/m	单孔跨径长L/m
中桥	30＜L＜100	20≤L＜40
小桥	8≤L≤30	5≤L＜20
涵洞	L＜8	L＜5

桥梁工程定位放样的主要任务是根据桥梁的形式跨径及设计要求的施工精度，确定利用原设计网点加密或重新布设控制网点，补充施工需要的水准点、桥涵轴线、墩台控制桩，将设计图上的工程构造物的平面位置和高程在实地标定出来，作为纠正施工偏差和检查验收的依据。桥梁工程定位放样的依据是桥梁工程施工技术规范、测量规范以及工程设计图纸及文件。

测量放样工作应遵循从整体到局部的原则，先进行控制测量，再进行细部定位放样测量。通过控制测量建立起平面控制点和高程控制点与工程构造物特征点之间的平面位置和高程的几何联系。以平面控制点的坐标和高程控制点的高程为依据，利用传统测量仪器进行距离高程和角度的测量放样，也可利用现代化的全站仪和GPS进行测量放样。

在放样过程中，工程设计图纸是图解控制点和工程构造物特征点之间几何关系的依据；现行的施工技术规范规程以及测量规范是核查放样结果精度的依据。

（一）桥梁施工测量的主要内容

1.平面控制测量

平面控制测量包括测设与校核桥位中心线控制桩，测设桥梁墩台中心位置，并进行上部结构平面形状的测量放样。

2.高程控制测量

高程控制测量是指布设施工临时水准点网，进行施工高程测量工作。

3.施工放样测量

施工放样测量包括基础施工放样、墩台施工细部放样和桥梁上部构造安装放样，并应同时测量各部位的高程。

4.竣工测量

工程竣工以后，应对结构物各部位的平面位置、尺寸、高程等按照设计要求进行测量验收。

（二）桥梁施工测量的基本要求

为满足施工的需要，对放样测量技术人员的基本要求如下：

（1）应熟悉设计图样，理解图样的设计思路，核实图样的有关数据，做好施工测量的数据准备工作。

（2）了解施工工作计划和安排，协调测量和施工进度的关系，落实施工测量方案。

（3）应核查并检测有关的控制点在实地的位置，并与设计资料中的点标记相对照，确认点位是否准确可靠。若原控制点点位丢失，应按照原控制等级进行恢复，并应满足精度要求。

（4）了解施工现场的地貌形态和地物分布情况，做好控制点的复测工作。

（5）应加强对测量标志的管理、保护，注意受损测量标志的恢复。测量标志包括控制点标志和放样点标志。

（6）施工过程中，应测定并经常检查桥涵结构浇砌和安装部分的位置和标高，并做出测量记录和结论，如超过允许偏差时，应分析原因，并予以补救和改正。

（7）为防止差错，施工测量必须由两个人相互检查、校核并做出测量和检查核对记录。

二、施工控制测量

桥梁控制测量的目的是为测量桥位地形、施工放样和变形观测提供具有足够精度的控制点。在施工放样前，应对设计单位提供的桥梁工程项目内所有的导线点和水准点进行认真细致的复测，并建立测量控制网。

导线点的复测采用附合导线测量法，即在桥梁工程项目前（后）范围内导线点中选用两点作为测量基准点，在桥梁工程项目后（前）范围内导线点中选取两点作为附合导线点，按照导线测量的要求使用全站仪对桥梁工程项目内导线点进行认真测量，平差后若不能符合规范要求，则报业主调整后重新进行复测，直到满足要求，并报监理工程师认可。

水准点的复测采用附合水准测量法，并按照业主提供的水准点等级进行同级复测。其方法是：在桥梁工程项目后（前）范围内选取一至两个设置牢固的点做基准点（若路线附近有国家级水准点则优先选用），另在桥梁工程项目前（后）范围内选取一水准点作为附合点，对桥梁工程项目内所有提供的水准点进行往返复测，并认真做好记录，平差后若不符合规范要求，则报请业主调整后进行复测，直到满足要求，并报监理工程师认可。

对复测合格的导线点、水准点应采取必要的加固保护措施，并设立可靠标志以利寻找，在施工期间定期进行复测，以保证控制的精度。

桩位复测无误后，应根据现场情况在通视良好地带设置控制网。为满足桥梁工程施工精度的要求，区域内设置三角导线控制网，导线网点同时作为水准网点。

三角网的基线不应少于2条，依据当地条件，可设于河流的一岸或两岸。基线一端应与桥轴线连接，并尽量近于垂直。当桥轴线较长时，应尽可能在两岸均设基线，长度一般不小于桥轴线长度的0.7倍，困难地段不得小于0.5倍。设计单位布设的基线桩精度够用时应予以利用。三角网所有角度宜布设为30°～120°，困难情况下不应小于25°。

导线点应布设在地基稳定、不受施工及洪水影响的地方。导线点埋设方法：在地上挖一直径为40cm、深50～100cm的基坑，埋入带有测钉的预制方柱，回填混凝土并用钢锯条在测钉上画上十字线。导线点埋设好以后，根据已有导线点进行加密测量，平差后即可确定坐标。加密导线点测设及计算资料应及时上报测量监理工程师，复验认可后方可使用。

加密导线点应定期进行联测，如发现导线点变位，应废弃不用，或加固后重新测设确定坐标并报验后再用。

施工期间为确定桥梁结构各控制点的垂直位置，需要在桥址附近设立一系列基本水准点和施工水准点，组成桥梁高程控制网。在桥梁建成投入运营之后，高程控制网还要作为沉陷变形观测的依据。

为了获取可靠的高程起算数据，江河两岸的基本水准点应先与桥址附近的国家高级水准点进行联测。然后进行桥位实地水准测量，最后通过过河水准测量将两岸高程联系起来，以此可检验两岸国家水准点有无变动，并从中选取一个稳固可靠、精度较高的国家水准点作为桥梁高程控制网的高程起算点。

对于高程控制网的水准测量等级，2000m以上的特大桥一般为三等，1000～2000m的特大桥为四等，1000m以下的桥梁为五等。

过河水准测量在桥梁高程控制测量中极为重要，应采用精密的方法测定。当水准路线通过宽度为各等级水准测量的标准视线长度2倍以下的江河、山谷时，可用一般观测方法进行，但在测站上应变换一次仪器高度，观测2次，2次高差之差应符合规定，取平均值作为结果。当高程视线长度超过各等级水准测量标准视线长度的2倍以上时，应按表9-2选择观测方法。

表9-2 跨河高程测量的观测方法及跨越视线长度

观测方法	跨越视线长度/m
直接读数法	三等、四等水准测量≤300
	五等水准测量≤500
光学测微法	≤500
倾斜螺旋法	≤1500
测距三角高程法	≤3500

所有水准点，包括基本水准点和施工水准点，都应定期进行测量，检验其稳定性，以保证桥梁墩台及其他施工高程放样测量的精度。加密水准点应设置在路线附近安全处，并

便于观测。加密水准点做好后，应与原有水准点进行联测，以确定加密水准点高程。根据施工进度情况，应适时将水准点引测到承台及墩柱上，以便测量。

三、直线桥梁墩台中心定位

桥梁墩台的中心定位是根据桥梁设计施工详图上所设计的两桥台及各桥墩中心的里程，以桥梁中心线控制桩、桥梁三角网控制点为基准，按规定精度放样出墩台中心的位置，它是桥梁施工测量中的关键性工作。常用的测设方法有光电测距法（或全站仪）、直接丈量法、方向交会法与极坐标及直角坐标法等。

（一）光电测距法

光电测距仪广泛应用于桥梁的墩台中心定位，因其精度高、操作快、计算简便、通视不受地形限制，成为测定桥轴线比较好的一种仪器。

光电测距时应在气象比较稳定、大气透明度好、附近没有光电信号干扰的情况下进行，且应在不同的时间进行往返观测。观测时间的选择，应注意不要使反光镜面正对太阳的方向。

当照准方向时，待显示读数变化稳定后，测3~4次，取平均值，此平均值即为斜距。为了得到平距，还应读取垂直角，经倾斜改正后，即为单方向的水平距离观测值（如果用的是电子全站仪，可直接得到平距）。如果往返观测值之差在容许范围之内，则取往返观测值的平均值作为该边的距离观测值。

（二）直接丈量法

位于浅水河道、干河或封冻的深水河道上的大中桥，以及河水虽深，但桥台间距在50m（钢尺长度）以内时，均可采用直接丈量法测定桥轴线长度。

丈量结果的相对中误差应满足估算精度的要求。

桥梁轴线长度测量后，即可采用同样的方法直接丈量墩台位置，但不同的是要在测设前将尺长改正、温度改正、倾斜改正、垂度改正考虑后，将已知长度转化为钢尺丈量长度。

桥墩中心线在桥轴线方向上的位置中误差不应大于±15mm。

（三）方向交会法

由于大中型桥梁的桥墩位于水中，采用直接丈量法有困难，或不能保证必要的精度时，它的中心位置可采用已建立的三角网，在三个控制点上安置经纬仪，从三个方向（其中一个为轴线方向）用间接丈量法测定桥轴线，交会墩台位置。

（四）极坐标及直角坐标法

如果在桥梁设计中，墩台中心坐标 (x, y) 已设计出，则可用经纬仪加测距仪，或全站仪按极坐标法测设，原则上可将仪器放置在任何一个控制点上，根据墩台坐标和测站点坐标，求算出极坐标放样数据（角度和距离），然后依此测设墩台的中心位置。但是，若测设桥墩中心位置，最好是将仪器安置于桥轴线上的 A 点（或 B 点）处，瞄准轴线上的另一点 B（或 A），定出轴线方向，然后将棱镜安置在该方向上测设 AP_i（BP_i）的距离，即可定出桥墩的中心位置。

对于全站仪，则还可以根据测站点、后视点及待放点的直角坐标，自动计算出待放点相对于测站点的极坐标数据，再以此测设点位。

四、曲线桥梁的墩台定位

在线路中，有许多桥梁位于各种平面曲线上，需做成曲线桥。其上部结构一般有连续弯梁和简支直梁等形式，但下部一般都是利用墩台中心构成的折线交点而形成弯桥。

在设计文件已给定墩台定位有关数据时，只需重新复核无误即可进行放样定位。若数据不能满足施工的需要，则应按路线测设资料、曲线有关要素，由计算公式求出以各墩台中心为顶点的直线，再用偏角进行定位。

对于坐标值的计算，一般在直角坐标系中进行较为普遍、简便。可以先建立以墩台中心为原点，切线及法线方向为坐标轴的局部坐标系，在局部坐标系中确立待放点的局部坐标值；再利用墩台中心的路线坐标值将局部坐标值转换至路线坐标中。

墩台定位的方法，根据不同的条件可采用偏角法、长弦偏角法、利用坐标的交会法和坐标法等。基本步骤与直线桥相类似，在此不再详述。

五、桥梁高程放样

在桥梁施工中，河流两岸应建立统一、可靠的高程系统，所以应将高程从河流的一岸传到另一岸。当河宽超过规定的视线长度时，应用跨河水准测量的方法，即用两台水准仪同时作对向观测，两岸测站点和立尺点布置为对称图形。

由于过河观测的视线长，远尺读数困难，可以在水准尺上安装一个能沿尺面上下移动的觇牌，由观测者指挥立尺者上下移动觇牌，使觇牌的红白交界处与十字横丝重合，由立尺者记下水准尺上的读数。

高程放样就是将桥梁各部分的建筑高度控制在设计高度。常规的水准测量操作简单速度快，但在桥梁施工过程中，由于墩台基础或顶部与桥边水准点的高差较大，用水准测量来传递高程，需多次转换测点，非常不方便。

所以，在桥梁施工时，常用到三角高程测量法或垂吊钢尺法等来传递高程。

（一）三角高程法

在桥墩基础施工时，用三角高程法测量非常方便。假设在某水准点设立测站，在桥墩基础顶面设置反光棱镜，水准点高程为H_0，仪器高度为i，棱镜高度为l，用光电测距仪测得仪器与反光棱镜之间的倾斜距为S，有些测距仪可直接测得两点之间的高差Δh，竖直角为α，则桥墩基础顶面的高程为：

$$H = H_0 - S\sin\alpha + i - l + (l-k) \cdot S^2/2R \tag{9-1}$$

式中：R——地球平均半径，取6.371×10^6m。

k——折光系数，可以自己测定。

当$S < 400$m时，两差改正值$(1-K)$可以忽略，即

$$H = H_0 - S\sin\alpha + i - l \tag{9-2}$$

（二）垂吊钢尺法

当桥墩施工至一定高度时，水准测量无法将高程传递至工作面，而工作面上架设棱镜也不方便，这时，可用检定过的钢尺进行测量。用钢尺进行垂吊测量时，在工作面边缘用钢尺垂吊一个与标定钢尺时拉力相等的重锤，钢尺的零端读数放在下面，在钢尺静止时，在工作面边缘读取钢尺读数a；然后在地面上一点安置水准仪一台，按水准测量的方法进行观测，在钢尺上读取中丝读数b，则改正后钢尺测量长度为：

$$l = [1 + \Delta l/L + \alpha(t-20)] \cdot |b-a| \tag{9-3}$$

则工作面边缘的高程为：

$$H = H_0 + i - l \tag{9-4}$$

六、桥梁细部施工放样

（一）墩台纵横轴线的放样及固定

在墩台中心定位之后，还应放样出墩台的纵横轴线，作为墩台细部放样的依据。

在放样后的旱桥桥梁墩台中心位置点位上设置经纬仪，直接用拨角法放样。直线桥的墩台纵轴线与桥轴线相重合，横轴线与纵轴线垂直；曲线桥若墩台中心位于路线中心上，则墩台的纵轴线位于墩台中心处曲线的切线方向上；对于等跨直梁曲线桥，墩台的纵横轴

线位于梁的中心线顶点处的分角线上。

在纵横轴线的每端方向上至少定出2个方向桩（护桩），各桩应在基坑开挖线以外1~2m。如果采用筑岛或围堰施工时，可把纵横轴线测设于岛上或围堰上。墩台纵横轴线方向桩是施工过程中随时恢复墩台中心位置和细部放样的基础，应妥善进行保护。如有需要，在使用前应进行必要的复测工作。尤其应注意防止桥梁墩台纵横轴线方向桩被偶发的洪水冲毁，必要时在其四周筑岛或围堰并使用深埋钢筋混凝土桩。

（二）明挖扩大基础放样

若旱地施工，在地基较好、基础不深的情况下，常采用明挖基础。

在基础开挖前，首先应根据施工图样中的基础底面尺寸、开挖深度、合理的放坡等情况计算出原地面开挖边线的尺寸，其次根据墩台中心及其纵横轴线即可放出基坑的边线。当基坑开挖到设计标高以后，应进行基底平整或依据施工图样做必要的地基处理，最后在基础垫层上放出墩台中心及其纵横轴线，作为绑扎钢筋、安装模板、浇筑混凝土基础及墩身的依据。

应注意基坑底部尺寸并根据实际情况比设计需要的尺寸每边增加50~100cm的余量，为边坡支护、支立模板等操作提供必要的空间。

根据墩台纵横轴线的护桩，将墩台中心位置引测至基坑底部，放出控制桩位置，并用木桩加铁钉标出，然后用钢尺进行量距，以检查基底尺寸。基础轴线偏位不应超过15mm，墩台轴线偏位不应超过10mm。

模板检查与放样的方法与上述相同，都是根据桥墩中心位置及其纵横轴线进行的。

一般模板常采用3m一段，安装后进行检查，看其上下口是否都符合设计的要求。在检查模板上口时，事先要用较重的垂球将标定的纵横轴线移至上口。模板标高、内部尺寸与设计值的差值不应超过规定的允许偏差，否则应进行调整。

（三）桩基放样

根据墩台纵横轴线用钢尺测设出四根边角桩位，并用钢尺复核这四根桩的相对位置无误后（矩形对角线长度相等原理），就可根据这四个点用钢尺测设桥墩的其他桩位。

水中桩位和沉井位置的放样与水中墩位的放样方法相同，在水中平台、围檩或围堰上测设位置，经复测后方可施工。

（四）桥梁墩台的细部放样

墩身和台身的细部放样，也是主要以它的纵横轴线为依据的。在模板的外侧预先画出中心线，然后在纵横轴线的护桩上架设经纬仪，照准该轴线方向上的另一护桩，根据这一方向校正模板的位置，直至模板中心线位于视线的方向上。

在施工过程中，经常要利用护桩恢复墩台的纵横轴线，即在墩台身一侧的护桩上架设经纬仪，照准另一侧的护桩。但墩身筑高以后，会阻挡视线，无法通视，应在墩身尚未阻挡视线以前，将轴线方向用油漆标记在已成的墩身上，以后恢复轴线时可在护桩上架设仪器，照准这个标志即可。

如果桥墩位于水中，无法标示出桥墩的纵横轴线时，可用光电测距仪或交会法恢复墩中心的位置。在用光电测距仪时，墩的横轴线方向是利用桥轴线的控制桩来确定的。在桥轴线一端的控制桩上安置仪器，照准另一端的控制桩，则视线方向即为桥轴线的方向，也是墩的横轴线方向（直线桥）。在此视线方向上，于墩中心附近前后各找出a_1点和a_2点安置反光镜，测出各点至控制桩的距离d_1、d_2，然后在两点间用钢尺定出墩中心的位置。

利用交会法测设墩中心时应选3个以上的方向进行交会。误差三角形最大边要求：在墩的下部不超过25mm，在墩的上部不超过15mm，取三角形的重心作为墩中心的位置。

在墩台帽模板安装到位后应再一次进行复测，确保墩台帽位置符合设计要求。模板位置中心的偏差不得大于1cm，并在模板上标出墩顶标高，以便控制灌注混凝土的标高。当混凝土灌注至墩帽顶部时，在墩的纵横轴线及墩的中心处，可埋设中心标志，在纵轴线两侧的上下游埋设两个水准点，并测定出中心标志的坐标和水准点的高程，作为大致安置支撑垫石的参考依据。

（五）梁体施工时的测量工作

梁体施工是桥梁主体结构施工的最后一道工序。桥梁上部结构较为复杂，要求对墩台方向、距离和高程以较高的精度测定。

桥梁中心线方向测定，在直线部分采用准直法，用经纬仪正倒镜观测，刻画方向线。

如果跨距较大（＞100m），应逐墩观测左、右角。在曲线部分，则采用测定偏角或坐标法。

相邻墩中心点间的距离用光电测距仪观测，在已刻画的方向线的大致位置上，适当调整使中心点里程与设计里程完全一致。在中心点架设经纬仪放出里程线，与方向线正交，形成墩台十字中心线。以此精确放出支座底板中心线，并以墨线弹出。

墩台顶面高程用精密水准仪测定，构成水准路线，附合到两岸基本水准点上。

梁体具体施工过程中的测量工作：

（1）对大跨度钢桁架或连续梁采用悬臂或半悬臂安装架设的桥梁，在拼装架设前，应在梁顶部和底部中点做出标志，架梁时用以测量梁体中心线与桥梁中心线的偏差值。在梁的拼装开始后，应通过不断的测量保证梁体在正确的平面位置上。高程控制一般以大节点挠度和整跨拱度为主要控制。对需要在跨中合龙的桥梁，合龙前的控制重点应放在两端悬臂的相对位置上。

（2）对于预制安装的箱梁、板梁、T形梁等，测量的主要工作在于平面位置的控制上。在架设前，应在梁顶部和底部中点做出标志，架梁时用以测量梁体中心线与支座中心线的偏差值。在梁体安装基本到位后，应通过不断的微调保证梁体在正确的平面位置上。

（3）对于支架现浇的梁体结构，测量的主要工作在于高程的控制。对于支架预压前后的高程应进行连续测量，以测得弹性变形，消除塑性变形；同时，应根据设计保留一定的预拱度。在梁体现浇的过程中，应对支架的变形进行跟踪测量，如果变形过大，则应暂停施工，并采取相应的措施。

（4）对于悬臂施工的梁体结构，测量的主要工作在于高程的控制上。对挂篮预加荷载前后的高程应进行测量，测得弹性变形，消除塑性变形；同时，在不同节段的浇筑前，应根据施工图中不同节段预拱度的设计值，并结合已浇筑的前一节段的高程，调整相应的预拱度，使合龙前两端悬臂的相对位置满足要求，没有积累误差。

（六）桥台锥体护坡放样

锥体护坡及坡脚通常为椭圆形曲线，放样方法很多，如锥坡支距放样法、纵横等分图解法、坐标值量距法、经纬仪测角法、放射线式放样法，对于斜桥锥坡还应考虑到斜度系数，均应先求出坡脚椭圆形的轨迹线，测设到地面上，然后再按规定的边坡放出样线，以据此施工。

1.锥坡支距放样法

锥坡支距放样法适用于锥坡不高，底脚地形平坦，桥位中线和水流正交的情况。其具体做法是将b分为n等份（一般为10等份或8等份），则可根据下式求得i点对应的支距：

$$a_i = a/b\sqrt{b^2-(il)^2} = a\sqrt{1-\frac{i^2}{n^2}} \qquad (9-5)$$

然后根据i点在b方向的分量（il）和在a方向的分量（a_i），在现场放出i点。

当锥坡底面有土石堆积，曲线内侧难以量距时，可改由曲线外侧测量放样，定出椭圆曲线上各点。

对于道路中心与水流方向斜交的桥台椭圆锥坡，必须视斜交角α的不同乘以角度系数C后按量距法进行放样。C的计算公式为：

$$C = \sec\alpha \qquad (9-6)$$

2.纵横等分图解法

纵横等分图解法的做法：按a和b的长度引一平行四边形；将a'和b'均分为10等份，并将各点顺序编号；由b'之0点连a'之1点，由b'之1点连a'之2点……依此类推，最后由b'之9点连a'之10点，即形成锥坡之底线。

放出样线后，在锥坡挖基、修筑基础以及砌筑坡面时，应悬挂准绳，使铺砌式样尺寸符合标准。在施工过程中应随时防止样线走动或脱开样线铺砌，并进行必要的检查复核工作。

七、桥梁工程竣工测量及沉降与位移观测

（一）桥梁工程竣工测量

全桥的桥墩台竣工后，为了查明墩台的各主要部分的平面位置及高程是否符合设计要求，需要进行竣工测量，为下阶段桥梁上部构造的定位和安装提供可靠的原始数据。桥墩台竣工测量的主要内容：测定各墩台中心的实际坐标及其间距、进行检查性的水准测量、检查垫石及墩帽各处的高程、丈量墩台各部分的尺寸。

在架梁及桥面系施工完成以后、通车以前，应进行桥梁的竣工测量。桥梁竣工测量的内容：测定主梁轮廓尺寸、轴线、标高，立柱的垂直度以及各个墩上梁的支点与墩台中心的相对位置，进行工程质量的检查验收。

（二）沉降观测

桥梁墩台在修建和使用期间可能发生沉陷和位移，如果数值较大，将直接影响到桥梁的使用寿命和行车的安全，应及时采取补救措施。为确定其变形的数值，应对桥梁进行周期性的沉降和位移观测，一般在桥梁建成初期，间隔时间较短，而在后期则间隔时间可长些。

为进行沉降观测，必须在桥墩的两边适宜于立尺的地方各埋设一个顶端是球形的水准标志作为观测点，供沉降观测使用。

水准线路可采用闭合水准线路或附合水准线路。每岸至少埋设3个永久性水准点，并使其近似地在同一圆弧上，这样在每天观测时，水准仪可安置在圆弧中心处。若3个水准点的三段高差无变更，则说明各水准点是稳固的。有时，往往需与设立在远处的、土质较坚硬地区的水准基点进行联测。

为使观测的沉降数值可靠，每次观测的水准线路要求相同，每次观测最好都使用同一台水准仪。同一桥墩上的2个观测点有时因视线受阻而不通视，这时各墩台观测点要用两条水准线路连接，一条在上游，一条在下游，又因水准仪只能隔一桥墩设一测站，所以每

条水准线路实际上必须施测2次才能把墩顶上全部观测点与岸上固定水准点连接起来。

根据各时期观测结果，编制出墩台沉降一览表，绘出沉降曲线，直接表明墩台沉降的相应数值和速度。

（三）位移观测

由于受各种作用的影响，墩台的平面位置可能会产生一定的位移。桥墩横轴线方向位移的观测可用方向线法。为此，在桥墩上跨越结构的右侧或左侧的同一方向线上设置观测标志，同时在同方向的两岸稳固地方各埋设两个固定标志，使岸上的4个标志在一条直线上。

第三节　模板与支架制作技术

模板是保证新浇筑混凝土按设计要求成型的一种模型结构，它要承受混凝土结构施工过程中的各种荷载，避免结构或构件在具有足够强度前产生较大的内力或变形，同时具有保护混凝土正常硬化和增强混凝土表面质量的作用。模板系统一般包括模板和支撑两大部分，其施工工艺一般包括模板的选材、选型、设计、制作、安装、拆除和修整。

模板虽是施工过程中的临时结构，但它不仅控制结构尺寸的精度，而且对工程质量、施工进度、工程造价和施工安全等有直接的影响。为此，桥梁施工的模板应满足下列要求：

（1）要能保证结构和构件的形状、尺寸以及相互位置的准确。

（2）具有足够的承载能力、刚度和稳定性，能可靠地承受浇筑混凝土的重量、侧压力及施工荷载。

（3）表面光滑平整，接缝严密不漏浆。

（4）构造力求简单，装拆方便，能多次周转使用。

（5）选材要经济适用，尽可能降低模板的施工费用。

一、模板

模板种类较多，构造也各有一定的差异，根据不同的分类方法可分为多种类别。主要有：

（1）按模板的用途，可分为整体现浇模板和预制模板。

（2）按模板的施工特点，可分为一次性模板（永久模板）和周转性模板。

（3）按模板的定型情况，可分为非定型模板和定型模板。模板面板与背肋采用非定型规格，按模板所需尺寸裁割配置的模板为非定型模板；由可适应不同应用对象和要求的按具有工程适应性的模数配置的系列化标准件和配件所组成的模板为定型模板。

（4）按模板所用材料不同，可分为木模板、钢模板、胶合板模板、铝合金模板、塑料和玻璃钢模板、预应力混凝土薄板模板等。

（5）按施工方法不同，可以分为现场装拆式模板、固定式模板、移动式模板等。

下面介绍桥梁施工中常用的几种模板。

（一）木模板

木模板的特点是制作容易、加工方便，可做成任意可能的形状，对结构的尺寸和形状的适应性强，但木材消耗大、成本高且施工效率低，常应用在定型模板（如钢模）不易实现的混凝土构件中。

模板所用的木材，大部分为松木与杉木，其含水率不宜过高，以免干燥后产生变形。为节约木材，木模板和支撑系统最好由加工厂或木工棚加工成基本元件（拼板），然后在现场拼接出所需要的形状和尺寸。

拼板由一些板条用拼条钉拼而成（胶合板模板则用整块胶合板），板条厚度一般为25~50mm，板条宽度不宜超过200mm（工具式模板不超过150mm），以保证干缩时缝隙均匀，浇水后易于密缝。但梁底板的板条宽度应不限制，以免漏浆。拼板的拼条一般平放，但梁侧板的拼条则立放。拼条的间距取决于新浇混凝土的侧压力和板条的厚度，多为400~500mm。

（二）组合式定型钢模板

组合式定型钢模板是一种工具式模板，由两部分组成，即模板和支撑件。模板有平面模板、转角模板（包括阴角模板、阳角模板和连接角模板）及各种卡具；支撑件包括用于模板固定、支撑模板的支架、斜撑、柱箍、桁架等。

组合式定型钢模板的主要优点：可以节约木材；加工精度高，混凝土成型质量好；轻便灵活、拆装方便，可用人力装拆，安装工效比木模高；使用周转次数多，每套钢模可重复使用50~100次以上，每次摊销费比木模低。所以，在目前桥梁建设中已被广泛应用。

1.组合式定型钢模板的构造

钢模板由边框、面板和纵横肋组成。边框和面板常用2.5~2.8mm厚的钢板轧制而成，纵横肋则采用3mm厚扁钢与面板及边框焊接而成。钢模板的厚度均为55mm。为了便于模板之间拼装连接，边框上都开有连接孔，且无论长短边上的孔距均为150mm。

平面模板、阴角模板、阳角模板及连接角模板分别用字母P、E、Y、J表示，在代号后面用4位数表示模板规格，前两位是宽度的厘米数，后两位是长度的整分米数。如P2512就表示宽250mm、长1200mm的平面模板；又如，Y0507就表示肢宽为50mm×50mm、长度为750mm的阳角模板。钢模板规格见表9-3。

钢模板的连接件有U形卡、L形插销、钩头螺栓、对拉螺栓、弓形扣件、蝶形扣件等。钢模板间横向连接用U形卡，U形卡操作简单，卡固可靠，其安装间距一般不大于300mm。纵向连接以L形插销为主，以增强模板组装后的纵向刚度。大片模板组装时，采用钢管钢楞，这时就必须用钩头螺栓配合弓形扣件或蝶形扣件固定。对于截面尺寸较大的柱、截面较高的梁和混凝土墙体，一般需要在两侧模板之间加设对拉螺栓，以增强模板抵抗混凝土挤压的能力。

表9-3 钢模板规格　　　　　　　　　　　　（单位：mm）

名称	代号	宽度	长度	肋高
平面模板	P	600、550、500、450、400、350、300、250、200、150、100	1800、1500、1200、900、750、600、450	55
阴角模板	E	150×150、100×100		
阳角模板	Y	100×100、50×50		
连接角模板	J	50×50		

2.组合式定型钢模板的配板设计

使用组合式定型钢模板需进行配板设计。由于同一面积的模板可以用不同规格的板块和角模组成各种配板方案，配板设计就是从中找出最佳组配方案。

组合式定型钢模板的配板原则：

（1）从施工的实际条件出发，以满足结构施工要求的形状、尺寸为前提，尽量使用大规格的模板，以减少模板块数和拼接，方便模板拼装，节省连接和支撑配件，减少装拆工程量，增强模板整体刚度。

（2）不足模板尺寸的部位，用木板镶补，应使木材镶补量最少。

（3）为了提高模板的整体刚度，可以采取错缝组拼，但同一模板拼装单元，模板的方向要统一，尽量不用横竖排方式。

进行配板设计之前，先绘制结构构件的展开图，据此作为构件的配板图。在配板图上应标出钢模板的位置、规格、型号和数量。对于预组装的整体模板，应标出其分界线。有特殊构造时，应加以说明。预埋件和预留孔洞的位置应在配板图上标明，并注明其固定方法。为减少差错，在绘制配板图前，可先绘出模板放线图。模板放线图是模板安装完毕后的平面图和剖面图，是根据模板施工需要而将有关图纸中有用的尺寸综合起来，绘在同一个平面图、剖面图中。

（三）胶合板模板

用于混凝土模板的木胶合板通常由5、7、9、11等奇数层单板（厚1.5～4.0mm），按相邻层纹理方向相互垂直、以酚醛树脂胶黏剂或改性酚醛树脂胶黏剂胶合并经热压固化而成型。一般其长度为1800～2400mm、宽度为500～1220mm、厚度为12～24mm。通常，外层表板的纹理方向与板的长向平行，因而长向为胶合板的强方向，短向为其弱方向。

为使胶合板面具有良好的耐碱性、耐水性、耐热性、耐磨性和易脱模性，并提高周转使用次数，必须对胶合板做覆面处理。覆面胶合板表面平整光滑、板幅大、锯截方便、加工灵活，每次使用前不必刷脱膜剂，用加设密封条和覆贴胶带纸等方法封堵拼缝；并且材质轻、保温性能好、承载力大、透气性好，比木模板高效省力，周转次数多，施工费用低；比组合钢模板拼缝少，拼装和拆除效率高，浇筑的混凝土表面平整光滑，能减少其表面气泡，有效提高表面质量。

模板用的竹胶合板通常主要由竹材采用酚醛树脂热压胶合而成，其面板与心板做法不同，心板通常为竹帘单板，根据面板不同可分为竹席胶合板、竹条（片）胶合板、竹心木面胶合板等。模板用的竹胶合板的长度为1830～3000mm、宽度为915～1500mm、厚度为9～18mm。通常，长度方向是宽度方向的2倍左右，常用竹胶合板厚度为12mm和15mm两种。

二、模板支架

桥梁施工时，在就地浇筑的混凝土结构中，往往要利用模板支架来支撑和稳固模板，并承受模板、钢筋、混凝土、施工人员与机具等各种施工荷载。支架按常用的材料不同，可分为木支架、钢支架、钢木混合支架和钢管支架。其中，以钢管支架最为常用，一般用扣件式、碗扣式、门式脚手架等搭设；钢支架则一般由型钢、贝雷梁和万能杆件等搭设。支架按构造可分为立柱式、梁式和梁—柱式支架。

（一）立柱式支架

立柱式支架常用于陆地或不通航河道以及桥墩不高的小跨径桥梁施工。立柱式支架主要由排架和纵梁等构件组成。排架由枕木或桩、立柱和盖梁组成。一般排架间距为4m，桩的入土深度按施工设计要求设置，但不小于3m。一般在纵梁下布置卸落设备。

立柱式支架也可用直径48mm、壁厚3.5mm的钢管搭设。陆地现浇桥梁应在整平的地基上铺设碎石层或沙砾石层,在其上浇筑混凝土作为支架的基础。钢管排架纵、横向密排,下设槽钢支撑钢管,常称为满堂支架。钢管间距依桥高及现浇梁自重、施工荷载的大小而定,通常为0.4~0.8m。钢管由扣件接长或搭接,上端用可调节的顶托固定纵、横龙骨,形成立柱式支架。搭设钢管支架要设置纵、横向水平加劲杆,桥较高时还需加剪刀撑,水平加劲杆与剪刀撑均需用扣件与立柱钢管连成整体。排架顶标高应适当考虑设置预拱度。水中支架则需先设置基础和排架桩,钢管支架在排架上设置。

(二)梁式支架

根据跨径不同,梁可采用工字钢梁、钢板梁或钢桁梁。一般工字钢梁用于跨径小于10m的情况,钢板梁用于跨径小于20m的情况,钢桁梁用于跨径大于20m的情况。梁可以支撑在墩旁支柱上,也可支撑在桥墩上预留的托架或支撑在桥墩处的横梁上。

(三)梁—柱式支架

当桥梁较高、跨径较大或必须在支架下设孔通航或排洪时,可用梁—柱式支架。梁支撑在桥墩台以及临时支柱或临时墩上,形成多跨的梁—柱式支架。

三、模板与支架的设计

定型模板和常用的模板拼板,在其适用范围内一般不需要进行设计或验算;而对于重要结构的模板、特殊形式结构的模板或超出适用范围的一般模板,应该进行设计或验算以确保安全,保证质量。

模板和支架的设计包括选型、选材、荷载计算、结构计算;绘制模板与支架的总装图、细部构造图;制定模板与支架结构的安装使用、拆卸保养等有关技术安全措施和注意事项;编制模板及支架材料数量表;编制模板与支架设计说明书等内容。

(一)主要荷载

计算模板、支架和拱架时,应考虑下列荷载。

1.模板、支架和拱架自重

模板、支架和拱架自重的标准值大小按实际或设计图纸计算确定。

2.新浇筑混凝土、钢筋混凝土或其他圬工结构物的重力

新浇筑混凝土的重度为24kN/m³,钢筋混凝土的重度可采用25~26kN/m³(以体积计算的配筋量≤2%时采用25kN/m³,>2%时采用26kN/m³)。

3.施工人员和施工材料、机具等行走运输或堆放的荷载

施工人员和施工材料、机具等行走运输或堆放荷载的标准值为:

（1）计算模板及直接支撑模板的小棱时，均布荷载可取2.5kPa，另外以集中荷载2.5kN进行验算。

（2）计算直接支撑小棱的梁或拱架时，均布荷载可取1.5kPa。

（3）计算支架立柱及支撑拱架的其他结构构件时，均布荷载可取1.0kPa。

（4）有实际资料时按实际取值。

对大型浇筑设备（上料平台等）、混凝土泵等按实际情况计算。木模板板条宽度小于150mm时，集中荷载可以考虑由相邻两块板共同承受。如混凝土堆积料的高度超过100mm时，则按实际情况计算。

4.振捣混凝土时产生的荷载

振捣混凝土时产生的荷载（作用范围在有效压头高度之内），对水平面模板为2.0kPa，对垂直面模板为4.0kPa。

5.新浇筑混凝土对侧面模板的压力标准值

影响混凝土侧压力的因素很多，如混凝土的骨料种类、水泥用量外加剂、浇筑速度、结构的截面尺寸坍落度等。但更重要的还是混凝土的重力密度浇筑速度、混凝土的温度、外加剂种类振捣方式、构件厚度等。

混凝土的浇筑速度是一个重要影响因素，最大侧压力一般与其成正比。但当其达到一定速度后，再提高浇筑速度，则对最大侧压力的影响就不明显。混凝土的温度影响其凝结速度，温度低、凝结慢，混凝土侧压力的有效压头就高，最大侧压力就大；反之，最大侧压力就小。模板情况和构件厚度影响拱作用的发挥，因此对侧压力也有影响。

当采用内部振动器，混凝土的浇筑速度在6m/h以下时，新浇筑的混凝土作用于模板的最大侧压力，按下列两式计算，并取两式中的较小值作为侧压力的最大值。

$$P_{max}=0.22\gamma t_0 K_1 K_2 v^{1/2} \qquad （9-7）$$

$$P_{max}=\gamma h \qquad （9-8）$$

式中：P_{max}——新浇筑混凝土对模板的最大侧压力，kPa。

γ——混凝土的容重，kN/m³。

t_0——新浇混凝土的初凝时间，h，可按实测确定。

K_1——外加剂影响修正系数，不掺外加剂时取1.0，掺缓凝作用的外加剂时取1.2。

K_2——混凝土坍落度影响修正系数。当坍落度小于30mm时，取0.85；50～90mm时，取1.0；110～150mm时，取1.15。

v——混凝土的浇筑速度，m/h。

h——有效压头高度，m。

6.倾倒混凝土时产生的水平荷载

倾倒混凝土时对垂直面模板产生的水平荷载标准值可按表9-4采用。

表9-4 倾倒混凝土时产生的水平荷载标准值

向模板内供料方法	水平荷载/kPa
用溜槽、串筒或导管输出	2
用容量小于等于$0.2m^3$的运输器具倾倒	2
用容量为$0.2\sim0.8m^3$的运输器具倾倒	4
用容量大于$0.8m^3$的运输器具倾倒	6

注：作用范围在有效压头高度以内。

7.其他可能产生的荷载

其他可能产生的荷载如雪荷载、冬季保温设施荷载等按实际情况考虑。

对模板进行相应计算时，参与模板及其支架荷载效应组合的各项荷载，应符合表9-5的规定。

表9-5 模板、支架和拱架设计计算的荷载组合

模板结构名称	荷载组合	
	计算强度用	验算刚度用
梁、板和拱的底模板以及支撑板、支架和拱架等	1+2+3+4+7	1+2+7
缘石、人行道、栏杆、柱梁、板、拱等的侧模板	4+5	5
基础、墩台等厚大建筑物的侧模板	5+6	5

（二）计算规定

模板及支架的设计计算都要遵守相应结构的设计规范。钢木模板及支撑件应符合我国现行的《公路钢结构桥梁设计规范》（JTG D64—2015）、《钢结构设计标准》（GB 50019—2017）、《冷弯薄壁型钢结构技术规范》（GB 50018—2002）、《木结构设计标准》（GB 50005—2017）的有关规定。对于木模板及木支架的设计，当木材的含水率小于25%时，其荷载设计值可乘以0.90系数折减。

计算模板与支架的强度和稳定性时，应考虑作用在模板、支架和拱架上的风力。设于水中的支架，尚应考虑水流压力、流冰压力和船只漂流物等冲击力荷载。

验算模板及其支架的刚度时，其最大变形值不得超过下列允许值：

（1）结构表面外露的模板，挠度为模板构件跨度的1/400。

（2）结构表面隐蔽的模板，挠度为模板构件跨度的1/250。

（3）支架、拱架受载后挠曲的杆件（盖梁、纵梁），其弹性挠度为相应结构跨度的1/400。

（4）钢模板的面板变形为1.5mm。

（5）钢模板的钢棱和柱箍变形为L/500和B/500（其中，L为计算跨径，B为柱宽）。

验算模板及其支架的稳定性时，应符合下面的要求：支架的立柱应保持稳定，并用撑拉杆固定。当验算模板及其支架在自重和风荷载等作用下的抗倾倒稳定时，验算倾覆的稳定系数不得小于1.3。支架受压构件纵向弯曲系数可按《公路钢结构桥梁设计规范》（JTG D64—2015）进行计算。

四、模板和支架的安装

在模板与支架安装前，应根据施工图纸与施工现场条件编制模板工程施工组织设计或施工方案，绘制模板加工图和各部位模板安装图，据此进行模板的制作与安装。

（一）模板及支架制作和安装的技术要求

为保证安全与质量、合理施工，在模板及支架制作和安装时应注意以下事项：

（1）为减少施工现场的安装拆卸工作和便于周转使用，支架和模板应尽量制成装配式组件或块件。钢质支架宜制成装配式常备构件，制作时应特别注意构件外形尺寸的准确性，一般应使用样板放样制作。

（2）安装前按图纸要求检查支架和自制模板的尺寸与形状，合格后才准进入施工现场。

（3）构件的连接应尽量紧密，以减少支架变形，使沉降量符合预计数值。无论使用何种材料的支架，均应进行施工图设计，并验算其强度和稳定性。

（4）支架结构应满足立模高程的调整要求。当结构由荷载短期效应组合并考虑荷载长期效应影响产生的长期挠度超过计算跨径的1/1600时，钢筋混凝土梁、板的底模板应设预拱度，按设计高程和施工预拱度立模。模板在安装过程中，必须设置防倾覆设施。为保证支架稳定，避免引起模板变形，应防止支架与脚手架和便桥等接触（模板与脚手架整体设计时量），在适当部位设置相应的木楔、木马、砂筒或千斤顶等落模设备。

（5）支架和拱架应稳定、坚固，能抵抗在施工过程中有可能发生的偶然冲撞和振动。支架立柱必须安装在有足够承载力的地基上，立柱底端应设垫木来分散和传递压力，并保证浇筑混凝土后不发生超过允许的沉降量。船只或汽车通行孔的两边支架应加设护桩，夜间应用灯光标明行驶方向。施工中易受漂流物冲撞的河中支架应设坚固的防护设备。

（6）对于承重部位的支架和模板，必要时应在立模后预压，消除非弹性变形和基础沉降。预压重力相当于以后所浇筑混凝土的重力，当结构分层浇筑混凝土时，预压重力可取所浇混凝土重力的80%。

（7）安装侧模板时，应防止模板移位和凸出。基础侧模板可在模板外设立支撑固定，墩台、梁的侧模板可设内撑及拉杆固定。浇筑在混凝土中的拉杆，应按拉杆拔出或不拔出的要求采取相应的措施。对于小型结构物，可使用金属线代替拉杆。

（8）模板的接缝必须密合，如有缝隙，须塞堵严密，以防跑浆。与混凝土表面接触的模板表面应涂刷脱模剂，不得漏涂，涂刷后如被雨淋，应补刷。脱模剂不得沾污钢筋和混凝土接茬处。

（9）模板与钢筋安装工作应配合进行，妨碍绑扎钢筋的模板应待钢筋安装完毕后安设，主要起重机械必须配备经过专门训练的专业人员操作，指挥人员、驾驶员、挂钩人员要统一信号。遇6级以上大风时应停止施工作业。

（10）模板安装完毕后，应对其平面位置、顶部标高、节点联系及纵横向稳定性进行检查，签认后方可浇筑混凝土。浇筑过程中，发现模板有超过允许偏差变形值的可能时，应及时纠正。

（二）施工预拱度的确定

在支架上浇筑梁式上部构造时，在施工时和卸架后，上部构造要发生一定的下沉和产生一定的挠度。因此，为使上部构造在卸架后能获得设计规定的外形，须在施工时设置一定数值的预拱度。

1. 在确定预拱度值δ时应考虑下列因素

（1）卸架后上部构造本身及1/2活载所产生的竖向挠度δ_1。

（2）支架在荷载作用下的弹性压缩δ_2。

（3）支架在荷载作用下的非弹性变形δ_3。

（4）支架基底在荷载作用下的非弹性沉陷δ_4。

（5）由混凝土收缩及温度变化而引起的挠度δ_5。

上部构造和支架的各项变形值之和即为应设置的预拱度。

2. 各项变形值可按下列方法计算和确定

（1）桥跨结构的预拱度，按以下要求确定：①对于钢筋混凝土受弯结构，当由荷载短期效应组合并考虑荷载长期效应影响产生的长期挠度不超过计算跨径的1/1600时，可不设预拱度；否则应按结构自重与1/2可变荷载频遇值计算的长期挠度值之和作为应设预拱度。②对于预应力混凝土受弯结构，当预加应力产生的长期反拱值大于按荷载短期效应组合计算的长期挠度时，可不设预拱度；当预加应力产生的长期反拱值小于按荷载短期效应组合计算的长期挠度时，应设预拱度，其值应按该项荷载的挠度值与预加应力长期反拱值之差采用。③对于自重相对于活载较小的预应力混凝土受弯构件，应考虑预加应力反拱值过大可能造成的不利影响，必要时采取倒预拱或设计和施工上的其他措施，避免桥面隆起甚至开裂破坏。

（2）满布式支架，当其杆件长度为L、压应力为σ时，其弹性变形为：

$$\delta_2 = \sigma L / E \tag{9-9}$$

式中：E——钢材弹性模量。

当支架为桁架等形式时，应按具体情况计算其弹性变形。

（3）支架在每一个接缝处的非弹性变形，在一般情况下，横纹木料接缝为3mm；顺纹木料接缝为2mm；木料与金属或木料与圬工的接缝为1~2mm；顺纹与横纹木料接缝为2.5mm。

卸落设备砂筒内砂粒压缩和金属筒变形的非弹性压缩量，根据压力大小、砂子细度模数及筒径，按筒高确定。一般20t压力砂筒为4mm；40t压力砂筒为6mm；砂子未预先压紧者为10mm。

（4）支架基底的沉陷可通过试验确定或参考表9-6估算。

表9-6 预留施工沉陷值参考数据

项目		数据
接头承压非弹性变形	木与木	每个接头顺纹约2mm，横纹约3mm
	木与钢	每个接头约2mm
卸落设备的压缩变形	砂筒	2~10mm
	木楔或木马	每个接缝1~3mm
支架基础沉陷	底梁置于沙土上	5~10mm
	底梁置于黏土上	10~20mm
	底梁置于砌石或混凝土上	约3mm
	打入沙中的桩	约5mm
	打入黏土中的桩	5~10mm，当桩承受极限荷载时用5mm，低于极限荷载时用10mm

根据上部结构挠度和支架的变形所计算出来的预拱度之和为预拱度的最高值，一般设置在跨径的中心，其他各点的预拱度，应以中间点为最高点，两端为零，按直线或二次抛物线进行分配。其计算公式按直线分配（左半跨）为：

$$\delta_x = (x/L)\delta \tag{9-10}$$

按二次抛物线分配为：

$$\delta_x = [4\delta_x(L-x)]/(L^2) \tag{9-11}$$

式中：δ_x——距左支点的预拱度值。

x——距左支点的水平距离。

L——跨长。

模板、支架和拱架安装的允许偏差，在设计无要求时，应符合表9-7的规定。

表9-7 模板与支架安装的允许偏差

项目		允许偏差/mm	项目	允许偏差/mm
模板标高	基础	±15	装配式构件支撑面的标高	+2，-5
	柱、墙和梁	±10	模板相邻两板表面高低差	2
	墩台	±10	模板表面平整	5
模板内部尺寸	上部构造的所有构件	+5，0	预埋件中心线位置	3
	基础	±30	预留孔洞中心线位置	10
	墩台	±20	预留孔洞截面内部尺寸	+10，0
轴线偏位	基础	15	支架和拱架 纵轴的平面位置	跨度的1/1000或30
	柱或墙	8		
	梁	10	支架和拱架 曲线形拱架的标高（包括建筑拱度在内）	+20，-10
	墩台	10		

五、模板与支架的拆除

为了加快模板周转的速度，减少模板的总用量，降低工程造价，模板应尽早拆除，以提高模板的使用效率。但模板拆除时不得损伤混凝土结构构件，应确保结构安全。在进行模板设计时，要考虑模板的拆除顺序和拆除时间。

（一）拆除时间

现浇结构的模板及其支架拆除时的混凝土强度，应符合设计要求。当设计无具体要求时，侧模板在混凝土强度能保证其表面及棱角不因拆除模板而受损坏时方可拆除，一般应在混凝土抗压强度达到2.5MPa时方可拆除；心模和预留孔道内模，应在混凝土强度能保证其表面不发生塌陷和裂缝现象时方可拆除。

钢筋混凝土结构的承重模板、支架和拱架应在混凝土强度能承受其自重力及其他可能的叠加荷载时方可拆除。当构件跨度不大于4m时，在混凝土强度符合设计强度标准值的50%的要求后方可拆除；当构件跨度大于4m时，在混凝土强度符合设计强度标准值的75%的要求后方可拆除。如设计上对拆除承重模板、支架、拱架另有规定，应按照设计规定执行。

（二）拆除时的技术要求

模板拆除应按设计的顺序进行，设计无规定时，应遵循先支后拆、后支先拆的顺序。卸落支架应按拟定的卸落程序进行，分几个循环卸完，卸落量开始减小，以后逐渐增大。在纵向应对称均衡卸落，在横向应同时一起卸落。

梁的落架顺序应从梁挠度最大处的支架节点开始，逐步卸落相邻两侧的节点。应在卸落前在卸架设备上画好每次卸落量的标记，以使各节点均能按预设量分多次下落，使梁的沉落曲线逐步加大至最终位置。简支梁、连续梁宜从跨中向支座依次循环卸落；悬臂梁应先卸挂梁及悬臂的支架，再卸无铰跨内的支架。

拆除模板卸落支架时，不允许用猛烈的敲打和强扭等方法进行，并严禁抛扔。模板与支架拆除后应维修整理，分类妥善存放。

第四节　钢筋制作安装技术

一、钢筋的分类与验收存放

混凝土结构所用钢筋的种类较多。根据用途不同，混凝土结构用钢筋分为普通钢筋和预应力钢筋。根据钢筋的直径大小分为钢筋、钢丝和钢绞线三类。根据供货形式可分为盘条钢筋与直条钢筋，通常直径12mm以下的钢筋按盘卷交货，每根盘条重量应不小于500kg，每盘重量应不小于1000kg；钢筋直径在12mm以上时按直条交货。根据钢筋的生产工艺不同，钢筋分为热轧钢筋、热处理钢筋、冷加工钢筋等。

钢筋混凝土用热轧钢筋，按外形可分为光圆钢筋和变形钢筋，其中光圆钢筋按强度等级分为235级、300级，带肋钢筋按强度等级分为335级、400级、500级，其屈服强度R_{el}、抗拉强度R_m、断后伸长率A、最大力总伸长率A_{gt}等力学性能及弯曲性能见表9-8。

表9-8 常用钢筋混凝土用钢筋力学及工艺性能

牌号	公称直径 d/mm	R_{el}/MPa	R_m/MPa	A/%	A_{gt}/%	180°弯曲弯心直径	说明
		不小于					
HPB235	6~22	235	370	25	10.0	d	HPB——热轧光圆钢筋的英文（Hot rolled Plain Bars）缩写 HRB——热轧带肋钢筋的英文（Hot rolled Ribbed Bars）缩写 HRBF——细晶粒热轧钢筋，在热轧带肋钢筋的英文缩写后加"细"的英文（fine）首位字母
HPB300	6~22	300	420			d	
HRB335、HRBF335	6~25	335	455	17		3d	
	28~40					4d	
	>40~50					5d	
HRB400、HRBF400	6~25	400	540	16	7.5	4d	
	28~40					5d	
	>40~50					6d	
HRB500、HRBF500	6~25	500	630	15		6d	
	28~40					7d	
	>40~50					8d	
KL400（RRB400）	8~25	440	600	14		90°	KL——余热处理带肋钢筋，表中数值为90°弯曲的弯心直径
	28~40					90°	

热处理钢筋是用热轧中碳低合金钢筋经淬火、回火调质处理工艺生产的回火索氏体钢筋，它具有很高的强度和足够的韧性。

余热处理钢筋是经热轧后立即穿水，进行表面控制冷却，然后利用心部余热自身完成回火处理所得的成品钢筋。余热处理工艺简单，处理后的钢筋全长性能均匀，晶粒细小，在保证良好塑性、焊接性能的条件下，屈服点约提高10%。

冷加工钢筋是指将钢材在常温下加工而成的钢筋，目前使用的主要有冷轧带肋钢筋、冷轧扭钢筋和冷拔螺旋钢筋，冷拉钢筋与冷拔低碳钢丝已被淘汰。

钢筋应有产品合格证、出厂检验报告，每捆（盘）均应有标牌。钢筋进场后应检查其出厂质量证明书和试验报告单，并按炉罐（批）号及直径分批检验。检验内容包括查对标志检查外观，并按现行国家标准抽样进行力学性能试验，其质量必须符合规定后方可使用。

钢筋必须按不同钢种、等级、牌号、规格及生产厂家分别堆存，不得混杂，且应设立识别标志。钢筋在运输过程中，应避免锈蚀和污染。钢筋宜堆置在仓库（棚）内，露天堆置时，应选择地势较高、地面干燥的场地，四周应有排水措施；钢筋不得直接堆置在地面上，必须用混凝土墩、砖或垫木垫起，离地面200mm以上；钢筋库存期限不能过长，原则上先进库先用。

二、钢筋配料

钢筋配料就是根据结构施工图，将各个构件的配筋图表编制成便于实际加工，具有准确下料长度和数量的表格（钢筋配料表）。下料长度指的是下料时钢筋需要的实际长度，这与图纸上标注的长度并不完全一致。

结构施工图中的钢筋尺寸是指钢筋外边缘到结构外边缘之间的距离，即外包尺寸。钢筋弯曲后，外边缘变长内边缘缩短，中心线长度不变，钢筋的下料长度就是指相应钢筋的中心线长。钢筋外包尺寸与下料长度之间存在一个差值，称为"量度差值"，在计算下料长度时必须加以扣除，否则下料过长，浪费材料，加工后的尺寸过大，造成保护层厚度不够，甚至钢筋尺寸大于模板尺寸而返工。因此，钢筋下料长度应为各段外包尺寸之和减去各弯曲处的量度差值，再加上端部弯钩的长度增加值。

实际工程计算中，影响下料长度计算的因素很多，如混凝土保护层厚度；钢筋弯折后发生的变形；图纸上钢筋尺寸标注方法的多样化；弯折钢筋的直径、级别、形状、弯心半径的大小及端部弯钩的形状等。在进行下料长度计算时，对这些因素都应该考虑。

（一）保护层厚度

保护层厚度是指从混凝土外表面到钢筋外缘的距离，主要起保护钢筋免受锈蚀，并保证钢筋与混凝土紧密黏结而共同工作的作用。普通钢筋和预应力直线形钢筋的最小混凝土保护层厚度不应小于钢筋公称直径，后张法构件预应力直线形钢筋不应小于其管道直径的1/2，且应符合表9-9的规定。

表9-9 普通钢筋和预应力直线形钢筋最小混凝土保护层厚度 （单位：mm）

序号	构件类别	环境类别		
		I	II	III、IV
1	基础、桩基承台：（1）基坑底面有垫层或侧面有模板；（2）基坑底面无垫层或侧面无模板（受力钢筋）	40 60	50 75	60 85
2	墩台身、挡土结构涵洞、梁、板、拱圈、拱上建筑（受力主筋）	30	40	45
3	人行道构件：栏杆（受力主筋）	20	25	30
4	箍筋	20	25	30
5	缘石、中央分隔带、护栏等行车道构件	30	40	45
6	收缩、温度、分布、防裂等表层钢筋	15	20	25

注：对于环氧树脂涂层钢筋，可按环境类别 I 取用。

（二）钢筋端部弯钩增加长度和弯曲量度差

钢筋的弯制和末端的弯钩应符合设计要求，如设计无规定时，应符合相关规定。

1.钢筋端部弯钩增加长度

为满足钢筋在混凝土中的锚固需要，钢筋末端一般需加工成弯钩形式。热轧光圆钢筋末端需要做180°弯折的半圆钩，其圆弧段弯曲直径D不应小于钢筋直径d的2.5倍，平直部分长度不宜小于钢筋直径d的3倍；热轧带肋钢筋（变形钢筋）一般可以不做弯钩，如设计需要时末端只做90°或135°弯折的直弯钩与斜弯钩。

对于半圆弯钩，其弯钩增加长度为：

$$l_z=(\pi/2)(D+d)+l_p-(D/2+d)=1.071D+0.571d+l_p \quad (9-12)$$

当弯曲直径$D=2.5d$，弯钩平直段长度$l_p=3d$时，可求得$l_z=6.25d$。

对于直弯钩与斜弯钩，其相应的弯钩增加长度为：

$$l_z=(\pi/4)(D+d)+l_p-(D/2+d)=0.285D+0.215d+l_p \quad (9-13)$$

$$l_z=(3\pi/8)(D+d)+l_p-(D/2+d)=0.678D+0.178d+l_p \quad (9-14)$$

按规范所允许的最小弯曲直径和平直长度计算，弯钩增加长度如表9-10所示。

2.钢筋弯曲量度差值计算

钢筋的量度尺寸为$a+b$，下料长度为l_x，则弯曲量度差值$\Delta=a+b-l_x$。对于不大于90°的钢筋弯折，钢筋的下料长度为：

$$l_x = a+b-2\times(D/2+d)\tan(\theta/2)+(\theta\pi/360)(D+d) \quad (9-15)$$

则有：

$$\Delta = a+b-l_x = 2\times(D/2+d)\tan(\theta/2)-(\theta\pi/360)(D+d) \quad (9-16)$$

若弯曲角度大于90°，钢筋的下料长度为：

$$l_x = a+b-2\times(D/2+d)+(\theta\pi/360)(D+d) \quad (9-17)$$

则有：

$$\Delta = a+b-l_x = 2\times(D/2+d)-(\theta\pi/360)(D+d) \quad (9-18)$$

对于有两个反对称弯曲的弯起钢筋，钢筋的下料长度为：

$$l_x = a+b+c-[2\times(D+2d)\tan(\theta/2)-d(\csc\theta-\cot\theta)-(\theta\pi/180)(D+d)] \quad (9-19)$$

不同角度的钢筋弯曲量度差值计算公式及按规定最小弯曲直径计算值见表9-10。

表9-10 钢筋弯曲量度差值

类型	角度	通式		量度差值Δ
弯曲	30°	$0.006D+0.274d$	$D=5d$	$0.3d$
	45°	$0.022D+0.436d$		$0.55d$
	60°	$0.054D+0.631d$		$0.9d$
	90°	$0.215D+1.215d$		$2.29d$
	135°	$0.822D-0.178d$		$-0.07d$
弯起	30°	$0.012D+0.28d$	$D=20d$	$0.52d$
	45°	$0.043D+0.457d$		$1.32d$
	60°	$0.108D+0.685d$		$2.85d$

注：钢筋做不大于90°的弯折时，弯折处的弯弧内直径不应小于钢筋直径的5倍。

3.箍筋调整值计算

根据规定，箍筋的末端应做成弯钩，弯钩角度可取135°。弯钩的弯曲直径应大于被箍的受力主筋的直径，且HPB235级、HPB300级钢筋不应小于箍筋直径的2.5倍，HRB335级钢筋不应小于箍筋直径的4倍。弯钩平直段长度，一般结构不应小于箍筋直径的5倍，抗震结构不应小于箍筋直径的10倍。弯钩的形式，如设计无要求时，可按相关规定加工；有抗震要求的结构，应按特殊说明加工。

箍筋下料长度一般采用外包尺寸并考虑调整值计算，箍筋调整值为箍筋弯钩增加长度与各处弯曲量度差值的合计，具体计算可参照前述公式。当箍筋标注尺寸为内皮尺寸时，不能直接利用以上计算式。

（三）钢筋下料长度计算

钢筋下料长度=Σ钢筋标注的各段外包尺寸−Σ各处弯曲量度差值+Σ钢筋末端弯钩增加长度。为了便于施工，钢筋下料长度一般取整厘米数或5mm即可。

（四）钢筋配料单

在施工时，根据施工图纸、库存材料及各钢筋的下料长度，按不同规格、形状的钢筋顺序填制配料单，内容包括工程名称、工程部位、构件名称、图号、钢筋编号、钢筋规格、钢筋形状尺寸简图、下料长度、根数、质量等。下料长度栏应由配料人员计算填写，不可直接使用设计图中的数据。

列入加工计划的配料单，将每一编号的钢筋制作一块料牌作为钢筋加工的依据，并在安装中作为区别各工程部位、构件和各种编号钢筋的标志。钢筋配料单和料牌，应严格校核，必须准确无误，以免返工浪费。

（五）钢筋配料注意事项

在钢筋配料时，若需接长钢筋，应考虑接头搭接、加工损失等长度，统筹考虑接头位置，尽量使接头位于内力较小处，错开布置，并要充分考虑下料后所余段长度的合理使用。

钢筋的形状和尺寸在满足设计要求的前提下，要有利于加工安装，还要考虑施工需要的附加钢筋，如双层钢筋网中保证上层钢筋网位置用的撑脚，固定预应力筋孔道位置的定位钢筋等。

三、钢筋的加工

（一）钢筋除锈

为保证钢筋与混凝土之间具有可靠的握裹力，要求钢筋表面应洁净，钢筋上的油渍、漆污和用锤敲击时能剥落的浮皮、铁锈等应在使用前清除干净，带有颗粒状或片状老锈的钢筋不得用于工程中。当钢筋表面有淡黄色轻微浮锈时可不必处理。

对于大量的除锈，可在钢筋冷拉或钢筋调直机调直过程中完成；少量的钢筋除锈可采用电动除锈机或喷砂法；局部除锈可采用人工用钢丝刷或砂轮等方法，也可将钢筋通过砂箱往返搓动除锈。

如除锈的钢筋表面有严重的麻坑斑点等已伤蚀截面时，应降级使用或剔除不用，带有蜂窝状锈迹的钢丝不得使用。

（二）钢筋调直

工程中的钢筋应平直，无局部弯折，成盘钢筋及发生局部曲折的直条钢筋在使用前必须加以调直。钢筋调直分机械调直和人工调直两类。

1.调直机调直

盘条钢筋一般采用钢筋调直机调直。目前，常用的钢筋调直机具有钢筋除锈、调直和下料剪切三个功能，因此也称为钢筋调直切断机。在调直时，应根据钢筋的直径选用调直模和传送压辊，恰当掌握调直模偏移量和压辊的压紧程度，并要求调直装置两端的调直模一定要与前后导轮在同一轴心线上，钢筋表面伤痕不应使截面积减少5%以上。

2.冷拉调直

盘条钢筋还可以采用冷拉方法调直，拉直时对冷拉伸长率要注意控制，对HPB235级钢筋采用冷拉方法调直时，冷拉率不宜大于2%；HRB335级、HRB400级钢筋的冷拉率不宜大于1%。这种方法可达到钢筋除锈的目的。

3.人工调直

盘条钢筋可采用锤直或扳直的方法进行人工调直。锤直时，可把钢筋放在工作台上用锤敲直。扳直时，把钢筋放在卡盘扳柱间，把有弯的地方对着扳柱，然后用扳手卡口卡住钢筋，扳动扳手就可使钢筋调直。

（三）钢筋切断

钢筋切断分为人工切断与机械切断两种。人工切断常采用手动切断机（用于直径在16mm以下的钢筋）、克子（用于直径为6~32mm的钢筋）和断线钳（用于钢丝）等。机械切断目前常用电动切断机，它适用于切割40mm以下的钢筋，对于直径较细的钢筋一次可切断数根。对于预应力钢筋也可用砂轮锯，但不得采用电弧切断。

钢筋切断应将相同规格钢筋长短搭配，合理统筹配料，一般先断长料，后断短料，以减少损耗；避免短尺量长料，产生累积误差；切断后的钢筋断口不得有劈裂、缩头、马蹄形或起弯现象，否则应切除。

（四）钢筋弯曲成型

钢筋弯曲分为手工弯曲与机械弯曲两种。钢筋弯曲应在常温下进行，严禁将钢筋加热后弯曲。钢筋成型形状要正确，平面上不应有翘曲不平现象、弯曲点处不能有裂缝。

四、钢筋的连接

钢筋常用的连接方法有三种：绑扎连接、焊接连接和机械连接。除施工或构造条件有困难可采用绑扎接头外，应尽量采用焊接接头和钢筋机械连接接头，以保证钢筋的连接质量、提高连接效率和节约钢材。钢筋焊接分为压焊和熔焊两种形式。压焊包括闪光对焊、电阻点焊和气压焊；熔焊包括电弧焊和电渣压力焊。此外，钢筋与预埋件间T形接头的焊接应采用埋弧压力焊，也可用电弧焊或穿孔塞焊，但焊接电流不宜过大，以防烧伤钢筋。

（一）钢筋绑扎连接

钢筋绑扎连接是利用混凝土的黏结锚固作用实现两根锚固钢筋的应力传递的。绑扎接头的钢筋直径不宜大于28mm，轴心受拉和小偏心受拉构件不应采用绑扎接头。为保证钢筋的应力能充分传递，必须满足规范规定的最小搭接长度要求。受拉钢筋绑扎接头的搭接长度应符合表9-11的规定；受压钢筋绑扎接头的搭接长度应取受拉钢筋绑扎接头搭接长度的0.7倍。钢筋搭接处，应在中心和两端用镀锌钢丝扎牢。

表9-11 受拉钢筋绑扎接头搭接长度

混凝土强度等级	钢筋牌号		
	C20	C25	>C25
HPB235	35d	30d	25d
HRB335	45d	40d	35d
HRB400，KL400	—	50d	45d

注：①当带肋钢筋直径 d 大于25mm时，其受拉钢筋的搭接长度应按表值增加5d采用；当带肋钢筋直径小于25mm时，搭接长度可按表值减少5d采用。

②当混凝土在凝固过程中受力钢筋易受扰动时，其搭接长度应增加5d。

③在任何情况下，受拉钢筋的搭接长度不应小于300mm；受压钢筋的搭接长度不应小于200mm。

④环氧树脂涂层钢筋的绑扎接头搭接长度按表值增加10d采用。

⑤受拉区段内，HPB235钢筋绑扎接头的末端应做成弯钩，HRB335级、HRB400级、KL400级钢筋的末端可不做成弯钩。

在任一绑扎接头中心至搭接长度的1.3倍长度区段内，同一根钢筋不得有两个接头；在该区段内有绑扎接头的受力钢筋截面面积占受力钢筋总截面面积的百分数：受拉区不宜超过25%，受压区不宜超过50%。当绑扎接头的受力钢筋截面面积占受力钢筋总截面面积超过上述规定时，应用表9-11的规定值，乘以下列系数：当受拉钢筋绑扎接头截面面积大于25%，但不大于50%时，乘以1.4，当大于50%时，乘以1.6；当受压钢筋绑扎接头截面面积大于50%时，乘以1.4（受压钢筋绑扎接头长度仍为表9-11中受拉钢筋绑扎接头长度的0.7倍）。

绑扎接头部分钢筋的横向净距不应小于钢筋直径且不应小于25mm，同时非接头部分钢筋净距仍应符合规范规定。

束筋的搭接接头应先由单根钢筋错开搭接，接头中距为表9-11规定的单根钢筋搭接长度的1.3倍；再用一根长度为1.3（$n+1$）l_s的通长钢筋进行搭接绑扎，其中n为组成束筋的单根钢筋根数；l为单根钢筋搭接长度。

（二）钢筋焊接连接

钢筋焊接前，必须根据施工条件进行试焊，合格后方可正式施焊。焊工必须持考试合格证上岗。从利于接头的质量控制和便于钢筋安装方面考虑，热轧钢筋的焊接宜优先使用闪光对焊，其次选用电弧焊。带肋钢筋进行闪光对焊、电弧焊、电渣压力焊和气压焊时，宜将纵肋对纵肋安放和焊接。

钢筋的焊接质量与钢材的可焊性、焊接工艺有关。可焊性与钢筋所含碳、合金元素等的数量有关，含碳、硫、硅、锰数量增加，则可焊性差；而含适量的钛可改善可焊性。焊接工艺（焊接参数与操作水平）亦影响焊接质量，即使可焊性差的钢材，若焊接工艺合宜，亦可获得良好的焊接质量。当环境温度低于-5℃，即为钢筋低温焊接，此时应调整焊接工艺参数，使焊缝和热影响区缓慢冷却。在现场进行钢筋焊接，当采用闪光对焊或电弧焊而风速大于7.9m/s时，或者采用气压焊而风速大于5.4m/s时，均应采取挡风措施。环境温度低于-20℃时不宜在露天进行焊接。所有焊后未冷却，热接头不得与冰、雪、水相遇。

（三）钢筋机械连接

通过钢筋与连接件的机械咬合作用或钢筋端面的承压作用，将一根钢筋中的力传递至另一根钢筋的连接方法称为钢筋机械连接。其具有施工简便、工艺性能良好、接头质量可靠、不受钢筋焊接性能的制约、可全天候施工、节约钢材和能源等优点。常用的机械连接接头类型有套筒挤压接头、锥螺纹套筒接头、直螺纹套筒接头、熔融金属充填套筒接头、水泥灌浆充填套筒接头和受压钢筋端面平接头等。根据抗拉强度以及高应力和大变形条件下反复拉压性能的差异，机械连接接头分为下列三个等级。

I级：接头抗拉强度不小于被连接钢筋实际抗拉强度或1.10倍钢筋抗拉强度标准值，并具有高延性及反复拉压性能。

II级：接头抗拉强度不小于被连接钢筋抗拉强度标准值，并具有高延性及反复拉压性能。

Ⅲ级：接头抗拉强度不小于被连接钢筋屈服强度标准值的1.35倍，并具有一定的延性及反复拉压性能。

1.带肋钢筋套筒挤压连接

带肋钢筋套筒挤压连接是将需要连接的带肋钢筋插于特制的钢套筒内，利用挤压机压缩套筒，使之产生塑性变形，靠变形后的钢套筒与带肋钢筋之间的紧密咬合来实现钢筋的连接。其适用于竖向、横向及其他方向，直径为16~40mm的热轧HRB335级、HRB400级带肋钢筋的连接。

钢筋挤压连接有钢筋径向挤压连接和钢筋轴向挤压连接两种形式。

（1）带肋钢筋套筒径向挤压连接。带肋钢筋套筒径向挤压连接是采用挤压机沿径向（与套筒轴线垂直方向）将钢套筒挤压产生塑性变形，使之紧密地咬住带肋钢筋的横肋，实现两根钢筋的连接。当不同直径的带肋钢筋采用挤压接头连接时，若套筒两端外径和壁厚相同，被连接钢筋的直径相差不应大于5mm。挤压连接工艺流程：钢套筒检验→钢筋断料→刻划钢筋套入长度定出标记→套筒套入钢筋→安装挤压机→开动液压泵→逐渐加压套筒至接头成型→卸下挤压机→接头外形检查。

（2）带肋钢筋套筒轴向挤压连接。带肋钢筋套筒轴向挤压连接是采用挤压机和压模对钢套筒及插入的两根对接钢筋，沿其轴向方向进行挤压，使套筒咬合到带肋钢筋的肋间，使其结合成一体。

（3）带肋钢筋套筒径向挤压连接的要求。带肋钢筋套筒径向挤压连接应符合下列要求：

①钢筋端部要平直，如钢筋有马蹄、弯折或纵肋尺寸过大者，应预先矫正或用砂轮打磨；钢筋的连接端和套筒内壁严禁有油污、铁锈、泥沙混入，套筒接头外边不得有油脂。

②钢套筒的几何尺寸及钢筋接头位置必须符合设计要求，套筒表面不得有裂缝、折叠、结疤等缺陷，以免影响压接质量。钢筋与套筒应进行试套，不同直径钢筋的套筒不得串用。

③钢筋端部应划画出明显定位标记与检查标记，定位标记与钢筋端头的距离为钢套筒长度的一半，检查标记与定位标记的距离一般为20mm，确保在挤压时和挤压后可按定位标记检查钢筋伸入套筒内的长度。

④应按挤压标记检查钢筋插入套筒内的深度，挤压时挤压机与钢筋轴线应保持垂直，压接钳施压顺序由钢套筒中部顺次向端部进行；钢筋挤压连接宜先在地面上挤压一端套筒，在施工作业区插入待接钢筋后再挤压另一端套筒。

⑤挤压后钢筋端头离套筒中线不应超过10mm，压痕间距应为1~6mm，挤压接头的压痕道数应符合形式检验确定的道数；挤压后套筒长度应增长为原套筒的1.10~1.15倍，挤

压后压痕处套筒的最小外径应为原套筒外径的80%～90%。

⑥挤压后的套筒不得有肉眼可见裂纹及过压现象，接头处弯折不得大于3°。

⑦现场每500个同一施工条件下采用同一批材料的同等级、同型式、同规格、相同制作条件的接头为一个验收批（不足500个也作为一个验收批），抽取不少于3个试件做抗拉强度检验。若一个不合格应取双倍试件送试，再有不合格，则该批挤压接头评为不合格。

2. 钢筋锥螺纹套筒连接

钢筋锥螺纹套筒连接是用专用套丝机将钢筋的连接端加工成锥形螺纹（简称丝头），通过带锥形内螺纹的连接套筒连接两根带丝头的待接钢筋，最后利用力矩扳手按规定的力矩值使钢筋和连接钢套筒拧紧在一起而形成钢筋接头。丝头完全是提前预制的，现场只需用力矩扳手操作，不需搬动设备和拉扯电线，具有占用工期短、施工速度快、不受气候影响、质量稳定、对中性好、接头成本低的特点。适于连接直径16～40mm的热轧HRB335级、HRB400级同径和异径的竖向钢筋或水平钢筋，且不受钢筋是否带肋和含碳量的限制，但不得用于预应力钢筋的连接。

钢筋应先调直再下料。钢筋下料可用钢筋切断机或砂轮锯，但不得用气割下料。加工好的钢筋锥形螺纹的锥度、牙形、螺距等必须与连接套的锥度、牙形、螺距一致，并应进行质量检验。

连接钢筋时，应先把已拧好连接套的一端钢筋对正轴线拧到被连接的钢筋上，然后用力矩扳手按规定的力矩值把钢筋接头拧紧，不得超拧，以防止损坏接头丝扣。拧紧后的接头应画上油漆标记，以防有的钢筋接头漏拧。

锥螺纹套筒连接由于加工螺纹的小径削弱了母材的横截面积，从而降低了接头强度，一般只能达到母材实际抗拉强度的85%～95%。由此造成的缺陷较大，已逐渐被直螺纹连接接头所代替。

3. 钢筋直螺纹套筒连接

等强度直螺纹连接接头是20世纪90年代钢筋连接的国际新技术，接头质量稳定可靠，连接强度高，可与套筒挤压连接接头相媲美，而且又具有锥螺纹接头施工方便、速度快的特点，主要有镦粗直螺纹套筒连接和滚压直螺纹套筒连接两类。这两种工艺采用不同的加工方式，增强钢筋端头螺纹的承载能力，达到接头与钢筋母材等强的目的。

4. 钢筋机械连接接头的施工现场检验与验收

工程中应用钢筋机械连接接头现场施工前，应按规定进行接头工艺检验，由技术提供单位提交有效的形式检验报告。

对施工完成后的接头按验收批进行现场检验，主要是外观质量检查和单向拉伸试验。对接头有特殊要求的结构，应在设计图纸中另行注明相应的检验项目。

同一施工条件下采用同一批材料的同等级、同形式、同规格接头，以500个为一个验收批进行检验与验收，不足500个也作为一个验收批。

对接头的每一验收批，必须在工程结构中随机截取3个接头试件做抗拉强度试验，按设计要求的接头等级进行评定。当3个接头试件的抗拉强度均符合相应等级的要求时，该验收批评为合格。如有1个接头试件的强度不符合要求，应再取6个接头试件进行复检。复检中如仍有1个试件的强度不符合要求，则该验收批评为不合格。

现场截取抽样试件后，原接头位置的钢筋允许采用同等规格的钢筋进行搭接连接，或采用焊接及机械连接方法补接。

五、钢筋的安装

（一）准备工作

1.熟悉施工图纸

通过熟悉图纸，一方面可以校核钢筋加工中是否有遗漏或误差；另一方面也可以检查图纸中是否存在与实际情况不符的地方，以便及时改正。

2.核对钢筋加工配料单和料牌

在熟悉施工图纸的过程中，应核对钢筋加工配料单和料牌，并检查已加工成型的成品的规格、形状数量是否正确。

3.明确混凝土保护层厚度，拟定安装程序

钢筋绑扎与安装的主要工作内容包括放样画线、排筋绑扎、垫撑铁和保护层垫块、检查校正及固定预埋件等。施工前应考虑钢筋绑扎与前后工序间的交叉配合及钢筋安装顺序，明确与模板安装、埋件及管线埋设之间的配合关系。板类构件排筋顺序一般先排受力钢筋后排分布钢筋；梁类构件一般先排纵筋（摆放有焊接接头和绑扎接头的钢筋应符合规定），再排箍筋，最后固定；形状复杂的结构部位还应确定逐根钢筋穿插就位的顺序。

4.做好材料、机具的准备

钢筋绑扎与安装的主要材料、机具包括钢筋钩、吊线垂球、木水平尺、麻线、长钢尺、钢卷尺、扎丝、垫保护层用的砂浆垫块或塑料卡、撬杆、绑扎架等。对于结构较大或形状较复杂的构件，为了固定钢筋还需一些钢筋支架、钢筋支撑。

扎丝一般采用20～22号钢丝（火烧丝）或镀锌钢丝，22号钢丝只用于绑扎直径12mm以下的钢筋。扎丝长度要满足使用要求，一般以钢筋钩拧2～3圈后，出头20mm左右为宜。

5.模板与支架检查

按要求搭设脚手架，安装模板，并通过检查验收。

6.放线

放线要从中心点开始向两边量距放点,定出纵向钢筋的位置。水平筋的放线可放在纵向钢筋或模板上。

(二)钢筋绑扎方法

现场钢筋的绑扎安装应遵循操作方便、绑扎牢固、骨架不变形的原则。常用的方法如下所述。

1.一面顺扣绑扎法

其操作方法是将镀锌钢丝对折成180°,理顺叠齐,放在左手掌内,绑扎时左手拇指将一根钢丝推出,食指配合将弯折一端伸入绑扎点钢筋底部;右手持绑扎钩子用钩尖钩起镀锌钢丝弯折处向上拉至钢筋上部,以左手所执的镀锌钢丝开口端紧靠,两者拧紧在一起,拧转2~3圈。将镀锌钢丝向上拉时,镀锌钢丝要紧靠钢筋底部,将底面筋绷紧在一起,绑扎才能牢靠。其多用于平面上扣很多的地方,如箱梁顶底板、承台平面钢筋网等不易滑动的部位。

2.其他钢筋绑扎方法

其他钢筋绑扎方法有兜扣、十字花扣、缠扣、套扣、反十字花扣、兜扣加缠等,这些方法主要根据绑扎部位进行选择。

(1)兜扣、十字花扣适用于平板钢筋网和箍筋处绑扎。

(2)缠扣可防止钢筋滑动或脱落,多用于墩台钢筋网和柱箍。

(3)套扣适用于梁的架立钢筋和箍筋的绑扎。

(4)反十字花扣、兜扣加缠适用于梁骨架的箍筋和主筋的绑扎。

(三)钢筋绑扎技术要求

(1)绑扎钢筋网时,四周两行钢筋交叉点应每点扎牢,中间部分交叉点可相隔交错扎牢,但必须保证受力钢筋不移位。双向主筋的钢筋网须将全部钢筋相交点扎牢。绑扎时应注意相邻绑扎点的铁丝扣要呈八字形,以免网片歪斜变形。当结构采用双层钢筋网时,在上层钢筋网下面应设置钢筋支撑架(马凳)或混凝土撑脚,一般每隔1m呈梅花形放置,以保证钢筋位置准确。

(2)箍筋弯钩的叠合处,在梁中应沿梁长方向置于上面并交错布置,在柱中应沿柱高方向各角交错布置,若是方柱则必须位于箍筋与柱角竖向钢筋交接点上,但有交叉式箍筋的大截面柱,其接头可位于箍筋与任何一根中间纵向钢筋的交接点上。圆柱或圆管涵螺旋形箍筋的起点和终点应分别绑扎在纵向钢筋上。箍筋转角与纵向钢筋交叉点均应扎牢(箍筋平直部分与纵向钢筋交叉点可间隔扎牢),绑扎箍筋时,绑扣相互间应呈八字形;

箍筋与主筋要垂直。

（3）混凝土保护层厚度必须严格按设计要求用水泥砂浆垫块或塑料卡控制其厚度。水泥砂浆垫块的厚度应等于保护层厚度；垫块的平面尺寸，当保护层厚度等于或小于20mm时为30mm×30mm，大于20mm时为50mm×50mm。在垂直方向使用的垫块，应在垫块中埋入20号钢丝，用钢丝将垫块绑在钢筋上。垫块应错开布置，间距为0.7~1.0m。

（4）任何形式的钢筋接头均宜设置在构件受力较小处。同一根纵向受力钢筋不宜设置两个或两个以上接头。接头末端与钢筋弯曲处的距离不得小于钢筋直径的10倍，且接头不宜在构件最大弯矩处。

（5）当钢筋采用绑扎搭接接头时，钢筋接头布置及绑扎搭接长度应符合要求。墩台身、柱中的竖向钢筋搭接时，转角处的钢筋弯钩应与模板成45°角，中间钢筋的弯钩应与模板成90°角。如采用插入式振捣器浇筑小型截面柱时，弯钩与模板的角度最小不得小于15°，在浇筑过程中不得松动。

（6）当受力钢筋采用机械连接接头或焊接接头时，设置在同一构件内的接头宜相互错开。纵向受力钢筋机械连接接头及焊接接头连接区段的长度为35d（d为纵向受力钢筋的较大直径）且不小于500mm，凡接头中点位于该连接区段长度内的接头均属于同一连接区段。同一连接区段内，纵向受力钢筋的接头面积百分率应符合设计要求；当设计无具体要求时，在受拉区不宜大于50%；直接承受动力荷载的结构构件中，不宜采用焊接接头；当采用机械连接接头时，不应大于50%。在受压区和装配式构件间的连接钢筋不受限制。

（7）钢筋接头处的混凝土保护层厚度应满足受力钢筋保护层最小厚度的要求，且不得小于20mm，连接件之间或连接件与钢筋之间的横向净距不应小于25mm。

（8）钢筋绑扎完后，应对钢筋进行一次全面、细致的总检查，钢筋的级别、直径、根数和间距均应符合设计要求。绑扎或焊接的钢筋网和钢筋骨架不得有变形、松脱和开焊，钢筋位置的偏差不得超过相关规定。发现错漏或间距不符安装绑扎不牢时应及时修整；在混凝土浇筑全过程中，应由专人负责钢筋的修理。

第五节　混凝土施工

混凝土施工包括施工准备、配料、搅拌、运输、浇筑捣实和养护等过程，各个施工过程相互联系和影响，任一施工过程处理不当都会影响混凝土工程的最终质量。因此，要使混凝土工程施工能保证结构的强度、刚度、整体性、耐久性，以及满足其他设计和施工的特殊要求，就必须严格控制混凝土的各种原材料质量和每道工序的施工质量。

一、混凝土施工的准备工作

（一）混凝土原材料

结构工程中所用的混凝土是以水泥为胶凝材料，外加粗细骨料、水，按照一定配合比拌和而成的混合材料。另外，还根据需要向混凝土中掺加外加剂和外掺和料以改善混凝土的某些性能。因此，混凝土的原材料除了水泥、骨料、水，还有外加剂、掺和料（常用的有粉煤灰、硅粉、磨细矿渣等）。

1.水泥

水泥是混凝土的重要组成材料，水泥在进场时必须具有出厂合格证明和试验报告，对其品种、标号、出厂日期等内容进行检查验收，并对水泥分批进行抽样复查试验。水泥进场后，应按品种、标号、出厂日期不同分别堆放，并做好标记，并应先进先用，不得将不同品种、标号或不同出厂日期的水泥混用。水泥要防止受潮，仓库地面、墙面要干燥。存放袋装水泥时，水泥要离地、离墙30cm以上，且堆放高度不超过10m。水泥存放时间不宜过长，水泥存放期自出厂之日算起不得超过3个月（快凝水泥为1个月），否则，水泥使用前必须重新取样检查其实际性能。对受潮的水泥，硬块应筛除并进行试验，根据实际强度用于附属工程中。已变质的水泥不得使用。

2.骨料

砂、石子是混凝土的骨架材料，因此又称粗细骨料。骨料有天然骨料、人造骨料，工程中常用天然骨料。

根据砂的来源不同，砂分为河砂、海砂、山砂。海砂中氯离子对钢筋有腐蚀作用，因此海砂一般不宜作为混凝土的骨料。粗骨料有碎石、卵石两种。碎石是用天然岩石经破碎过筛而得的粒径大于5mm的颗粒。由自然条件作用在河流、海滩、山谷而形成的粒径大于5mm的颗粒，称为卵石。粗骨料应采用坚硬、表面洁净的卵石或碎石，以碎石为好。

粗骨料原则上宜尽量选取较大粒径的颗粒，粗细之间具有适当的级配，以节约水泥、提高工程质量。但粗骨料的最大粒径不得超过结构最小边长的1/4和钢筋最小净距的3/4；在两层或多层密布钢筋结构中，最大粒径不得超过钢筋最小净距的1/2，同时不得超过100mm。

混凝土骨料要质地坚固、颗粒级配良好、含泥量小，有害杂质含量要满足国家有关标准要求。尤其是可能引起混凝土碱活性骨料反应的活性硅、云石等含量，必须严格控制。

3.水

混凝土拌和用水一般可以直接使用饮用水，当使用其他来源水时，水质必须符合国家有关标准的规定。含有油类、酸类（pH小于4的水）、硫酸盐和氯盐的水不得用作混凝土拌和水。海水含有氯盐，严禁用作钢筋混凝土或预应力混凝土的拌和水。

4.外加剂

掺入外加剂可以在不增加水泥用量的情况下，提高混凝土的质量，增强其施工性能，节约原材料，缩短施工周期，满足工程的特殊要求。外加剂的种类很多，根据其用途和用法不同，总体可分为早强剂、减水剂、缓凝剂、抗冻剂、加气剂、防锈剂、防水剂等。使用外加剂时，必须详细了解其性能，准确掌握其使用方法，不得盲目使用，一般应符合下列要求：

（1）所采用的外加剂必须是经过有关部门检验并附有检验合格证明的产品，并在使用前应复验其效果。不同品种的外加剂应分别存储，做好标记，在运输与存储时不得混入杂物和遭受污染。

（2）在外加剂的品种确定后，掺量要根据使用要求、施工条件、混凝土原材料的变化进行调整。如果使用一种以上的外加剂时，必须经过配合比设计，并按要求加入混凝土拌和物中。

（3）在钢筋混凝土中不得掺用氯化钠、氯化钙等氯盐；无筋混凝土的氯化钠或氯化钙掺量，以干质量计，不得超过水泥用量的3%；混凝土的总碱含量一般桥梁不宜大于$3kg/m^3$。

5.掺和料

在混凝土中加适量的掺和料，既可以节约水泥，降低混凝土的水泥水化总热量，也可以改善混凝土的性能。尤其是高性能混凝土中，掺入一定的外加剂和掺和料，是实现其有关性能指标的主要途径。掺和料有水硬性和非水硬性两种。水硬性掺和料在水中具有水化反应能力，如粉煤灰、磨细矿渣等；而非水硬性掺和料在常温常压下基本上不与水发生水化反应，主要起填充作用，如硅粉、石灰石粉等。掺和料的使用要服从设计要求，掺量要经过试验确定，一般为水泥用量的5%~40%。

（二）混凝土施工配合比及施工配料量

经过监理和有关方面批准后使用的实验室配合比，是以砂、石等材料处于干燥状态下为基准计算的。而在施工现场，砂石材料露天存放，不可避免地含有一定的水，且其含水量随着场地条件和气候而变化。因此，在实际配制混凝土时，就必须考虑砂石的含水量对混凝土的影响，将实验室配合比换算成考虑了砂石含水量的施工配合比，作为混凝土配料的依据。

二、混凝土的拌制

混凝土拌制就是对水、水泥和粗、细骨料等原材料进行掺和搅拌，使之形成质地均匀的混凝土拌和物的过程。若拌制不均匀就不能获得密实的混凝土，影响混凝土的质量。

在桥梁施工中，除零星工程的塑性混凝土可用人工拌制外，均应采用机械拌和。为了获得均匀优质的混凝土拌和物，应合理选用搅拌机的类型及型号，按施工配料计算结果进行严格计量配料，注意投料次序，控制最小搅拌时间。

（一）混凝土配料

混凝土配料一般要用称量工具称取，各种衡器应保持准确，计量器具应定期检定，经大修、中修或迁移至新的地点后，也应进行检定。每一工作班正式称量前，应对计量设备进行重点校核。对骨料的含水率应经常进行检测，雨天施工应增加测定次数，据以调整骨料和水的用量。配料数量的允许偏差应在允许范围内。

计放入拌和机内的第一盘混凝土材料应增加适量的水泥、砂和水，以覆盖拌和筒的内壁。

（二）混凝土搅拌时间

搅拌时间是指从原材料全部投入搅拌筒开始搅拌时起，到开始卸料时为止所经历的时间。它与混凝土搅拌质量密切相关，并随搅拌机类型和混凝土的和易性的不同而变化。

在一定范围内随搅拌时间的延长而强度有所提高，但过长时间的搅拌既不经济也不合理。因为搅拌时间过长，不坚硬的粗骨料在大容量搅拌机中会因脱角、破碎等而影响混凝土的质量。加气混凝土也会因搅拌时间过长而使含气量下降。为了保证混凝土的质量，混凝土搅拌的最短时间应按设备出厂说明书的规定，并经试验确定，且不得低于相关的规定要求。

（三）投料顺序

投料顺序应从提高搅拌质量、减少叶片和衬板的磨损、减少拌和物与搅拌筒的黏结、减少水泥飞扬、改善工作环境等方面综合考虑确定。常用的有一次投料法和二次投料法。

一次投料法是在上料斗中先装石子，再加水泥和砂，然后一次投入搅拌机。对自落式搅拌机要在搅拌筒内先加部分水，投料时砂压住水泥，水泥不致飞扬，且水泥和砂先进入搅拌筒形成水泥砂浆，可缩短包裹石子的时间。对立轴强制式搅拌机，因出料口在下部，不能先加水，应在投入原料的同时缓慢均匀分散地加水。

二次投料法是指将混凝土搅拌所需的材料分两次或多次投入搅拌机的过程。这种方法主要分为两种：预拌水泥砂浆法和预拌水泥净浆法。预拌水泥砂浆法是先将水泥、砂和水加入搅拌筒内进行充分搅拌，成为均匀的水泥砂浆后，再投入石子搅拌成均匀的混凝土。预拌水泥净浆法是先将水泥和水充分搅拌成均匀的水泥净浆后，再加入砂和石搅拌成混凝土。

三、混凝土的运输

混凝土的运输是指将混凝土从搅拌站送到浇筑点的过程。为了保证混凝土的施工质量，对混凝土拌和物运输的基本要求为：不产生离析现象，不漏浆，保证浇筑时规定的坍落度和在混凝土初凝之前能有充足的时间进行浇筑和捣实。

匀质的混凝土拌和物为介于固体和液体之间的弹塑性体，其中的骨料由于作用于其上的内摩阻力、黏聚力和重力处于平衡状态，而能在混凝土拌和物内均匀分布和处于固定位置。在运输过程中，由于运输工具的颠簸振动等动力的作用，黏聚力和内摩阻力将明显削弱。由此骨料失去平衡状态，在自重作用下向下沉落，质量越大，向下沉落的趋势就越强。由于粗、细骨料和水泥浆的质量各异，因而各自聚集在一定深度，形成分层离析现象，这对混凝土质量是有害的。为此，运输道路要平坦，运输工具要选择恰当，运输距离要限制；当运距较远时，应采用搅拌运输车运输。

混凝土运至浇筑地点后发生离析、严重泌水或坍落度不符合要求时，应进行二次搅拌。二次搅拌时不得任意加水，确有必要时，可同时加水和水泥以保持其原水灰比不变。如二次搅拌仍不符合要求，则不得使用。

四、混凝土的浇筑和捣实

混凝土浇筑要保证混凝土的均匀性、密实性和结构的整体性，外形尺寸准确，结构及钢筋、预埋件的位置正确，拆模后混凝土表面要平整、密实。

浇筑混凝土前，应对支架、模板、钢筋和预埋件进行检查，并做好记录，符合设计要求后方可浇筑。模板内面应涂刷脱模剂，模板内的杂物、积水和钢筋上的污垢应清理干净。

模板如有缝隙，应填塞严密。浇筑混凝土前，还应检查运至现场的混凝土的均匀性和坍落度。

（一）混凝土卸落

自高处向模板内倾卸混凝土时，为防止混凝土离析，应符合下列规定：

（1）从高处直接倾卸时，其自由倾落高度不宜超过2m，以不发生离析为度。

（2）当倾落高度超过2m时，应通过串筒溜管或振动溜管等设施下落；倾落高度超过

10m时,应设置减速装置。

(3)在串筒出料口下面,混凝土堆积高度不宜超过1m。

(二)施工缝留设与处理

混凝土施工原则上要连续进行,如因故必须间断时,其间断时间应小于前层混凝土的初凝时间或能重塑的时间。混凝土的运输、浇筑及间歇的全部时间不得超过规定,当需要超过时应预留施工缝,间断浇筑混凝土。

施工缝是指不同时间浇筑的混凝土之间临时的水平和垂直分界面,亦即新老混凝土之间的结合面。由于施工缝处新、老混凝土结合力较差,削弱了混凝土的整体性,是结构的薄弱部位,故施工缝的位置应在混凝土浇筑前确定,一般留置在结构受剪力和弯矩较小且便于施工的部位。

(三)混凝土浇筑

为保证混凝土的整体性,浇筑工作原则上要求一次完成;但由于较大的结构尺寸、振捣工具的性能、混凝土内部温度等的原因,有时必须分层浇筑。分层浇筑时混凝土应按一定厚度、顺序和方向浇筑,并在下层混凝土初凝或能重塑前浇筑完上层混凝土。每层混凝土的浇筑厚度应根据拌和能力、运输距离、浇筑速度、气温及振捣器工作能力来决定,一般为100~300mm,桥梁混凝土分层浇筑厚度不宜超过相关规定。

(四)混凝土振捣

混凝土密实程度决定了混凝土结构的强度、耐久性、抗冻性、抗渗性及表面质量,因此混凝土拌和物浇筑时,需采取必要的措施,以保证混凝土密实成型。混凝土拌和物密实成型的主要途径:一是借助于机械外力(如机械振动)来克服拌和物的剪应力而使之液化;二是在拌和物中适当多加水以提高其流动性,使之便于成型,成型后用离心法、真空作业法等将多余的水分和空气排出;三是在拌和物中掺入高效能减水剂,使其坍落度大大增加,可自流浇筑成型。目前施工中,多数采用振动密实成型。

混凝土振动密实的原理,在于产生振动的机械将一定频率、振幅和激振力的振动能量通过某种方式传递给混凝土拌和物,受振混凝土拌和物中所有的骨料颗粒都受到强迫振动,它们之间原来赖以保持平衡并使混凝土拌和物保持一定塑性状态的黏聚力和内摩阻力随之大大降低,使受振混凝土拌和物呈现出流动状态,混凝土拌和物中的骨料、水泥浆在其自重作用下向新的稳定位置沉落,排除拌和物中的气体,充填模板内的空间位置,从而达到所需的结构形状和密实度。振动机械按其工作方式分为内部振动器、表面振动器、外部振动器和振动台。

第六节 砌筑工程施工

在我国的公路工程施工中，中小型桥涵的拱圈、墩台、挡土墙及其附属工程经常采用圬工结构，常用石料及混凝土预制块件用砂浆或小石子混凝土砌筑而成。砌筑施工是我国传统的施工方法，有着悠久的历史。它取材方便、施工工艺简单、造价低廉，至今仍在各类工程中被广泛采用。

一、砌筑材料

（一）砌筑石料

砌筑石料应符合设计规定的类别和强度，石质应均匀、不易风化、无裂纹。按石料的外形可分为片石、块石和粗料石、拱石，其具体要求如下。

1. 片石

片石一般是指用爆破或楔劈法开采的石块，厚度不应小于150mm（卵形和薄片者不得采用）。用作镶面的片石，应选择表面较平整、尺寸较大者，并应稍加修整。

2. 块石

块石形状应大致方正，上下面大致平整，厚度200~300mm，宽度为厚度的1.0~1.5倍，长度为厚度的1.5~3.0倍（如有锋棱锐角，应敲除）。块石用作镶面时，应由外露面四周向内稍加修凿，后部可不修凿，但应略小于修凿部。

3. 粗料石

粗料石是由岩层或大块石料开劈并经粗略修凿而成的，外形应方正，呈六面体，厚度为200~300mm，宽度为厚度的1~1.5倍，长度为厚度的2.5~4倍，表面凹陷深度不大于20mm。加工镶面粗料石时，丁石长度应比相邻顺石宽度至少达150mm，修凿面每100mm长须有錾路4~5条，侧面修凿面应与外露面垂直，正面凹陷深度不应超过15.0mm。

镶面粗料石的外露面如带细凿边缘，细凿边缘的宽度应为30~50mm。

4. 拱石

拱石可根据设计采用粗料石、块石或片石；应立纹破料，岩层面应与拱轴垂直，各排拱石沿拱圈内弧的厚度应一致。用粗料石砌筑曲线半径较小的拱圈，辐射缝上下宽度相差超过30%时，宜将粗料石加工成楔形，其具体尺寸可根据设计及施工条件确定，但厚度t_1

不应小于200mm，t_2按设计或施工放样确定；高度h应为最小厚度t_1的1.2~2.0倍，长度l应为最小厚度l的2.5~4.0倍。

桥涵附属工程采用卵石代替片石时，其石质及规格须符合片石的规定。

（二）混凝土预制块

混凝土预制块形状、尺寸应统一，其规格应与粗料石相同，砌体表面应整齐美观。预制块用作拱石时，混凝土块可提前预制，使其收缩尽量消失在拱圈封顶以前，避免拱圈开裂；蒸汽养护混凝土预制块可加速收缩，可按试验确定提前时间。

（三）砂浆

常用砌筑砂浆为水泥砂浆和混合砂浆。其强度等级分为M20、M15、M10、M7.5、M5、M2.5六个等级，为70.7mm×70.7mm×70.7mm试件标准养护28d的抗压强度（单位为MPa）。水泥砂浆可用于潮湿环境中的砌体，混合砂浆宜用于干燥环境中的砌体。

1.原材料

砂浆中所用水泥、砂、水等材料的质量标准应符合混凝土工程相应材料的质量标准。

水泥的强度等级应根据设计要求进行选择。水泥进场使用前，应分批对其强度、安定性进行复验。当在使用中对水泥质量有怀疑或水泥出厂超过三个月（快硬硅酸盐水泥超过一个月）时，应复查试验，并按其结果使用。不同品种的水泥不得混合使用。

砂浆中所用砂，宜采用中砂或粗砂，当缺乏中砂及粗砂时，在适当增加水泥用量的基础上，也可采用细砂。砂的最大粒径：当用于砌筑片石时，不宜超过5mm；当用于砌筑块石、粗料石时，不宜超过2.5mm。如砂的含泥量达不到混凝土用砂的标准，当砂浆强度等级大于或等于MS时，可不超过5%，小于M5时可不超过7%。

砂浆所用生石灰，应成分纯正，煅烧均匀、透彻。一般宜熟化成消石灰粉或石灰膏使用，也可磨细成生石灰粉使用。消石灰粉和石灰膏应通过网筛过滤，并且石灰膏应在沉淀池内贮存14d以上。磨细生石灰粉应经4900孔/cm²筛子过筛。

凡在砂浆中掺入有机塑化剂、早强剂、缓凝剂、防冻剂等，应经检验和试配符合要求后，方可使用。

2.制备与使用

砂浆的配合比可通过试验确定，各组分材料应采用重量计量。当变更砂浆的组成材料时，其配合比应重新试验确定。施工中采用水泥砂浆代替水泥混合砂浆时，也应重新确定砂浆强度等级。

为便于操作，砌筑砂浆应有较好的和易性，即良好的流动性（稠度）和保水性。和易性好的砂浆能保证砌体灰缝饱满、均匀密实，并能提高砌体强度。砂浆稠度以标准圆锥体沉入度表示，用于石砌体时宜为50~70mm，气温较高时可适当增大。零星工程用砂浆的稠度，也可用直观法进行检查，以用手能将砂浆捏成小团，松手后既不松散又不从灰铲上流下为度。

为改善水泥砂浆的和易性，可掺入无机塑化剂或以皂化松香为主要成分的微沫剂等有机塑化剂，其掺量可参照生产厂家的规定并通过试验确定，一般为水泥用量的0.5/10000~1.0/10000（微沫剂按100％纯度计）。微沫剂宜用不低于70℃的水稀释至5%~10%的浓度，稀释后存放不宜超过7d。

砌筑砂浆应采用砂浆搅拌机进行拌制。自投料完算起，搅拌时间应符合下列规定：水泥砂浆和混合砂浆不得少于2min；掺用外加剂的砂浆不得少于3min；掺用有机塑化剂的砂浆，应为3~5min。

掺用外加剂时，应先将外加剂按规定浓度溶于水中，在拌和水时投入外加剂溶液，外加剂不得直接投入拌制的砂浆中。

砂浆应随拌随用，保持适宜的稠度，水泥砂浆和水泥混合砂浆应分别在3h和4h内使用完毕；当施工期间最高气温超过30℃时，应分别在拌成后2h和3h内使用完毕。

对掺用缓凝剂的砂浆，其使用时间可根据具体情况延长。在运输过程或在贮存器中发生离析、泌水的砂浆砌筑前应重新拌和；已凝结的砂浆不得使用。

（四）小石子混凝土

小石子混凝土的配合比设计材料规格和质量检验标准，应符合混凝土工程的有关规定。小石子混凝土的粗骨料可采用细卵石或碎石，最大粒径不宜大于20mm。小石子混凝土拌和物应具有良好的和易性，坍落度宜为50~70mm（片石砌体）或70~100mm（块石砌体）。为改善小石子混凝土拌和物的和易性，节约水泥，可通过试验，在拌和物中掺入一定数量的减水剂等外加剂或粉煤灰等混合材料。

二、砌筑方法

砌体施工应分层进行，各砌层应先砌外圈定位行列，然后砌筑里层，外圈砌块应与里层砌块交错连成一体。其基本程序为先砌角石，再砌面石，最后砌腹石。角石用以确定建筑物的位置和形状，在选石与砌筑时须加倍注意，要选择比较方正的大石块，先行试放，必要时须稍加修凿，然后铺灰安砌。角石的位置必须准确，角石砌好后，就可把样线移挂到角石上。面石可选用长短不等的石块，以便与腹石交错衔接。面石的外露面应比较平整，厚度略同角石。砌筑面石也要先行试放和修凿，然后铺好砂浆，将石翻回坐砌，并使灰浆挤紧。腹石可用较小的石块分层填筑，填筑前先铺坐浆。

各砌层的砌块均要安放稳固，砌块间砂浆饱满，黏结牢固，不得直接贴靠或脱空。按砌筑工艺不同，砌筑方法有铺浆法和挤浆法。

（一）铺浆法

先满铺一层砂浆，然后安放片石，使劲推紧，每层高度视石块尺寸确定，一般不应超过0.4m，并随时选择厚度适合的石块，用作砌平整理。在大的石缝空隙处先填满较稠的砂浆，用灰刀或捣固棒插实，选用适当的小石块填塞，再用手锤轻击填实，禁止把小石块铺完后采用灌浆的方法，以免造成干缝和空隙，影响质量。竖缝砂浆应先在已砌石块侧面铺放一部分，然后于石块放好后填满捣实。用小石子混凝土塞竖缝时，应以扁铁捣实。

（二）挤浆法

挤浆法一般分层砌筑，每分层的高度宜为0.7~1.2m。分层与分层间的砌缝，应大致砌成水平，即每3~4层石块找平一次，分层内的每层石块，按石块高低不平形状，安砌上层石块，不必铺通层找平砂浆。每砌一块片石，均应先铺坐浆，再将石块安上，经左右轻轻揉动，接着用锤子轻击石块，将灰缝砂浆挤压密实。在已砌好片石侧面继续安砌时，应在相邻侧面先抹砂浆，再砌片石，并向下面及抹浆的侧面用手挤压，用锤子轻击，使下面和侧面的砂浆挤实。

三、桥梁常用砌体施工技术要求

（一）基本要求

为了使砌体强度高、整体好，以有效抵抗作用在其上的外力，砌筑时必须注意以下事项：

（1）砌筑块材在使用前应浇水湿润，以免吸收砂浆中的水分；表面如有泥土、灰尘、水锈及其他杂质，应清洗干净，以利于块材与砂浆间的结合。

（2）砌筑基础的第一层砌块时，如基底为岩层或混凝土基础，则应先将基底表面清洗湿润，再坐浆砌筑；如基底为土质，可先夯实，然后直接坐浆砌筑。

（3）砌体应分层砌筑，较长时可分段分层砌筑，分段位置应尽量设在沉降缝或伸缩缝处，各段水平砌缝应一致，但两相邻工作段的砌筑高差一般不超过1.2m。

（4）在砂浆尚未凝固的砌层上，应避免受外力碰撞或扰动。砌筑中断后应洒水湿润，进行养护。重新开始砌筑时，应将原砌层表面清扫干净，适当湿润后，再铺浆砌筑。

（二）浆砌片石

浆砌片石应分层砌筑，宜以2~3层砌块组成一工作层，每一工作层的水平缝应大致找平。各工作层竖缝应相互错开，不得贯通。外圈定位行列和转角石，应选择形状较为方正及尺寸较大的片石，并且长短相间地与里层砌块咬接。砌缝宽度一般不应大于40mm，用小石子混凝土砌筑时，可为30mm~70mm。安砌时要选取形状及尺寸较为合适的片石，尖锐突出部分应敲除，注意将较大的片石使用于下层。竖缝较宽时，应在砂浆中塞入小石块，不得在石块下面用高于砂浆砌缝的小石片支垫。

（三）浆砌块石

块石砌体一般应分层平砌，每层石料高度应基本一致，外圈定位行列和镶面块石一般丁顺相间或两顺一丁排列。砌缝宽度不大于30mm，上下层竖缝错开距离不小于80mm；砌体里层平缝宽度不应大于30mm，竖缝宽度不应大于40mm，用小石子混凝土砌筑时不应大于50mm。

（四）浆砌粗料石及混凝土预制块

砌筑前，应按块材及灰缝厚度预先计算层数，选好料，砌筑时应严格控制平面位置和高度。镶面石应一丁一顺排列，且砌缝应横平竖直。

砌缝的宽度当为粗料石时不应大于20mm，当为混凝土砌块时不应大于10mm；上下层竖缝错开距离不应小于100mm，同时在丁石的上层或下层不宜有竖缝。砌体里层为浆砌块石时，其要求同浆砌块石。

四、砌体勾缝及养护

为保护灰缝，增强美观，浆砌石的外露面应勾缝。勾缝就是在砌体砂浆凝固前，先将缝内深度不大于2cm的砂浆刮去，待砌体达到一定强度后，用水将缝内冲洗干净，再用强度等级较高而且较稠的砂浆填塞，在缝面压实、抹光。砌体勾缝，一般采用凸缝或平缝，当浆砌较规则的块材时，可采用凹缝。勾缝砂浆强度不应低于砌体砂浆强度，一般主体工程不低于M10，附属工程不低于M7.5。流冰和严重冲刷部位应采用高强度水泥砂浆。石砌体勾缝应嵌入砌缝内20mm深，缝槽深度不足时应凿够深度后再勾缝。干砌片石勾缝时，应嵌入砌缝20mm以上。干砌片石护坡、锥坡的勾缝宜待坡体土方稳定后进行，一般可做平缝。浆砌砌体应在砂浆初凝后洒水覆盖养生7~14d。养生期间应避免碰撞、振动或承受荷载。

五、砌体工程的质量标准

砌体质量应符合下列规定：

（1）砌体所用各项材料类别、规格及质量符合要求。

（2）砌缝砂浆或小石子混凝土铺填饱满，强度符合要求。

（3）砌缝宽度、错缝距离符合规定，勾缝坚固、整齐，深度和形式符合要求。

（4）砌筑方法正确。

（5）砌体位置、尺寸不超过允许偏差。

对砂浆及小石子混凝土的抗压强度应按不同强度等级，不同配合比分别制取试件，重要及主体砌筑物，每工作班应制取试件2组；一般及次要砌筑物，每工作班可制取试件1组。拱圈砂浆应同时制取与砌体同条件养护试件，以检查各施工阶段的强度。

小石子混凝土抗压强度评定方法同一般混凝土，砂浆抗压强度合格条件为：同等级试件的平均强度不低于设计强度等级，且任意一组试件最低值不低于设计强度等级的75%。

第十章 市政路桥施工质量控制与检测

第一节 路面施工质量控制

一、路面工程施工的质量监督

（一）路面基层（底基层）施工

1.路拌法施工

在路拌法施工中，对于路面基层（底基层）的施工质量应密切监管以下几个关键环节：

（1）原材料的摊铺厚度和平铺的均匀性。

（2）原材料的含水量进行严格检验。

（3）控制拌和深度，采取措施避免夹层现象，确保拌和物的均匀性。

（4）施工过程中高程和横坡度的精确控制。

（5）选择合适的压实设备和碾压方法，检验碾压次数及压实效果的质量。

（6）接缝处的处理要保证连续施工段的平整。

（7）实施适当的保湿养生措施。

（8）控制水泥稳定材料的固化时间。

（9）对未成型基层实行有效的交通管理。

2.厂拌法施工

在厂拌法施工中，路面基层（底基层）施工的重点监控包括：

（1）原材料的质量检验，料场的硬化处理，以及不同规格石料的隔离措施。

（2）拌和机的配比准确性，特别是要防止粉状料造成喂料系统堵塞。

（3）精确检测各种原材料的含水率，并调整拌和水量，确保混合料达到最佳含水状态。

（4）在运输和卸载过程中防止材料离析，确保摊铺质量。

(5）控制摊铺的平整度，合理施工纵横向接缝，确保联动摊铺的协调。

(6）碾压后及时进行养生。

(7）保持施工便道通畅，保护未硬化的路段。

（二）沥青类路面施工

在沥青类路面施工中，应详细关注以下关键环节：

(1）沥青的型号与质量参数，以及其对应的使用环境。

(2）乳化沥青的质量参数及其原沥青的状态。

(3）石料的坚固程度，石料与沥青的黏合力，以及粗集料的形态、抗磨损性能、碎石值等特性。

(4）混合机的构造及功能，确保与工程需求相匹配。

(5）混合比的严格检测与控制，沥青用量的准确测量。

(6）严格监控温度，包括沥青加热、石料加热、混合料生产、摊铺过程及压实过程的温度。

(7）采取措施预防混合料离析。

(8）确保摊铺机与自卸车良好配合，实现持续均匀摊铺。

(9）施工厚度的精确控制。

(10）纵横接缝的精细处理。

(11）未冷却路面禁止车辆通行，实施沥青灌缝或表面处理的交通管制措施。

（三）水泥类路面施工

在水泥类路面施工过程中，以下要点需受到重点监控：

(1）水泥、石料及砂的质量必须符合标准。

(2）搅拌设备的效率、搅拌均匀度和配合比准确性必须达标。

(3）配合比精确性、可靠性检验、试件的制作及强度测试应彻底执行。

(4）控制摊铺、振捣和表面处理过程，正确设置拉杆和传力杆。

(5）实施有效措施预防混凝土离析。

(6）模板的竖直安装、相邻模板的高度差以及模板的稳固性，及在拆模时保护路面板。

(7）制作膨胀缝。

(8）切缝的方法、时机及缝隙填充。

(9）施行交通管制。

二、不同类型路面的质量控制

（一）水泥混凝土路面施工质量检查

1.基层、底基层和垫层的施工质量检查内容

基层和底基层作为路面结构的关键部分，其质量直接关系到整个路面的稳定性和耐用性。质量检查通常包括以下几个重点方面：

（1）原材料标准试验。施工前，必须对所有建设用材进行标准化的基本性质测试。这一步骤确保了所使用的材料符合施工标准，包括确认其物理和化学性质的稳定性。同时，应考察不同原材料与混合剂的兼容性，以预防因材料不匹配导致的质量问题。

（2）施工过程质量控制。在施工过程中，对各项关键参数进行严格控制是确保工程质量的基石。需要监控的主要参数包括集料的粒径分布、结合材料的用量、含水率、弯沉值、压实度及拌和物的均匀性等。这些控制点的合格与否直接影响到路面的均匀性和耐久性。

（3）外形尺寸检查。路面的外形尺寸是评价施工质量的直观标准之一。施工完成后，必须对路面的宽度、厚度、平整度等进行测量，确保各项指标达到设计要求。这一过程不仅涉及量具的精确使用，还包括对施工后成果的整体评估。

2.基层、底基层和垫层的施工质量评定标准

路面结构层施工完成后，须由专业的检查团队进行综合验收。这一步骤是评估整个施工过程是否符合设计文档和施工规范的重要环节。验收时，通常以1km长的路段为基本检查单位。在采用连续施工方法的项目中，也可以按每天完成的路段进行评估。这种方法有利于及时发现问题并进行调整。为保证检查结果的公正性和客观性，抽检的样本必须具有随机性。这意味着样本的选择既不能有预设的偏见，也不能人为选择特定的施工段落。

（二）沥青路面施工质量管理与检查验收

1.施工前的质量管理与检查验收

（1）施工前的材料与设备检查。材料的质量是保证施工质量的前提，因此对进场材料质量的控制是工程最重要的一环。因此，要保证材料的质量需要做好以下三方面。

①招标和订货：必须要求供应商提供包括检测报告在内的完整文件，以证明材料符合设计标准和相关规范的要求。这一过程不仅要求供应商提供合规的证明材料，还需确保材料的性能可以满足工程的具体需求。

②三方检验制度：所有进场的材料需经过三个层次的检验：施工方的实验室、监理方的试验室，以及独立的第三方甲级实验室。只有当这三方的检验结果均为合格时，材料才能被正式采用于施工。

③材料的妥善使用与存储：对材料的使用和存储方式也需严格管理。不当的使用或存储方法可能导致材料即便自身品质合格，也无法达到预期的施工效果，或因存储不当使材料性质发生变化，进而影响使用效果和效率。因此，科学地管理材料的使用和存储，对于保证施工质量有着不可忽视的影响。

（2）试验段铺筑和施工参数确定。对于高速公路和一级公路项目，铺设试验段是一个必不可少的步骤。通过实际的试验段铺设，可以准确地确定诸如松铺厚度、碾压遍数及最合适的机械配置等多个关键施工参数。这一步不仅有助于优化施工方案，还是确保道路质量的一个重要保障。

2.施工过程中的质量管理与检查验收

（1）拌和厂质量检查。在沥青拌和厂，技师和工程师必须对所有技术指标和工艺参数进行细致的检查。这种检查主要分为生产过程控制和产品质量检验两大类。生产过程控制主要涵盖以下几方面：

①通过目测方法初步评估。

②对每批拌和的混合料进行在线监测。

③测试混合料的总量。

④在实验室里进行各类检测。

在生产中，特别需要关注的三个控制参数包括矿料级配、油石比和拌和温度。至于沥青混合料的产品质量检验，则包括采样、筛分、马歇尔试验、矿料级配及其波动范围等项目。拌和厂在检测沥青混合料的体积指标时，必须使用与配合比设计相同的条件和实验方法。

（2）铺筑过程中的质量检查。在沥青路面的铺筑过程中，质量检查主要包括工程质量和外形尺寸两方面的检查。在铺筑阶段，有两个关键的在线监测措施需要执行：

①在摊铺过程中不断测量松铺厚度。

②在碾压过程中，利用核子仪重复检测密度。

重点应放在路面质量的监控上。质量检测的具体项目、频次和允许的差异由施工和监理双方共同执行，尽管国家标准没有具体规定检查责任分配。

（3）厚度的检测。在所有沥青路面指标中，达到厚度要求极具挑战性。在执行厚度检测时，主要使用以下无破坏检测方法：

①使用专门的松铺厚度测量插杆，亦称插尺。

②依据拌和数据进行总量核查。

③应用地质雷达进行检测。

（4）压实度的检测。压实度对沥青路面的质量和寿命有着决定性的影响。不足的压实度会导致路面的早期损坏，因此对压实度的评估至关重要。

①实行在线控制。在我国，沥青路面的压实度通常通过施工过程中的在线监测来检测。这一过程主要关注碾压技术的控制，以测定压实度为主，同时结合适当的钻孔检测进行抽查校验。

②防止过碾现象。对SMA混合料而言，持续碾压会导致沥青成分逐步上浮，表面结构变薄，石料的棱角磨损，进而不再提高压实度。若在混合料已完全冷却后继续碾压，不仅不会增强压实度，反而可能损坏石料。因此，在碾压混合料时，应特别注意避免过度碾压，超过特定碾压次数后，继续碾压反而会降低混合料的密度。

③控制渗水系数。确保路面的密水性是沥青路面基本要求之一，关系到路面的长久耐用性。渗水系数的控制对于密水性具有直接影响。在评估压实度和孔隙率时，多个相关系数的使用可能会增加数据操作的不透明度，而渗水系数的直接测量因其直观性而受到越来越多国家的重视。这种检测方法的增加，有助于更准确地评估和控制路面质量。

第二节 桥梁施工质量控制

桥梁作为现代城市中不可或缺的基础设施，其建设不仅跨越河流、海洋和峡谷等自然障碍，还极大地促进了区域交通的发展和经济的繁荣。因此，确保桥梁施工的质量不仅关系到交通的便捷和安全，更是城市建设中的重要环节。在桥梁的设计和施工过程中，工程师必须面对众多挑战，仔细考量各种可能影响桥梁安全和功能的因素。如果桥梁存在质量问题，也会存在安全隐患，为了避免桥梁会出现安全隐患，就必须抓好桥梁质量控制工作。

一、桥梁施工的质量评定

（一）单位、分部、分项工程划分

桥梁建设项目根据施工管理、建设任务和质量评定需要划分为三种工程，即单位工程、分部工程和分项工程。

1.单位工程

单位工程是在桥梁建设项目中，根据施工任务和签订合同中的相关内容，具有独立施工条件，可以单独作为成本计算的工程。

2.分部工程

分部工程是指在单位工程的基础上,根据结构特点和施工技术要求,将单位工程进一步划分为若干工程。这种划分有助于专项团队聚焦于具体的建设任务,提高施工效率和质量。

3.分项工程

分项工程是对分部工程的进一步细化,通常根据使用的材料、施工方法和具体工序进行划分。每一个分项工程都需要严格按照技术规范执行,确保施工质量符合标准。

(二)工程质量评分方法

在施工单位完成各分项工程之后,必须对桥梁施工中的实际测量项目及其外观进行自我检查。此项检查应依据既定的标准执行。在这一流程中,监理工程师必须亲自验证相关工作,质量监管部门则依据施工自检的资料进行评分,评分标准采用百分制。

1.分项工程评分方法

(1)分项工程评分

①各个检查项目在实测项目中的总得分。

②资料不完整将被扣分。

③对外观的缺陷也需要扣分。

(2)扣分

①在外观有缺陷的情况下,每个分项工程最多扣除5分;若外观缺陷较为严重,则需要进行修复,但外观无缺陷则不增加分数。

②资料不全每项扣除1~3分,具体扣分依据资料的完整性而定。

2.分项工程和单位工程评分方法

分项工程与单位工程按照一般工程和主要工程,分别用数字1和2表示。对这些工程的评分,应采用加权平均的方法计算。

(三)工程质量等级评定方法

工程质量评定时,需综合考虑分项工程、分部工程、单位工程以及整个桥梁建设项目的主机评定。评定等级分为三类:优良、合格和不合格。

1.分项工程质量等级评定

分项工程的质量等级主要根据评分划分,评分85分以上的为优良;评分在70分以上至85分以下的为合格;评分低于70分的为不合格。

对于评分不合格的分项工程,可以实施加固、返工或补强等措施。在修复措施使工程达到设计要求及评定标准后,可重新评定质量等级(可能评定为合格或优良)。但如果加固和补强改变了原有结构外形，导致存在历史性缺陷，则不应评定为优良。

2.分部工程质量等级评定

分部工程评为优良的标准是分项工程全部合格，并且分部工程中主要分项工程评为优良，加权平均分达到85分以上。

分部工程评为合格的标准：①主要分项工程没有全部达到优良的标准，但加权平均分在85分以上；②分项工程全部合格，但加权平均分在85分以下。以上符合任意一点都能在分部工程中评为合格。

分部工程不合格的情况只有一种就是分项工程没有全部达到合格标准。

3.单位工程质量等级评定

单位工程评判优良的标准：所属各个分部工程全部合格，并且主要分部工程全部评为优良，加权平均分达到85分以上。

单位工程评为合格的标准：①主要分部工程没有全部达到优良标准，但是加权平均分达到85分以上；②分部工程全部合格，但加权平均分在85分以下。符合以上任意一点都能在单位工程中评为合格。

若单位工程中的次要分部工程中的某主要分项评为合格，则该单位工程不能评为优良；若单位工程的次要分部工程中的某主要分项工程评为合格，则该单位工程可能评为优良；如分部工程未全部达到合格标准，则该单位工程为不合格。

4.桥梁建设项目质量等级评定

对桥梁建设项目进行优良等级评定时，需要各单位工程的合格率达到或超过80%。若不足80%，但单位工程均达到合格标准，该建设项目也可被看作合格的。反之，如果存在不合格的单位工程，则整个桥梁建设项目评定为不合格。

二、桥梁施工的质量控制

（一）涵洞与通道施工安全技术与风险控制

1.施工放样

（1）风险分析

①在钉设木桩过程中，若工人站于锤击方向对面，可能遭受飞行物体的打击伤害。

②在森林或草地进行测量作业时，如工人抽烟或使用明火，极易引起火灾。

③测量时若随意丢弃钢钎或桩锤等工具，可能造成飞行物体的伤害。

④夜间开展水文测量，如照明设备不足，测量人员可能因视线不清而落水，造成溺水事故。

⑤在高压线下测量，若未保持安全距离，容易发生触电事故。

⑥野外遇到雷雨天气时，若缺乏避雷设施，避雨于大树或高压线下可能遭受雷电击中危险。

⑦在陡峭斜坡进行施工测量时，如果工作人员未佩戴安全带，可能发生坠落或被飞行物体击中。

⑧在未进行交通控制的道路上测量，如未设置警示标志，可能遭遇车辆撞击事故。

（2）风险控制重点

在进行桥梁施工放样时，必须严防火灾、雷击、高空坠落和飞行物体伤害等事故。

①雷雨天气下，禁止人员在高压线或大树下避雨，避免雷击事故。

②钉设木桩时，需确保锤击的对面无人站立，防止飞行物体造成伤害。

③在陡坡进行测量作业时，测量人员必须佩戴安全带并确保安全带固定牢固，以防高处坠落。

④在森林或草地测量时，禁止一切火种，以防火灾发生。

⑤在高压线下施工时，根据电线电压和距离安全要求设定工作区域，确保作业安全。

（3）风险控制技术

①在高压线附近工作时，应确保有足够的安全距离。

②雷雨天气下，测量人员不得在高压线或大树下停留。

③在森林密草中施工时，应警惕潜在的有害动植物。

④大雨天气中，应防止人员在易发生地质灾害的区域停留。

⑤水文测量人员应佩戴救生衣，夜间作业时需要保证充分照明。

⑥在森林中进行施工测量时，应遵守防火规定，严禁使用明火。

⑦道路上进行测量作业时，应确保谨慎穿行，避免与车辆发生冲突。

⑧在道路中进行测量作业时，应有专人持指挥棒或小红旗指挥车辆避让；现场指挥人员应佩戴警哨，发现紧急情况吹哨预警，现场作业人员必须服从指挥。

2.基础开挖

（1）风险分析

①使用吊斗提取土壤时，若人员站立在吊斗下方，可能遭受坠落物体的打击伤害。

②若基坑挖掘未依照规定设置斜坡，可能引发坑壁崩塌，导致打击和窒息伤害。

③若基坑顶部未设排水沟，阴雨天可能导致地表水涌入基坑，冲毁坑壁。

④对地下管线和构筑物缺乏足够调查，盲目施工可能损坏管线，引起管线破裂。

⑤基坑挖掘时遇到坑壁松动或出现涌水、涌沙现象，若不采取防护措施继续施工，易引发坑壁崩塌事故。

⑥机械与人工开挖同时进行时，操作不当或注意力不集中可能导致机械伤害。

⑦在地质未明的情况下横穿特定区域，未适当防护可能引起大面积滑坡。

⑧基坑挖掘可能影响周边建筑或设施稳定性，若未采取防护措施，可能导致电线杆倾倒或电击事故。

（2）风险控制重点

①挖掘基坑时，在软基地区应加固支护，防止坑壁坍塌。

②基坑挖掘需遵守放坡规定，以预防坑壁崩塌。

③基坑顶部严禁堆积重物，避免坍塌和物体打击事故。

④基坑开挖过程中，遇坑壁涌水、涌沙时应立即暂停施工，防止基坑进一步坍塌。

（3）风险控制技术

①用吊斗出土时，应有防护措施，吊斗不得碰撞支撑。

②严禁采用局部深挖方式从基坑底部向外掘土。

③基坑开挖时，废土堆放应保持适当距离，不影响坑边稳定。

④使用机械开挖时，确保地基承载力足够，防止机械倾覆。

⑤在松散地层或细沙层中开挖时，先行安全防护。

⑥视地质与水文情况进行基坑按规定坡度分层挖掘。

⑦完成基坑开挖后，应围设警戒线防止机械或行人坠入，且设置安全警示标识。

⑧施工前应清除基坑周边可能滚落的石块，以避免打击伤害。

3.基础施工

（1）风险分析

①施工场地非法用电，存在触电风险，可能会造成人员伤亡。

②若工人未依规佩戴防护装备，容易发生机械损伤及被物体击中。

③如果地基不稳固，进行作业时重型设备如打桩机或钻机可能倒塌，引发机械伤害事故及增加被物体击中的危险。

④若危险区域未设定必要的防护措施及警示标识，例如，未在深基坑周边设置安全警戒线，可能导致高空坠落事故。

⑤机械操作人员未经培训即上岗，操作不当，增加了机械伤害和物体打击的风险。

⑥对基坑支护的变形未进行及时检查与处理，若出现明显变形而未采取措施，极易引起基坑塌陷事故，导致在坑内作业的工人遭受物体击打伤害或窒息。

⑦如机械设备未经规定检验且存在缺陷，工作人员若不知情，则可能发生重大事故。例如，若起重机的钢丝绳严重磨损，在吊起重物时可能突然断裂，造成物体打击伤害。

⑧如果未采取有效的排水措施，未能及时排除施工中的地下水或泉水，将严重影响施工进度。多余的积水浸湿围岩，也可能导致涵洞发生坍塌，造成人员窒息事故。

（2）风险控制重点

基础施工过程中，须重点防范触电伤害、人员窒息事故、机械伤害和物体打击伤害等。

①在施工期间应严格遵守电力使用规范，防止发生触电事故。

②必须在危险区域设置符合规定的防护措施和警告标识。

③应定期检查基坑支护的变形情况，并在发现任何异常时立即采取措施，以避免基坑坍塌。

④施工人员须正确穿戴个人防护装备，并确保安全带系紧，预防物体打击和高空坠落事故。

（3）风险控制技术

①所有机械设备在投入使用前必须经过严格检查，并在验收合格后方可使用。

②在施工现场周围设立围栏和警示标识，严禁非工作人员的进入及操作。

③在机械设备进场前，应仔细检查其行进路径的承载能力和空间限制，确保设备能够安全通过。

④在手工搬运重大石料或设备时，应确保绑紧并动作协调，慢慢地放置，以防止物体滚落造成伤害。

⑤操作机械设备的工作人员必须身体健康，且经过专业培训和考试合格，才能独立操作，严禁操作与其操作证不符的机械。

⑥在进行涵洞施工前，应进行周密的排水设计，包括洞体排水和基础排水，并严格按照设计图纸进行施工，禁止未经批准的变更。

4.涵洞墙身施工

（1）风险分析

①地面放置管节不平整时，可能导致管节损坏。

②涂抹墙身的混凝土分布不均，存在气泡或鱼鳞状缺陷，这将影响施工的整体质量。

③挡板支撑不达标，若挡板质量不合格或不符合施工标准，可能无法发挥其应有的作用，引起部分涵洞坍塌，存在窒息的风险。

④选用的涵洞沉降缝材料不当，可能影响沉降缝的质量，极端温差变化时，沉降缝可能无法正常工作，从而可能缩短涵洞的使用寿命。

（2）风险控制重点

在涵洞墙身施工阶段，应特别注意防止洞身坍塌和管节损坏。

①运输和安装管节时，应小心避免管节因碰撞而受损。

②涵洞沉降缝的端面应保持垂直和平整，避免上下错位影响沉降效果。

③禁止混凝土车司机及现场工人随意向混凝土中加水，以免产生鱼鳞纹。

④安装及拆除墙身模板前，必须检查坑壁是否稳定和牢固，防止洞身坍塌。

（3）风险控制技术

①在布置钢筋接头时，应选择承受应力较低的区域，并尽量散布安放。安装钢筋需确保其位置准确、混凝土层厚度符合标准。同时，应及时清理拆除的模板和废料，且钉子需要拔除或弯曲处理。

②在施工场地较为狭窄且机械设备频繁操作的区域，应配备临时交通指挥人员以确保安全。

③使用起重机进行吊装作业时，必须确保吊点的正确性；在进行人工辅助作业时，也应特别注意人员的安全。

④起重机在装卸管涵过程中需由信号工进行指挥，且在风力达到6级或以上的条件下严禁进行吊装作业。

⑤吊起管节时，应避免钢丝绳直接环绕管节，而应采取适当措施以防管节损坏。

⑥涵洞墙身沉降缝的填缝材料需具备良好的弹性、防水性和耐久性，并需确保填充紧实无缝隙。

⑦在移动、堆放、装卸及施工预制件如盖板、圆管、拱圈等时，应采取措施避免碰撞。

⑧在拱圈和盖板就位浇筑过程中，应确保拱架、支撑及模板的牢固性，并应搭建脚手架平台和栏杆以进行安全防护。

⑨在进行起重作业之前，必须检查起重机的制动器、吊钩、钢丝绳及安全防护装置是否处于良好状态，绝对禁止带病机械操作。

⑩在进行涵洞施工时，必须根据规定正确使用挡板支撑。首先应选择质量优良的挡板材料，其次确保整个支撑步骤严格遵守施工规范。

5.涵洞出入口砌筑

（1）风险分析

①在人员高处作业过程中，若脚手架搭设不牢固，可能会引发从高处坠落的事故。

②在处理碎石作业期间，若防护不周，飞溅的石块可能导致人员受伤。

③不当使用电源，如线路陈旧或操作不当，可能导致触电事故。

④在人工搬运石料过程中，如果捆绑不紧固，石块可能会滚落，造成伤害。

（2）风险控制

在涵洞出入口砌筑过程中，需要特别注意防止高处坠落和物体打击的风险。

①确保电源使用符合安全规范，严禁违规操作电源，以防触电。

②在执行碎石作业时，操作人员应采取适当的安全措施，防止飞石造成伤害。

（3）风险控制技术

①进行高空作业前，施工人员须正确佩戴安全带，并采取充分的防护措施。

②涵洞口及相关结构（如帽石、端墙、翼墙）应保持平整，无弯曲现象，表面干净。

③人员在高空作业前，必须检查脚手架的稳固性，以防止脚手架意外倒塌造成伤害。

④人工搬运较大石料时，必须确保安全捆绑，动作要协调一致，并缓慢平稳地放置石料，以防止石块滚落导致伤害。

6.墙背回填

（1）风险分析

①在施工期间，混凝土或钢筋混凝土预制构件可能因碰撞而受损。

②若墙背回填过早，而盖板的强度尚未达到预定标准，可能导致涵洞结构坍塌，引发工程重大故障。

③在使用挖土机和起重机过程中，非规范操作可能引起机械性伤害，如手部或身体部位被机器卷入或划伤。

④工人若在饮酒后或过度疲劳状态下操作，可能由于操作失误影响工程质量，特别是在高空或近电源作业时，更容易发生坠落或触电事故。

（2）风险控制重点、在进行墙背回填时，应特别注意预防机械伤害。

①在填土层较薄时，应禁止车辆和机械直接越过，避免压坏下方结构。

②在搬运和堆放混凝土或钢筋混凝土预制构件过程中，应谨慎操作，避免发生碰撞。

（3）风险控制技术

①电工和电焊工作人员必须穿戴绝缘鞋和绝缘手套，且须持有相应资格证书。

②夜间作业时，现场应配备充足的照明设施，尽可能在白天进行混凝土浇筑。

③起重机操作时，作业地面应坚实平整，支脚垫支稳固，作业范围内应无障碍物。

④起重机在电线附近作业时，应确保起重臂、钢丝绳或吊装物品与电线保持约3米的安全距离。

⑤填筑作业应从涵洞两侧开始，分层对称进行压实，大型机械通过时，顶部填土厚度应经过严格检验。

⑥严禁在酒后或疲劳状态下进行作业。

⑦运输混凝土过程中应防止离析、漏浆或过度坍落度损失，如运到浇筑点后发生离析，应在浇筑前重新搅拌，但禁止加水。

（二）渡槽施工安全技术与风险控制

1.土方工程施工

（1）风险分析

①若将废弃土堆置于进出水池边缘，可能引起池边坡不稳，进而导致水池结构坍塌。

②从挖掘地点将废土运输至弃渣场的过程中，如果距离较远或途经车流密集地区，驾驶员的疲劳或酒驾可能引发交通事故。

③在机械和人工挖掘同时进行时，操作挖掘机的人员如果操作失误，或人工挖掘的工人注意力不集中，可能导致挖掘机与工人相撞，造成人员伤害。

④在进行原基础的回填夯实作业时，如果密实度未达标准，可能会导致基础发生不均匀沉降，影响渡槽的使用，严重时可能引起渡槽垮塌，尤其是在车流较大的地区，还可能发生严重的交通事故和物体撞击伤害。

（2）风险控制重点

在土方工程施工中，应特别注意防范机械伤害、车辆事故及结构坍塌等风险。

①禁止在水池槽口区域堆放废土，防止边坡失稳导致结构损坏。

②开挖基坑时，必须按照安全规程进行斜坡处理，以防坍塌和物体打击。

③在进行基底回填夯实时，应选用合适的砂砾进行分层填充，确保每层密实度符合标准，防止渡槽发生坍塌事故。

（3）风险控制技术

①确保回填土层层紧实，每层土的压实度需要达到96%以上。

②加强施工人员的安全教育，严禁在酒后或疲劳状态下工作。

③使用挖掘机作业时，应采取适当防护措施，避免挖斗与周边设施发生碰撞。

④在执行基坑挖掘工作时，必须遵守斜坡处理规定，确保边坡具有足够的承载能力。

⑤当机械挖掘与人工挖掘同步进行时，两者之间应保持必要的安全距离。

2.钢筋施工

（1）风险分析

①在大量钢筋叠放时，从底部取用部分钢筋时可能导致上层钢筋滑落，形成较大范围的滑落，进而造成物体打击伤害。

②在进行钢筋切割作业时，如果工人配合失调或注意力分散，可能会引起切割机的误操作，造成切割伤害。

③若钢筋设计尺寸不达标，可能会使混凝土的保护层过厚或过薄，不仅增加维护难

度，还可能缩短结构的寿命。

④钢筋的实际使用数量或形状与设计不符，如钢筋数量不足，可能导致钢筋的承载能力不足，提前出现疲劳损伤。

（2）风险控制重点

在钢筋施工阶段，主要防范机械伤害和物体打击。

①进行钢筋切割作业时，周围区域应禁止非作业人员进入，避免发生意外伤害。

②在钢筋加工前，技术负责人需仔细核对钢筋的规格和数量，确保与设计要求一致。

（3）风险控制技术

①钢筋堆放应注意控制堆放高度，避免因堆放过高造成下层钢筋不稳定，引发安全事故。

②钢筋加工前应严格按照施工图纸进行下料，并在施工前经过严格检查。

③使用钢筋切割工具时，应注意安全，严禁在高处随意抛掷工具或钢筋，防止因高空抛物造成安全事故。

3.模板施工

（1）风险分析

①如果模板安装不牢或脚手架搭建不稳，可能导致预制构件强度不达标或脚手架坍塌。

②在安装模板时，脚手架的承载力不足可能使作业人员从高处坠落，造成严重伤害。

③在拆除模板时若用力过猛，可能会导致模板破损，若模板与混凝土黏合过紧，也可能损伤结构。

④若过早拆除模板，未能让混凝土达到应有的强度，可能影响结构的外观和耐用性，同时增加拆模的难度。

⑤使用未经检验或维护的模板，可能因模板性能不稳定而增加施工风险。

（2）风险控制重点

在模板施工阶段，应重点预防高空坠落、机械伤害和物体打击。

①禁止使用未经过检查和维护的设备，以防机械故障引发伤害。

②在拆除模板时，应确保混凝土强度已达到设计要求，避免过早或过猛拆模，以防造成结构损伤和安全事故。

（3）风险控制技术

①在模板接缝处嵌入海绵条，防止砂浆泄漏。

②拆模时应缓慢用力，拆下的木料和螺钉应及时清理并妥善存放，避免遗失和引发

危险。

③仅当混凝土的强度足以保证不因拆模而损伤其表面和边角时,方可开始拆除侧模板。

④在现场浇筑渡槽时,必须确保脚手架、模板和施工平台稳固可靠,并对承重构件进行彻底检查,周围设立安全防护措施。

⑤选择复合木模板或钢模板,确保模板具有足够的强度、刚度和稳定性,能承受混凝土浇筑时的重量和侧向压力,以及施工过程中的载荷。

4.混凝土施工

(1)风险分析

①在进行混凝土喷射作业时,若前方有其他工人存在,可能会造成打击伤害。

②作业人员在进行混凝土喷射时,若未戴安全帽、口罩等防护装备,极易发生安全事故。

③喷射设备若出现故障,而操作人员未能及时检查,混凝土可能会意外喷出,导致打击伤害。

④在喷射过程中,若操作人员碾压或踩踏管路,可能导致喷射头方向失控,严重时管路破裂,对施工造成阻碍。

⑤若混凝土的水胶比设计不当,会造成混凝土过湿或过干,给喷射操作带来困难,且可能影响混凝土的强度。

⑥混凝土的养护环境若不符合温度、湿度或时间要求,可能导致其抗压及抗剪强度下降,影响结构的稳定性和耐用性。

(2)风险控制重点

在混凝土施工中,必须特别注意防止物体打击伤害。

①在喷射混凝土时,严禁碾压或踩踏管路,避免造成管路爆裂的危险。

②喷射时,确保喷嘴不对准人员所在方向,防止发生安全事故。

③严格控制混凝土的水胶比,避免由于混凝土过干或过湿引起的施工难题。

④在喷射操作中,应指定专人负责设备操作和指挥,一旦设备出现故障,应立即停止供水和供风后处理,以防伤害。

(3)风险控制技术

①在喷射混凝土时,工人必须正确穿戴安全帽、口罩等个人防护装备。

②作业前,应彻底检查工作现场、管路连接、压力表和安全阀等设备状态。

③在混凝土养护期间,确保合适的湿度和温度,养护时间不得少于14天。

④对于易渗水的坑壁,喷射顺序应从上往下,喷射后两小时内进行湿润养护。

⑤混凝土应通过机械拌和、振捣,并在浇筑前检验砂石和水泥质量,确保按照配比

施工。

⑥对于干燥的坑壁，喷射应从下往上进行，每次挖掘后应及时进行保护，喷射后两小时内进行湿润养护。

⑦应尽可能在施工现场直接拌制混凝土，若需运输，运输时间不应超过20分钟，如混凝土出现离析、泌水现象或坍落度不符时，应废弃。

5.槽身施工

（1）风险分析

①操作成槽机和起重机时，若有人员站立在吊臂下方，存在被物体击中的风险。

②从事高空作业的工人若不依规穿戴个人防护装备，有发生坠落事故的危险。

③若起重和吊装作业中存在操作不当，轻则可能导致设备故障，影响工程进度；重则设备可能撞到工人，造成人员伤害。

④在渡槽梁起吊及架设过程中，如果与桥墩或已安装的渡槽梁相撞，可能轻微损坏梁的结构，严重时可能导致梁废弃。

⑤在跨越公路或铁路施工时，若无适当的防护措施，可能导致过往车辆撞击构筑物，且施工材料掉落可能砸伤过路行人和车辆。

⑥若保护措施不全面或监护人员不到位，作业人员在下槽或清理孔内障碍时，未采取必要的安全措施如系安全绳，可能发生高处坠落事故。

（2）风险控制重点

槽身施工中应主要防范高处坠落伤害、物体打击伤害及车辆伤害。

①成槽机和起重机运作时，严禁人员在吊臂下方活动，以预防物体打击伤害。

②高空作业人员必须正确穿戴劳动防护用品，并系紧安全绳，防止高处坠落。

③渡槽梁施工时，如下方有行人或车辆通过，必须采取适当的防护措施，防止物体打击事故。

（3）风险控制技术

①渡槽梁在起吊和安装时，须注意避免与桥墩或已安装的渡槽梁发生碰撞。

②跨越道路施工时，应设立防护棚等防坠落设施，确保不会有物体掉落伤人或车辆。

③在道路施工地段，应设置高度和宽度限制的门架，禁止超标车辆通过，同时支架和支墩处安装防撞设施。

④进行起重吊装作业时，非施工人员禁止进入施工现场。

⑤两台起重机同时作业时，应确保负荷均匀分配，每台机械负荷不得超过其承载的80%，以避免因超载引发的起重事故。

第三节 公路工程施工检测

一、公路工程施工检测基础

(一) 试验检测的意义

公路交通在我国经济建设中占据着举足轻重的地位，正以前所未有的规模和速度推进。随着公路工程建设的高速发展，工程质量也日益受到关注。随着公路建设管理体制的变革，越来越多的工程项目开始采用世界银行贷款和多种资金筹措方式。工程建设普遍采用招投标及监理系统，形成了由政府监管、社会监督及企业自检构成的质量保障体系。在此体系中，试验检测作为各级质量监督部门、建设监理机构及施工企业控制质量的主要工具，是依据国家及交通运输部发布的相关法规、技术标准和规范来执行的。

公路工程试验检测机构的主要任务是对公路工程项目或产品进行检测，并根据检测结果评估工程或产品的质量状况。因此，完善试验检测机构的工作制度、制定细致的检测操作规程、合理配备试验检测人员对提升公路工程试验检测水平具有切实的重要性。

桥涵试验检测技术是大跨径桥梁施工控制、新桥型结构性能研究、各类桥涵施工质量控制和评定工作的重要手段。认真执行桥涵试验检测工作，对于提高我国大跨径桥梁的建设水平和桥涵工程的质量具有极为重要的意义。

第一，对于在施工中的大跨径悬索桥、斜拉桥、拱桥和连续刚构桥，为了使结构达到或接近设计的几何线形和受力状态，施工各阶段需对结构的几何位置和受力状态进行监测。此过程中，工程团队必须实施严格的监测体系，通过持续的测试和检测，对结构的每一阶段进行精确的几何定位和受力分析，从而预测和调整后续施工的关键变量，确保结构按设计意图正确实施。

第二，对于各类常规桥涵，试验检测则是控制施工质量的主要手段。施工开始前，施工单位必须对所有原材料、成品、半成品进行严格的质量鉴定，以确认这些材料是否符合国家标准和设计规范的要求。这一步骤决定了材料是否可以用于后续的建设活动。在桥梁定位和每一个施工环节完成后，同样需要通过试验检测来确认构造部分是否达到了预定的质量标准。只有在通过这些测试后，工程才能继续进行下一阶段。如果检测结果不符合标准，则必须采取相应的补救措施或重新施工。工程全面完成后，还需进行综合检测和质量等级评估，并在必要时进行荷载试验，以全面评价结构的承载能力是否满足设计要求和规范。

第三，对于新桥型结构、新材料、新工艺，必须通过试验检测鉴定其是否符合国家标准和设计文件的要求，同时为完善设计理论和施工工艺积累实践资料。

第四，试验检测又是评价桥涵工程质量缺陷和鉴定工程事故的手段。通过对事故或质量缺陷进行科学的数据分析，可以准确地判定问题的性质、范围和程度，合理评估损失，明确责任，并总结宝贵的经验教训。

公路工程的试验检测不仅是施工技术管理的重要部分，而且是整个建设过程中质量控制和竣工验收的核心环节。通过这些严格的测试和检测，可以最大限度地利用当地资源，加快新材料、新技术和新工艺的推广应用。此外，试验检测还能通过定量方法科学评估各种材料和构件的质量，确保工程质量达标，从而在提高工程质量、加快建设速度、降低成本及推动技术进步等方面发挥至关重要的作用。总之，公路工程中的试验检测技术综合了基本的理论、操作技能及相关学科知识，是工程设计、质量控制、验收评定和养护管理决策的主要依据。

（二）试验检测方法和规程

（1）作为学术研究手段进行的试验检测；

（2）作为设计依据参数进行的试验检测；

（3）作为工程质量控制检查或质量保证进行的试验检测；

（4）作为竣工验收评定进行的试验检测；

（5）作为积累技术资料进行的养护管理或后评估试验检测；

（6）作为工程质量事故调查分析进行的试验检测。

（三）试验检测工作细则

每项试验检测方法应根据国家或部颁布的有关现行最新技术标准、操作规程和有关行业工作规范制定详细的实施细则。

1.制定实施细则的必要性

由于有些标准规定得不细，并且有些质检机构的检测操作人员可能是刚刚上岗，虽然已通过本单位的考核，但不一定很熟练。更重要的是质检机构的工作就像工厂生产产品一样，每一步都应该按工艺要求进行详细的实施，为此必须制定有关实施细则。

2.实施细则的内容

（1）技术标准和规定要求：细则应明确各项试验检测的技术标准和规定，确保试验操作的规范性。

（2）抽样方法和样本大小：明确抽样方法和样本的数量，确保样本具有代表性，可以准确反映整体工程质量。

（3）检测项目和参数：具体列出所有检测项目和被测参数的允许变化范围，确保每项参数都能在允许范围内精确测量。

（4）检测仪器和设备：详细说明使用的仪器和设备型号、量程、准确度，保证检测数据的准确性。

（5）检测人员组成：明确检测团队的组成，每个成员的资质和职责，确保团队的专业性和操作的正确性。

（6）仪器的检查和标定：规定对检测仪器定期进行检查和标定的项目和结果记录，确保仪器状态良好，数据可靠。

（7）环境条件的检查：从保证计量检测结果的可靠性出发，详细规定环境条件的检查项目和范围。

（8）异常和事故处理：提出在检测过程中应对异常现象和意外事故的具体处理方法，确保问题能够得到及时有效的处理。

（9）检测结果的处理与分析：详细描述检测结果的计算、整理和分析方法，以及结果的允许变化范围。此外，还应明确指出，对于整体工程项目或新产品进行质量判断时，必须进行抽样检测，以保证评估的全面性和准确性。对于送样检测的产品，应强调检测结果仅对样品本身负责，不能代表整体产品的质量。

（四）试验检测原始记录

原始记录是对试验检测结果的真实记录，严禁擅自修改或删除。每项试验检测的原始记录都应按照统一的格式记录，具体的格式可根据不同的检测要求调整。这些记录通常包括：产品名称、型号、规格；产品编号、生产单位；检测项目、检测编号、检测地点；温度、湿度；主要检测设备的名称、型号和编号；检测数据、数据处理结果；操作检测人员、审核人员；试验日期等信息。

记录表中还应详细记录所需的所有信息及其他必要信息，这样在检测过程中如有误差，便于追溯问题所在环节。依据这些原始记录，可以在一定的精确度下复现检测过程。通常，试验检测的原始记录应使用墨水笔书写，确保内容的完整性，并应有操作人员及校核人员的签名确认。

如原始记录需更改，必须在错误的数据上画两条横线，并在上方正确记录新数据，更改者还需签名并盖章确认。所有原始记录应进行统一管理，保存期限通常不少于两年。也可将原始记录保存在计算机硬盘中。经计算处理后得出的检测结果必须经过专人校核，校核人应在该领域具有至少五年的工作经验。校核人员需仔细核查数据，核对的数据量至少为检测项目总量的5%。核对无误后，校核人必须在试验检测记录和报告上签字，以示其责任。

在整理试验检测记录数据时，应注意以下几点：

（1）记录数据时，应确保数据的有效位数正确，根据检测数据的异常值判定方法，决定哪些异常值可剔除，哪些不可剔除，并将整理后的数据填入原始记录相应部分。

（2）检测数据的有效位数应与检测系统的准确度匹配，不足的部分以"0"补全，确保各测试数据的一致性。

（3）当同一参数的检测数据少于三个且采用算术平均值法计算时，建议使用数理统计方法来求取代表值。

（4）对于检测结果中的单元内异常值，采用格拉布斯法处理；而对检测各实验室平均值中的异常值，则使用狄克逊法进行分析。

二、检测工作制度

一个单位的管理水平，可通过其工作制度的健全性及执行力度反映出来。特别是对质量检测机构而言，这直接关系到检测工作质量的高低。为了确保检测质量，从全面质量管理的角度出发，必须对影响检测结果的各类因素（包括人的因素和物的因素）进行有效控制。

（一）岗位责任制

岗位责任制是质检机构的一项重要制度，它应明确组织机构框图中列出的各部门的职责范围和权限。各部门应覆盖"质量检测机构计量认证评审内容及考核办法"中的全部管理和技术职能，确保各项任务都有专人负责。此外，明确各部门和各类人员的质量职责，特别是对检测中心负责人、技术负责人、质量负责人及各部门和项目负责人、计量检定负责人和检测报告签发人员，应详尽明确其职责、权限与质量责任。

1.各部门的职责

（1）检测办公室

第一，制定检测计划并签订检测合同。

第二，管理文件的收发与保管工作。

第三，记录和登记检测报告。

第四，样品的接收、保管及后续处理。

第五，采购检测设备及标准件。

第六，收取检测费用，并进行财务管理。

第七，打印试验检测报告，复制相关资料。

第八，负责人事管理以及保卫、安全、卫生和日常管理工作。

第九，制定人员培训计划，并组织人员考核。

（2）检测资料室

第一，收集和保管国内外的试验检测标准、检测规范、检测细则、检测方法及计量认证规程、临时校验方法和专用设备鉴定资料。

第二，保管检测报告和原始记录。

第三，存档产品技术资料、设计文件、图纸及其他相关资料。

第四，保存抽样记录和样品发放及处理记录。

第五，保管与产品质量检测相关的全部文件及政策、法令、法规。

（3）仪器设备室

第一，负责计量标准器具和标准件的计量检定及其日常维护。

第二，管理所有试验检测设备的维修与保养工作，及时检查在用检测设备的状态。

第三，负责新购置的检测设备的验收。

第四，保管试验检测设备的维修、使用和报废记录。

第五，保存检测设备的计量检定证书和使用说明书。

第六，建立并维护检测设备台账。

第七，制定设备检定周期表并实施。

2.各类人员的岗位职责

（1）试验检测中心主任

第一，贯彻执行上级的政策、方针、法规和条例。

第二，确定中心的方针和目标，制定发展规划和工作计划。

第三，负责检测工作计划的完成情况及检测质量。

第四，建立和完善质量管理体系和质量保证体系，确保检测工作的公正性、科学性和准确性。

第五，协调各部门工作，确保其纳入全面质量管理体系。

第六，批准经费使用计划和奖金发放计划。

第七，批准检测报告。

第八，主持事故分析会和质量分析会。

第九，督促和检查各部门岗位责任制的执行。

第十，考核各类人员的工作质量。

第十一，主管中心的人事工作、培训、考核、晋升等。

第十二，检查和主持质量管理手册的执行、制定、批准、补充和修改工作。

（2）试验检测技术负责人

第一，在中心主任领导下全面负责中心的技术工作。

第二，掌握本领域检测技术的发展方向，制定技术发展计划。

第三，批准测试大纲、检测实施细则、检测操作规程和非标准设备的暂行校验方法。

第四，主持综合性非标准检测系统的鉴定工作。

第五，深入检测实验室，解决检测过程中的技术问题。

第六，组织员工培训并负责考核。

第七，签发检测报告。

（3）试验检测质量保证负责人

第一，全面负责检测工作的质量，并定期向中心主任和技术负责人报告测试工作质量。

第二，处理质量事故和检测质量争议，向中心主任和技术负责人报告处理结果。

第三，制定和实施质量政策及方针。

第四，检查各类人员的检测和工作质量。

第五，负责质量管理手册的贯彻执行。

（4）试验检测室主任

第一，对本室工作全面负责。

第二，确定本室的质量方针及质量目标，组织完成各项试验检测任务。

第三，掌握本专业国内外的现状及发展趋势，根据需要和可能，提出新的检测方案。

第四，提出计量检测仪器设备的购置、更新、改造计划。

第五，提出计量检测仪器设备的维修、降级和报废计划。

第六，负责本室各类人员的技术培训和考核。

第七，对本室各类事故提出处理意见。

第八，审查本室制定的检测大纲、检测细则。

第九，审阅各类检测报告及原始记录。

第十，考核本室人员的工作情况及质量检测状况。

第十一，对本室人员晋级提出建议。

第十二，负责本室的行政管理事务。

（5）试验检测人员

第一，对各自负责的试验检测工作的质量负责。

第二，严格按照检测规范、检测大纲、实施细则进行各项检测工作，确保检测数据的准确可靠。

第三，上报检测仪器设备的核定、维修计划，有权拒绝使用不合格检测仪器或超过检定周期的仪器。

第四，不断更新专业知识，掌握本专业检测技术及检测仪器的发展趋势和现状。

第五，按期填写质量报表，填写检测原始记录及检测证书。

第六，有权拒绝行政或其他方面的干预。

第七，有权越级向上级领导反映各级领导违反检测规程或对检测数据弄虚作假的行为。

第八，按时填写仪器设备操作使用记录。

第九，严格遵守检测人员纪律和实验室管理制度。

（6）资料保管人员

第一，负责做好保密工作，严格遵守保密制度，不得随意复制散发检测报告，不得泄露原始数据，不得做损害用户的事。

第二，负责办理各类资料入库时登记手续，并且登记分类进行，入库手续齐全，送交人、整理人、接收人均应签名。

第三，负责各类资料的查找工作，为检测人员做好技术服务工作；负责随时收集最新的技术标准、检测规程、规范、细则、方法。

第四，负责对过期资料的销毁工作，应严格履行报批手续，并造册登记入档。

第五，丢失检测资料应视为质量事故处理，负责填写事故报告，并视情节轻重接受必要的处分。

第六，负责做好防火、防盗、防蛀工作，以防资料的损坏。

（7）样品保管人员

第一，负责样品入库时外观检查、封样标记完整性检查并清点数量，核实无误后，登记入库，入库登记本上应有样品保管人员签字。

第二，负责样品分类管理，未检、已检样品应有明显的标记，不同单位送交的样品应有区分标志。

第三，负责样品桶、样品箱、样品袋的清洁完好，不得用留有他物或未经清洗的用具存放样品。

第四，样品保管人员应将各类样品立账、设卡，做到账、物、卡三者相符。

第五，负责保存样品室的环境条件符合该样品的贮存要求，不使样品变质、损坏，不使其降低或丧失性能。

第六，负责样品的领取和发放，领取者和发放者都应检查样品是否完好并签名。

第七，负责样品的检后处理及备用样品的处理，应按有关规定办理手续，经办人及主管人员应签名。

第八，负责做好样品保管室的防火、防盗工作。

（二）检测仪器的管理制度

1.仪器设备的借用

（1）计量和标准仪器禁止外借，并通常不直接参与检测作业。

（2）试验检测中心内部的仪器借用需由各部门协商一致，且涉及设备所有权变动应获得中心领导的批准，并在设备技术档案中做好记录。

（3）外部单位需要通过书面手续借用仪器设备。

2.仪器设备购置、验收、维修、降级和报废

（1）计量标准仪器的采购需由仪器设备部门提出申请，获得试验检测中心主任的批准后，由办公室进行后续处理。各检测部门需提交测试仪器和标准物质的采购计划，由仪器设备部门审核，并经中心主任批准后交办公室执行。新购入的计量标准器具、标准物资和仪器设备，验收合格后由仪器设备部门填写设备卡片。

（2）仪器设备的维护由仪器设备部门统一管理。各检测部门根据仪器的技术状态和使用周期提交维修申请，仪器设备部门应在规定时间内完成维修。发现设备损坏或性能下降时，应由仪器设备部门直接修复，并记录维修详情与设备档案。维修后的设备由仪器设备部门进行校准，依据校准结果贴上相应的标签（合格、准用或停用），禁止非授权人员擅自更改。

（3）实验设备如材料试验机、疲劳试验机和振动台的清洗与换油由各检测部门负责，并详细记录在设备档案中。

（4）降级使用的仪器设备须由相关部门提出申请，仪器设备部门确定其检定精度并建议使用范围，待试验检测中心主任审批后方可实施，相关使用情况应记录在设备档案中。

（5）报废的仪器设备需由各检测部门提交"仪器设备报废申请单"，经确认无误后，由中心主任批准并存入设备档案。已报废的设备不得存放在实验室内，相关档案应由资料室统一管理。

（三）检测事故分析报告制度

1.检测过程中按事故处理的情况

（1）样品或零部件的丢失、损坏。

（2）样品生产单位所提供的技术资料遗失或泄密。

（3）检测人员、仪器设备或环境不符合所需检测标准，或检验方法错误，导致检测

结论出现偏差。

（4）检测过程中发生人员伤亡事件。

（5）检测过程中仪器设备受损。

2.事故的分类

凡违反上述各项规定所造成的事故均为责任事故。根据影响程度，人身伤亡可划分为轻微事故、严重事故及重大事故。

3.发生事故后的处理要求

（1）对于严重或重大事故，应立即采取有效措施，并对事故现场进行保护，同时通知相关责任人处理。

（2）事故发生后三天内，涉事部门需填写并提交事故报告单至办公室。

（3）事故发生后五天内，由中心负责人组织召开事故分析会议，明确事故责任人，并进行事后处理，制定预防措施，避免类似事故的再次发生。

（4）对于严重或重大事故，事发一周内，试验检测中心应向上级管理部门提交一份详细的事故处理报告。

（四）技术资料文件的管理制度

技术资料的长期保存工作由资料室承担，负责收集、整理及保管相关资料。而其他技术文件则由主管部门负责整理，并编制技术资料目录，同时对文件内容进行编号，并交由资料室装订成册。技术资料存入资料室时，需要办理相应的交接手续，进行统一编号并填制资料索引卡片。需要借阅技术资料的检测人员，必须按规定办理借阅手续。不参与检测的人员，不得查阅相关的检测报告和原始记录。此外，严禁复制检测报告和原始记录。

资料室的工作人员应严守技术机密，违反相关规定将按照纪律处理。超出保管期限的技术资料需进行分类并编制登记册，仅在中心主任批准后方可销毁。

长期保存的资料包括：国家、地区及部门关于产品质量检测的政策、法令、文件、法规；产品技术标准及相关国内外标准、检测规程、规范、大纲、细则及操作方法；计量检定规程及临时校验方法；仪器设备的说明书、合格证、验收、维修、使用、降级及报废记录，以及设备明细表和台账；产品检验的委托书、设计文件等技术文件。

定期保存的资料包括各类原始记录、检测报告、用户反馈及处理结果、样品的入库、发放及处理登记。这些资料的保管期限不得少于两年。

（五）实验室管理制度

（1）实验室作为检测和检定的专业场所，需要保持环境的清洁、整洁与宁静。

（2）严禁在实验室内吐痰、吸烟或进食。非检测相关的物品不得携入。在恒温恒压环境中，禁止饮水、使用湿抹布清洁地面或开启门窗。

（3）对于要求更换鞋履和服装的实验室，所有人员进入时必须依规定更换工作服和工作鞋。

（4）实验室需设立卫生值日制度，保证每天进行清洁，每周进行一次深度清理，并每季度对空调通风管道进行彻底清洁。

（5）在下班及节假日时，须关闭所有电源和水源。

（6）仪器设备的各个部件需要妥善保管，如连接线、书籍、操作手册及原始记录表等应存放于专用柜中。

（7）带电操作应至少由两人进行，且在操作区域内必须采取地面绝缘措施。电烙铁应置于烙铁架上，电源线需要整齐排列，避免跨越通道。

（8）实验室需要配备消火栓和灭火桶等消防设施，定期进行检查，严禁任何人擅自移动或挪作他用。

第十一章 市政道路桥梁工程项目各阶段进度与风险管理

第一节 工程建设项目进度及风险管理概述

一、进度管理的基本概念

（一）工程项目进度管理的含义

工程项目进度管理是指项目管理者围绕目标工期编制计划，付诸实施且在此过程中经常检查计划的实际执行情况，分析进度偏差原因，并在此基础上不断调整、修改计划直至工程竣工交付使用。通过对进度影响因素的控制及各种关系的协调，综合运用各种可行方法、措施，将项目的实际工期控制在事先确定的目标工期范围之内。在兼顾安全、成本、质量控制目标的同时，努力缩短建设工期。这里介绍的进度管理不是局限于项目施工过程的进度管理，而是从项目全过程总体管理的角度，介绍项目决策阶段、准备阶段、实施阶段和收尾阶段的全过程进度管理。

（二）工程项目进度管理的程序

（1）制定进度计划。
（2）进度计划交底，落实责任。
（3）实施进度计划，跟踪检查，对存在的问题分析原因并纠正偏差，必要时对进度计划进行调整。
（4）编制进度报告，报送有关管理部门批准。

二、进度计划的编制

（一）进度计划的类型

工程项目进度计划通常有下列几类：
(1) 整个项目的总进度计划。
(2) 分阶段进度计划。
(3) 子项目进度计划和单体进度计划。
(4) 年（季）度计划。

各类进度计划应包括下列内容：
(1) 编制说明。
(2) 进度计划表。
(3) 资源需求量及供应平衡表。

（二）进度计划的编制程序

一般来讲，工程项目进度计划的编制应遵循以下程序：
(1) 确定进度计划的目标、性质和使用者。
(2) 进行工作分解。
(3) 收集编制依据。
(4) 确定工作的起止时间及节点时间。
(5) 处理各工作之间的搭接关系。
(6) 编制进度表并确定关键线路图。
(7) 编制进度说明书。
(8) 编制资源需求量及供应平衡表。
(9) 报有关部门批准。

（三）进度计划的表示方法

1.横道图表示法

横道图也称为甘特图，是美国人甘特在20世纪20年代提出的。由于其形象、直观，且易于编制和理解，因而长期以来被广泛应用于建设工程进度管理中。

横道图计划的优点是较易编制、简单、明了、直观、易懂，因为有时间坐标，各项工作的施工起止时间、作业时间、工作进度、总工期，以及流水作业的情况等都表示得清楚明确，一目了然。对人力和其他资源的计算也便于据图叠加。

横道图计划的缺点主要是不能全面地反映出各工作相互之间的关系和影响，不便进行各种时间计算,不能客观地突出工作的重点(影响工期的关键工作),也不能从图中看出计划中的潜力所在。这些缺点的存在,对改进和加强工程管理工作是不利的。

2.网络图表示法

网络计划是以箭线和节点组成的网状图形来表示工程实施的进度。网络计划的优点是把实施过程中的各有关工作组成了一个有机的整体,因而能全面而明确地反映出各工作之间的相互制约和相互依赖的关系。它可以进行各种时间计算,能在工作繁多、错综复杂的计划中找出影响工程进度的关键工作,便于管理人员集中精力抓施工中的主要矛盾,确保按期竣工,避免盲目抢工。通过利用网络计划中反映出来的各工作的机动时间,可以更好地运用和调配人力与设备,节约人力、物力,达到降低成本的目的。在计划的执行过程中,当某一工作因故提前或拖后时,能从计划中预见它对其他工作及总工期的影响程度,便于及早采取措施以充分利用有利的条件或有效地消除不利的因素。此外,它还可以利用现代化工具——计算机,对复杂的计划进行绘图、计算、检查、调整与优化。

网络计划技术的最大特点就在于它能够提供工程管理所需的多种信息,有利于加强工程管理,所以网络计划技术已不仅是一种编制计划的方法,还是一种科学的工程管理方法。它有助于管理人员合理地组织生产,使他们做到心中有数,知道管理的重点应放在何处,怎样缩短工期,在哪里挖掘潜力,如何降低成本。

(四)进度计划的实施

进度计划的实施就是工程建设活动的开展,就是用工程进度计划指导项目各项建设活动的落实和完成。为了保证进度计划的实施,并且尽量按照编制的计划时间逐步进行,保证各进度目标的实现,在进度计划实施的过程中应进行如下工作:

(1)跟踪计划的实施,当发现进度计划执行受到干扰时,应采取调度措施。

(2)在计划图上进行实际进度记录,并跟踪记载每个实施过程的开始日期、完成日期,记录每个建设环节发生的实际情况,干扰因素的排除情况等。

(3)执行工程项目合同中对进度、开工及延期开工、暂停施工、工期延误、工程竣工的承诺。

(4)跟踪工程量、总产值、耗用的人工、材料和机械台班等数量的形象进度,进行统计与分析,编制统计报表。

(5)落实进度控制措施应具体到执行人、目标、任务、检查方法和考核办法。

(6)处理进度索赔问题。

同时为了顺利实施进度计划,还应具体做好如下几项工作:

第一,编制月(旬)作业计划。工程项目管理规划中编制的进度计划,是按整个项目(或单位工程)编制的,带有一定的控制性,但还不能满足施工作业的要求。实际作业时是按月（旬）作业计划和施工任务书执行的，故应认真编制。

月（旬）作业计划除依据施工进度计划编制外，还应依据现场情况及月（旬）的具体要求编制。月（旬）作业计划以贯彻施工进度计划、明确当期任务及满足作业要求为前提，在月（旬）计划中要明确本月（旬）应完成的任务，所需要的各种资源量，提高劳动生产效率和节约措施。

第二，签发任务书。任务书既是一份计划文件，也是一份核算文件，又是原始记录。它把实施计划下达到具体部门进行责任承包，并将计划执行与技术管理、质量管理、成本核算、原始记录、资源管理等融为一体，是计划与作业的连接纽带。

第三，做好进度记录。在市政工程项目实施过程中，如实记载每一项工作的开始日期、工作进程和结束日期，可为计划实施的检查、分析、调整、总结提供原始资料。要求跟踪记录，如实记录，并借助图表形成记录文件。

第四，做好调度工作。调度工作主要对进度控制起协调作用。协调实施中出现的各种矛盾，克服薄弱环节，实现动态平衡。调度工作的内容包括：检查作业计划执行中的问题，找出原因，并采取措施；督促供应单位按进度要求供应资源；控制施工现场临时设施的使用；按计划进行作业条件准备；传达决策人员的决策意图；发布调度令等。调度工作要做得及时、灵活、准确、果断。

三、进度计划的检查

（一）跟踪检查实施实际进度

这是项目进度控制的关键措施。其目的是收集实际进度的有关数据。

跟踪检查的时间间隔与工程项目的类型、规模、施工条件和对进度执行的要求程度有关，通常可以确定每月、每半月、每旬或每周进行一次。若在工程项目实施过程中遇到天气、资源供应等不利因素的严重影响，检查的时间间隔可临时缩短，甚至可以每日都进行检查或派人驻现场督阵。检查和收集资料的方式一般采用进度报表方式或定期召开进度工作汇报会。为了保证汇报资料的准确性，进度控制人员要经常到现场查看项目的实际进度情况，从而保证能经常、定期地准确掌握项目的实际进度。

（二）整理统计检查数据

对于收集到的市政工程项目实际进度数据，要进行必要的整理，按计划控制的工作项目进行统计，形成与计划进度具有可比性的数据、相同的量纲和形象进度。一般可以按实物工程量、工作量和劳动消耗量以及它们的累计百分比进行整理和统计实际检查的数据，以便与相应的计划完成量相对比。

（三）对比实际进度与计划进度

将收集的资料整理和统计成与计划进度具有可比性的数据后，对工程项目实际进度与计划进度进行比较。通常用的比较方法有横道图比较法、实际进度前锋线比较法、S形曲线比较法、"香蕉"形曲线比较法和列表比较法等。通过比较可得出实际进度与计划进度相一致、超前或拖后三种结论。

（四）进度检查结果的处理

市政工程项目进度检查的结果，按照检查报告制度的规定，形成进度控制报告，向有关主管人员和部门报告。

进度控制报告是把进度检查比较的结果、有关市政工程项目的进度现状和发展趋势的分析，提供给有关主管人员和部门的书面形式的报告。

进度控制报告由计划负责人或进度管理人员与其他项目管理人员协作编写。报告时间一般与进度检查时间相协调，也可按月、旬、周等间隔时间编写上报。

进度控制报告的内容主要包括项目实施概况、管理概况、进度概要；项目实施进度、形象进度及简要说明；材料、物资、构配件供应进度；劳务记录及预测；日历计划；业主单位和施工者的变更指令等。

四、进度计划检查的方法

（一）横道图比较法

横道图比较法是将在项目进展中通过观测、检查、收集到的信息，经整理后直接用横道线并列标于原计划的横道线，进行直观比较的方法。

（二）实际进度前锋线比较法

实际进度前锋线比较法是按照项目实际进度绘制其前锋线，根据前锋线与工作箭线交点的位置判断项目实际进度与计划进度偏差，以分析判断项目相关工作的进度状况和项目整体进度状况的方法。

根据实际进度前锋线的比较分析可以判断，项目进度状况影响项目的关键工作提前或拖后将会对项目工期产生提前或拖后影响；而非关键工作的影响，则应根据其总时差的大小加以分析判断。一般来说，非关键工作的提前不会造成项目工期的提前；非关键工作如果拖后，且拖后的量在其总时差范围之内，则不会影响总工期，但若超出总时差的范围，则会对总工期产生影响，若单独考虑该工作的影响，其超出总时差的数值，就是工期拖延量。需要注意的是，在某个检查日期，往往并不是一项工作的提前或拖后，而是多项工作均未按计划进行，这时则应考虑其相互作用。

（三）S形曲线比较法

S形曲线比较法是以横坐标表示进度时间，纵坐标表示累计完成任务量，而绘出一条按计划时间累计完成任务量的曲线，将项目的各检查时间完成的任务量与S形曲线进行实际进度与计划进度相比较的一种方法。

S形曲线比较法同横道图一样，是在图上直观地将工程项目实际进度与计划进度相比较。一般情况下，计划进度控制人员在计划实施前绘制S形曲线，在实施过程中按规定时间将检查的实际完成情况，绘制在与计划S形曲线同一张图上，可以得出实际进度S形曲线。

（四）"香蕉"形曲线比较法

"香蕉"形曲线是两条S形曲线组合而成的闭合曲线。它根据网络计划中的最早和最迟两种开始和完成时间，分别绘制出相应的S形曲线，前者称为ES曲线，后者称为LS曲线。在项目实施过程中，根据各项工作每次检查实际完成的任务量，计算出不同时间实际完成任务量的百分比，并在"香蕉"形曲线的平面内绘出实际进度曲线，即可进行实际进度与计划进度的比较。

（五）列表比较法

采用无时间坐标网络计划时，在计划执行过程中，记录检查正在进行的工作名称、已耗费的时间及尚需要的时间，然后列表计算有关参数，根据计划时间参数判断实际进度与计划进度之间的偏差，这种方法就称为列表比较法。

五、工程项目进度风险分析与管理

（一）常用工程项目进度风险分析方法

1. 计划评审技术

计划评审技术也称计划协调技术，简称PERT，是不确定性网络技术的典型代表。计划评审技术是一种广泛应用的进度风险评价方法，但是当工序持续时间的分布函数不能确定是符合 β 函数的，而且在缺乏资料或经验的情况下，估计的值是专家给出的，准确性会比较差；再者，中心极限定理只适用于线路中有足够多独立的工序的情况，这与工程实际或许会存在一定的差异。

2.蒙特卡罗模拟

传统蒙特卡罗法一般给出均值、方差、完工概率、工序关键度等信息,而实际项目风险控制决策过程中,该方法则忽略了实际工程项目中工序持续时间之间可能存在的相关关系和风险因素之间的相关关系。

(二)进度风险分析现有方法的不足和改进

1.各工序持续时间之间的关联性

工程项目受外界环境的影响越发明显,导致这些工序持续时间之间因为同一风险因素的作用而产生一定的关联,这种关联会使项目完工时间有更大的不确定性。因此,如何恰当地体现工程项目中工序持续时间之间的相关性,是改进现有方法的重要一步。

2.风险因素之间的关联性

工程项目经常受到天气条件、水文条件、地质环境、施工水平等多个风险因素的影响,而这些风险因素之间同样可能存在一定的相关性。因此,合理地描述风险因素之间的相关性及风险因素对各工序的影响可以改进进度风险分析方法。

综上分析可以看出,工序持续时间之间的关联性、风险因素之间的相关性的恰当表达能使进度风险分析结果更符合实际,同时能更好地辅助项目管理者开展进度风险管理工作。

3.进度风险分析现有方法的改进

针对上述的不足之处,这里提出针对这一思路的解决方法:对各工序持续时间之间的关联性而言,工序持续时间之间的相关性通过各个风险因素对各工序的持续时间影响程度间接反映;而针对风险因素对各工序的影响及各工序间的相关性,可以采用分别风险链的概念将风险因素间的相关性和某一单因素风险对某一组工序的影响考虑在分析过程中。同时,通过仿真模拟技术最终得到影响工程项目进度的关键风险因素,风险发生概率的大小,以及风险链对进度的影响程度和综合风险的大小,为风险的管理工作提供更加合理的理论依据。

第二节 项目决策阶段进度及风险管理

一、决策阶段影响项目进度的主要因素

（一）决策速度对项目进展的影响

市政工程项目通常是由财政筹资建设的公益性项目，决策过程涉及众多的社会因素。因此，在决策阶段，应对项目建设的必要性和可行性进行充分的论证，尤其是对建设方案应进行充分的利弊分析与优化比选，以便最快做出科学的决策。

（二）前期各项审批的合理衔接对项目进展的影响

项目决策阶段的审批通常包括项目建议书、方案和选址、环境影响评价、水土保持论证、防洪论证、海洋环境影响评价、海域使用论证、用地预审办理和立项审批等审批流程。某些环节的审批，如方案、环境影响评价、用地预审等，又是立项审批的必要条件，因此在策划某一阶段的审批时应充分考虑该阶段审批需要完成的前置审批条件，各审批环节间应紧密衔接。统筹安排能并行审批的各流程，互不影响的审批环节同步审批，节约整个决策阶段的审批时间。

（三）用地性质对项目进展的影响

按照国家及省市有关规定，不同性质的土地，其审批部门、程序及审批所需时间不尽相同，因此对项目的进度将有不同的影响。

二、决策阶段进度管理的主要原则

（一）确定合理工期原则

决策层应根据项目的具体情况，考虑可能影响工期的各种因素，提出科学合理的工期目标。因为能否在决策阶段要求的工期目标内完成项目往往会影响项目的生成，同时在方案比选时应根据工期目标选择可行的方案。

（二）各项审批流程间紧密衔接开展原则

在策划某一阶段的审批时应充分考虑该阶段审批需要完成的前置审批条件，各审批环节间紧密衔接，统筹安排能并行审批的各流程，互不影响的审批环节同步审批，节约整个决策阶段的审批时间。

（三）预判性原则

应充分考虑用地性质等可能对本阶段审批速度产生较大影响的因素，同时考虑征地拆迁、管线迁改等对项目实施阶段进度产生重要影响的因素，在方案决策阶段就应尽可能地规避各种不利因素，做好突破难点的方案和措施。

（四）严格控制设计质量原则

决策阶段方案设计的质量对项目实施的可行性具有决定性影响，方案设计阶段应组织公司技术骨干，必要时邀请相关专家对方案进行评审，避免因决策完成后对方案进行调整而导致投资增加、工期延误或重新审批等现象。

（五）提前沟通介入原则

不同手续的审批所涉及的行政部门各不相同，审批职能部门根据自身的职权范围所考虑的因素各不相同，各职能部门的审批意见可能相互冲突，因此作为项目建设的业主单位应尽可能提前与审批部门沟通，充分考虑各审批部门的意见，避免因项目工程内容、方案等与审批部门相悖而造成返工或项目不可行。

三、决策阶段进度管理的主要措施

（一）合理节约各项前期审批手续办理的时间

1.项目建议书

项目建议书是市政工程项目决策的开始，是开展前期准备工作的依据，一般情况下从项目建议书编制到发展和改革委员会正式批复需要20~30天。如果项目特别紧急，可以由市委、市政府研究决定后由发展和改革委员会以直接批复开展前期工作函的形式来替代项目建议书，如果采用开展前期工作函的形式，可以将本阶段工作周期压缩至5个工作日内。同时，待投资批复的项目建议书可作为项目报建和设计招标的依据。

2.方案报批和选址

项目建议书批复后标志着项目正式进入前期工作阶段。建议书批复后要求设计单位及时编制方案设计文件，方案确定后应及时要求设计单位根据项目方案确定项目选址范围。

方案设计周期由项目的规模、复杂程度等因素决定，简单项目可在一周内完成，复杂项目方案编制、论证、优化过程可能需要几个月时间。项目方案设计过程中或初步设计成果提交后，建设单位应及时与发改、规划和国土部门进行沟通汇报，确保项目投资规模、建设方案与政府决策、城市规划一致；了解项目选址用地的性质，摸清项目选址范围内城市规划用地、农用地、林地、用海等可能影响今后用地红线办理的主要因素；方案设计过程中应召集测量、设计单位对项目沿线进行踏勘，对项目沿线的建筑、文物、古木、庙宇、水系及管线进行详细调研，根据调查结果与规划部门进行沟通协调，尽可能地避开以上可能影响项目进展的各主要因素；方案设计成果提交后组织公司核心技术人员对设计方案进行评审，对设计方案的可行性、安全性、经济合理性进行全面的分析研究，避免方案批复后进行重大调整或出现投资规模突破等不利情况出现。完成以上工作后及时向规划部门申报方案、选址审批，一般情况下，规划部门在7个工作日内可完成方案、选址审批，同时要求设计单位对设计方案、投资估算进行优化、细化，做好工程可行性研究报告编制的准备工作。

3.环境影响评价

方案、选址审批批复后，业主应及时委托环境影响评价单位编制环境影响评价报告书或环境影响评价报告表，环境影响评价报告书编制因涉及环境监测、环境影响评价公示等程序，一般项目环境影响评价报告书编制需要20~30个工作日，对环境影响较大的项目报告书编制时间需要约50个工作日甚至更长时间，环境影响评价报告书编制完成后报环保局审批。

4.水土保持论证、防洪论证

在一般情况下，项目土方工程量超过5万立方米的项目需要进行水土保持论证及审批，水土保持论证的编制、报批需要约1个月时间，同时如项目涉及防洪排涝问题应委托具备相关资质的单位编制论证，编制完成后及时报水利局审批。

5.海洋环境影响评价、海域使用论证审批

方案批复后，如项目牵涉用海需要及时委托具备相关资质的单位编制海洋环境影响评价、海域使用论证报告。一般项目的海洋环境影响评价、海域使用论证报告编制周期需要约1个月时间，如涉及海洋生物保护区等问题还需要专项观测，则编制过程需要更长时间，正常项目报市一级海洋渔业局审批，但吹填造地等用海面积较大的项目需上报省海洋渔业厅或国家海洋局审批。

6.用地预审办理

规划部门选址批复后应及时委托国土局信息中心对项目用地性质进行勘界定界并出具项目勘界定界报告，根据勘界定界报告内容向国土部门申请用地预审批复。

7.立项报批

完成方案、选址、环境影响评价、水土保持论证、防洪论证、海洋环境影响评价、海域使用论证、用地预审等立项必备条件审批后，应及时向发展和改革委员会申请立项审批方案，批复后应及时要求设计单位开始编制工程可行性研究报告、投资估算报告。编制过程与各项前置条件审批同步进行，工程可行性研究报告编制在各前置条件审批完成前基本可以完成出版，争取与立项前置审批同步完成。工程可行性研究报告批复后项目建设内容、投资规模已基本确定，因此设计单位提交工程可行性研究报告的初步设计成果后，建设单位应组织公司核心技术人员、造价人员对项目的可行性、安全性、经济合理性、投资估算的编制等进行全面审核，避免项目方案出现重大变更或估算错漏等问题。工程可行性研究报告文件报送发展和改革委员会后，由发展和改革委员会委托评审、咨询机构对工程可行性研究报告进行评审，同时对项目投资估算进行审核。

（二）预判、规避可能影响工期的各项因素

1.规避项目用地性质对项目进展的影响

正常情况下，用地性质主要分为城市建设用地、农用地、基本农田、林地和海域等性质用地。前期方案选址线位应尽可能在城市建设用地范围内，如果项目选址全部为城市建设用地，则可以向市国土部门直接办理用地红线，节约办理农转用的较长周期，国土局红线批复一般可在15个工作日内完成；如果项目建设占用林地，需要先向林业厅办理林地使用审批，林地工可编制及审批过程一般需要约2个月时间，完成林地审批后方可向国土部门申请农转用审批，国土部门农转用审批也需要2~3个月时间。因此，全部为城市建设用地的项目与用地性质为林地、农用地的项目相比，取得用地红线可节约4个月时间。

2.规避征地拆迁对项目进展的影响

征地拆迁尤其是拆迁工作往往是决定项目能否如期完工的最重要因素，且其对项目周期的影响难以预测，城市建设开发过程中的断头路、烂尾工程通常都是受征地拆迁影响而形成的。因此，在项目决策阶段的方案、工程可行性研究报告评审过程中应充分考虑征地拆迁因素，尽可能地避开大量拆迁。

3.规避文物、庙宇、宗祠及古木等因素对项目进展的影响

文物和古木往往受文物保护部门相关规定保护，庙宇和宗祠是城市化改造过程中经常遇到的难题，其拆迁工作会涉及村民信仰、观念上的抵触，涉及的对象往往是整个村庄，拆迁工作难度比一般项目更大。因此，项目线位选址时应尽可能地避开文物、庙宇、宗祠及古木等对可能项目进度造成重大影响的因素。

4.预判管线迁改对项目进度的影响

随着城市规模的不断发展，早期的建设项目在规模、标准等方面将无法满足城市发展

的需要，市政工程改造在所难免。市政项目尤其是改造项目往往牵涉大量的管线迁改，因此在项目决策阶段应及时召集各家管线权属单位进行研究协调，同时要求测量、设计单位对项目现场进行充分踏勘、调查，尽可能地选择市政管线迁改较小的方案。

5.充分考虑项目实施过程中可能的工程费、措施费的增加对进度的影响

市政工程项目通常由财政投资建设，项目概算经发改委审批后投资规模已基本确定，如果出现工程费、措施费增加时，需要向发改委申请增加投资。此项工作难度大、时间长，往往会对项目的进度造成较大影响，因此市政工程的估算与概算的编制应充分考虑各种不利因素对工程造价的影响。

四、项目决策阶段风险管理

（一）工程规划的风险管理

市政工程规划阶段的主要工作包括线路规划方案、桥梁方案、隧道规模等的拟订与专项审查、工程初步勘察与环境调查等。对此阶段进行有效的风险管理，对市政工程的设计、施工及运营具有重要意义。此阶段的风险管理可以由政府部门或建设单位委托相关工程风险管理咨询单位协助进行。

1.风险管理目标

确保工程规划方案与城市总体规划和地理环境条件相一致，最大限度地降低因规划不当而导致的工程设计、施工及运营风险。

2.风险管理内容

此阶段的风险管理应重点针对线路方案、工程选址、桥梁方案、隧道规模、工程投资、环境影响等进行分析，对规划中潜在的重大风险可考虑采用修改线路方案、桥梁方案、隧道规模，重新拟订定建设技术方案等措施进行控制。其主要内容包括：

（1）规划方案与城市市政网络协调性风险分析。

（2）交通及客流量预测风险分析。

（3）线路、桥梁、隧道选择与工程选址风险分析。

（4）场地水文地质与环境调查风险分析。

（5）工程重大风险源分析。

（6）工程投融资可行性风险分析。

（7）不同工程规划方案风险综合评价与控制措施。

3.工程重大风险源

市政工程的重大风险源主要是指在工程方案规划设计阶段，利用工程初勘和环境调查等技术，辨识工程潜在的对工程自身或周边区域环境有重大风险影响的关键性工程，具体

包括：

(1) 跨江河湖海的工程。

(2) 邻近或穿越既有轨道线路（含铁路）的工程。

(3) 邻近或穿越既有建（构）筑物、道路、重要市政管线的工程。

(4) 邻近或穿越有重要保护性的建（构）筑物或水利设施的工程。

(5) 重大明挖或暗挖的工程。

(6) 邻近或穿越文物保护区的工程。

(7) 需特殊设计或采用新工艺、新设备或新材料的工程。

（二）工程可行性研究的风险管理

工程可行性研究阶段风险管理的内容主要包括工程可行性方案的拟订定与施工方法适用性的分析等，可以由工程建设相关单位委托专业的风险咨询单位协助其进行风险管理。最后，应对工程可行性研究阶段的风险进行综合评估。

1.风险管理目标

通过辨识和评估工程建设风险，优化可行性方案，避免和降低由于线路、桥梁、隧道、施工方法、规划方案等不合理所带来的风险，为工程设计、施工及保险做好前期准备，初步制定工程风险控制措施，完成工程可行性研究阶段风险评估。

2.风险管理内容

(1) 建立工程风险管理大纲，确定工程风险管理具体要求。

(2) 工程风险评估单元划分。

(3) 工程风险分级标准和接受准则。

(4) 对重要、特殊的工程结构设计和施工方案进行风险分析。

(5) 工程可行性方案风险综合比选，确定总体方案设计，初步制定风险处置对策。

3.潜在的主要风险源

(1) 自然灾害风险（暴雨、洪水、泥石流、飓风、地震等）。

(2) 水文地质与工程地质条件。

(3) 周边环境影响（包括第三方损失及周边区域环境影响）。

(4) 施工方法与施工工期。

(5) 项目资金筹措及资金成本。

(6) 施工场地拆迁引发的各类工期、投资及社会影响风险。

(7) 市政工程运营对其周边区域环境影响的风险。

(8) 重大关键性节点工程风险。

4.施工方法选择的风险分析

在工程可行性研究阶段，应对可能采取的工程施工方法加以对比选择与风险分析。针对建设工程类型和特点，同时有多种施工方法可供选择。施工方法选择不当可能会发生重大事故，引发严重的安全、经济、环境和工期风险。

综合考虑市政工程的建设工程规模、水文地质条件、邻近地下及地面环境等因素，从施工方法的可实现性、安全性、适应性、技术性和经济性、工期进度及对周围环境影响等方面进行综合分析，选择合适的施工方法，以期最大限度地控制和减少风险，避免因施工方法不适合而引起的工程风险。

（三）方案设计的风险管理

为便于有效开展方案设计的风险管理工作，市政工程方案设计阶段又细分为投标优化设计阶段和总体方案设计阶段。此阶段应识别出特级、一级风险工程，并形成全线特级、一级风险工程清单，识别、分级原则上应考虑到各工点。形成的方案设计文件应包括安全风险初步分析的专项内容。

1.风险管理目标

通过初步识别特级、一级风险工程并有针对性地进行风险分析和设计，规避和降低由于线位和施工方法等方案设计不合理可能导致的风险。

2.风险管理内容

（1）特级、一级风险工程分级及分级清单的审查论证。

（2）投标方案优化设计和总体方案设计文件的审查论证。

3.风险管理职责

（1）设计单位负责完成特级、一级风险工程的初步识别和分级，并编制投标方案优化设计文件。

（2）建设单位规划设计部门负责组织风险工程分级和方案设计的实施及其成果复审，并协助组织专家对各项目的特级、一级风险工程清单及投标方案优化设计文件进行终审、论证。

第三节 项目准备阶段进度及风险管理

一、准备阶段影响项目进度的主要因素

（一）具备开工条件的各项审批因素

本阶段核心审批内容主要为用地、概算和建设工程规划许可证，建设单位应协调设计单位提前汇报、及时沟通，避免因沟通不及时而影响审批进度。

（二）招标因素

由于相关的法律、法规对招标公告周期都有严格的规定，同时招标主管部门需要对招标文件设置的条款进行审核、监督，因此招标文件编制完成后应及时与招标主管部门沟通，合理利用审批过程提前发布招标公告，节省公告规定周期的时间。

（三）前期参建单位实力因素

建设单位、勘测单位、设计单位等前期参建单位的实力对本阶段项目进度也会产生较大影响，尤其是设计单位的实力对本阶段的实施进度起着决定性的作用，优秀的设计单位可以在缩短本阶段的工作周期的同时保证设计成果的质量，为实施阶段的进度奠定良好基础。

（四）管线迁改的因素

随着城市的不断发展，对现有市政工程进行改造已在所难免，而这一切往往牵涉大量的管线迁改工作。管线迁改又需要一定的时间，因此它对项目的建设进度有一定的影响。在项目方案、初步设计阶段应要求勘察、设计单位对项目相关的地下管线进行详细的勘察，合理分配各种管线的地下空间资源。设计好初步迁改方案后应组织各管线单位召开协调会议，听取各管线单位的意见，由主体设计单位对管线综合设计进行修改、优化后提交各管线单位进行专业施工图设计。

二、准备阶段进度控制的主要原则

（一）严把招标资格审查的原则

立项批复后可进行设计和勘察招标，概算批复后进行监理招标及施工招标。招标过程中应根据项目的难点、特点设置相应的资质或业绩要求，确保中标参建单位的实力，尤其是设计单位和施工单位的实力对工程项目的进度、质量起着决定性的作用。招标文件编写过程中应分别针对设计、施工单位的工期和质量设置相应的奖罚条款，鼓励、督促各参建单位按招标工期完成相应工作。

（二）严把勘测设计质量原则

投资估算审批后项目的规模、内容原则上已完全确定，地质勘探资料是否准确，初步设计的质量好坏对工程投资的影响至关重要，因此该阶段应组织对地勘现场及成果进行验收，同时组织技术人员、专家对初步设计进行评审，在正式报批概算前对设计单位编制的概算进行全面审核，避免由于漏项导致今后实施过程中可能发生的概算调整。

（三）提前介入原则

设计招标过程正常情况下需要约45天，而设计单位的尽早确定对本阶段的推进起着决定性的作用，因此在立项审批过程中应提前准备设计招标文件、项目报建等设计招标的必要前置条件，实现立项批复与勘测设计招标无缝对接。初步设计编制过程中同步要求测量单位对沿线地形地物进行修测，勘察单位及时进场开展详勘工作，尽量争取在施工图设计前完成地勘成果审查，为施工图设计、审查做好充分准备。概算批复过程中要求设计单位先行开展施工图设计，确保概算批复后根据批复的规模、投资进行适当调整后即可完成施工图设计。利用施工图审查、建设工程规划许可办理时间提前介入，发布施工招标公告，确保手续完成后及时开标。

（四）并行开展原则

准备阶段根据审批单位和参建单位大致可分为手续审批和成果产生两条线路，其中手续审批的核心内容为概算批复、用地和建设工程规划许可证办理等；参建单位核心工作内容为地质勘探、初步设计、概算及施工图设计等，这两条工作线路应并行开展。

（五）施工图限额设计原则

概算批复后要求设计单位根据概算批复情况进行施工图设计，在初步设计的基础上进行合理的优化，确保工程投资在概算批复范围内，避免因概算调整等因素导致工期拖延。

（六）把好工程量清单编制原则

工程量清单编制完成后应组织项目经理、项目总工、造价负责人员进行审核，全面考虑施工过程中的各种因素及相应措施费用，达到合理控制工程投资的目的，同时考虑施工单位合理的利润空间，确保项目总体投资在概算控制范围内，尽量减少实施阶段的变更、签证工作。

（七）及时沟通原则

项目审批过程中经常涉及需要分管领导明确或各审批部门意见不一致的问题，建设单位应及时向上级主管部门、分管领导汇报，及时协调解决。

三、准备阶段进度管理的主要措施

项目准备阶段进度管理是指项目决策完成后至项目现场开工建设前这一阶段的进度管理，该阶段的主要工作内容包括设计、测量、地勘单位招标，用地规划许可证办理，林地使用报批，矿产压覆、地质灾害评估办理，农转用及用地红线办理，地质勘察，初步设计及审查，概算报批，施工图设计及施工图审查，建设工程规划许可证办理，征地拆迁预公告等。该阶段进度管理的主要措施分为各项手续审批和各参建单位工作进度管理两大部分，具体如下。

（一）各项审批手续办理进度管理

1.用地规划许可证办理

立项批复后即可根据已批复的选址、用地预审材料向规划部门申请办理用地规划许可证（蓝线）。用地规划许可证的办理是项目办理用地红线的依据，同时可根据蓝线由征地拆迁部门发布征地预公告，提前介入征地前期准备工作，争取项目完成招标的同时能提供施工场地。

2.林地使用报批

项目工程可行性研究报告上报后，应提前委托具备资质的单位，利用立项批复的时间编制林地工程可行性研究报告，立项批复后即可向省林业厅申请林地使用报批。林地使用批复是办理农转用的必要条件，林地批复的时间较长，如不及时办理将耽搁用地红线办理的时间，最终影响项目按计划的时间节点开工。

3.农转用及红线办理

林地使用审批及前期的海洋使用论证、用地预审、用地蓝线是农转用审批的必要条件，利用林地、用海审批过程的时间，建设单位应准备被征用单位盖章、矿产压覆、地质灾害评估等申报农转用的相关材料，林地审批完成后及时配合市国土局将农转用所需材料上报省国土资源厅正式进入农转用流程，正常审批需要约2个月时间，农转用完成后即可向市级国土管理部门申请红线办理，至此项目用地手续已全部办理完成。

4.建设工程规划许可证办理

项目完成施工图审查、各管线施工图设计、用地红线办理后应及时向规划局申请办理建设工程规划许可证。建设工程规划许可证是项目进入正式开工阶段的必要条件，是中标手续、开工手续和质量监督手续办理的依据。因此，在发布施工招标公告前应及时办理建设工程规划许可证。

5.施工许可证办理

根据《中华人民共和国建筑法》规定，项目开工前须向建设行政主管部门申请办理施工许可证。业主单位在完成监理招标和施工招标后，应整理用地红线、建设工程规划许可证、中标通知书、施工图审查合格书和报备的施工合同等已完成批复的相关材料，在项目正式开工前向建设主管部门申请办理施工许可证，至此，项目所有前期手续已全部办理完成。

（二）各参建单位工作进度管理

1.勘测设计招标工作

项目工程批复后应及时开展设计招标准备工作，尽早确定设计单位。工程可行性研究报告资料上报发改委后，建设单位应利用工程可行性研究报告审批时间（约15个工作日）编写设计招标文件，招标文件的编写应针对设计单位所提供设计成果的质量、时间设置相应的奖罚条款，确保设计单位按时提交高质量的设计成果。项目立项批复后及时发布招标公告，设计招标过程时间通常是40~50天。为便于项目设计质量的总体控制，建议采用设计、测量、勘察总承包的模式进行招标，既可以减少分开招标所造成的时间浪费，同时中标单位对设计、测量、地勘负总责任，也可避免设计成果质量出现问题时各单位间互相推诿。

另外，设计单位的尽早确定对项目准备阶段的进度控制起着决定性的作用，项目建议书批复后应立即开展设计、测量、地勘单位招标准备工作，在项目立项报批前完成设计招标工作，在项目工程审批过程中，中标设计单位可及时介入了解项目情况，开展本阶段的初步设计准备工作，工可批复后及时启动初步设计编制工作。

2.初步设计及概算编制工作

提前委托地勘单位进场开展初步勘察工作，为初步设计、概算的编制提供可靠的依据。工可批复过程中设计单位应及时介入了解项目情况，收集相关资料并开展初步设计准备工作，初步设计完成后业主单位应组织公司内部专业技术人员，对初步设计的合理性、现场可操作性、经济可控性进行全面评审，根据工可批复的投资规模和工程内容，审核设计单位所编制投资概算的合理性，充分预判工程实施过程中可能增加费用的风险，适当留有余地，设计单位应根据评审的结果重新调整、优化初步设计文件和概算编制。

3.初步设计评审及概算报批

初步设计文件调整、优化完成后，业主单位应及时向建设行业主管部门申报初步设计评审，由行业主管部门组织专家进行技术论证，设计单位根据专家、职能部门审查意见再次修改、优化初步设计文件和调整概算编制。初步设计编制及技术论证、优化工作通常可在批复后较短时间内完成，再次修改、优化初步设计文件和调整概算完成后可正式向发改委申请概算批复。

4.施工图设计及审查

概算上报发改委后，设计单位应同时开展施工图设计。一般市政道路工程项目可在概算批复后15~30天内完成施工图设计，而规模较大或技术特别复杂的项目施工图设计需要2个月甚至更长时间。施工图设计完成后应及时整理计划书等相关资料并报送施工图审查机构审查，审查周期约需要15个工作日。

5.监理招标

概算批复后可根据概算投资规模进行监理招标，正常情况下，在施工图审查完成的同时可完成监理招标。

6.施工招标文件、清单编制

在施工图审查的同时，业主单位应同步开展招标文件编写工作，同时委托招标代理单位编制工程量清单。在施工图审查完成前，招标文件、清单编制工作也可基本完成。根据编制的清单向财政审核中心申报招标控制价审核，审核工作周期为5天。应根据项目工期紧迫情况，在招标文件中对施工工期控制设置合理、合法的奖罚条款，对工期违约索赔做出明确规定。

7.施工招标、定标、开工手续办理

施工招标文件编制完成后，应及时发布招标公告并组织施工招标工作，开标后建设单位应督促中标施工单位配合业主及时办理中标通知书、开工备案等手续，要求施工单位及时完成低价风险金、履约保函、预付款保函等开工前的各项手续办理。

8.交桩、技术交底

确定施工单位后，建设单位应及时组织设计、监理、施工、地勘、测量、质量监督机构等进行技术交底，对施工过程的难点、风险、注意细节进行全面交底。组织测量单位进行测量控制点移交、放样，要求施工单位根据项目现场实际情况及合同工期，编制出合理、详细、可控的进度计划，明确各主要控制工序的完成时间。

四、项目准备阶段风险管理

（一）详细勘察与环境调查风险管理

1.风险管理目标

通过对工程地质勘察与环境调查报告的过程审查和论证，控制因勘察遗漏、失误或环境调查不准、室内试验方法及参数获取失误等引起的工程设计与施工风险，同时注意避免工程地质勘察施工或环境调查过程中发生的风险。

2.风险管理内容

工程地质勘察与环境调查风险管理的内容包括：

（1）收集工程方案相关资料，审查工程地质勘察与环境调查单位资质、技术管理文件及报告。

（2）工程地质勘察方案风险分析，对勘察孔位与数量、钻探与原位测试技术、室内土工试验方法等进行风险分析。

（3）工程地质勘察施工风险分析。

（4）潜在重大不良水文地质或环境风险分析。

3.风险管理责任

工程地质勘察单位和环境调查单位承担风险管理实施责任，建设单位主要承担组织与协调责任，风险管理咨询单位承担合同中约定的相应咨询责任。

（二）初步设计风险管理

1.风险管理目标

配合工程设计目标和需求，形成符合国家法律、法规和设计规范条例中要求的安全、可靠、经济、适用和技术先进的设计文件，控制并减少由设计失误或可施工性差等因素引起的工程功能缺陷、结构损伤及工程事故。同时，通过工程结构设计进一步明确重大风险因素源，对其进行专项初步设计。

2.风险管理内容

主要考虑工程初步设计中水文地质条件、地层物理力学参数取值、结构设计计算模型的采用等方面存在的不当或失误，对可能由此导致的风险事故进行分析。针对不同的风险等级，建设单位和设计单位可采用调整初步设计方案、补充地质勘探、对新技术进行试验研究等措施规避风险。

3.风险管理责任

工程设计单位承担工程风险管理实施责任，负责完成工程初步设计，确定工程施工方法和安全专项施工技术；建设单位主要承担工程初步设计的组织与协调责任，同时与设计单位一起承担工程设计方案决策风险管理责任;风险管理咨询单位承担合同中约定的相应咨询责任。

(三) 施工图设计风险管理

结合工程初步设计方案,考虑具体的施工方法及工艺流程,进一步细化初步设计,以保障工程建设施工。施工图设计阶段风险管理的重点是对已辨识的风险进行有效控制,以及对初步设计审查引起方案的变化进行风险评估。

1.风险管理目标

确保风险源的可靠识别和分级管理,确保施工图设计方案的具体实施,采取合理的施工图设计方案对风险进行有效控制,对工程中潜在的重大风险进行施工风险专项评估,提出工程重大风险专项风险管理方案。

2.风险管理内容

以工程初步设计风险管理内容为基础,针对建设的关键节点或难点工程进行专项研究,尤其需注意采用新材料、新工艺、新技术及复杂区域施工的难点单项工程。对施工图设计中所确定的具体施工流程、风险控制措施等,尽量采用量化的风险评估方法对工程施工图设计中潜在的风险因素及事故进行专项分析。施工图设计阶段风险管理包括:

(1) 工程施工风险源的辨识、分级与风险评估。

(2) 重大风险源的专项分析与控制措施。

3.风险管理责任

工程设计单位承担工程风险管理实施责任,负责完成工程施工图设计,确定工程施工方法和安全专项施工技术;建设单位主要承担工程施工图设计的组织与协调责任,同时与设计单位一起承担工程施工图设计方案决策风险管理责任;风险管理咨询单位承担合同中约定的相应咨询责任。

(四) 工程招投标风险管理

1.招标文件风险管理要点

(1) 在招标文件中,应包含工程施工技术及其他方面的风险管理要求,确定工程建设各方应承担的工程风险管理责任等。

(2) 招标文件应明确说明对投标单位的风险管理实施要求。

(3) 招标文件需包括:①投标单位在类似工程中进行风险管理的相关信息及其成果;②工程风险管理相关的组织结构与人员安排;③投标单位针对工程施工的风险管理目标概述;④投标单位对工程可能涉及风险的辨识与分析;⑤投标单位针对工程风险管理提出的措施与建议。

2.投标文件风险管理要点

在投标文件中，施工单位的风险管理方案和措施应符合招标文件要求。施工单位风险管理方面的要求包括：

（1）风险管理的职位安排和人员组织。

（2）可考虑和预测到的各种风险。

（3）对工程施工方案的风险评估、风险等级划分和风险控制措施等进行说明。

（4）风险管理的日程安排。

（5）与建设单位的风险管理体系及风险管理小组的协调。

（6）与其他施工单位在风险管理方面的协调。

（7）与其他部门（如政府部门、质量管理部门、环境管理部门等）的协调。

（8）对分包商的工程风险控制具体要求和管理制度。

3.合同签订风险管理要点

（1）合同条款的完整性分析。

（2）以合同为依据，对可能的重点或难点技术方案须明确是否需要进行二次风险评估。

（3）工程投资费用是否及时到位的风险。

（4）工程工期提前或延误的风险。

（5）重要设备的采购与供货风险。

（6）对于未辨识的风险，合同中应包括与之相关的风险管理责任，具体实施或执行方案可通过双方商定，在合同条款中补充说明。

第四节 项目实施阶段进度及风险管理

一、实施阶段影响项目进度的主要因素

（一）勘察设计因素

设计是工程的灵魂，如果设计存在缺陷或错误，设计方案不切合现场情况，设计图纸供应不及时、不配套或出现重大差错等，均会对实施阶段的进度造成重大影响，严重的甚至会造成返工或停工。如勘察资料不准确，特别是地质资料错误或遗漏而引起的未能预料

的技术障碍，会导致工程量、投资增加。

（二）自然环境因素

自然环境因素，具体是指恶劣天气、地震、洪水、不良地质、地下障碍物的影响等因素。

（三）社会环境因素

项目能否顺利实施与项目所处的人文、社会因素息息相关。如项目所在地的村镇等基层单位对项目征地拆迁工作的推进起着关键性的作用。当地的民风、民俗和信仰等也对项目的进度起着至关重要的作用，一些科学、合法的事情当与民俗和信仰等出现矛盾时经常会受到当地村民的强烈抵触，民风比较强悍的地区，经常会提出工程分包、地材强买强卖等不合法要求。

（四）承包商因素

如果承包商错误地估计了项目特点及项目实现的施工条件，制定的计划脱离实际，将导致工程无法正常进行，出现工程延误；承包商采用技术措施不当，施工中发生技术事故；承包商施工组织不合理，劳动力和施工机械投入不足、调配不当，施工平面图布置不合理等因素使工程进度受阻；承包商缺乏基本的风险意识，盲目施工而导致施工被迫中断；承包商信誉等级较差，出现窝工、转包、分包和以包代管等不良甚至是违法行为。

（五）业主因素

业主因素具体是指业主使用要求的改变，由业主负责提供的材料、设备出现延误，业主没有按合同约定及时向施工单位或供应商拨付资金等。

（六）组织管理因素

组织管理因素具体指各种申请审批手续的延误；计划安排不周密，导致窝工、停工；指挥协调不当，导致各方配合出现矛盾，延误工期等。

（七）材料设备因素

材料设备因素包括材料、构配件、机具、设备供应环节的差错，品种、规格、质量、数量、时间不能满足工程的需要等。

（八）资金因素

资金因素具体指业主资金短缺或不能及时到位，施工单位资金挪作他用、拖欠材料款和民工工资等现象。

（九）征地拆迁因素

由于市政项目通常为线性工程，征地拆迁涉及的单位众多，用地及需要拆迁的各种建筑物性质及权属复杂，因此征地拆迁是影响实施阶段进度的最重要因素，由于征地拆迁不到位因素常导致工程项目停工几个月甚至几年，严重的可能导致项目无法按规划、设计实施。

二、实施阶段进度管理的原则

（一）网络计划技术原则

网络计划技术不仅可以用于编制进度计划，而且可以用于计划的优化、管理和控制。网络计划技术是一种科学且有效的进度管理方法，是项目进度控制，特别是复杂项目进度控制的完整计划管理和分析计算的理论基础。

（二）动态控制原则

进度按计划进行时，实际符合计划，计划的实现就有保证，否则会产生偏差。此时应采取措施，尽量使项目按调整后的计划继续进行。但在新的因素干扰下，又有可能产生新的偏差，需继续控制进度、调整计划，进度管理就是采用这种动态循环的控制方法。

（三）系统性原则

为实现项目的进度管理目标，首先应编制项目的各种计划，包括进度、资源和资金计划等。计划的对象由大到小，计划的内容从粗到细，形成了项目的计划系统。项目涉及各个相关主体、各类不同人员，需要建立组织体系，形成一个完整的项目实施组织系统。为了保证项目进度，自上而下都应设有专门的职能部门或人员负责项目的检查、统计、分析及调整等工作。当然，不同的人员负有不同的进度控制责任，分工协作，形成一个纵横相连的项目进度控制系统。因此，无论是控制对象，还是控制主体，无论是进度计划，还是控制活动，都是一个完整的系统。进度控制实际上就是用系统的理论和方法解决系统问题。

（四）封闭循环原则

项目进度管理的全过程是一种循环性的例行活动，其中包括编制计划、实施计划、检查、比较与分析、确定调整措施和修改计划，从而形成了一个封闭的循环系统，进度控制过程就是这种封闭循环中不断运行的过程。

（五）信息畅通原则

信息是项目进度管理的依据，项目的进度计划信息从上到下传递到项目实施相关人员，以使计划得以贯彻落实；项目的实际进度信息则自下而上反馈到各有关部门和人员，以供分析并做出决策和调整，使进度计划仍能符合预定工期目标。为此，需要建立信息系统，以便不断地传递和反馈信息，所以项目进度管理的过程也是一个信息传递和反馈的过程。

（六）弹性原则

项目一般工期长且影响因素多，这就要求计划编制人员能根据统计经验估计各种因素的影响程度和出现的可能性，并在确定进度目标时分析目标的风险，从而给进度计划留有余地。在控制项目进度时，可以利用这些弹性缩短工作的持续时间，或改变工作之间的搭接关系，以使项目最终能实现工期目标。

三、实施阶段进度管理的主要措施

实施阶段项目进度管理的措施主要包括组织措施、技术措施、合同措施、经济措施和信息管理措施。

（一）组织措施

进度管理的组织措施主要包括：
（1）建立进度控制目标体系，明确组织机构中进度控制人员及其职责分工。
（2）建立进度计划审核制度和进度计划实施中的检查分析制度，如某项目在工程开工之初，有两家施工单位因进场机械、资源等不满足工程施工需要，经检查分析后，及时采取了切分施工任务的组织措施，其中一家施工单位被切分了5联桥梁工程，另一家施工单位被切分了3联桥梁工程，被切分部分工程由有保障的施工单位实施，最终保证了工程的顺利进行。
（3）建立进度报告制度及信息沟通网络。
（4）建立进度协调会议制度。

（5）建立图纸审查、工程变更和设计变更管理制度。

（二）技术措施

进度管理的技术措施主要包括：

（1）审查承包商提交的进度计划，尽量采取先进的施工方案、施工工艺、施工方法，如钻孔桩施工采用泥浆分离器，有效提高了出渣速度，加快了钻孔进度；部分箱梁采用预制架设工艺，有效提高了箱梁施工速度；优化施工组织设计，采取平行施工组织，如现浇预应力箱梁支架一次性投入，充分提高了箱梁现浇速度。

（2）编制指导监理人员实施进度控制的工作细则。

（3）采用网络计划技术，对工程进度实施动态控制。

（三）合同措施

进度管理的合同措施主要包括：

（1）推行CM承发包模式，缩短工程建设周期（CM是项目实施阶段的一种管理模式），CM经理提供专业的咨询管理服务，协助指挥施工活动，在一定程度上影响设计活动。

（2）加强合同管理，协调合同工期与进度计划之间的关系，确保进度目标的实现。

（3）严格控制合同变更。

（4）加强风险管理，在合同中应充分考虑风险因素及其对进度的影响。

（四）经济措施

进度管理的经济措施主要包括：

（1）及时办理工程预付款及进度款支付手续。

（2）约定奖惩措施，如提前工期竣工奖励、完成计划奖励、计划拖后的处罚等。

（3）加强索赔管理，公正处理索赔。

（五）信息管理措施

进度管理的信息措施主要包括：建立进度信息收集和报告制度，通过计划进度与实际进度的动态比较，为决策者提供进度决策依据。如对工程进度进行动态跟踪，及时向业主提供进度分析报告，向承包人的上级主管机关通报，促使承包人及时采取措施。现场各级监理人员应积极配合承包人的施工活动，及时审查承包人的各种报告文件和报表，对已完工序或工程进行检查验收。业主应按合同要求及时提供施工场地和图纸，积极与外界协调，尽可能改善施工环境，为工程施工创造良好的外部环境。监理工程师和业主应做好各承包人之间的施工配合、协调等信息管理工作。

四、项目实施阶段风险管理

（一）建设单位风险管理内容

建设单位是工程风险管理协调与组织的主体，负责统领工程施工现场风险管理，对工程施工各参与单位的风险管理方案实行审查，监督实施施工过程风险监控、安全状态判定和风险事故处理，对重大安全事故，及时上报上级主管单位和政府部门，启动工程事故应急预案，并负责组织工程现场抢险。具体工作包括：

（1）建议成立工程风险管理小组，组织工程建设参与各方共同建立风险管理体系。

（2）开展工程风险管理培训工作，并参与工程施工单位的风险管理培训。

（3）负责协调、组织和布置工程建设各方开展工程风险管理工作，按照合同规定及时支付工程风险管理费用。

（4）建立工程现场风险监控动态管理台账，定期对施工单位的风险管理状况进行督查记录。

（5）负责对施工单位的风险管理方案和措施进行审定，其中重大风险的控制须经建设单位评审后方可实施。

（6）定期向政府主管部门报告风险管理情况，配合政府主管部门对重要风险管理活动实施同步监督管理。

（二）施工单位风险管理内容

施工单位承担工程施工风险管理实施责任，主要负责施工准备期和施工过程中风险源的识别与动态风险评估，编制工程施工管理方案和具体风险控制措施，执行风险管理实施细则及风险事务处理等。根据签订的工程承包合同，具体工作包括：

（1）拟订详尽的风险管理计划，制定工程风险管理体系，明确工程风险管理流程。

（2）制定工程施工风险实施细则，确定工程施工风险管理的人员组织及人员名单、工作职责。

（3）在工程正式开工建设前，根据工程前期阶段已有的风险评估或管理文件和报告，分析施工前期及合同签订阶段已识别的工程风险及风险控制措施，并考虑企业的施工设备、技术条件和人员，针对新辨识的风险提出相应的风险控制措施。

（4）针对风险较大的风险事故，制定工程风险预警标准，列举风险事故发生的征兆现象，编制工程重大风险事故应急处置预案。其中，工程风险应急预案及应急措施应与国家、地方政府及相关的公共应急预案和服务相衔接。

（5）制定详尽的工程风险管理培训计划，负责对参与工程风险管理的技术人员进行风险管理培训和指导，并对作业层进行施工风险交底。

（6）当工程设计、施工方案或工期有重大变更时，应对工程风险重新进行分析与评估。

（7）负责完成工程施工阶段的风险动态评估工作，研究施工对邻近建（构）筑物影响的风险分析，并梳理重大工程风险，提交施工重大风险动态评估报告。

（8）结合工程施工进度，施工单位应及时上报工程施工信息，通告建设各方施工风险状况。

（9）施工单位应对与工程施工有关的事故、意外、缺漏等进行调查与记录，分析风险发生原因，评估风险可能对工程既定投资、工期或计划造成的影响，并迅速完善风险控制措施，避免类似事故的再次发生。

（10）施工中当某些风险控制措施的执行可能导致工期延误，或对建设单位造成其他的损失时，须经过建设单位批准后方能实施。

（11）施工单位应根据工程特点，明确工程风险管理专项保证费用额度，并承诺专款专用。

（三）风险管理小组的管理内容

项目实施阶段，建议成立工程风险管理小组。该小组是由建设单位、咨询单位、设计单位、施工单位、监理单位、监测单位等工程参与各方负责人代表组成的工程现场风险管理最高机构，由建设单位负责领导，实行"分级管理、分工负责、集体决策"制度。在现场应有专职人员开展工作，主要负责现场施工风险管理的组织、督促与协调等工作，同时协助工程风险事故的应急决策与组织。主要职能包括：

（1）负责组织工程参与各方开展施工风险管理，负责现场风险管理的沟通与协调。

（2）督促与监督工程参与各方风险管理落实情况，配合工程参与各方实现工程动态风险控制。

（3）协助工程参与各方进行工程风险决策与控制，及时了解风险现状，发现风险事故征兆。

（4）作为风险管理的中枢，一旦发生风险则组织启动相应的风险应急预案。

（四）风险管理咨询单位的管理内容

施工阶段是工程风险管理的核心，也是工程风险能否得到有效控制的关键。随着工程进展，风险在不断变化，各项风险发生的概率及其损失也在不断改变。因此，工程施工阶段风险管理应以先期各阶段完成的风险管理为基础，进行风险的动态管理与控制，通过委托专业风险管理咨询单位配合开展工程施工过程中的现场风险管理。其主要职责为承担工程施工风险查勘责任，主要为工程建设单位（或保险单位）进行现场施工全过程的风险动态查勘，汇报现场风险管理现状，预测下阶段风险管理的重点及发展趋势等。

1.风险辨识和评估

根据工程条件、施工方法及设备条件，按照工程施工进度和工序，对工程风险进行评估和整理，尤其是要对工程的重大风险进行梳理和分析，确定工程风险等级，并对重大风险提出规避措施和事故预案，完成施工风险评估报告。具体包括：

（1）工程各分部分项工程的主要风险点。

（2）致险因子与风险环境。

（3）风险等级及排序。

（4）风险管理责任人。

（5）风险规避措施。

（6）风险事故预案。

风险评估报告应以正式的文件发送给工程建设各方，并经讨论使工程各方对工程风险评估等级和控制对策形成共识。

2.风险跟踪管理

风险跟踪管理是指对工程风险状态进行跟踪与管理，督促风险规避措施的实施，同时及时发现和处理尚未认识的风险，具体包括工程总体风险水平的变化、重大风险的发展趋势、规避措施实施情况及风险损失情况等。

风险跟踪的内容主要包括对已辨识风险和其他突发风险的实时观察，对风险发展状况的记录和查询，以便及时地发现问题和解决问题。记录内容包括风险辨识人员、风险发生区域、发展状态、是否采取规避措施、实施人员及风险控制效果等。

3.风险预警预报

现场施工应建立一套系统的风险监控和预警预报体系。特别是对于工程重大风险点，应通过对监测数据的动态管理，及时掌握其发展状态。具体工作包括：

（1）根据工程风险特点，确定合理的工程监测方案，制定预警标准。

（2）将各监测结果和风险事故建立对应关系。

（3）确定基于监测结果的风险评价等级。

（4）根据监测结果进行风险的动态评价。

（5）如果发现异常或超过警戒值，应及时进行风险报警，采取规避措施，做好风险事故处理准备工作。

4.风险通告

根据风险评估结果，在每个单项工程施工之前，建设单位应以风险预告的形式，将其中的主要风险点通告施工单位,而施工单位应提交专门的风险处置方案上报建设单位,审批通过后方可施工。

施工现场风险通告是工程风险管理中非常重要的一环,施工单位应在工程现场设置风险宣传牌,对各个阶段的风险点和注意事项进行宣传和教育。现场风险通告应包括:

(1)主要风险事故。
(2)风险管理实施责任人。
(3)致险因子与风险等级。
(4)施工人员注意事项。
(5)事故预兆。
(6)风险规避措施。
(7)风险事故预案。

5.重大事故处理流程

对于重大工程事故,应形成现场风险事故处理流程,明确各方职责和主要任务,确保风险事故发生后,能尽快得到妥善处理。

6.工程风险文档编写

工程建设过程中应形成专门的风险管理文档。风险管理文档和风险评估报告应作为工程竣工交验的文件。具体包括:

(1)主要工程风险及其致险因子。
(2)工程重大风险点的规避措施和事故预案。
(3)风险事故发生的时间、地点、原因分析、损失情况和采取的处理措施。
(4)规避措施的实施责任人、时间和控制效果。

第五节　项目收尾阶段进度及风险管理

一、桥梁施工项目竣工验收管理

(一)申请竣工验收的条件

工程项目符合下列要求时方可进行竣工验收:
(1)完成工程设计和合同约定的各项内容,并满足使用要求。

（2）有勘察、设计、施工、监理等单位分别签署的质量合格文件。

（3）有完整的技术档案和施工管理资料。

（4）有工程使用的主要建筑材料、建筑构配件和设备的进场试验报告。

（5）建设单位已按合同约定支付工程款。

（6）有施工单位签署的工程质量保修书。

（7）在建设行政主管部门及工程质量监督站等有关部门的历次抽查中，责令整改的问题全部整改完毕。

（8）工程项目前期审批手续齐全。

（二）竣工验收程序

施工单位在工程完工后，必须对工程质量进行自检和评定，在确认工程质量符合有关法律法规和工程建设强制性标准以及设计文件与合同要求后，方可向建设单位和监理单位提交工程竣工验收报告，工程竣工验收报告应经项目经理和施工单位有关负责人审核签字。

单位工程依法分包的，应由分包单位对分包的工程进行自检，合格后报施工总包单位复查，施工总包单位对施工质量负总责。

委托监理的工程项目，监理单位应对工程进行质量核定，具有完整的监理资料，并提出工程质量核定报告，工程质量核定报告应经总监理工程师和监理单位有关负责人审核签字，并对施工单位提交的竣工报告签署审查意见。

勘察、设计单位应核查勘察、设计文件以及设计变更通知，并提出审查意见，审查意见应经该项目的负责人和单位有关负责人审核签字。

1.工程竣工验收总程序

工程竣工验收应当按以下程序进行：

（1）工程完工后，施工单位向建设单位提交竣工报告，申请竣工验收。

（2）建设单位收到竣工验收报告后，对符合竣工验收条件的工程，组织勘察、设计、施工、监理等单位和其他有关方面的专家组成验收组，制定验收方案。

（3）建设单位应当在竣工验收7个工作日前，将验收的时间、地点以及验收组成员名单书面通知负责监督该工程的质量监督站。

（4）建设单位组织实施工程竣工验收。

2.建设单位组织工程竣工验收的具体程序

（1）勘察、设计、施工、监理单位，分别汇报合同履约情况和在工程建设各个环节执行法律法规和工程建设强制性标准的情况。

（2）审阅勘察、设计、施工、监理单位的工程档案材料。

（3）全面实地查验工程质量，重点查验使用功能。

（4）对工程勘察、设计、施工、设备安装质量和各管理环节等方面做出全面评价，形成经验收组成员签署的工程竣工验收意见。

参与工程竣工验收的建设、勘察、设计、施工、监理等各方对工程竣工验收应达成一致意见，不能形成一致意见时，应当报质量监督站进行协调，待意见一致后，重新组织工程竣工验收。

建设单位在竣工验收过程中，如果发现工程不符合竣工条件，则应责令施工单位进行返修，并重新组织竣工验收，直到通过验收。

（三）竣工验收报告

工程施工全部完成以后，经建设、施工、设计单位共同检查合格，施工单位应及时向建筑工程质量监督站呈报"竣工验收报告"，申请竣工核验，评定工程质量等级。

1.工程竣工验收报告的主要内容

（1）工程概况。

（2）建设单位执行基本建设程序情况。

（3）对工程勘察、设计、施工、监理等方面的评价。

（4）工程竣工验收时间、程序、内容和组织形式。

（5）工程竣工验收结论。

2.竣工验收报告填写内容说明

（1）工程名称栏。填写施工许可证上的工程名称。

（2）结构类型栏。填写混合、框架、框架剪力墙、底部框架剪力墙、底层框架剪力墙等信息。

（3）验收记录。由建筑工程质量监督站填写。

（4）综合验收结论。由验收组填写，验收结论应明确，手续齐全。

3.呈报竣工验收报告时应提供的资料

呈报竣工验收报告的同时，还应附有下列文件：

（1）施工许可证。

（2）施工图设计文件审查批准书。

（3）验收组人员签署的工程竣工验收意见。

（4）施工单位签署的工程质量保修书。

（5）单位工程质量综合评定表。

（6）单位工程质量保证资料核查表。

（7）单位工程质量观感评定表。

（8）分部工程质量验收记录表。

（9）分项工程质量验收记录表。

（10）法律、规章规定的其他有关文件。

二、收尾阶段影响项目进度的主要因素

收尾阶段影响项目进度的主要因素有以下几项。

（一）验收移交因素

由于项目建设单位、施工单位与项目接收管理单位所处的立场不同，建设单位主要考虑工程项目是否按照立项批复内容、设计图纸内容完成到位，以及工程项目的质量。而接收单位则主要考虑项目的性能、管理是否实用，因此移交过程往往与建设单位会有不同的要求，如果沟通不及时，会影响项目验收移交进度。

（二）档案归档备案因素

相对于档案归档，各参建单位往往更重视现场实际建设，因此经常出现现场已具备竣工验收条件，但工程档案、内业资料没有达到城建档案馆或档案局的相关要求，影响项目总体竣工、结算。

（三）各附属子项目验收结算因素

一个工程项目的合同包含前期的设计、环评、地勘及后期管线迁改、试验检测等一系列合同，通常一个项目从开工至结算往往需要签订几十个合同，复杂项目合同数量甚至多达上百个，主项如设计、监理、施工等主要合同结算往往比较及时，而一些如管线迁改设计、监理等合同金额小的子项则容易被忽略，导致项目无法竣工、结算。

三、收尾阶段进度管理的原则

（一）管养单位提前介入原则

项目中的主体工程和路灯、绿化、市政管线等往往由不同的管养单位接收，而各接管单位对各自接收的项目会有行业特点的一些要求，因此设计、施工过程中尽可能邀请接收单位提前介入，根据各自行业的特点和使用需求提出建议，施工过程中适时进行分项阶段验收，避免项目完工后进行功能性的整改。

（二）内业资料同步完成原则

由于参加单位对内业资料的重视程度不够，容易出现工程完工后到处补签、拼凑内业资料现象，但有些施工过程的内业资料事后很难补齐，导致档案缺失或不完整，达不到档案验收部门的要求。因此，项目各实施阶段都必须重视资料的整理、管理工作，制定相应的档案管理办法，定期进行内业资料检查、验收。

（三）先验收内业资料后验收现场原则

由于认识上的偏差，对档案重视程度不够等原因，参建单位往往认为现场达到验收要求后项目就可以竣工验收。因此，建设单位应主导、坚持先验收内业资料后现场验收原则。

（四）分项合同及时结算原则

管线迁改等子项往往在工程主体施工前或施工过程中已完成工程量，具备结算送审条件，因此应坚持完成一项结算一项的原则。以往项目经常出现主体工程已结算，但项目总体决算时发现一些小的子项未结算现象。

（五）重视规划、环保、消防等专项验收工作原则

竣工备案是项目完成施工的重要标志，而只有在完成规划、环保、消防等专项验收后才能向建设主管部门申请办理项目竣工备案。因此，在项目收尾阶段应重视各分项专项验收工作，另外，如项目前期立项时有办理水土保持审批，在竣工收尾阶段也应办理水土保持的专项验收。

四、收尾阶段进度管理的主要措施

（一）组织措施

建立由建设单位项目经理负总责任，施工单位项目经理、总监对项目结算负责制，及时跟踪各分项验收移交、结算。

（二）合同措施

工程进度款的支付程度是管理、督查相关单位竣工、结算的最有效因素，各分项内容招标时应针对内业资料归档、备案设置相应的条款，项目合同签订时严格按照招标文件内容执行。

（三）经济措施

进度款支付坚持先严后松原则，同时将内业档案资料的验收情况作为支付进度款的依据，严格控制施工过程进度款的比例，明确规定内业资料归档在工程尾款支付中的比例，通过资金的控制，督促、鼓励施工单位尽快完成内业归档及竣工验收、结算工作。

五、收尾阶段进度管理总结的编写

建设单位应在工程进度计划完成后，及时进行总结，为进度控制提供反馈信息。

（一）总结依据的资料

（1）进度计划。
（2）进度计划执行的实际记录。
（3）进度计划检查结果。
（4）进度计划的调整资料。

（二）进度控制总结包括的内容

（1）合同工期目标及计划工期目标完成情况。
（2）进度控制经验。
（3）进度控制中存在的问题及分析。
（4）科学的进度计划方法的应用情况。
（5）进度控制的改进意见。

六、项目收尾阶段风险管理

（一）合同收尾管理

合同收尾就是根据合同一项一项地核对，是否完成了合同所有的要求，项目是否可以结束，也就是人们通常所讲的项目验收。具体来说，合同收尾是指了结合同并结清账目，包括解决所有尚未了结的事项。合同收尾需要对整个项目过程进行系统审查，找出合同上签订的事项是否已经完成任务。

（二）资料收尾管理

资料收尾是指涉及对项目验收正式化而进行的项目资料的移交和归档，具体包括实施期间的所有项目文档整理和归档，同时要求所有的项目成员一起把经验教训、实施心得写成总结，方便日后运营维护工作。

（三）周边影响工程收尾管理

（1）项目收尾阶段应重点对施工影响范围内周边环境变形进行观测，当周边建（构）筑物等周边环境的正常使用功能遭受影响，或认为有必要对工程环境进行工后恢复处理时，应进行工后评估。

（2）应委托具有相应资质和经验的检测评估单位开展工后评估工作，原则上可考虑由现状检测评估或施工附加影响分析的评估单位承担。

（3）当工后评估认为风险工程存在环境安全风险或工程隐患，并影响市政项目的正常运营时，建设单位应组织有资质和经验的设计单位进行恢复设计和施工单位进行修复处理。

（4）监理单位负责监督、检查修复施工处理的实施，并按有关程序组织验收。

结束语

　　随着城市化进程的加速和科技的不断进步,市政路桥工程正面临着新的机遇与挑战。未来的市政路桥设计将更注重绿色、智能和可持续的发展理念,融入智慧城市的建设中。施工技术也将向机械化、自动化和信息化方向发展,提高施工效率和安全性。市政路桥工程的设计与施工需要不断吸纳新技术、新材料和新工艺,以适应社会发展的需求。期望通过本书的研究,能够为市政路桥的设计与施工提供有益的参考和指导,为城市基础设施的完善和市民出行的便捷作出贡献。

参考文献

[1] 方菲菲. 市政与路桥工程CAD[M]. 武汉：华中科技大学出版社，2019.

[2] 马乐，沈建平，冯成志. 水利经济与路桥项目投资研究[M]. 郑州：黄河水利出版社，2019.

[3] 宋义仲.绿色施工技术指南与工程应用[M].成都：四川大学出版社,2019.

[4] 崔洁. 路桥BIM建模技术[M]. 徐州：中国矿业大学出版社，2020.

[5] 丁雪英，陈强，白炳发.公路桥梁建设与工程项目管理[M].长春：吉林科学技术出版社,2019.

[6] 陈伟章. 如何识读路桥施工图[M]. 北京：机械工业出版社，2020.

[7] 钱源. 公路工程造价编制[M]. 重庆：重庆大学出版社，2021.

[8] 艾建杰，罗清波，尹紫红. 公路工程施工技术[M]. 重庆：重庆大学出版社，2020.

[9] 陶杰，彭浩明，高新. 土木工程施工技术[M]. 北京：北京理工大学出版社，2020.

[10] 武彦芳. 公路工程施工组织设计[M]. 重庆：重庆大学出版社，2020.

[11] 谢远光. 工程测量[M]. 3版. 重庆市：重庆大学出版社，2020.

[12] 张俊红，姚永春. 道路建筑材料[M]. 重庆：重庆大学出版社，2020.

[13] 郭俊俊，孙世忠，李芳.公路建设与运输经济[M].天津：天津科学技术出版社；天津出版传媒集团,2021.

[14] 张立乾. 试验场特种路桥工程设计研究[M]. 北京：北京理工大学出版社，2021.

[15] 于洪江，李明樾. 道路工程施工技术[M]. 重庆：重庆大学出版社，2021.

[16] 彭东黎. 公路工程招投标与合同管理[M]. 3版. 重庆：重庆大学出版社，2021.

[17] 陈莉，胡丽娟，陈松. 基于BIM的工程项目设计与创新研究[M]. 北京：中国原子能出版社，2021.

[18] 程述. 市政工程识图与构造[M]. 2版. 北京：北京理工大学出版社，2021.

[19] 陈咏锋，钟志光，朱明准. 道路桥梁工程与路基路面施工技术研究[M]. 长春：吉林科学技术出版社，2021.

[20] 倪晓燕，王耀文，胡紫日. 智能+路桥工程混凝土调整实用技术[M]. 北京：中国建材工业出版社，2022.

[21] 刘志伟，刘文君，杨黎．路桥工程管理与给排水规划设计[M]．长春：吉林科学技术出版社，2022．

[22] 王晶，姜琴，李双祥．路桥工程建设与公路施工管理[M]．汕头：汕头大学出版社，2022．

[23] 徐凯，初国栋，李新永．道路工程试验与检测技术应用研究[M]．长春：吉林科学技术出版社，2022．

[24] 王秀林，潘光森，韩涛．公路工程机械化施工与管理[M]．长春：吉林科学技术出版社，2022．

[25] 熊建军，胡森东，陈永祥．隧道工程建设与路桥设计[M]．哈尔滨：黑龙江科学技术出版社，2022．

[26] 周全，马隽，彭寅．城市建成区域路桥设计施工技术与交通组织优化[M]．长春：吉林科学技术出版社，2022．

[27] 王凯，郭志峰，张翠．道路与桥梁工程BIM建模基础[M]．重庆：重庆大学出版社，2022．

[28] 周德胜，李衍胜．城市交通规划设计与路桥工程建设[M]．长春：吉林科学技术出版社，2024．

[29] 李建林，秦孟君，殷海军．公路工程与施工测量研究[M]．哈尔滨：哈尔滨出版社，2023．